SÓ ME INTERESSA O QUE NÃO É MEU
HISTÓRIA DO BRASIL, TRISTE TRÓPICO E A MONTAGEM DE MATERIAIS DE ARQUIVO NO PERÍODO DA DITADURA MILITAR

Editora Appris Ltda.
1.ª Edição - Copyright© 2024 da autora
Direitos de Edição Reservados à Editora Appris Ltda.

Nenhuma parte desta obra poderá ser utilizada indevidamente, sem estar de acordo com a Lei nº
9.610/98. Se incorreções forem encontradas, serão de exclusiva responsabilidade de seus organi-
zadores. Foi realizado o Depósito Legal na Fundação Biblioteca Nacional, de acordo com as Leis nos
10.994, de 14/12/2004, e 12.192, de 14/01/2010.

Catalogação na Fonte
Elaborado por: Josefina A. S. Guedes
Bibliotecária CRB 9/870

C355s
2024
	Castro, Isabel
	    Só me interessa o que não é meu: história do Brasil, triste trópico e a montagem de materiais de arquivo no período da ditadura militar / Isabel Castro. – 1. ed. – Curitiba: Appris, 2024.
	    306 p. ; 23 cm. – (Ciências da comunicação).
	
	    Inclui referências.
	    ISBN 978-65-250-5452-0
	
	    1. Brasil – História – Golpe civil-militar, 1964. 2. Ditadura. 3. Cinema brasileiro. 4. Arquivos. I. Título. II. Série.
	
	                                       CDD – 981.063

Livro de acordo com a normalização técnica da ABNT

Appris editora

Editora e Livraria Appris Ltda.
Av. Manoel Ribas, 2265 – Mercês
Curitiba/PR – CEP: 80810-002
Tel. (41) 3156 - 4731
www.editoraappris.com.br

Printed in Brazil
Impresso no Brasil

Isabel Castro

SÓ ME INTERESSA O QUE NÃO É MEU

HISTÓRIA DO BRASIL, TRISTE TRÓPICO E A MONTAGEM DE MATERIAIS DE ARQUIVO NO PERÍODO DA DITADURA MILITAR

FICHA TÉCNICA

EDITORIAL	Augusto Coelho
	Sara C. de Andrade Coelho
COMITÊ EDITORIAL	Marli Caetano
	Andréa Barbosa Gouveia - UFPR
	Edmeire C. Pereira - UFPR
	Iraneide da Silva - UFC
	Jacques de Lima Ferreira - UP
SUPERVISOR DA PRODUÇÃO	Renata Cristina Lopes Miccelli
ASSESSORIA EDITORIAL	Jibril Keddeh
REVISÃO	Camila Dias Manoel
PRODUÇÃO EDITORIAL	Miriam Gomes
DIAGRAMAÇÃO	Andrezza Libel
ARTE DA CAPA	André de Castro

COMITÊ CIENTÍFICO DA COLEÇÃO CIÊNCIAS DA COMUNICAÇÃO

DIREÇÃO CIENTÍFICA Francisco de Assis (Fiam-Faam-SP-Brasil)

CONSULTORES

Ana Carolina Rocha Pessôa Temer
(UFG-GO-Brasil)

Antonio Hohlfeldt
(PUCRS-RS-Brasil)

Carlos Alberto Messeder Pereira
(UFRJ-RJ-Brasil)

Cicilia M. Krohling Peruzzo
(Umesp-SP-Brasil)

Janine Marques Passini Lucht
(ESPM-RS-Brasil)

Jorge A. González
(CEIICH-Unam-México)

Jorge Kanehide Ijuim
(Ufsc-SC-Brasil)

José Marques de Melo
(*In Memoriam*)

Juçara Brittes
(Ufop-MG-Brasil)

Isabel Ferin Cunha
(UC-Portugal)

Márcio Fernandes
(Unicentro-PR-Brasil)

Maria Aparecida Baccega
(ESPM-SP-Brasil)

Maria Ataíde Malcher
(UFPA-PA-Brasil)

Maria Berenice Machado
(UFRGS-RS-Brasil)

Maria das Graças Targino
(UFPI-PI-Brasil)

Maria Elisabete Antonioli
(ESPM-SP-Brasil)

Marialva Carlos Barbosa
(UFRJ-RJ-Brasil)

Osvando J. de Morais
(Unesp-SP-Brasil)

Pierre Leroux
(Iscea-UCO-França)

Rosa Maria Dalla Costa
(UFPR-PR-Brasil)

Sandra Reimão
(USP-SP-Brasil)

Sérgio Mattos
(UFRB-BA-Brasil)

Thomas Tufte
(RUC-Dinamarca)

Zélia Leal Adghirni
(UnB-DF-Brasil)

Para Iuri e Hebe,
presenças constantes para a realização deste trabalho e almas gêmeas.

AGRADECIMENTOS

Ao Arthur Omar, pela generosa colaboração com a pesquisa e pelas entrevistas concedidas.

À Anita Leandro, pela atenciosa orientação desde o início do projeto, pelo grande apoio intelectual e pessoal durante o percurso e pela amizade que construímos.

Ao Jean-Pierre Bertin-Maghit, por me receber na Université Sorbonne Nouvelle – Paris 3 e pelas valorosas sugestões para o desenvolvimento deste trabalho.

Ao Gui, companheiro de vida e dessa jornada, pelo carinho, pelas leituras e pelas tantas ajudas.

Ao Iuri, que dentro de mim acompanhou grande parte da escrita deste trabalho e nasceu praticamente com este. E ao Juca, que viu a tese virar livro.

À minha mãe e historiadora, Hebe Mattos, pela informal, afetiva e sofisticada colaboração.

Ao André de Castro, pela bela arte da capa.

Ao meu pai, Sérgio Castro, e à minha irmã Laura Castro, pelo apoio sempre.

PREFÁCIO

Em 2018, enquanto Isabel Castro defendia em Paris a tese de doutorado que deu origem a este livro, no Brasil, a extrema direita e os militares preparavam seu retorno à Presidência da República, pela primeira vez, depois do início do processo de redemocratização. No corpus empírico da tese, duas obras brasileiras de 1974, sobre o legado de violência do processo colonizatório e da ditadura militar: *História do Brasil*, documentário de Glauber Rocha e Marcos Medeiros; e *Triste Trópico*, ficção de Arthur Omar. Realizados durante o governo Médici, período de recrudescimento da repressão, com a organização de centros de extermínio e esquadrões da morte, esses dois filmes trazem marcas profundas de seu tempo histórico e reaparecem em 2018 como um alerta quanto aos riscos da impunidade dos crimes do passado. *História do Brasil* faz isto à maneira de um compêndio escolar, por meio do choque dialético entre uma narração da história do país entre 1500 e 1974, contada na ordem cronológica, em *off*, e imagens de diferentes épocas, justapostas sem nenhuma cronologia, de maneira a mostrar a persistência da luta de classes e da violência colonial. *Triste Trópico*, por sua vez, retoma a história do Brasil num modo alegórico, para contá-la do ponto de vista do personagem de Dr. Arthur, médico provinciano do interior do Brasil, formado em Paris, a quem a montagem associa imagens da colonização, da escravidão e da ditadura militar, organizadas em séries independentes, mas ligadas umas às outras pelo tema da violência. Os dois filmes vão expor a repetição da violência no curso da história.

Dadas a atualidade histórica da pesquisa e a qualidade da abordagem estética do material, a tese foi, então, por unanimidade, indicada para publicação. Agora, ao chamar atenção para esses dois filmes, ainda pouco conhecidos, a autora reitera, de certa forma, um convite à montagem feito por Glauber Rocha a Paulo Emílio Salles Gomes, quando o cineasta propôs ao então professor de cinema da Universidade de São Paulo (USP) que *História do Brasil*, filme inacabado e montado no exílio, sem acesso aos arquivos brasileiros, fosse concluído por seus alunos, sob sua orientação, acrescentando novas informações, corrigindo o texto e substituindo imagens em preto e branco por imagens em cores. Com seu olhar afiado de montadora, habituada à escolha da melhor imagem e à precisão do corte, Isabel Castro leva-nos, ao longo de sua escrita, a uma remontagem dos filmes estudados, a fim de inscrevê-los no presente como um problema atual.

Construídos à base de materiais já existentes, devidamente identificados ao longo dos capítulos do livro, os filmes são abordados como vestígios materiais de uma história colonial e escravocrata ainda em aberto. Isso se remete a uma questão central de montagem. *História do Brasil* e *Triste Trópico* rompem, ambos, com a ideia de progresso narrativo. Em vez de se encadearem umas às outras, as imagens justapõem-se sem um vínculo aparente entre si, para apresentar a história do Brasil como um relato lacunar e repetitivo de situações violentas. Essa técnica de composição, comum aos dois filmes, Isabel Castro vai chamar de "montagem vertical", termo tomado de empréstimo a Eisenstein, de quem ela aproxima o pensamento de Glauber Rocha e de Arthur Omar. Com efeito, nos dois filmes, matéria sonora e matéria visual sobrepõem-se, verticalmente, sem jamais reduzir as imagens à ilustração de um texto. Mas, bem mais do que isso, devido a essa simultaneidade de elementos assíncronos, cada plano, sonoro ou visual, não importa, pode ser tomado isoladamente como uma unidade de montagem que resiste à sucessão horizontal da narrativa. Os filmes procedem a uma montagem polifônica, que é como Chris Marker chamaria, mais tarde, essa capacidade do cinema de reunir materiais e procedimentos diversos, sem reduzi-los a um discurso único.

Além de produzir um corte geológico nas ruínas da colonização e do escravismo, que expõe o empilhamento dos mesmos desastres por mais de quatro séculos, a montagem vertical de *História do Brasil* e de *Triste Trópico* torna possível abordar os materiais de arquivo ali retomados numa perspectiva propriamente histórica. Como bem mostra Isabel Castro, o gesto antropofágico de um cinema que só se interessa pelo que não é seu e que, em vez de criar imagens, se serve de materiais já existentes pressupõe, necessariamente, um retorno ao passado. No texto histórico produzido pela montagem vertical, o futuro surge atrás do presente, e não diante dele. Numa perspectiva benjaminiana, essa verticalidade do corte nada mais é do que uma tomada de posição do presente em relação ao passado. Como o leitor verá a seguir, é nesse sentido que a montagem vertical de *História do Brasil* e de *Triste Trópico* rompe com o historicismo na escrita da história.

Anita Leandro
*Professora da Escola de Comunicação da Universidade
Federal do Rio de Janeiro (ECO/UFRJ) e documentarista*

SUMÁRIO

INTRODUÇÃO 13

PREÂMBULO
SOBRE ALGUMAS QUESTÕES DO CINEMA MODERNO BRASILEIRO...25

1
"SÓ ME INTERESSA O QUE NÃO É MEU": ANTROPOFAGIA,
CARNAVALIZAÇÃO E BARROCO 39
  1.1 *Tupi or not Tupi*": antropofagia cultural e identidades do país e do cinema 39
    1.1.1 Identidade-alteridade: entre nacional e estrangeiro 50
    1.1.2 O que é o cinema? 55
  1.2 "O Carnaval no Rio é o acontecimento religioso da raça": paródia, carnaval e
  carnavalização 59
  1.3 "Mas nunca admitimos o nascimento da lógica entre nós": barroco e América
  Latina 77
    1.3.1 Barroco e identidade cultural latino-americana 84

2
REEMPREGO DE IMAGENS: UMA QUESTÃO DE MONTAGEM PARA O
BRASIL DA DITADURA 99
  2.1 Montagem vertical: aproximações com Serguei Eisenstein.....................99
    2.1.1 Eisenstein e a montagem vertical...102
  2.2 Montagem vertical em *História do Brasil* e *Triste Trópico*: cruzamento de temporalidades e anacronismo 115
  2.3 Verticalidade da narrativa: ruínas até o céu.................................127
  2.4 A materialidade do tempo: cinema de reemprego, memória, história e experiência 137

3
HISTÓRIA DO BRASIL: A FORÇA DA VIOLÊNCIA NA HISTÓRIA 153
  3.1 Entre a fome e o sonho 153
  3.2 Brasil-colônia e Império: males de origem 163
  3.3 Brasil-república: a história política do século XX, revoluções e contrarrevoluções.. 184
  3.4 O epílogo do filme: comentários sobre a história 196

4

TRISTE TRÓPICO: A DOR E A FESTA, ENTRE O PASSADO E O PRESENTE 213

   4.1 Ficções de memória: narrativas em séries 213

      4.1.1 Os desastres da história: tristeza acumulada e mal de origem 226

      4.1.2 Carnaval e seres fantásticos: imaginário popular e cultura brasileira 238

      4.1.3 A montagem de heterogeneidades como método 246

   4.2 Outras séries: o cinema, a mulher e a família 249

      4.2.1 Origens do cinema: em busca de um novo começo 249

      4.2.2 As mulheres e o patriarcado 252

      4.2.3 A família e a política brasileira 258

CONSIDERAÇÕES FINAIS 267

POSFÁCIO
ENTREVISTA COM ARTHUR OMAR 277

IMAGENS AMPLIADAS 291

FILMOGRAFIA 293

ENTREVISTAS 295

BIBLIOGRAFIA 297

INTRODUÇÃO

No campo dos estudos do cinema há, atualmente, um grande interesse por diferentes experiências audiovisuais que praticam a reciclagem de imagens e sons. Sobretudo, por aquelas que, por meio de suas estratégias de apropriação de materiais preexistentes, são capazes de gerar reflexões, desencadear processos memoriais, despertar afetos e/ou desenvolver formas alternativas de pensamentos históricos. Esta obra nasceu de um interesse pela experiência brasileira de filmes realizados, essencialmente, na ilha de edição — por meio da retomada de materiais — e, mais especificamente, pelas potencialidades estéticas e críticas da escolha do reemprego das imagens como método de construção de narrativa e de pensamento histórico-social.

Em seu estudo pioneiro sobre o tema, publicado em 1964 nos EUA, *Films beget films: a study of the compilation film,* Jay Leyda aponta para a diversidade e dificuldade de se encontrar um termo para definir esta prática: filme de arquivo, de compilação, de montagem, de colagem[1]... Ainda hoje os termos são múltiplos, e, para escrever este texto, também me deparei com esse problema da nomenclatura. Em um primeiro momento, a expressão "filme de montagem" soou como uma alternativa interessante, por valorizar a etapa da montagem dos materiais ou, mais do que isso, a forma de pensamento crucial na realização desse tipo de filme. Entretanto, "filme de montagem" permanece um termo ambíguo. Afinal, todo filme passa pela etapa da montagem e pode tê-la como fase central da criação. E a montagem é sempre, essencialmente, um processo de recortar e colar um material que a precede. Neste sentido, como escreve a pesquisadora Christa Blümlinger, "a retomada das imagens – como repetição e processo memorial – já está contida em germe no próprio gesto da montagem"[2]. Laetitia Kugler, em sua dissertação de mestrado, apresenta uma eficaz definição da operação de reciclagem, ao ressaltar a "interrupção do quadro enunciativo inicial"[3] como marca desta operação. Mais do que as ideias de cópia e colagem, é o emprego em determinada obra de materiais produzidos com finalidades e intenções primeiras próprias, ou seja, a utilização de um material realizado

---

[1] Ver LEYDA, Jay. *Films beget films*: a study of the compilation film. New York: Hill & Wang, 1964.

[2] BLÜMLINGER, Christa. *Cinéma de seconde main*: esthétique du remploi dans l'art du film et des nouveaux médias. Paris: Klincksieck, 2013. p. 21.

[3] Ver KUGLER, Laetitia. *La modalisation du discours dans le documentaire de compilation.* Dissertação (Mestrado em Cinéma et Audiovisuel) – Université de la Sorbonne Nouvelle, Paris, 2002.

para um discurso em outro, o que sintetiza a operação de reemprego no audiovisual. Toda reciclagem pressupõe a interrupção do quadro enunciativo de um discurso primeiro, sendo esta frequentemente somada à passagem do tempo e às decorrentes mudanças do contexto histórico e social entre o momento da tomada e da retomada dos materiais. No caso de filmes que se fundam nesta operação, parece adequado que eles sejam nomeados com base nesta característica central. É o que faz o termo "filme de segunda mão", ao dar enfoque ao uso e à manipulação dos materiais, bem como à nova apropriação de que eles são objeto, no novo filme. O termo, escolhido por Christa Blümlinger em sua obra *Cinéma de seconde main*, ao menos quando traduzido para o português, porém, causa certo incômodo. A ideia de segunda mão traz um caráter pejorativo, talvez por embutir uma carga negativa da ideia de "usado" na nossa língua, ou por um parentesco fonético com as expressões "de segunda classe" ou "de segunda categoria"? O fato é que a expressão "filme de segunda mão" pode levar o leitor a pensar em um cinema menor, ou pior. O dilema de como referir-se à prática em questão, portanto, perdurava. "Filme de arquivo" também traz muitas ambiguidades, levando a questões como: o que é arquivo? Quando uma imagem ou som se torna arquivo? Algo filmado ontem para determinado fim pode ser reciclado hoje para outro e não se torna por isso arquivo. Na busca por uma denominação que evite mal-entendidos, acabei optando por utilizar o termo "filme de reemprego", utilizado em outros trabalhos de diversos autores. Essa opção também se remete à operação fundamental de reempregar ou reciclar materiais por meio de um trabalho de montagem.

O filme de reemprego não constitui um gênero cinematográfico sobre o qual se possa assumir uma série de características pertencentes a um conjunto. Trata-se de um procedimento, de uma escolha de ordem estética, que possui inúmeras possibilidades de realização a serem estudadas caso a caso. Como escreve Blümlinger,

> [...] não existe nada como "a" concepção canônica da colagem ou da (re)montagem, [...] existem, entretanto, múltiplas histórias de reciclagem de materiais achados, existem afinidades e influências, e é possível, ou mesmo necessário, analisar e comentar os filmes individualmente.[4]

---

[4] BLÜMLINGER, Christa. Cultures de remploi: questions de cinéma. *Trafic*, [S.l.], n. 50, p. 337-354, été 2004. p. 343, tradução nossa. Texto original: "Il n'existe donc rien de tel que "la" conception canonique du collage ou du (re)montage, [...] Il existe cependant de multiples histoires du réemploi de matériaux trouvés, il existe des affinités et des influences, et il est possible, voire nécessaire, d'analyser et de commenter individuellement les films".

Enquanto montadora de profissão, encantaram-se particularmente as questões levantadas por um cinema que, praticamente, já nasce na fase de montagem. Meu interesse particular por filmes de reemprego inicia-se pelo contato com textos e estudos que se dedicam a pensar sobre uma filmografia majoritariamente europeia, realizada por cineastas como Guy Debord, Jean-Luc Godard, Chris Marker, Alain Resnais, Harun Farocki, Yervant Gianikian e Angela Ricci Lucchi, Péter Forgács e Susana Sousa Dias, entre outros. Começando por esses textos, fui, aos poucos, descobrindo os filmes. Ao ler e refletir sobre algumas das obras dos cineastas citados, percebemos que, frequentemente, a radicalidade da escolha de trabalhar fundamentalmente com base no que existe, estabelecendo conexões e/ou disjunções, está ligada a uma função crítica importante, a um questionamento dos modos de ver, da ordem estabelecida do mundo, das formas de contar existentes. Ao fragmentar, deslocar um objeto de lugar, desviar o sentido de uma imagem, lançar luz sobre algo que permanecia invisível, trabalhar com as expectativas do observador, o cineasta-montador investe nas potências críticas e reflexivas desses gestos.

O interesse pelas possibilidades dessa forma de cinema capaz de desenvolver pensamentos complexos instigou-me a buscar as experiências brasileiras de filmes de reemprego, campo que se expandiu consideravelmente no cinema brasileiro contemporâneo desde a virada do século XXI[5]. Ao observar experiências mais remotas da história do cinema, dois filmes datados de 1974 chamaram-me especialmente atenção, devido às ressonâncias que apresentavam: *História do Brasil*, pouco conhecido documentário de Glauber Rocha, correalizado com Marcos Medeiros; e *Triste Trópico*, primeiro longa-metragem de Arthur Omar. Trata-se de obras pontuais na filmografia de artistas consagrados, feitas majoritariamente com base em materiais já existentes, que, além de serem concebidas de um raro método de realização, compartilham um interesse central por questões ligadas à sociedade e à identidade brasileiras e constituem narrativas com intenções históricas que apresentam temáticas, métodos, estratégias discursivas e influências artísticas e intelectuais comuns. Também, o trabalho posterior de Rogério Sganzerla com materiais de arquivo, cineasta igualmente pertencente à inventiva geração que desenvolve o cinema moderno brasileiro

---

[5] Entre os cineastas que têm trabalhado sistematicamente com o reemprego de materiais, podemos citar, por exemplo: Joel Pizzini (*Mar de Fogo*, 2014; *Mr Sganzerla, Os Signos da Luz*, 2012; *Elogio da Graça*, 2011; *Anabazys*, corealizado com Paloma Rocha, 2007); *Glauces: Estudo de um Rosto*, 2001), Eryk Rocha (*Cinema Novo*, 2016; *Rocha que Voa*, 2002), Pedro Bronz (*Andança - Os Encontros e as Memórias de Beth Carvalho*, 2022; *A Farra do Circo*, corealizado com Roberto Berliner 2013) e João Moreira Salles (*Santiago*, 2006; *No Intenso Agora*, 2017).

entre os anos 1960 e 1970, e especialmente seu longa-metragem *Tudo é Brasil* (1998), destacou-se em um primeiro momento por apresentar uma filiação artística com os dois filmes dos anos 1970, compartilhando com eles uma certa postura diante do mundo e da história do Brasil.

Inicialmente, a proposta deste trabalho era a de fazer uma análise comparativa desses três filmes. Ao longo do processo, entretanto, o contexto histórico-político do início dos anos 1970 — período mais violento da ditadura militar brasileira e momento de realização de *História do Brasil* e de *Triste Trópico* — foi se impondo como um elemento central para a análise desses dois filmes. As opções estéticas e políticas de Rocha, Medeiros e Omar, tanto as escolhas dos materiais que reempregam quanto às formas de montagem destes, vinculam-se diretamente ao período em que seus filmes são realizados. Já o filme de Rogério Sganzerla, realizado duas décadas mais tarde, não compartilha desse contexto e dos problemas que ele impõe. Em função disso, optei por concentrar o presente estudo nos filmes *História do Brasil* e *Triste Trópico*.

No trabalho com as imagens já existentes, *História do Brasil* e *Triste Trópico* vão atualizar, por meio da montagem de materiais do passado, questões que atravessam não somente o cinema, mas o campo da criação cultural brasileira dos anos 60-70, período marcado politicamente pela vigência da ditadura militar no Brasil (1964-1985). A proposta deste livro[6] é desenvolver uma análise estética e histórica desses filmes, considerando como as questões por eles suscitadas se efetivam na criação com os materiais já existentes. Como as obras buscaram "transformar o cinema em instrumento de descoberta e reflexão sobre a realidade nacional"[7] valendo-se dos materiais dos quais se apropriam? Como desenvolvem, na montagem, servindo-se da estética da colagem, um pensamento sobre a identidade, a memória coletiva e a história do Brasil? Quais materiais eles retomam? Que métodos, estratégias discursivas e procedimentos estéticos são elaborados nesses filmes? Como influências de toda uma geração se colocam nesses casos, por meio do reemprego de imagens e sons? Enfim, podemos esboçar, com base em *História do Brasil* e *Triste Trópico*, características de uma criação "à brasileira" do reemprego de materiais no cinema?

---

[6] Este livro é um desdobramento da minha tese de doutorado, intitulada "Só me interessa o que não é meu: um estudo da montagem de materiais de arquivo em dois filmes brasileiros do período da ditadura militar", defendida em 2018 e realizada em cotutela entre a Universidade Federal do Rio de Janeiro e a Université Sorbonne Nouvelle - Paris 3.

[7] GALVÃO; BERNARDET, 1983, p. 139.

A ideia, ao propor uma análise comparativa, é pensar diálogos, influências e questões que transpassam os filmes e que podem, assim, ao mesmo tempo, enriquecer a análise de cada um deles e contribuir para o estabelecimento de um panorama de formas de expressão e de questões teóricas sobre a presença dos materiais de arquivo no cinema e sobre as relações entre cinema e história. Apesar das questões que os atravessam, os filmes em questão são muito diferentes entre si. O livro visa também, assente nas questões comuns apontadas, desenvolver uma análise individual detalhada das montagens e narrativas de *História do Brasil* e *Triste Trópico*, filmes ainda hoje pouco explorados.

É no início dos anos 1970 que Glauber Rocha, em parceria com Marcos Medeiros (líder estudantil e militante brasileiro), começa a trabalhar no longa-metragem documental intitulado *História do Brasil* (35 mm, preto e branco, 185 min), inteiramente constituído de imagens já existentes e de diferentes origens. A montagem do filme inicia-se em 1971, durante o exílio de Glauber em Cuba, e é interrompida em Roma, em 1974. Trata-se de um processo de realização turbulento, e a obra permanecerá inacabada. O Instituto Cubano del Arte e Industria Cinematográficos (ICAIC), parceiro do filme no primeiro estágio da realização, é fonte de grande parte das imagens utilizadas na montagem. Como escreve Mariana Villaça em *"América Nuestra*, Glauber Rocha e o cinema cubano", uma versão do filme "inicialmente com sete horas de duração" desagradou o produtor, e até então amigo de Glauber, "Alfredo Guevara, que retirou o nome do ICAIC dos créditos finais do filme, marcando [...] o final da temporada de conciliação entre o cineasta e o governo de Fidel Castro"[8]. Após o rompimento com o ICAIC, a montagem do filme é retomada na Itália, com a colaboração do produtor Renzo Rossellini. Os diretores tinham intenção de finalizar o filme no Brasil, onde substituiriam imagens e trabalhariam a trilha sonora, por exemplo. Por tratar-se de um documentário inacabado, difícil, de longa duração e com uma montagem e narrativa inconstantes, *História do Brasil* é um filme pouco citado e conhecido dentro da obra, muito estudada, de Glauber Rocha. Apesar da forte diferença estética que apresenta em relação à filmografia ficcional do cineasta, *História do Brasil* é também um filme guiado, sobretudo, pelo "desejo de história"[9] que perpassa sua obra. O cor-

---

[8] VILLAÇA, Mariana. América Nuestra, Glauber Rocha e o cinema cubano. *Revista Brasileira de História*, São Paulo, v. 22, n. 44, 2002. p. 502. O artigo de Mariana Villaça trata da relação entre Glauber Rocha e o ICAIC nas décadas de 1960 e 1970.

[9] Ismail Xavier intitula o capítulo dedicado ao Glauber Rocha justamente "Glauber Rocha: o desejo de história" em *O cinema brasileiro moderno* (XAVIER, 2001, p. 127).

realizador do filme, Marcos Medeiros, foi um líder estudantil atuante no Partido Comunista Brasileiro Revolucionário (PCBR). Ele também estava exilado em Havana quando conheceu Glauber. A partir desse encontro, os dois iniciaram a parceria que resultou em *História do Brasil*. Medeiros não realiza outros filmes após esta experiência[10].

História do Brasil propõe uma revisão crítica da história brasileira, da conquista portuguesa em 1500 ao início da década de 1970 (momento da realização do filme), fechando sua cronologia no período do governo Médici, com os sequestros por grupos de esquerda dos diplomatas alemão e suíço e a morte de Lamarca, ex-capitão do Exército Brasileiro que havia aderido à luta armada contra o regime. O filme de Glauber e Medeiros é composto por um grande volume de materiais heterogêneos: gravuras e pinturas históricas (sobretudo, provenientes dos séculos XIX e XX), mapas, cinejornais brasileiros e cubanos, jornais e fotografias documentais de diferentes momentos do século XX e, com destaque, fotogramas e trechos de filmes ficcionais e documentais, a maior parte deles identificada ao Cinema Novo. Para tratar dos quase cinco séculos de história que aborda, *História do Brasil* prioriza, portanto, fragmentos de diversas ficções históricas, então contemporâneas, sobre a história brasileira, desenvolvidas pelos cineastas cinemanovistas, incluindo o próprio Glauber. Na maior parte do filme, as imagens são acompanhadas por um comentário em *off*, na terceira pessoa do singular, lido por Jirges Ristum, que narra, em ordem cronológica, a longa sequência de fatos históricos que atravessam os séculos. Os 30 minutos finais começam e terminam com o que Glauber chama de um "comentário musical": um *pot-pourri* de trechos de músicas brasileiras, combinados com imagens diversas. Entre os dois comentários musicais, e estruturando essa parte final do filme, desenvolve-se um diálogo informal entre os realizadores, que discutem questões ligadas à situação econômica e política do país no momento da realização. Não há crédito de montagem no filme, que em sua primeira fase contou com o trabalho da montadora cubana Miriam Talavera[11].

Também em 1974, Arthur Omar lança o longa-metragem *Triste Trópico* (35 mm, preto e branco e color., 75 min). O filme narra a fantástica história do personagem ficcional Dr. Arthur, um médico paulista que, ao voltar de

---

[10] No documentário *Um Filme de Marcos Medeiros* (Ricardo Elias, 2000, 20 min) é possível ter mais informações sobre a trajetória de Marcos Medeiros.

[11] Miriam Tavalera iniciou sua carreira de montadora em 1963, no Instituto Cubano de Rádio e Televisão; em 1970, torna-se editora do ICAIC, onde trabalhou com diversos realizadores cubanos, como Tomás Gutiérrez Alea, Santiago Álvarez, Oscar Valdés, Nicolás Guillén e Enrique Pineda Barnet.

um período de estudos na França, se instala no interior do Brasil (na também fictícia Zona do Escorpião) e termina por tornar-se um líder messiânico que conduz uma guerra santa. A narração do filme de Omar é composta com base na colagem de escritos históricos e literários diversos, além de trechos de almanaques e jornais, não creditados no filme. O próprio título do filme é uma referência ao livro de Claude Lévi-Strauss *Tristes tropiques*. A principal fonte literária do filme é o livro *A religião dos tupinambás*, do antropólogo Alfred Métraux, publicado primeiramente em 1928. A obra de Métraux parte de relatos de cronistas europeus seiscentistas sobre a América para desenvolver um estudo sobre as etnias tupis-guaranis brasileiras do período. Valendo-se das citações não declaradas, *Triste Trópico* subverte e parodia discursos de alteridade, sobretudo ligados aos povos indígenas, desde o século XVI. É o ator Othon Bastos quem lê a narração do filme, ator importante para o movimento do Cinema Novo, que interpreta o personagem de Corisco no filme de Glauber Rocha *Deus e o Diabo na Terra do Sol* (1964). A banda visual, igualmente heterogênea, é composta por: reproduções de gravuras e pinturas variadas realizadas entre os séculos XV e XX, com destaque para a iconografia proveniente do próprio século XVI; um filme doméstico e fotografias de família dos anos 1930 (realizados por um dos avós do cineasta, também chamado Arthur); páginas de almanaques dos anos 1930 e 1940; fotografias tiradas por Omar em viagem para a Europa; filmagens contemporâneas do carnaval de rua do Rio de Janeiro dos anos 1970; assim como capas de livros; charges ou *cartoons*; e outras fotografias. A trilha sonora, muito presente no filme, mescla, por exemplo, música clássica, cantos ritualísticos indígenas, coros religiosos católicos, ritmos afro-brasileiros, óperas, salsas, samba e sonorizações compostas por Arthur Omar. A montagem é assinada por Ricardo Miranda, parceiro de Omar em diversos trabalhos e também de Glauber Rocha, em *A Idade da Terra* (1981).

A realização de *Triste Trópico* também começa em 1971. Como declara Arthur Omar, "o projeto do filme passou por transformações muito grandes"[12]. Inicialmente, tratava-se de um filme de ficção, com atores, no qual os personagens falavam somente por meio de provérbios. As filmagens do carnaval de rua do Rio de Janeiro dos anos 1970 que atravessam o filme foram feitas para essa primeira ideia ficcional, que não foi levada adiante. Elas entrariam na montagem entremeadas à história, "pontuando a narra-

---

[12] OMAR, Arthur. [*Entrevistas*]. [*S.l.*], 28 ago. 2017 e 5 set. 2017. s/p. Arthur Omar fala sobre o processo de realização do filme em entrevista concedida para a realização deste trabalho, realizada em agosto de 2017.

tiva", como relembra o artista. Mesmo as cenas do carnaval, portanto, não foram filmadas para o filme efetivamente realizado e podem ser vistas como materiais produzidos para outro fim.

Em muitos sentidos, *Triste Trópico* é, como também assinala Arthur Omar, "simetricamente oposto"[13] à *História do Brasil*. Ambos os filmes são realizados ao longo do mesmo período (entre 1971 e 1974) e trabalham com quase cinco séculos de história do Brasil, pretendendo contribuir para uma percepção do Brasil e da história. Porém, enquanto o filme de Glauber e Medeiros é um documentário que tem como base importante imagens ficcionais (filmes de ficção históricos), o de Arthur Omar, ao contrário, concebe uma narrativa experimental que constrói um enredo ficcional composto por documentos históricos e etnográficos (textuais e iconográficos). *Triste Trópico* é um dos primeiros filmes de Omar e seu único longa-metragem, sendo também uma obra singular dentro da trajetória do artista. Apesar de suas particularidades, trata-se de uma obra precursora de interesses que cruzam a obra artística de Omar, por trabalhar a memória brasileira e popular, pelo carnaval em particular, por estabelecer diálogos com o campo da antropologia, assim como pelos processos artísticos de significação e ressignificação das imagens.

Vale ressaltar que ambos os filmes são realizados durante a era Médici, ciclo mais sangrento da ditadura militar brasileira. O ano de 1974, especificamente, marca o fim do governo do general Emílio Garrastazu Médici e início do período governado pelo general Ernesto Geisel. Trata-se de um momento de derrota e desagregação da esquerda revolucionária, em que "a certeza na frente e a história na mão"[14], da icônica música de Geraldo Vandré, são postas em questão. Ao mesmo tempo, a entrada de Geisel marca um primeiro movimento de distensão do regime, o fim do ciclo mais duro e ufanista da ditadura, do "Brasil, ame-o ou deixe-o"[15]. A marcha em direção ao futuro é cada vez mais colocada em xeque. Glauber, Medeiros e Omar compartilham da desilusão e desencanto da esquerda, e naquele momento de crise assumem uma atitude retrospectiva, voltam-se para materiais do passado para a construção de suas narrativas. Ambos os filmes são, até hoje, raros e pouco vistos. O contexto de ditadura militar proibiu ou dificultou sua circulação na época. Apesar

---

[13] XAVIER, 2017, s/p

[14] Frase da letra da música "Pra não dizer que não falei das flores", de Geraldo Vandré, 1968.

[15] Slogan ufanista muito utilizado pela propaganda do regime militar do período Médici.

da estratégia de partir de coisas já ditas e já vistas, eles não conseguem driblar os entraves de um período de censura. Com a passagem do tempo, eles permaneceram marginalizados[16].

História do Brasil e *Triste Trópico* também se destacam por suas qualidades inventivas. De diferentes formas, são filmes instigantes que inovam em seus trabalhos de montagem com materiais já existentes e desenvolvem narrativas complexas, com intenções históricas. Espero que, ao longo do texto, as ressonâncias entre os filmes tornem-se claras, evidenciando a sintonia entre eles e o interesse das questões que evocam. Filmes emblemáticos da cinematografia brasileira, eles ainda não foram estudados com um olhar mais atento às narrativas que constroem, ou aos procedimentos estéticos das montagens.

Este trabalho dialoga com textos e entrevistas dos cineastas sobre seus trabalhos e com outros estudos que já abordaram cada uma das obras em questão, por outras perspectivas. Sobre *História do Brasil*, destacam-se o livro homônimo de Anita Leandro[17] e escritos de Maurício Cardoso, especialmente sua tese de doutoramento, intitulada *O Cinema tricontinental de Glauber Rocha: política, estética e revolução (1969-1974)*[18]. O livro de Leandro, além de desenvolver uma introdução que contextualiza a realização do filme e analisa algumas de suas questões centrais, faz uma decupagem detalhada de toda a obra, por meio da transcrição da narração e descrição das imagens com as quais esta é montada a cada momento, frequentemente citando suas respectivas fontes. A tese de Cardoso desenvolve uma análise cuidadosa da narrativa histórica proposta pelo filme, considerando as opções estéticas de composição, com o intuito mais amplo de pensar a proposta glauberiana de um cinema tricontinental, por uma perspectiva de unidade política entre América Latina, África e Ásia, e visando o combate ao imperialismo[19]. *Triste Trópico* foi trabalhado em artigos de autores importantes como Ismail Xavier e José Carlos Avelar[20], por exemplo, além de ser analisado no livro *Por um cinema antropofágico?*, de Guiomar Ramos[21], que inclui um anexo com a

---

[16] *Triste Trópico*, atualmente cada vez mais retomado em mostras e festivais internacionais, nunca foi digitalizado.

[17] LEANDRO, Anita. *História do Brasil*. Rio de Janeiro: UFRJ. Obra inédita.

[18] CARDOSO, Maurício. *O cinema tricontinental de Glauber Rocha*: política, estética e revolução (1969 – 1974). 2007. Tese (Doutorado em História Social) – Universidade de São Paulo, São Paulo, 2007.

[19] Ver *Ibid.*, p. 14-15.

[20] Ver, por exemplo: AVELLAR, José Carlos. O garçom no bolso do lápis. *In: Imagem e som, imagem e ação, imaginação*. Rio de Janeiro: Paz e Terra, 1982; XAVIER, Ismail. Viagem pela heterodoxia. *Significação*: Revista de Cultura Audiovisual, [S.l.], n. 14, p. 9-19, 2000.

[21] RAMOS, Guiomar. *Um cinema brasileiro antropofágico? (1970-1974)*. São Paulo: Annablume: Fapesp, 2008.

decupagem completa do filme, incluindo a transcrição da narração. Para aprofundar a análise do filme e as questões teóricas da pesquisa, tivemos a oportunidade de realizar longas conversas com Arthur Omar. Trechos desse depoimento de Omar entram em diversos momentos do texto, entre aspas, mas sem a reiteração contínua de sua referência em nota de pé de página. Uma transcrição editada dessas conversas encontra-se no fim do livro. As reflexões de Arthur Omar, além de terem sido bases preciosas para o desenvolvimento deste estudo, são densas e ricas tanto em termos de informações históricas sobre o processo de criação de *Triste Trópico* quanto de pensamento teórico sobre o cinema e a montagem, apontando para outros caminhos além dos temas abordados neste trabalho. Omar também fez a gentileza de ceder para a pesquisa uma entrevista concedida por ele no ano do lançamento do filme, 1974, que permaneceu inédita.

O interesse central da presente obra é refletir sobre *História do Brasil* e *Triste Trópico* como filmes de reemprego que possuem intenções históricas. Por isso, prestamos especial atenção às imagens das quais se apropriam — buscando refletir sobre a historicidade que carregam — e à forma de montagem destas nos filmes. Como escreve Anita Leandro:

> [...] a montagem expõe o arquivo em sua materialidade visual e sonora, associa coisas distintas umas das outras (uma imagem e um som), justapõe tempos distantes um do outro (o passado, o presente). Diante dos documentos, ela desenvolve toda uma poética das ruínas, do fragmento, da falta, do silêncio [...]. Mas ela não renuncia, por causa disso, a contar histórias.[22]

Investigamos, justamente, que escritas alternativas da história os dois filmes propõem por meio do reemprego de materiais do passado e do cinema. Não se trata, portanto, de um estudo sobre a história da realização das obras, de seus processos de criação ou de recepção, mas de uma abordagem sobretudo estética que visa analisar a narrativa de caráter histórico que os filmes elaboram.

Antes de adentrar nos capítulos propriamente ditos, o preâmbulo da obra trata de fazer uma breve apresentação do contexto histórico dos anos 1960-70 e de esboçar um universo de influências transversais que atravessam um lugar de fala comum aos cineastas em questão. *História do Brasil* (Glauber Rocha e Marcos Medeiros, 1974) e *Triste Trópico* (Arthur

---

[22] LEANDRO, Anita. Montagem e história: uma arqueologia das imagens da repressão. *In*: BRANDÃO, Alessandra; LIRA, Ramayanna. *A sobrevivência das imagens*. Campinas: Papirus, 2015. p. 106.

Omar, 1974) tratam de diversas das questões que cruzaram gerações de artistas. Temas como "antropofagia e identidade", "o emblema do carnaval", "crise da história" ou "metacinema e carnavalização", por exemplo, alguns subtítulos do texto de Ismail Xavier sobre o cinema brasileiro moderno[23], são centrais nesses filmes. Essas questões são abordadas, no entanto, de maneira particular em cada um deles, com base no reemprego de materiais já existentes, o que leva a problemas específicos.

Os dois primeiros capítulos tratam de questões estéticas e teóricas que perpassam os filmes abordados. "Só me interessa o que não é meu: antropofagia, carnavalização e barroco" desenvolve uma reflexão sobre *Triste Trópico* e *História do Brasil* segundo três noções centrais que, ao mesmo tempo, moldam determinadas escolhas temáticas e estéticas das obras e determinam uma certa atitude diante dos materiais reempregados, construindo uma visão de mundo que compartilham; são elas: a ideia modernista de antropofagia cultural, cunhada por Oswald de Andrade em 1928; a noção bakhtiniana de carnavalização; e a noção de neobarroco, reivindicada nos anos 60 e 70 como uma tradição própria das artes na América Latina. A noção de antropofagia cultural, além de ser uma chave interessante para se pensar o próprio método de realização escolhido pelos filmes, determina um projeto estético e político adotado por eles, uma determinada atitude assumida diante dos materiais que reempregam. Vizinha à antropofagia cultural, a noção bakhtiniana de carnavalização é convocada para iluminar novos aspectos da apropriação e dos desvios operados e para o desenvolvimento de uma reflexão sobre o uso, nas obras, de imagens do carnaval. Por último, os filmes são pensados com base na retomada de uma tradição barroca latino-americana. Transversais aos filmes e complementares, tanto a antropofagia quanto a carnavalização e o barroco são noções criadas pela teoria literária valendo-se de concepções de apropriação e transtextualidade, além de estarem vinculadas a um pensamento sobre a identidade brasileira ou latino-americana. Cada uma, porém, traz contribuições específicas para a análise. A relação identidade-alteridade estando no coração do corpus abordado, as três noções fundamentam também as reflexões dos capítulos seguintes sobre as intenções históricas das diferentes narrativas e as escolhas estéticas das montagens. No segundo capítulo, "Reemprego de imagens: uma questão de montagem para o Brasil da ditadura", os cruzamentos entre *História do Brasil* e *Triste Trópico* continuam a ser explorados, refletindo sobre

---

[23] XAVIER, Ismail. Do golpe militar à abertura: a resposta do cinema de autor. *In*: XAVIER, 2001, p. 51-126.

como a atitude antropofágica, carnavalizante e de caráter barroquista assumida por eles se reflete nas escolhas estéticas da montagem e da construção narrativa. As montagens dos filmes são analisadas primeiramente com base na investigação de suas reivindicadas filiações com o legado teórico do cineasta soviético Serguei Eisenstein, especialmente com sua ideia de montagem vertical. A ideia de verticalidade é então pensada tanto em relação às operações específicas da montagem de *História do Brasil* e *Triste Trópico* quanto no que concerne à estrutura das narrativas elaboradas. Seria possível pensar em uma verticalização, não literal, das estruturas dos filmes como um todo, que se constroem mais por meio do acúmulo do que da linearidade e sucessão de elementos? Essa verticalização da narrativa dialoga com um paradigma barroquista, assim como com a compreensão benjaminiana da história. Este capítulo também busca traçar uma discussão ampla sobre os filmes de reemprego e suas possibilidades discursivas, considerando questões como as relações que eles estabelecem com a materialidade do tempo, com desejos de história e memória, e com a aproximação entre um fazer histórico alternativo e a ideia de experiência.

Os dois últimos capítulos, "*História do Brasil*: a força da violência na história" e "*Triste Trópico*: a dor e a festa, entre o passado e o presente", desenvolvem análises separadas de cada um dos filmes, levando em conta suas particularidades e as narrativas históricas específicas sobre o Brasil que desenvolvem. Nesses capítulos sobre *História do Brasil* e *Triste Trópico*, a iconografia escolhida, as formas de abordagem e montagem, assim como os assuntos desenvolvidos em cada filme são analisados em maior profundidade.

PREÂMBULO

SOBRE ALGUMAS QUESTÕES DO CINEMA MODERNO BRASILEIRO

História do Brasil (Glauber Rocha e Marcos Medeiros, 1974) e *Triste Trópico* (Arthur Omar, 1974) inscrevem-se em uma longa tradição intelectual brasileira que constantemente se questiona, como escreve o antropólogo Ruben Oliven, sobre "quem somos, como somos e por que somos o que somos?"[24] A questão da busca ou constituição de uma identidade nacional é crucial para o cinema brasileiro moderno, configurando-se tanto como tema quanto como linguagem. Os cineastas que emergem, principalmente, nas décadas de 60 e 70, ainda que em correntes artísticas divergentes, preocupam-se em fazer um cinema capaz de refletir sobre a formação histórica, os problemas sociais e políticos do Brasil e, muitas vezes, em desenvolver uma cinematografia que mostre suas origens brasileiras. "O cinema estava na linha de frente da reflexão sobre a realidade brasileira, na busca de uma identidade nacional autêntica do cinema e do homem brasileiro, à procura de sua revolução"[25], escreve o historiador Marcelo Ridenti no *Em busca do povo brasileiro*. Já em *O nacional e o popular na cultura brasileira*, Jean-Claude Bernardet e Maria Rita Galvão também reforçam, em relação à década de 1960, a "preocupação de transformar o cinema em instrumento de descoberta e reflexão sobre a realidade nacional"[26]. Como os títulos das obras citadas apontam, nesse período há um vínculo estreito entre os entendimentos de identidade brasileira e cultura popular. É por meio do popular que se pode vislumbrar um estilo artístico nacional, que se diferencie do estrangeiro — o cinema popular sendo entendido como aquele que parte da cultura popular, que a tem como tema ou matéria-prima, e que é feito para as classes populares, em seu favor e concebendo-as como público-alvo[27].

---

[24] OLIVEN, Ruben George. Cultura brasileira e identidade nacional (o eterno retorno). *In*: MICELI, Sergio (org.). *O que ler na ciência social brasileira*. São Paulo; Brasília: Sumaré: Capes, 2002. v. 4.

[25] RIDENTI, Marcelo. *Em busca do povo brasileiro*: artistas da revolução, do CPC à era da TV. Rio de Janeiro; São Paulo: Record, 2000. p. 89.

[26] GALVÃO, Maria Rita; BERNARDET, Jean-Claude. *O nacional e o popular na cultura brasileira*. São Paulo: Brasiliense, 1983. p. 139.

[27] Raramente "o povo" é considerado nesse período enquanto potencial agente cultural. Sobre o entendimento de popular nos anos 1960, ver: GALVÃO; BERNARDET, 1983, p. 138.

Para contextualizarmos as questões que unem *História do Brasil* e *Triste Trópico*, é necessária a elaboração de um breve histórico e um levantamento de características gerais que atravessam o cinema moderno no Brasil e os cineastas que iniciaram suas atividades nesse período, como Glauber e Omar. Não se pretende fazer uma classificação exaustiva ou homogeneizar correntes e movimentos bastante distintos (até mesmo internamente) que se desenvolveram ao longo de mais de duas décadas no cinema brasileiro, mas salientar que há um guarda-chuva de questões e referências que cruzam as gerações responsáveis pelas novas ondas do cinema brasileiro e marcam um lugar de fala específico, compartilhado pelos autores estudados.

No Brasil do início dos anos 1960, movimentos sociais inspirados pelo sucesso da Revolução Cubana (1959) e paralelamente aos acontecimentos que a seguiram, como "a vitória da revolução argelina (1962), a retomada da guerra do Vietnã (1960), e os processos das independências na África (primeira metade dos anos 60)"[28], redefinem o projeto político nacionalista que precedeu as políticas modernistas da década de 1950. Diferentes correntes da esquerda brasileira faziam parte desse movimento, um nacionalismo de novo tipo, que valorizava as questões sociais e a independência financeira e cultural do país. "Nas ruas, nas greves e nos campos, agitavam-se os movimentos sociais, reivindicando, exigindo, radicalizando-se. Entretanto, em sentido contrário, mobilizavam-se igualmente resistências expressivas"[29], que "nutriam um grande Medo de que viria um tempo de desordem e de caos, marcado pela subversão dos princípios e dos valores, inclusive dos religiosos"[30], como sintetiza o historiador Daniel Aarão Reis. Em plena Guerra Fria, a sociedade brasileira estava dividida em conjuntos heterogêneos, a favor e contra as reformas, e, entre 1961 e 1964, essa dicotomia se radicaliza cada vez mais. É nesse contexto que surge uma nova geração de cineastas, e de artistas em geral, interessada por uma arte engajada, preocupada em tratar criticamente dos problemas sociais e políticos da realidade brasileira. Noções como as de povo, nação, liberação nacional e revolução guiavam tanto as práticas das organizações de esquerda quanto às iniciativas culturais e artísticas do período — o *Cinema Novo*, especialmente influenciado pelo neorrealismo italiano e pela *Nouvelle Vague* francesa, sendo o exemplo mais marcante no campo do cinema. Como define Ismail Xavier:

---

[28] REIS, Daniel Aarão. *Ditadura militar, esquerdas e sociedade*. Rio de Janeiro: Jorge Zahar, 2000. p. 28.

[29] *Ibid.*, p. 24.

[30] *Ibid.*, p. 27.

O Cinema Novo foi a versão brasileira de uma política de autor que procurou destruir o mito da técnica e da burocracia da produção, em nome da vida, da atualidade e da criação. Aqui, atualidade era a realidade brasileira, vida era o engajamento ideológico, criação era buscar uma linguagem adequada às condições precárias e capaz de exprimir uma visão desalienadora, crítica, da experiência social[31].

Cineastas como Nelson Pereira dos Santos, Glauber Rocha, Ruy Guerra, Joaquim Pedro de Andrade, Cacá Diegues, Leon Hirszman, Paulo Cesar Saraceni, Arnaldo Jabor, Luiz Sérgio Person e David Neves compõem o grupo do Cinema Novo. No início da década de 1960, é marcante entre eles a confiança de que se vive um momento histórico para o país, momento do despertar dos oprimidos, da realização de mudanças estruturais que transformarão a realidade social brasileira, rumo a uma maior justiça social. Há, como sintetizam Bernardet e Galvão, "uma sensação de privilégio histórico"[32] que paira entre os grupos políticos e artísticos. "Havia um clima eufórico de realizações, de esperança política e cultural. [...] Nós, no Brasil, [...] estávamos em condições de ser sujeitos da nossa História"[33], diz Jabor. No mesmo sentido, Cacá Diegues declara: "Eu me sentia extremamente responsável por este país, eu pessoalmente me sentia responsável [...] a gente podia mudar as coisas"[34]. O filme de Glauber Rocha *Deus e o Diabo na Terra do Sol* (1963), ao evidenciar "a presença, no Brasil, de uma tradição de rebeldia", em que prevalece "o impulso de mobilização para a revolta"[35], é emblemático dessa tonalidade de esperança compartilhada pelos integrantes do Cinema Novo.

Ligado ao pensamento mais amplo sobre a questão identitária, há o tema do subdesenvolvimento, diretamente relacionado ao passado colonial do país. A consciência do subdesenvolvimento é uma constante: fazemos parte do terceiro mundo, e, sendo assim, o pensamento sobre uma identidade que nos seja própria se faz considerando as diferenças em relação a um outro. Somos "terceiro" em relação ao "primeiro mundo", periféricos em relação a um centro. Nesse período, sobretudo os Estados Unidos encarnam o lugar de inimigo imperialista, devido às interferências do país nos sistemas políticos latino-americanos e, no caso do cinema, ao domínio de Hollywood no mercado brasileiro.

---

[31] XAVIER, Ismail. *O cinema brasileiro moderno*. São Paulo: Paz e Terra, 2001. p. 63.

[32] GALVÃO; BERNARDET, 1983, p. 134.

[33] JABOR, Arnaldo *apud* GALVÃO; BERNARDET, 1983, p. 134.

[34] CARLOS DIEGUES *apud* GALVÃO; BERNARDET, 1983, p. 135.

[35] XAVIER, 2001, p. 20.

A reflexão sobre as relações entre o campo do cinema e o subdesenvolvimento brasileiro é "marcada pelo impacto de um texto deflagrador"[36], escrito pelo crítico cinematográfico e, por muitos anos, diretor da Cinemateca Brasileira de São Paulo Paulo Emílio Salles Gomes, *Uma situação colonial?*, publicado, primeiramente, em 1960. Em texto curto e duro, o autor logo responde afirmativamente à questão que intitula o artigo e denuncia:

> O denominador comum de todas as atividades relacionadas com o cinema é em nosso país a mediocridade. A indústria, as cinematecas, os laboratórios, a crítica, a legislação, os quadros técnicos e artísticos, o público e tudo o mais que eventualmente não esteja incluído nesta enumeração mas que se relacione com o cinema no Brasil apresentam a marca cruel do subdesenvolvimento. [...] A situação de coloniais implica crescente alienação e depauperação do estímulo para empreendimentos criadores.[37]

Descolonizar o cinema brasileiro é questão fundamental para o Cinema Novo, que busca fazê-lo, justamente, transformando a consciência do subdesenvolvimento em potência, em estética.

Em 1964 acontece o golpe militar que instaura um governo ditatorial no Brasil, uma vitória das forças conservadoras. Movimentos políticos populares, como as Ligas Camponesas, atuantes nos estados do Nordeste, são desmantelados, sendo o movimento estudantil "o único movimento de massas capaz de se rearticular nacionalmente nos primeiros anos pós 64"[38]. O Cinema Novo, em sua urgência em interpretar os problemas do tempo presente da sociedade brasileira, busca compreender a derrota. Em seu manifesto "Estética da fome", apresentado em 1965, na Itália, Glauber Rocha, nesse momento de revés, após o golpe de abril, busca sintetizar o Cinema Novo em uma análise que se estrutura com base no que considera a inegável situação colonial brasileira e latino-americana. "A América Latina permanece colônia e o que diferencia o colonialismo de ontem do atual é apenas a forma mais aprimorada do colonizador"[39], escreve Glauber. Não é possível fazer arte sem considerar esta situação, e só resta aos artistas empreender "um titânico e autodevastador esforço no sentido de superar a impotência"[40].

---

[36] GALVÃO; BERNARDET, 1983, p. 164.

[37] GOMES, Paulo Emílio Sales. Uma situação colonial? *In*: GOMES, Paulo Emílio Salles. *Uma situação colonial?* São Paulo: Companhia das Letras, 2016. p. 47.

[38] RIDENTI, 2000, p. 39.

[39] ROCHA, Glauber. Eztetyka da fome 65. *In*: ROCHA, Glauber. *Revolução do cinema novo*. São Paulo: Cosac Naify, 2004. p. 64.

[40] *Ibid.*, p. 64.

Vale ressaltar que a centralidade do tema da fome, como mostra o manifesto escrito por Glauber, é crucial para um sentimento de identidade transnacional, latino-americana, também muito presente no período. Com a dimensão fortemente nacional da cinematografia brasileira, caminha — mais uma vez, em sintonia com o campo das esquerdas e das artes de modo geral — essa identificação transnacional, sobretudo latino-americana, baseada na divisão global entre primeiro e terceiro mundo, desenvolvidos e subdesenvolvidos — o termo "Novo Cinema Latino-Americano" (NCL) sendo utilizado, em diversos estudos, como categoria ampla que reúne os "cinemas novos" de toda América Latina.

Acompanha a produção majoritariamente ficcional do Cinema Novo uma tradição documental. Desde o fim da década de 1950, uma nova produção brasileira de filmes documentários desponta, alinhada com a preocupação de expressar e denunciar os problemas sociais da realidade brasileira. Dois documentários, *Aruanda* (Linduarte Noronha, 1959) e *Arraial do Cabo* (Paulo César Saraceni, 1959), são, aliás, considerados os filmes precursores do movimento do Cinema Novo. Trata-se de um tipo de cinema-documentário que Bernardet nomeia como modelo sociológico, "cujo apogeu situa-se por volta de 1964 e 1965"[41]. Os filmes que seguem esse modelo se pretendem reflexos do real e possuem como característica importante a presença de uma narração, em *off*, que encarna a "voz do saber", e é responsável por dar informações, fazer generalizações e assumir conclusões, sem ser questionada. Na década de 1960, destacam-se cineastas como Geraldo Sarno, Maurice Capovilla e Leon Hirszman, cujos filmes produzem registros pioneiros de pessoas e lugares até então negligenciados pelo cinema.

As manifestações culturais de protesto, contrárias ao golpe, na música, no teatro, nas artes visuais, na literatura ou no cinema, apesar de utilizarem camuflagens para driblar a censura, proliferam no Brasil, após 1964. Além do Cinema Novo, o Teatro de Arena, o Grupo Opinião[42] e as publicações de revistas de esquerda que reúnem intelectuais, escritores e artistas para debater a realidade brasileira, como a *Revista Civilização Brasileira* e *Paz e*

---

[41] BERNARDET, Jean-Claude. *Cineastas e imagens do povo*. São Paulo: Cia. das Letras, 2003. p. 12.

[42] O Teatro de Arena, atuante em São Paulo entre 1953 e 1972, foi um importante grupo teatral, com viés fortemente político, no qual se destaca a participação dos dramaturgos e diretores brasileiros Gianfrancesco Guarnieri e Augusto Boal. O Grupo Opinião, surgido em 1964, como resposta ao golpe militar, e atuante até 1982, inaugura um teatro de protesto e resistência política, reunindo vários artistas, especialmente ex-integrantes do Centro Popular de Cultura da UNE.

Terra, compõem um amplo e inventivo polo de resistência cultural ao regime. "Em que pesem as diferenças entre as propostas" dos diferentes grupos, como afirma Ridenti, "todos giravam em torno da busca artística das *raízes na cultura brasileira, no povo*, o que permite caracterizar essas propostas, genericamente, como nacional-populares"[43].

Entre 1967 e 1968, emerge o tropicalismo, movimento multicultural composto por um conjunto de ações artísticas paralelas, que problematiza o cunho pedagógico e panfletário da arte política feita até então, criticando seu caráter nacional-popular. Marcado por um importante retorno a Oswald de Andrade, especialmente ao "Manifesto antropófago" de 1928, o movimento Tropicalista dialoga com a cultura pop estadunidense e serve-se da ironia, da paródia e da colagem para a criação de uma arte provocadora. O movimento tem forte expressão na música popular brasileira, em que se destacam as canções de Torquato Neto (poeta letrista), Caetano Veloso, Gilberto Gil e Tom Zé. No teatro, surge o Grupo Oficina, que monta, em 1967, o espetáculo *O Rei da Vela*, dirigido por José Celso Martinez Corrêa, com base na obra de Oswald de Andrade. Apesar das diferenças entre os tropicalistas e a arte política engajada feita até então, pensar o Brasil continua sendo questão fundamental da nova corrente. Como escreve Ridenti:

> As críticas tropicalistas ao nacional popular não implicavam uma ruptura com o nacionalismo, antes constituíam uma variante dele: a preocupação básica continuava sendo com a constituição de uma nação desenvolvida e de um povo brasileiro, afinados com as mudanças no cenário internacional, a propor soluções à moda brasileira para os problemas do mundo.[44]

No fim do ano de 1968, é decretado pelo governo militar o Ato Institucional n.º 5 (AI-5), que determinou o recesso do Congresso Nacional, assim como dos parlamentos estaduais e municipais, por tempo indeterminado, e concedeu plenos poderes ao estado de exceção para a cassação de mandatos e direitos políticos, confisco de bens, suspensão de habeas corpus para crimes políticos e julgamentos destes por tribunais militares. Visto como o golpe dentro do golpe, o AI-5 marca, portanto, o endurecimento da ditadura militar brasileira, no fim de um ano marcado por grandes manifestações e

---

[43] RIDENTI, 2000, p. 129, grifos do original.

[44] *Ibid.*, p. 276-277.

revoltas políticas ao redor do mundo e por um fortalecimento das forças de resistência no Brasil[45]. No pós-AI-5, os movimentos e ações de grupos armados crescem, ao mesmo tempo que a tortura e os assassinatos políticos se generalizam como política de Estado. No âmbito cultural, o fechamento do regime resulta na interrupção e censura de diversas iniciativas em curso. Em paralelo ao terror, esse é um período marcado por grande crescimento econômico e de modernização industrial, conhecido como "Milagre Brasileiro", que não se reverte em diminuição da desigualdade social no país, mas, ao contrário, aprofunda-a.

Nesse contexto, e refletindo as novas tendências surgidas no fim da década, desenvolve-se uma nova corrente cinematográfica, conhecida como o Cinema Marginal. Como escreve Ismail Xavier:

> A "estética da fome" do Cinema Novo encontra seu desdobramento radical e desencantado na chamada "estética do lixo", na qual câmera na mão e descontinuidade se aliam a uma textura mais áspera do preto-e-branco que expulsa a higiene industrial da imagem e gera desconforto[46].

Reunindo cineastas como Rogério Sganzerla, Júlio Bressane, Andrea Tonacci, Luiz Rosemberg, Neville d'Almeida, Ozualdo Candeias e Carlos Reichenbach, o chamado cinema marginal é um cinema experimental, independente, em que a narrativa se fragmenta de forma radical, sem concessões. A postura agressiva em relação ao espectador é um componente central e dá-se tanto por meio da ruptura estética e narrativa quanto pela abordagem de temas tabus, como fantasias sexuais, representações escatológicas, encenações da violência. Violência que é, comumente, tratada sem dramatizações, de forma banal e indiferente. *O Bandido da Luz Vermelha*, primeiro filme de Rogério Sganzerla, é emblemático e precursor da "estética do lixo". Composto com base na colagem de diversas citações e referências, o filme serve-se da ironia e da paródia para a elaboração de uma narrativa descentralizada e construção de um personagem — o bandido — multifa-

---

[45] Em 1968, o movimento estudantil ganha força e expressão, ao lado de outras forças atuantes contra a ditadura militar como a grande imprensa liberal e setores da Igreja Católica. Em junho acontece a chamada Passeata dos Cem Mil, no Rio de Janeiro, com grande repercussão. Como escreve o historiador Daniel Aarão Reis: "Não apenas se unificaram as lutas dos estudantes universitários, em torno de suas entidades representativas e de reivindicações concretas, mas também toda uma série de categorias descontentes passou a se agrupar ao lado deles: escritores, religiosos, professores, músicos, cantores, cineastas, além de outros setores estudantis, como os secundaristas" (REIS, 2000, p. 49).

[46] XAVIER, 2001, p. 31.

cetado e indefinível[47]. Uma frase do bandido é especialmente reveladora do momento de impotência vivido politicamente pelo país, assim como das escolhas estéticas do cineasta: "Quando a gente não pode fazer nada, a gente avacalha. Avacalha e se esculhamba"[48]. Com exceção de *O Bandido*, filme lançado pouco antes da promulgação do AI-5 e que obteve sucesso de bilheteria, a maior parte dos filmes identificados com a estética do lixo e lançados a partir de 1969 foi censurada e marginalizada do mercado.

Paradoxalmente, e apesar do isolamento sofrido pela "estética do lixo", a produção cinematográfica ganha força no Brasil ao longo da década de 1970, devido à criação da Empresa Brasileira de Filmes S.A. (Embrafilme). A instituição estatal, responsável pela produção e distribuição cinematográfica brasileira, adquiriu relativa independência em relação ao regime militar, e os cineastas identificados ao Cinema Novo estabeleceram estreito diálogo com ela[49]. De diferentes formas, o grupo dá continuidade a uma produção de caráter nacional e popular, com especial interesse pela história do Brasil, por um cinema de crítica e reflexão social e por manifestações diversas da cultura popular[50]. As representações do Carnaval, grande festa nacional, assumem, sobretudo a partir dos anos 1970, grande importância simbólica nos cinemas autorais[51]. A diretriz geral é buscar uma maior comunicação com o público popular, objetivo que o grupo nunca conseguiu consistentemente atingir. Em diálogo com as influências do tropicalismo, as produções da época incorporam, muitas vezes, o recurso à ironia e, principalmente, a referência à antropofagia cultural e ao modernismo brasileiro, como é o caso, por exemplo, dos clássicos: *Macunaíma* (João Pedro de Andrade, 1969) e *Como Era Gostoso o meu Francês* (Nelson Pereira dos Santos, 1972).

---

[47] "Quem sou eu?" é a primeira fala do protagonista, que ouvimos em *off*, e que ecoa ao longo da montagem. Há uma vasta produção de textos sobre *O Bandido da Luz Vermelha*, que destaca a centralidade da problemática da identidade no filme. Ver, por exemplo: XAVIER, Ismail. *Alegorias do subdesenvolvimento*: cinema novo, tropicalismo e cinema marginal. São Paulo: Cosac Naify, 2012; BERNARDET, Jean-Claude. *O vôo dos anjos*. São Paulo: Brasiliense, 1991.

[48] O BANDIDO da luz vermelha. Direção de Rogério Sganzerla. Brasil, 1968. 92 min, PB, 35 mm, s/p.

[49] Ver AMANCIO, Tunico. Pacto cinema-Estado: os anos Embrafilme. *Alceu*, v. 8, n. 15, p. 173-184, jul./dez. 2007.

[50] Como é possível observar, para citar alguns exemplos, nas produções: *Os Inconfidentes*, Joaquim Pedro de Andrade, 1972; *Pindorama*, Arnaldo Jabor, 1971; *Os Herdeiros*, Cacá Diegues, 1972; *Os Deuses e os Mortos*, Ruy Guerra, 1970.

[51] Como Ismail Xavier aponta em *Cinema brasileiro moderno*, nos anos 1960, a visão do cinema sobre o carnaval é ambígua, a festa sendo, frequentemente, vista como alienante e associada à chanchada, estilo consensualmente considerado ruim (XAVIER, 2001, p. 107-109). A partir dos anos 1970, essa perspectiva muda e o carnaval é incluído como tema recorrente de cineastas do Cinema Novo, como se observa, por exemplo, nos filmes: *Quando o Carnaval Chegar*, Cacá Diegues, 1972; *Amor, Carnaval e Sonhos*, Paulo César Saraceni, 1972; *A Lira do Delírio*, Walter Lima Jr., 1978.

Segundo a perspectiva antropofágica do poeta Oswald de Andrade, é pela intertextualidade, pela absorção estética e política de características de diferentes culturas e influências existentes no Brasil, que as particularidades de uma cultura brasileira podem emergir. Devorar a cultura colonizadora é o que reivindica o famoso "Manifesto antropófago", publicado em 1928, que teve grande impacto nas artes brasileiras do fim da década de 1960 e início da década de 1970. Aliás, é do manifesto oswaldiano que foi extraída a frase que dá título ao presente trabalho: "Só me interessa o que não é meu".

Como aponta Xavier, a partir de 1972 é difícil mapear a produção cinematográfica com base em

> [...] estéticas aglutinadoras. No fim do Governo Médici, o cinema dito marginal já perdeu o fôlego enquanto movimento, está rarefeito. O Cinema Novo é antes uma sigla para identificar um grupo de pressão, aliás hegemônico junto à Embrafilme, do que uma estética.[52]

Nesse período, surgem novos cineastas autorais, como Arthur Omar, que continuam a revigorar, "ao longo dos anos 70, a pesquisa de linguagem e a busca de um estilo original, ao discutir a formação histórica e os problemas contemporâneos do país"[53]. Omar, cujo primeiro filme é o curta documental e experimental *Congo* (1972), inicia sua produção cinematográfica questionando o modelo documental "sociológico", então majoritário na produção brasileira. Seus filmes do período, que ele intitula "antidocumentários", buscam outras formas de expressar e trabalhar a memória e as manifestações da cultura popular. Para Omar, é preciso que se desnaturalize a linguagem hegemônica do cinema documentário, o gênero deve ser repensado. "O documentário tal como existe hoje é um subproduto da ficção narrativa, sem conter em si qualquer aparato formal e estético que lhe permita cumprir com independência seu hipotético programa mínimo: documentar"[54], escreve o cineasta em seu texto-manifesto "O antidocumentário, provisoriamente", publicado em 1972.

Em novo momento do cenário cinematográfico e político, Paulo Emílio Salles Gomes veicula outro texto de grande impacto, *Cinema: trajetória no subdesenvolvimento*, publicado em 1973. Neste, o crítico empreende um histórico da trajetória do cinema brasileiro, desde as origens, pelo prisma

---

[52] XAVIER, 2001, p. 88-89.

[53] *Ibid.*, p. 36.

[54] OMAR, Arthur. O antidocumentário, provisoriamente. *Revista Vozes*, [*S.l.*], ano 72, n. 6, ago. 1978. p. 406.

da relação que se estabelece entre "ocupante" e "ocupado". As categorias são definidas de forma complexa no texto, indo além da dicotomia entre nacional e estrangeiro. As classes dominantes brasileiras (elite e classe média, inclusive intelectual), em muitos momentos identificadas ao ocupante, assumem um lugar ambíguo de, simultaneamente, ocupante e ocupado. A juventude que compôs o Cinema Novo, segundo o autor, "aspirava a ser intérprete do ocupado", diferenciando-se, portanto, dele, ao mesmo tempo que faz parte "da pequena parcela de ocupados" da qual o ocupante realmente se utiliza, enquanto "abandona o resto ao deus-dará"[55]. Pelo prisma desta relação, a constituição de uma identidade brasileira é entendida assente em uma relação de alteridade, seja com o estrangeiro, seja com a elite nacional que privilegia e copia o estrangeiro, que exerce um poder constante sobre a cultura local.

Ligado ao tema geral do subdesenvolvimento, o tema da colonização histórica é recorrente na produção cinematográfica. Os temas da opressão e da violência da conquista portuguesa e da organização social e econômica do Brasil-colônia, baseada na escravidão, são retomados em diversos contextos narrativos, frequentemente postos em relação com o presente ditatorial e com a realidade social de miséria no Brasil. A figura do índio assume especial destaque, sobretudo a partir dos anos 1970. Segundo Paulo Emílio, há, em 1973, "um clima nostálgico no moderno filme brasileiro de qualidade e é possível que esteja se delineando em torno do índio o sentimento nacional de remorso pelo holocausto do ocupado original"[56]. Ismail Xavier também destaca que

> [...] a representação condensada do processo de colonização, concebida, em termos da oposição europeu/indígena, traz a primeiro plano a matriz cultural do índio e a sensibilidade mais aguda do cineasta para com os derrotados.[57]

Vale destacar que, ao longo das décadas de 1960 e 1970, como é possível observar, estabelece-se uma íntima relação entre crítica e produção cinematográfica no Brasil. Há, também, um vínculo estreito entre os cineastas e os pensadores do campo das ciências sociais, pertencentes a uma longa tradição de debate sobre a identidade nacional. A preocupação em abordar e retratar a realidade brasileira sob diferentes aspectos estabelece uma ligação

---

[55] GOMES, Paulo Emílio Salles. *Cinema*: trajetória no subdesenvolvimento. São Paulo: Paz e Terra, 1996. p. 101.

[56] *Ibid.*, p. 109.

[57] XAVIER, 2001, p. 86.

produtiva entre teoria e prática. Obras clássicas e precursoras das ciências sociais brasileiras constituem, sabidamente, referências significativas para a geração do Cinema Novo, destacando-se, entre elas, *Evolução política do Brasil* e *Formação do Brasil contemporâneo* (Caio Prado Jr., 1933 e 1942), *Casa grande & senzala* (Gilberto Freyre, 1933) e *Raízes do Brasil* (Sérgio Buarque de Hollanda, 1936). Ademais, há a influência de autores e obras, brasileiros e latino-americanos, contemporâneos dessa geração. Seria difícil elencar o conjunto dessas influências, cujo mapeamento ficaria incompleto. Porém, o objetivo desse apontamento é destacar que há uma rede de questões e de autores que cruza as discussões políticas e as produções artísticas brasileiras do período. Não por acaso, é vasta a produção teórica de Glauber Rocha, que a todo tempo busca refletir sobre sua própria prática e a de seus colegas. Arthur Omar é formado em sociologia e, em sua prática artística, dialoga diretamente com o campo da antropologia e com discursos das ciências sociais de modo mais amplo, além de também escrever textos teóricos sobre seu trabalho e, mais amplamente, sobre a imagem.

Dentro desse vasto universo de influências transversais, há também o campo das artes. Para além do já mencionado diálogo com o movimento modernista brasileiro dos anos 1920, "matriz decisiva dessa articulação entre nacionalismo cultural e experimentação estética"[58], é possível notar uma ampla retomada das vanguardas históricas dos anos 1920 e 1930[59] nos anos 1960 e 1970. Dentro deste movimento, podemos destacar a influência da obra (cinematográfica e teórica) do cineasta soviético Serguei M. Eisenstein para os cineastas, cinéfilos e intelectuais do cinema brasileiro, em consonância com a atenção dada ao cineasta, neste período, em outros países, sobretudo na Europa. Textos e obras do cineasta soviético chegam ao Brasil ainda nos anos 1930 e tornam-se, desde então, alicerces "para as discussões sobre a linguagem cinematográfica que ocorriam em cineclubes"[60], como mostra Fabíola Notari. Mas é no ano de 1961 que acontecem, no Brasil, as primeiras retrospectivas da obra de Eisenstein. No Rio de Janeiro, a Mostra Retrospectiva do Cinema Russo, realizada na Cinemateca do Museu de

---

[58] XAVIER, 2011, p. 24.

[59] Há, por exemplo, o resgate de cineastas brasileiros precursores, como Humberto Mauro, Mário Peixoto e Alberto Cavalcanti. Enquanto em torno de Mauro há certo consenso de sua imensa contribuição ao cinema brasileiro, a retomada de Mário Peixoto é polêmica. Sua única obra, *Limite* (1931), é extremamente criticada por Glauber Rocha, por exemplo, por seu excesso de formalismo, sendo encarada como um cinema elitista e reacionário, enquanto Júlio Bressane vê em *Limite* a grande obra-prima do cinema nacional.

[60] NOTARI, Fabiola. A recepção de Serguei M. Eisenstein no Brasil: anos 1920 e 1930, quando a teoria chegou antes dos filmes. *In*: ATAS do VI Encontro Anual da AIM. Edição de Paulo Cunha, Susana Viegas e Maria Guilhermina Castro. Lisboa: AIM, 2016. p. 237-249. p. 245.

Arte Moderna (MAM) do Rio de Janeiro, foi a maior retrospectiva de filmes soviéticos da América Latina até aquele momento. Paralelamente, em São Paulo, o festival História do Cinema Russo e Soviético e Ciclo Eisenstein e Pudovkin, organizado pela Cinemateca Brasileira, então presidida por Paulo Emílio, dentro do contexto da VI Bienal de São Paulo, alcança também grande repercussão. Além dos filmes, o evento produz textos e debates em torno de Eisenstein e do cinema soviético. De São Paulo, o festival segue para outras cidades, graças ao apoio da Cinemateca, circulando até 1963, por Salvador, Porto Alegre, Belo Horizonte, Curitiba e Sergipe[61]. Um pouco mais de uma década depois, entre 1973 e 1974, uma nova grande retrospectiva, desta vez dedicada unicamente à obra de Eisenstein, acontece em Rio de Janeiro, São Paulo, Brasília e Curitiba, reavivando o debate e a produção textual sobre os textos e filmes do cineasta.

Como podemos observar, dentro do chamado cinema brasileiro moderno é possível estabelecer conjuntos que, por recortes diversos (temáticos, estéticos ou históricos), agrupam determinados filmes de maneira transversal à classificação dos movimentos históricos e estéticos propriamente ditos, como o Cinema Novo ou o Cinema Marginal. Estudos como *Alegorias do subdesenvolvimento: cinema novo, tropicalismo, cinema marginal*, de Ismail Xavier; *Cineastas e imagens do povo*, de Jean-Claude Bernardet; *Por um cinema antropofágico? (1970-1974)*, de Guiomar Ramos; ou mesmo, em uma perspectiva ampla da cultura (não restrita ao cinema), *Em busca do povo brasileiro*, de Marcelo Ridenti, são exemplos disso. Esses conjuntos não são, de forma alguma, totalizantes. Não existe um único grande grupo do cinema moderno brasileiro, mas recortes que produzem diferentes junções, com base em questões e referências que, como diz a expressão, "estavam no ar" e marcam um lugar de fala, nesse momento de formação das novas gerações artísticas atuantes nesse período, e que se ligam a um pensamento geral sobre a realidade brasileira.

As questões aqui esboçadas — como a busca por uma identidade brasileira e latino-americana, a centralidade política e artística do tema do subdesenvolvimento e particularmente da experiência histórica da colonização, a retomada de influências da década de 1920, como Oswald de Andrade e Serguei Eisenstein, ou a vivência de um sentimento de crise e de

---

[61] Ver NOTARI, Fabiola. A recepção do cinema de Serguei M. Eisenstein no Brasil: um estudo de caso, a VI Bienal de São Paulo (1961). *In*: SIMPÓSIO NACIONAL DE HISTÓRIA CULTURAL, 7, 2015, São Paulo. *Anais* [...]. São Paulo: Universidade de São Paulo, 2015. Disponível em: http://gthistoriacultural.com.br/VIIsimposio/Anais/Fabiola%20Bastos%20Notari.pdf. Acesso em: 14 julho 2017.

responsabilidade histórica em relação ao país — atravessam e são centrais em *História do Brasil* e *Triste Trópico*. Ao longo do livro, esses problemas serão abordados e desenvolvidos de maneira particular com base em cada um dos filmes.

1

"SÓ ME INTERESSA O QUE NÃO É MEU"[62]: ANTROPOFAGIA, CARNAVALIZAÇÃO E BARROCO

1.1 *"Tupi or not Tupi"*[63]: antropofagia cultural e identidades do país e do cinema

A voz do narrador de *Triste Trópico*, ainda no início do filme, ao contar a história do personagem ficcional Dr. Arthur, diz:

> Em 1922, quando eclodiu a semana de arte moderna em São Paulo, era um obscuro recém-formado, vivendo em Paris. Sua existência boêmia, levava-o a frequentar a vanguarda artística, tornando-se amigo e médico particular de Picasso, Aragon, Marx Ernst e André Breton. André Breton iria incluir sugestões suas no manifesto surrealista de 1924. […] Traz histórias da Europa, gravuras cubistas, cartões postais e aparelhos[64].

Enquanto a voz faz referência ao movimento modernista brasileiro, vemos uma imagem da bandeira nacional em que o lema "Ordem e Progresso" é substituído pelos dizeres "Pau Brasil". Trata-se da imagem de capa do primeiro livro de poesias de Oswald de Andrade, *Pau Brasil*, publicado em 1925. Arthur Omar, ao efetuar sua apropriação da imagem, acrescenta à bandeira adulterada uma fotografia recortada na qual vemos o rosto de um menino indígena, com olhos vermelhos e expressão de medo, além de uma pena branca (Fig. 1). A intervenção de Arthur Omar na bandeira "Pau Brasil" parece sublinhar a centralidade da figura do índio no pensamento que o filme desenvolve sobre o Brasil, reforçando um protagonismo que já é fundamental na obra de Oswald.

Vale notar que em 1922, não exatamente no momento em que "eclodiu a semana de arte moderna em São Paulo", mas logo depois, Oswald de Andrade viveu em Paris e conviveu com a vanguarda artística da época, como revela Mário de Andrade, outra figura-chave do modernismo brasileiro, em carta a

---

[62] ANDRADE, Oswald de. Manifesto antropófago. *In*: MENDONÇA TELES, Gilberto (org.). *Vanguarda europeia e modernismo brasileiro*. Petrópolis: Vozes, 1986a. p. 353.

[63] *Ibid.*

[64] TRISTE trópico. Direção: Arthur Omar. Brasil, 1974. (77 min), PB e cor., 35 mm, s/p.

Manuel Bandeira. "Sabes o Oswaldo?", escreve Mário, "Está em Paris, amigo de Cendrars, Romains, Picasso, Cocteau etc. Fez uma conferência na Sorbonne, em que falou de nós!!! Não é engraçadíssimo?"[65] É possível supor, portanto, que o início da trajetória de Dr. Arthur espelhe a do próprio Oswald, além de representar um arquétipo, muito comum na época, do jovem intelectual da elite brasileira que vai fazer seus estudos em Paris. É pertinente ressaltar, também, as menções do comentário em *off* ao surrealismo e ao cubismo, movimentos que, além de dialogarem com o poeta e terem influenciado o movimento modernista brasileiro, são referências claras para o próprio *Triste Trópico*, filme de colagem que narra a história cada vez mais fragmentada, disparatada e sobrenatural — como um sonho ou um pesadelo — de Dr. Arthur.

Mais adiante no filme, a imagem da bandeira Pau Brasil reaparece. Desta vez, sobre o rosto do menino indígena sobrepõe-se, ainda, uma grande seringa e um feixe de luz a cruzar perpendicularmente a faixa branca da bandeira, onde se lê "Pau Brasil". O feixe de luz forma um "x" com a faixa da bandeira, que pode ser lido como um símbolo de negação. Acompanha a imagem a voz da narração, que, em uma de suas digressões surrealistas, a princípio, correlatas à biografia de Dr. Arthur, nos diz que "o prefeito poeta é eletrocutado por sua máquina de escrever elétrica enquanto escrevia um soneto sobre a cachoeira de Paulo Afonso".

Fig. 1 – À esquerda: Apropriação e transformação em *Triste Trópico* da imagem de capa da primeira edição do livro *Pau Brasil*, de Oswald de Andrade, concebida por Tarsila do Amaral. À direita: Reprodução da capa do livro original

Fonte: fotograma de *Triste Trópico* e edição fac-similar de *Pau Brasil* (EDUSP, 2003)

---

[65] ANDRADE, Mário de. Carta de Mário de Andrade a Manuel Bandeira, 1922. *In*: MORAES, Marcos Antônio de (org.). *Correspondência Mário de Andrade e Manuel Bandeira*. São Paulo: Edusp: IEB, 2001. p. 92.

A artista Tarsila do Amaral, responsável pelas ilustrações de *Pau Brasil*, é a autora da imagem, que impressiona por sua capacidade de síntese. Como nota Tânia Judar, "a capa condensa [...] o conceito do livro e, à semelhança de um *ready-made*, desloca a função habitual de 'símbolo da Pátria' para outro espaço, o poético"[66]. Isto é, ela é construída conforme o procedimento paródico, de transformação e invenção, que é a base da criação poética de Oswald na obra, e que se desdobrará, posteriormente, em seu célebre conceito de antropofagia cultural. Além disso, ao escolher desviar, justamente, o símbolo da bandeira nacional, a imagem aponta para o interesse central do autor em pensar a identidade brasileira, assim como da própria literatura nacional.

O título "Pau Brasil", que substitui o lema positivista da bandeira republicana, é o nome da árvore de madeira avermelhada típica da Mata Atlântica brasileira, primeiro produto de exportação colonial no século XVI. Dela, derivaria o próprio nome do país. A referência ao pau-brasil, além de se remeter ao objetivo da obra de tratar do que é "nosso" ("como falamos/ como somos"[67]), traz à tona a questão da exportação e, portanto, da relação entre nacional e estrangeiro. Um dos versos do "Manifesto da poesia pau-brasil", de 1924, que precede a publicação do livro, diz: "Uma única luta – a luta pelo caminho. Dividamos: Poesia de importação. E a Poesia Pau-Brasil, de exportação"[68]. Como a árvore pau-brasil, a poesia pau-brasil é considerada como riqueza nacional. Trata-se de uma poesia que, "contra a cópia, pela invenção e pela surpresa"[69], é original e, por isso, faz-se exportar. É interessante notar como, pelos versos do manifesto, a ideia de exportação é entendida em um sentido positivo. Ao se libertar de complexos de inferioridade e "ver com olhos livres"[70], isto é, ao se colocar em um lugar de fala que é equivalente ao do europeu, a poesia brasileira quebra hierarquias, deixa de importar e copiar e passa a exportar e influenciar. Entretanto, a escolha de "Pau Brasil" como título, assim como seu uso na imagem de capa, não deixa de evocar certa tensão e ambiguidade da prática da exportação. Afinal, o pau-brasil é uma matéria-prima que foi extraída e explorada internacionalmente, até a sua extinção, em pouco tempo.

---

[66] JUDAR, Tânia Veiga. *O livro-objeto Pau Brasil*. Dissertação (Mestrado em Literatura e Crítica Literária) – Universidade Católica de São Paulo, São Paulo, 2016. p. 78.

[67] ANDRADE, Oswald de. Manifesto da poesia pau-brasil. *In*: MENDONÇA TELES, 1986b, p. 327.

[68] *Ibid.*

[69] *Ibid.*, p. 329.

[70] *Ibid.*, p. 330.

Na dedicatória da edição original de *Pau Brasil*, lê-se: "A Blaise Cendrars por ocasião da descoberta do Brasil!"[71] É a busca por essa "descoberta" que motiva a criação artística de Oswald, questão central, abordada de formas diferentes, muitas vezes divergentes, pelas diversas correntes provenientes do movimento modernista brasileiro, ao longo da década de 1920. Na obra, por meio de uma postura crítica, como ressalta Maria Augusta Fonseca, Oswald "acaba por trazer uma significativa radiografia do país"[72], representado em sua multiplicidade de vozes. Em suas diferentes seções[73], *Pau Brasil* percorre vários séculos, eventos e contextos da história brasileira. Na primeira delas, intitulada "História do Brasil", o conjunto de poemas é composto segundo a estratégia de recorte e montagem de fragmentos de textos de cronistas dos séculos XVI e XVII, extraídos de seu contexto original, como, por exemplo, escritos de Pero Vaz de Caminha, Pero de Magalhães Gândavo e Fernão Dias Paes. A interferência do poeta, para além da atribuição dos títulos dos poemas, consiste somente em modificações de forma e ritmo[74]. A partir de "Poemas da colonização", outras fontes e vozes são convocadas, inclusive a do próprio poeta. No conjunto da obra, é por meio da sátira e, sobretudo, da paródia que "a história é revista e as perspectivas, invertidas"[75]. Para o poeta brasileiro, "a seriedade estava a cargo da irreverência"[76], como comenta Jean-Pierre Chauvin. Sobre o projeto de *Pau Brasil*, Vera Lúcia de Oliveira sintetiza:

> Reviver os fatos do passado, refletir livre e realisticamente sobre os momentos representativos do processo de formação de uma consciência nacional e sobre os tantos aspectos e conteúdos da história, passada e presente, constitui a raiz do pensamento e do projeto oswaldiano.[77]

---

[71] Uma viagem para Minas Gerais e Rio de Janeiro, durante o carnaval, realizada por Oswald de Andrade, Tarsila do Amaral e o poeta franco-suíço Blaise Cendrars foi a fonte de inspiração de diversos poemas de *Pau Brasil*. Sobre a viagem e a relação de amizade e influência entre Oswald e Cendrars, ver, por exemplo: CAMPOS, Haroldo de. Uma poética da radicalidade. *In*: ANDRADE, Oswald de. *Pau Brasil*. São Paulo: Globo, 1991. (Obras completas de Oswald de Andrade). p. 7-53; AMARAL, Aracy A. *Blaise Cendrars no Brasil e os modernistas*. São Paulo: Martins, 1970.

[72] FONSECA, Maria Augusta. Taí: é e não é - Cancioneiro Pau Brasil. *Literatura e Sociedade*, São Paulo, n. 7, dez. 2004. p. 129. Disponível em: http://www.revistas.usp.br/ls/article/view/25416. Acesso em: 23 set. 2017.

[73] As nove seções de *Pau Brasil* são: "História do Brasil", "Poemas da colonização", "São Martinho", "rpl", "Carnaval", "Secretários dos amantes", "Postes da Light", "Roteiro das Minas" e "Loyde brasileiro".

[74] Ver FONSECA, 2004, p. 133.

[75] OLIVEIRA, Vera Lúcia de. *Poesia, mito e história no modernismo brasileiro*. São Paulo; Blumenau: Unesp; Edifurb, 2002. p. 78.

[76] CHAUVIN, Jean-Pierre. Oswald de Andrade e a subversão da memória. *Patrimônio e Memória*, São Paulo, v. 11, n. 1, jan./jun. 2015. p. 186.

[77] OLIVEIRA, 2002, p. 104.

Oswald de Andrade, com sua "poética da radicalidade"[78] inaugurada em *Pau Brasil*, causa profundo impacto no cenário literário e artístico brasileiro da década de 1920. O escritor coloca em prática e em curso uma verdadeira revolução estética, marcada pelo desejo de atribuir valor literário à fala coloquial, em oposição à erudição e às normas poéticas da escola parnasiana e do academicismo dominantes na literatura brasileira de então. Observa-se na obra do autor um "movimento pendular de *destruição/construção*", como aponta Haroldo de Campos.

> Daí a importância que tem, para o poeta, o *ready made* linguístico: a frase pré-moldada do repertório coloquial ou da prateleira literária [...]. O *ready made* contém em si, ao mesmo tempo, elementos de destruição e de construção, de desordem e de nova ordem.[79]

Mais uma vez, recorremos à citação de uma divertida carta de Mário de Andrade, de 1924, destinada a Tarsila do Amaral, para sublinhar a grande repercussão de *Pau Brasil* na época de seu lançamento[80]:

> Estou inteiramente pau-brasil e faço uma propaganda danada do paubrasilismo. Em Minas, no Norte, Pernambuco, Paraíba, tenho amigos que estão paubrasileirando. Conquista importantíssima é o Drummond, lembras-te dele, um daqueles rapazes de Belo Horizonte. Está decidido a paubrasileirar-se e escreve atualmente um livro de versos com o maravilhoso nome de *Minha Terra Tem Palmeiras*.[81]

Muitos anos depois, *Triste Trópico* também parece aderir, por meio da citação da imagem da bandeira Pau Brasil, assim como do método de reemprego de materiais e da postura satírica, ao *paubrasilismo* e ao seu desdobramento, a antropofagia cultural. Publicado no primeiro número da *Revista da Antropofagia* em 1928, o "Manifesto antropófago" pode ser considerado um desenvolvimento do manifesto de 1924, "levando às últimas consequências as posições assumidas no Manifesto Pau-Brasil"[82], como escrevem Antonio

---

[78] "Uma poética da radicalidade" é o título do prefácio escrito por Haroldo de Campos para *Pau Brasil* (CAMPOS, 1991, p. 7-53).

[79] CAMPOS, 1991, p. 25, grifos do original.

[80] A grande repercussão da obra na década de 1920 foi acompanhada por muitas polêmicas. Sobre a recepção crítica de *Pau Brasil*, ver: OLIVEIRA, 2002, p. 95-105.

[81] ANDRADE, Mário de. Carta a Tarsila do Amaral, de 1 dezembro de 1924. *In*: AMARAL, Aracy (org.). *Correspondência Mário de Andrade e Tarsila do Amaral*. São Paulo: Edusp: IEB-USP, 2001. p. 86-88.

[82] CANDIDO, Antonio; CASTELLO, Aderaldo. *Presença da literatura brasileira*. São Paulo: Difusão Europeia do Livro, 1964. v. 3. p. 65.

Candido e Aderaldo Castello. Com Beatriz Azevedo, podemos dizer que o manifesto "representa a coluna vertebral do corpus antropofágico da obra de Oswald de Andrade"[83], que continua a desenvolver o conceito da antropofagia cultural ao longo das décadas seguintes[84].

"Tínhamos a justiça codificação da vingança. A ciência codificação da magia. Antropofagia. A transformação permanente do Tabu em Totem", diz um dos aforismos do manifesto, datado como "ano 374 da Deglutição do Bispo Sardinha"[85]. Incorporando um vocabulário freudiano, o poeta propõe lançar um novo olhar à prática histórica da antropofagia, por um viés positivo, reconhecendo-a como um comportamento ameríndio autêntico e não colonizado — como totem (símbolo sagrado e respeitado) —, buscando, assim, resgatá-la do lugar intocável de tabu, que a prática assumiu para as culturas ocidentais. A vingança e a magia, motores do ritual antropofágico tupinambá que devora o inimigo e incorpora suas forças[86], equivalem, na formulação de Oswald, à justiça ou à ciência das sociedades ocidentais. Como destaca Haroldo de Campos,

> O "índio" oswaldiano não era o "bom selvagem" de Rousseau, acalentado pelo Romantismo e, entre nós, "ninado pela suave contrafação de Alencar e Gonçalves Dias". Tratava-se de um *indianismo às avessas,* inspirado no selvagem brasileiro de Montaigne (*Des Cannibales), de um "mau selvagem", portanto*, a exercer sua crítica (devoração) desabusada contra as imposturas do civilizado.[87]

Como o próprio "Manifesto antropófago", *Triste Trópico* também traz a antropofagia ameríndia como temática. Ao atualizar um imaginário do Brasil colonial, a narração de *Triste Trópico* conta-nos que o próprio Dr. Arthur, ao conviver com os nativos na Serra do Escorpião, "precisou se acostumar

---

[83]   AZEVEDO, Beatriz. *Antropofagia*: palimpsesto selvagem. São Paulo: Cosac Naify, 2016. p. 46.

[84]   Como escreve Beatriz Azevedo: "Além de estar exposta nas obras de ficção, no manifesto e na tese, a Antropofagia está presente em diversos artigos e pequenos ensaios, como 'Meu Testamento' (1944), 'A Marcha das Utopias' (1953), 'Um Aspecto Antropofágico da Cultura Brasileira: O Homem Cordial' (1950), 'Variações Sobre O Matriarcado', 'Ainda o Matriarcado', 'O Achado de Vespúcio' e 'O Antropófago'. [...]. O tema da Antropofagia avança até a última obra publicada em vida pelo autor, em 1954, *Um Homem Sem Profissão*" (AZEVEDO, 2016, p. 46).

[85]   ANDRADE, 1986a, p. 360.

[86]   A antropofagia ritual ameríndia descrita em relatos dos séculos XVI e XVII, estudada nos domínios da antropologia e da história, é o tema do influente livro do historiador francês Alfred Métraux *La rélign des tupinambás*, que foi a principal fonte de Arthur Omar para a realização do texto de *Triste Trópico*. Na obra, o autor reforça, com base no estudo dos relatos europeus, que a vingança familiar é a principal motivação e impulso das ações bélicas e do ritual da antropofagia dos povos tupinambás. A vingança é, portanto, um elemento central para a compreensão da lógica de organização social dos grupos ameríndios que ocupavam a região do Brasil antes da colonização (Ver MÉTRAUX, Alfred. *La religion des tupinamba et ses rapports avec celle des autres tribus tupi-guarani*. Paris: PUF, 2014).

[87]   CAMPOS, 1991, p. 44, grifos do original.

a comer carne humana dos inimigos". Invertendo as hierarquias entre culturas, é Dr. Arthur quem se adapta à cultura indígena local, antropofágica, tornada dominante. Inversão também notável, por exemplo, no trecho:

> Quando visitantes lhe perguntavam como era a gente da Europa, dizia: são monstros aéreos, peludos, com a cabeça furada, deixando escapar fumo de tabaco, são pernetas, suas unhas tem um metro de comprimento e tem um corpo aveludado como o do morcego.

Desta forma, o filme reforça a relativização do que seria selvagem ou civilizado, primitivo ou avançado, ao espírito de muitos versos de Oswald de Andrade[88]. Ambos os trechos citados anteriormente são construídos segundo transformações de relatos de viajantes europeus dos séculos XVI e XVII que, originalmente, referiam-se, evidentemente, aos índios. O filme de Arthur Omar também se vale, portanto, da mesma estratégia utilizada por Oswald, tanto em *Pau Brasil* quanto na *Revista da Antropofagia*, de retomar e desviar esses textos históricos que descrevem, com fascínio e horror, o rito antropofágico e outros costumes de etnias nativas.

Metaforizada, a antropofagia cultural é a "atitude de devoração crítica"[89], que inverte hierarquias, que incorpora e transforma, em um processo de transfiguração. Por meio do "Manifesto antropófago", Oswald continua a explorar o caráter experimental de sua escrita, calcada na síntese e no humor, para desenvolver uma reflexão sobre o Brasil, mas não somente. A antropofagia traz uma crítica ampla à civilização ocidental moderna, capitalista e patriarcal e configura-se como uma proposta política de caminho alternativo. Como declara o último aforismo do manifesto: "Contra a realidade social, vestida e opressora, cadastrada por Freud - a realidade sem complexos, sem loucura, sem prostituições e sem penitenciárias do matriarcado de Pindorama"[90].

Quase 30 anos depois, em 1954, Oswald de Andrade afirma:

> Adotei de há muito um completo ceticismo em face da civilização ocidental que nos domou. Acredito que ela está nos seus últimos dias, vindo à tona a concepção oposta – a do homem primitivo que o Brasil podia adotar como filosofia.[91]

---

[88] Como, por exemplo, percebemos no conhecido poema "Erro de português" (1925): "Quando o português chegou / Debaixo duma bruta chuva / Vestiu o índio / Que pena! / Fosse uma manhã de sol / O índio tinha despido / O português" (ANDRADE, Oswald. *Obras completas*. Rio de Janeiro: Civilização Brasileira, 1971. v. 7. p. 115).

[89] CAMPOS, 1991, p. 27.

[90] ANDRADE, 1986a, p. 360.

[91] ANDRADE, Oswald *apud* AZEVEDO, 2016, p. 54.

Um pouco adiante no texto, o autor complementa: "Evidentemente, o que eu quero não é o retorno à taba e sim o primitivo tecnizado"[92]. Diante do que considera o fracasso da modernidade ocidental, Oswald propõe um retorno ao primitivo, ao momento que antecede à violência da colonização e seu consequente projeto considerado civilizatório, à base da força. Mas, como ressalta, não se trata de uma simples volta nostálgica ao passado, mas de buscar, nele, uma outra perspectiva para pensar o futuro. A antropofagia propõe uma nova lente para pensar o que virá pela frente, para se chegar a uma nova forma de organização social no Brasil, que teria muito a aprender com seus antepassados tupinambás.

A literatura crítica sobre a obra de Oswald é extensa e riquíssima, mas o que interessa aqui é pensar a antropofagia cultural tal como praticada nos filmes em questão. É importante lembrar que, ao longo da década de 1960, depois de décadas de ostracismo, ocorre um importante retorno à antropofagia oswaldiana por parte dos grupos artísticos vanguardistas brasileiros. Glauber Rocha revela em diversos textos e cartas, a partir do fim dos anos 1960, seu entusiasmo com a retomada, em curso, do pensamento de Oswald de Andrade. Em "Tropicalismo, antropologia, mito, ideograma", texto de 1969, ele escreve, por exemplo:

> O tropicalismo, a descoberta da antropofagia, foi uma revelação: provocou uma consciência, uma atitude diante da cultura colonial que não é uma rejeição à cultura ocidental […], aceitamos […] a ingestão dos métodos fundamentais de uma cultura completa e complexa, mas também a transformação mediante os *nostri succhi* e através da utilização e elaboração da política correta. É a partir deste momento que nasce uma procura estética nova, e é um fato recente.[93]

Para Glauber, em sua busca por uma revolução descolonizadora, ao mesmo tempo estética e política, a descoberta da antropofagia cultural oswaldiana cumpre um papel importante, ao sublinhar a tomada de consciência de que a cultura ocidental é inevitável — parte constituinte da América Latina — e, ao mesmo tempo, apontar para um caminho de criação estética diferenciada, própria, que se faz, justamente, por meio da inclusão desse outro inescapável. "Sou um comedor de mitos antropofágico dialético"[94],

---

[92] ANDRADE, Oswald *apud* AZEVEDO, 2016, p. 55.

[93] ROCHA, Glauber. Tropicalismo, antropologia, mito, ideograma 69. *In*: ROCHA, 2004, p. 150.

[94] ROCHA, Glauber. Carta a Peter Schumann, janeiro de 1976. *In*: ROCHA, Glauber. *Cartas ao mundo*. Organização de Ivana Bentes. São Paulo: Companhia das Letras, 1997. p. 570.

afirma Glauber em carta para Peter Schumann, escrita em 1976. Já em carta para Zuenir Ventura, datada de 1974, ele diz: sou "materialista, histórico e dialético porque acredito na ciência e no saque"[95].

Em *História do Brasil*, assim como em *Triste Trópico*, Oswald também é diretamente convocado na montagem, assumindo papel de destaque. Em uma das poucas pausas da narração, aos 60 minutos do filme, vemos a capa do catálogo da Exposição da Semana de Arte Moderna de 1922, sobre a qual passa um letreiro no qual se lê: "A cultura (inter)nacional: a arte nacional e seus apoios estrangeiros. As metamorfoses de Oswald de Andrade". Após um silêncio, sobre a imagem ouvimos a voz da narração em *off*:

> Onze de fevereiro de 1922, um grupo de intelectuais, liderados pelos escritores Mário de Andrade e Oswaldo de Andrade, encenam em São Paulo a primeira semana de arte moderna. Os modernistas combatem a cultura parnaso-simbolista da classe dominante e liberam a força revolucionária da mitologia popular.

Na parte final da narração, vemos ilustrações, em fundo branco, de representações de mitos populares brasileiros como o Saci Pererê e a Mula sem Cabeça. Poucos minutos depois, vemos uma reprodução do quadro *Abaporu* (que significa "antropófago" em tupi-guarani[96]), de Tarsila do Amaral (Fig. 2), enquanto a narração comenta que "o povo não reconhece na revolução linguística modernista o espelho estético da sua inconsciência". Outros quadros de Tarsila são utilizados também em outras sequências do filme[97], reforçando o destaque que é dado ao modernismo brasileiro.

---

[95] ROCHA, Glauber. Carta a Zuenir Ventura, janeiro de 1974. *In*: ROCHA, 1997, p. 481.

[96] Tarsila do Amaral narra o episódio de origem tanto do quadro *Abaporu*, quando do movimento da Antropofagia, em reportagem para o *Correio da Manhã* de 1969, na qual diz: "A 12 de janeiro de 1928, para o aniversário do Oswald de Andrade, terminei um quadro para presenteá-lo. Pintei até altas horas. Quando acordei, eu mesma fiquei um pouco assustada. E Oswald também se impressionou. Mas que coisa estranhíssima – dizia – como é que você teve a ideia de fazer isso? Parece-me um Antropófago. No dia seguinte Oswald chamou o Raul Bopp para ver o quadro. Aí me perguntaram se poderiam chamar aquilo de antropófago. Respondi: esperem um instante, vou buscar meu dicionário de Tupi-Guarani. E foi no dicionário de Montoya, que tenho até hoje, que descobri a palavra chave: ABA-PORU" (JAYME, Maurício. Tarsila, pau-brasil, antropofagia e pintura social. *Correio da Manhã*, Rio de Janeiro, 10 abr. 1969. s/p. Disponível em: http://memoria.bn.br/DocReader/089842_07/100828. Acesso em: 25 set. 2017).

[97] A reprodução do quadro *Segunda Classe* (Tarsila do Amaral, 1933) é apresentada segundo enquadramentos que recortam, sucessivamente, os diversos personagens representados no quadro original. As imagens são mostradas enquanto a voz da narração fala do programa republicano de Benjamin Constant e enquanto nos diz que mais de 500 mil pessoas foram trazidas da África para o Brasil, entre 1840 e 1850, período em que o tráfico já era uma atividade ilegal. A montagem reforça, com base nos rostos tristes que encaram o espectador, que a profunda desigualdade social brasileira é fruto direto da história do país, sobretudo do longo passado escravista. No diálogo entre os diretores, já na parte final do filme, vemos o quadro *O Mamoeiro* (Tarsila do Amaral, 1925), que representa uma colorida paisagem tropical, enquanto se discute a atuação do Partido Comunista no Brasil, em 1964 (ano do golpe).

É na parte final de *História do Brasil*, entretanto, no diálogo que se desenvolve entre os cineastas sobre questões ligadas à situação vivida pelo país no início dos anos 1970, que Glauber revela mais direta e enfaticamente a importância que atribui a Oswald de Andrade. Além de mencioná-lo mais de uma vez para tratar de questões específicas, o cineasta declara no filme: "O único pensamento político avançado que tem no Brasil que eu conheço é o do Oswaldo de Andrade, porque é o único que produz ideologia".

Fig. 2 – Reprodução do quadro *Abaporu* (Tarsila do Amaral, 1928)

Fonte: fotograma de *História do Brasil*

Em suas complexas orquestrações para representar e pensar a realidade brasileira, Glauber, Medeiros e Omar retomam materiais diversos — imagens, sons, textos e referências. Em sintonia com o pensamento oswaldiano apresentado no "Manifesto da poesia pau-brasil" e desenvolvido no "Manifesto antropófago", cada um dos filmes retoma, com diferentes intensidades, a cultura ameríndia, a experiência da colonização, do carnaval e da religião. As diversas narrativas se constituem "sem perder de vista o Museu Nacional", reforçando que o que "fizemos foi o Carnaval" e considerando uma grande heterogeneidade de elementos:

> Obuses de elevadores, cubos de arranha-céus e a sábia preguiça solar. A reza. O Carnaval. A energia íntima. O sabiá. A hospitalidade um pouco sensual, amorosa. A saudade dos pajés e os campos de aviação militar. Pau-Brasil.[98]

É importante ressaltar que a poética de Oswald de Andrade é marcada pela montagem de frases curtas, justapostas sem conectivos, isto é, pelo uso da parataxe. Seu estilo, mesmo quando não se baseia em citações (como no caso da primeira parte de *Pau Brasil*), é caracterizado por um aspecto de colagem, de junção de imagens distintas, colocadas lado a lado. Por seu caráter fragmentário, de texto-montagem, Kenneth Jackson compara a forma de composição de Oswald a um álbum de fotografias, assim como, justamente, à "prosa cinematográfica"[99]. De forma análoga, Jacques Rancière também aproxima o estilo de Blaise Cendrars em *Profond aujourd'hui*, muito semelhante ao dos manifestos de Oswald, às "frases igualmente paratáticas"[100] da jovem arte cinematográfica de Jean Epstein. Pois, ainda segundo Rancière, essa sintaxe paratática, "nós poderíamos também chamá-la de montagem, ampliando a noção para além de sua significação cinematográfica restrita"[101].

Os cineastas montadores atualizam, portanto, o projeto político da antropofagia, bem como um método de abordagem dos materiais, contidos no estilo de Oswald. Assim, a própria estratégia da compilação pode ser entendida, em *História do Brasil e Triste Trópico*, como um método antropofágico de criação cinematográfica, reforçado pela referência a Oswald de Andrade, contida nas próprias obras. Trata-se de uma atitude crítica sobre os diversos materiais, na qual a questão da linguagem, da liberdade da pesquisa estética, é fundamental, tendo a identidade e a história brasileiras como temáticas centrais. Antropofágicos, os filmes inspiram-se na postura de radicalidade e experimentação do poeta modernista, para elaborar narrativas que se baseiam em estratégias de apropriação e transformação, e, assim, desenvolvem pensamentos sobre a identidade, que se desdobram em múltiplas camadas; entre elas, e comuns aos três filmes: a da identidade nacional, em si, e a da identidade da própria linguagem cinematográfica brasileira.

---

[98] ANDRADE, 1986b, p. 330.

[99] JACKSON, Kenneth. *A prosa vanguardista na literatura brasileira*: Oswald de Andrade. São Paulo: Perspectiva, 1978. p. 20-21.

[100] RANCIÈRE, Jacques. *Le destin des images*. Paris: La Fabrique, 2003. p. 55, tradução nossa.

[101] *Ibid.*, p. 58, tradução nossa. Texto original: "Cette syntaxe, on pourrait aussi l'appeler montage, en élargissant la notion au-delà de sa signification cinématographique restreinte".

1.1.1 Identidade-alteridade: entre nacional e estrangeiro

A forma como a noção de identidade é entendida e abordada pelos cineastas, assim como na concepção oswaldiana, está intimamente associada à da alteridade. Vale lembrar que o debate sobre o tema da identidade nacional é uma constante que se renova em diferentes períodos históricos da produção cultural e acadêmica brasileiras. Como afirma Renato Ortiz, diferentes autores

> [...] concordam que seríamos diferentes de outros povos ou países, sejam eles europeus ou norte-americanos. Neste sentido, a crítica que os intelectuais do século XIX faziam à "cópia" das ideias da metrópole é ainda válida para os anos 1960, quando se busca diagnosticar a existência de uma cultura alienada, importada dos países centrais. Toda identidade se define em relação a algo que lhe é exterior, ela é uma diferença.[102]

A longa tradição de pensar a singularidade brasileira enquanto diferença aproxima manifestações culturais, escolas e contextos históricos diversos. Na busca pelos traços distintivos da cultura brasileira, a revisão histórica, o retorno ao passado, sobretudo, às origens, é uma estratégia frequente, já que "o tema da identidade está associado à formação da nação"[103]. Porém, os modos e estratégias para definir o que seriam essas diferenças são extremamente discrepantes, muitas vezes antagônicos, entre os movimentos e períodos.

A obsessão dos brasileiros pela noção de "empréstimo cultural", como ressalta o sociólogo Ruben George Oliven, é vista com estranhamento por intelectuais estrangeiros. Afinal, "os empréstimos culturais são uma constante em qualquer cultura", e "a dinâmica cultural implica um processo de desterritorialização e reterritorialização"[104]. Uma das formas de se compreender essa insistência em definir a identidade brasileira por uma perspectiva comparativa, entretanto, é considerar a força do trauma da colonização na experiência brasileira, assim como a marginalização, ainda vigente, do país em relação ao equilíbrio de forças global. Séculos de servidão e dependência da metrópole portuguesa, e o posterior lugar de país subdesenvolvido ou de terceiro mundo (ambas classificações comparativas) assumido pela nação, geram uma crise de identidade histórica, retomada em diversos contextos.

---

[102] ORTIZ, Renato. *Cultura brasileira e identidade nacional.* São Paulo: Brasiliense, 2006. p. 7.
[103] OLIVEN, 2002, p. 16.
[104] *Ibid.,* p. 21.

É interessante notar que a própria obra de Oswald de Andrade foi frequentemente questionada sobre sua brasilidade e real originalidade, se comparada às vanguardas europeias, como o surrealismo ou o futurismo, por exemplo. Da mesma forma, diversas obras críticas importantes se ocuparam em defender o autor de acusações de não autenticidade, diferenciando-o dos movimentos europeus dos quais foi contemporâneo. Independentemente da polêmica e dos argumentos produzidos, a questão causa estranhamento, e podemos nos perguntar sobre o que faz com que ela seja formulada. O que motiva esse esforço intelectual em dissecar as referências que se misturam na obra de Oswald de Andrade e em verificar se, para além delas, sobraria algo de específico? São os autores europeus, ou dos países considerados centrais, de modo geral, tão questionados quanto os autores brasileiros sobre como se diferenciam das influências que os formam, dos diálogos que travam, enfim, dos empréstimos culturais que efetuam em suas obras? Não seria essa discussão sobre a originalidade da obra do poeta brasileiro sintoma desse lugar de fala periférico, em que não basta ser (ser brasileiro / ser criação), mas é preciso dar provas de uma identidade própria, diferenciar-se em relação a um outro?

Oswald de Andrade e o modernismo brasileiro inscrevem-se na longa tradição cultural de questionamento do que é o Brasil e a cultura brasileira. Segundo a perspectiva do autor, é preciso destruir o status quo e encontrar novas maneiras de ver e de ser. Quando o poeta brasileiro lança seu olhar para a origem da conquista portuguesa, ele a vê como ato original de violência e etnocídio. "Antes dos portugueses descobrirem o Brasil, o Brasil tinha descoberto a felicidade", diz uma das frases do Manifesto antropófago. Assumindo o ponto de vista dos índios, portugueses e europeus são definidos como inimigos. É dessa perspectiva dos vencidos (e da valorização de suas formas de resistência), atento aos "ecos de vozes que emudeceram"[105], como escreve Walter Benjamin, que se pode construir uma realidade em dissonância com a modernidade ocidental. Para Oswald de Andrade, a identidade nacional evocada não é purista, e faz-se na relação com o outro. Nas palavras de Eduardo Viveiros de Castro, a antropofagia oswaldiana propõe

> [...] comer o inimigo não como forma de "assimilá-lo", torná-lo igual a Mim, ou de "negá-lo" para afirmar a substância identitária de um Eu, mas tampouco transformar-se nele como em um *outro Eu*, mimetizá-lo.

---

[105] BENJAMIN, Walter. Sobre o conceito da história. *In*: BENJAMIN, Walter. *Obras escolhidas*. São Paulo: Brasiliense, 2012. v. 1. p. 242.

O objetivo seria o de "transformar-se, justo ao contrário, por meio dele, transformar-se em um *Eu Outro*, autotransfigurar-se com a ajuda do contrário"[106].

O que está em questão é justamente esse *Eu Outro*, um eu aberto a transformações, desejoso de alteridade, pronto a devorar o inimigo (e também o amigo). *"Tupi or not Tupi, that's the question"*, talvez a formulação mais conhecida de Oswald, reflete essa problemática. O autor defende que precisamos "descabralizar"[107] e *tupinizar* o Brasil. Entre "tupi *or not* tupi", Oswald responderia "tupi, com certeza", *to be* tupi é uma meta declarada. "O índio é que nos deveria inspirar em todos os atos de patriotismo"[108], segundo o poeta. Mas o índio não é menos outro. Aliás, outro que continua sendo cada vez mais exterminado no Brasil do século XXI. O movimento em direção ao tupi — signo que designa um tronco linguístico compartilhado por diversas etnias indígenas da costa brasileira antes da colonização e que representa o conjunto de culturas ameríndias identificadas como tupi-guarani — é uma projeção para o futuro e tem caráter utópico. Trata-se de se distanciar de um outro (europeu), que também sou eu, em direção a outro eu (ameríndio), que também é outro. Referindo-se a *Pau Brasil*, Maria Augusta Fonseca define

> [...] o "Cancioneiro de Oswald de Andrade" como uma leitura da diferença brasileira, seu caráter vacilante, bem traduzindo a porosidade da cultura e da língua, suas projeções ambíguas, a feição híbrida do cá. De novo o problema: é e não é, a resumir descompassos[109].

No debate travado nos anos 1960 e 1970 sobre o subdesenvolvimento brasileiro e latino-americano, o pensamento sobre a diferença brasileira ganha grande ressonância. É possível notar ecos do pensamento oswaldiano, por exemplo, no influente texto do crítico cinematográfico Paulo Emílio Salles Gomes *Cinema: trajetória no subdesenvolvimento*, publicado em 1973, quando o autor diz:

> Não somos europeus nem americanos do Norte, mas, destituídos de cultura original, nada nos é estrangeiro, pois tudo o é. A penosa construção de nós mesmos se desenvolve na dialética rarefeita entre o não ser e o ser outro.[110]

---

[106] CASTRO, Eduardo Viveiros de. Que temos com isso? *In*: AZEVEDO, 2016, p. 15-16.

[107] Em entrevista de 1950 a Milton Carneiro, Oswald de Andrade declara: "Precisamos, menino, desvespuciar e descolombizar a América e descabralizar o Brasil" (ANDRADE, Oswald de. *Os dentes do dragão*. São Paulo: Globo, 2009. p. 287).

[108] ANDRADE, 2009, p. 286, grifos do original.

[109] FONSECA, 2004, p. 127-128.

[110] GOMES, 1996, p. 90.

SÓ ME INTERESSA O QUE NÃO É MEU: *HISTÓRIA DO BRASIL, TRISTE TRÓPICO* E A MONTAGEM DE
MATERIAIS DE ARQUIVO NO PERÍODO DA DITADURA MILITAR

Respondendo ao dilema hamletiano brasileiro, destaca-se, em diversas correntes do pensamento social sobre o Brasil, o reconhecimento do sincretismo como núcleo da cultura nacional. "Pela própria história", segundo Oliveira, foi "no cruzamento, na junção, no ecletismo", que o país "encontrou o seu modo privilegiado de exprimir-se"[111]. Nas palavras de Oliven, "uma das riquezas da dinâmica cultural brasileira é justamente a capacidade de digerir criativamente o que vem de fora, reelaborá-lo e dar-lhe um cunho próprio que o transforma em algo diferente e novo"[112]. Em uma identidade híbrida, multicultural, como a brasileira, a identidade está justamente na mistura, na montagem. "Só me interessa o que não é meu" pois, nessa perspectiva, nada é meu. Ao mesmo tempo, se nada é ontologicamente meu, tudo pode ser, e a questão está na forma como me approprio das coisas ou, mais ainda, como me transfiguro por meio delas. O interesse pelo que não é meu, "Lei do homem. Lei do antropófago"[113], deve ser entendido com base na ambiguidade desse "não é meu", ambiguidade entre é não é, entre ser e não ser. Não é, mas também é. É esta leitura da frase que é transposta para os filmes em questão.

Nos filmes de reemprego, o Eu do próprio filme é construído segundo Outros, ou seja, os materiais produzidos para discursos diversos e anteriores. *História do Brasil e Triste Trópico* espelham, portanto, em suas composições, o *ethos* híbrido da formação brasileira, seu caráter de identidade-montagem. Mas a alteridade dos materiais apropriados também pode ser questionada. Em *História do Brasil*, são retomados, por exemplo, os próprios filmes de Glauber Rocha (como *Barravento, Deus e o Diabo na Terra do Sol, Maranhão 66* e *Terra em Transe*), além de outros filmes do Cinema Novo. Se essas imagens não são, a priori, do filme, mas transfiguram-se nele, elas são de Glauber Rocha. No caso de *Triste Trópico*, entre os múltiplos materiais empregados no filme, há as fotos de viagem pessoais de Arthur Omar, além de um filme de família, realizado por seu avô, também Arthur, em que sua tia, ainda criança, figura como personagem central. Trata-se, então, de acervos pessoais, íntimos. Essa procedência pessoal não é, porém, revelada no filme, e os materiais são utilizados para contar a história de um outro personagem, ficcional, um médico cuja história rocambolesca nada tem a ver com a do autor, mas que também se chama Arthur! Para além de serem filmes de compilação, a dialética entre identidade e alteridade desdobra-se e é trabalhada em várias camadas nas obras.

---

[111] OLIVEIRA, 2002, p. 14.

[112] OLIVEN, 2002, p. 21.

[113] ANDRADE, 1986a, p. 353.

Sobre a relação entre nacional e estrangeiro, cara à antropofagia oswaldiana, *Triste Trópico*, como vimos anteriormente, retoma documentos — literários e imagéticos — sobre o Brasil dos séculos XVI e XVII, feitos por meio do olhar europeu que "descobre" a América e os índios. O título do filme faz referência à conhecida obra *Tristes trópicos*, de Claude Lévi-Strauss, uma pesquisa de campo que também se configura, de certa forma, como um relato de viagem focado nos grupos ameríndios brasileiros, por outra perspectiva etnográfica, relativista, já em meados do século XX. Como escreve o próprio Lévi-Strauss nas primeiras linhas da obra: "Eu odeio as viagens e os exploradores. E aqui estou prestes a contar minhas expedições"[114]. A temática etnográfica, portanto, é apresentada e trabalhada em *Triste Trópico,* o filme, valendo-se de discursos europeus diversos. Como escreve Robert Stam:

> Assim o filme se insere na extensa discussão sobre a problemática relação cultural do Brasil com a Europa [...], uma discussão que passa por frequentes metamorfoses e mudanças de rótulos: "Nacionalismo", "Modernismo", "Tropicalismo". *Triste Trópico* não é um filme Tropicalista, entretanto, ele é antes uma reflexão distanciada sobre toda a noção dos "trópicos" como outro da Europa, como algo exótico.[115]

No caso de *História do Brasil*, não há presença de um olhar estrangeiro propriamente dito. Além de imagens feitas por brasileiros, majoritariamente com temáticas nacionais, de procedências diversas, há apenas trechos do filme cubano *La Pelea Cubana contra los Demonios* (Tomás Gutierrez Alea, 1971). Este, porém, não é tratado como outro/estrangeiro no filme, mas representante de uma mesma identidade latino-americana. Os estrangeiros, declarados inimigos — dos colonizadores portugueses aos imperialistas norte-americanos —, compõem uma temática que perpassa a narração, mas não têm direito à primeira pessoa em *História do Brasil*. São Outros que não parecem se misturar com o Eu. Entretanto, para Glauber Rocha, como é possível notar em seus escritos, a própria linguagem cinematográfica canônica é considerada como estrangeira. Em texto de 1970, por exemplo, ele escreve:

---

[114] LÉVI-STRAUSS, Claude. *Tristes tropiques.* Paris: Union Générale d'Éditions, 1962. p. 5.

[115] STAM, Robert. On the margins: Brazilian avant-garde cinema. *In*: JOHNSON Randal, STAM, Robert (org.). *Brazilian cinema.* New York: Columbia University, 1995. p. 307, tradução nossa. Texto original: "Thus the film inserts itself within the extended discussion of Brazil's problematic cultural relationship to Europe [...], a discussion undergoing frequent metamorphoses and changes of etiquette: 'Nationalism,' 'Modernism,' 'Tropicalism'. *Triste Trópico* is not a Tropicalist film, however, it is rather a distanced reflection on the whole notion of the 'tropics' as Europe's other, as something exotic".

> O cineasta do Terceiro Mundo não deve ter medo de ser "primitivo". Será *naif* se insistir em imitar a cultura dominadora. Também será *naif* se se fizer patrioteiro! Deve ser antropofágico, fazer de maneira que o povo colonizado pela estética comercial/popular (Hollywood), pela estética populista/demagógica (Moscou), pela estética burguesa/artística (Europa) possa ver e compreender a estética revolucionária/popular que é o único objetivo que justifica a criação tricontinental. Mas, também é necessário criar essa estética. [...] A estética revolucionária/popular, entretanto, é uma utopia. O cinema tropicalista, todavia, é o lado virgem desta utopia.[116]

A preocupação em construir uma estética própria, não só brasileira como latino-americana, e cada vez mais tricontinental — com o projeto glauberiano de integração política e estética das cinematografias dos países pobres da América, África e Ásia[117] —, é constante no pensamento do cineasta. Vem daí, da preocupação em buscar uma expressão cinematográfica singular, em construir essa utopia, o grande interesse de Glauber Rocha pela filosofia antropofágica oswaldiana. Não adianta, "será *naif*", negar as linguagens cinematográficas hegemônicas, hollywoodiana sobretudo (atacada por Glauber em muitas ocasiões), mas também europeia. São estéticas dos outros, mas já fazem parte de nós. A questão, portanto, é como transformar a própria linguagem, a própria estética, valendo-se de subversões, invenções, de um processo de americanização capaz de criar a "estética revolucionária/popular", "nossa". É no início dos anos 1970, exilado em Cuba, tomado por essas preocupações, que Glauber, em parceria com Medeiros, se lança pontualmente na experimentação baseada em imagens já existentes, com a realização de *História do Brasil*.

1.1.2 O que é o cinema?

Se *História do Brasil* e *Triste Trópico* permitem ao espectador formular as perguntas "Que Brasil é esse?" ou "Quem somos?", em comum, eles também permitem a elaboração de um outro grupo de questões, como: "Que cinema brasileiro é esse?" ou "O que é o cinema?". Assim como para Oswald de Andrade, há um questionamento sobre a linguagem literária que é atrelado à busca pela identidade nacional, que leva o autor a uma intensa experimen-

---

[116] ROCHA, Glauber. Das sequóias às palmeiras 70. *In*: ROCHA, 2004, p. 236-237.

[117] Sobre o projeto de Cinema Tricontinental de Glauber Rocha, proposta de integração estética e política das cinematografias da América Latina, África e Ásia, ver, por exemplo: CARDOSO, 2007.

tação estética. Nos filmes em questão, é uma certa noção de identidade do próprio cinema, ligada às expectativas do espectador, que está também em jogo. As fronteiras e possibilidades da linguagem cinematográfica começam a ser questionadas pela própria radicalidade do método antropofágico de construção que compartilham, mas em cada um dos filmes ela é colocada também, e mais explicitamente, de outras formas.

Triste Trópico é considerado um dos "antidocumentários" de Arthur Omar, termo cunhado pelo próprio Omar em seu artigo *O antidocumentário, provisoriamente*, publicado originalmente em 1972. Trata-se de um manifesto que reclama uma desnaturalização da linguagem hegemônica do cinema documentário e conclama que este deve ser repensado. No texto, Omar defende que as convenções do cinema narrativo ficcional foram incorporadas aleatoriamente ao filme-documentário e que este, sem autonomia, apresenta sua "realidade documental como se fosse ficção". O autor continua:

> Mas que filigrana é essa que unifica os dois tipos de filme? [ficção e documentário] Simplesmente o ESPETÁCULO. Ambos se oferecem como espetáculo. A FUNÇÃO-ESPE-TÁCULO pressupõe um tipo de sujeito que o contempla, e é uma função objetivamente situada dentro de uma trama social, é uma instituição. [...] Essa instituição poderia não ter existido, ela tem uma história, onde se registram as vicissitudes e as motivações da sua formação.[118]

Nesse movimento de pensar o cinema fora de suas convenções construídas historicamente, *Triste Trópico* repete as estruturas tradicionais do gênero documentário — voz do narrador onisciente em *off*, em tom grave e "neutro", apoiada por imagens ilustrativas — e, ao mesmo tempo, subverte-as ao longo do filme. A narração que começa aparentemente linear se bifurca e fragmenta crescentemente, ao contar uma história, na verdade, e cada vez mais assumidamente, ficcional. Trama essa, porém, como declara o autor: "construída com material documental, recolhido, não especificamente produzido para este filme, visual e sonoro, sendo que a própria história é retirada, e montada a partir de documentos etnográficos"[119]. As imagens estabelecem relações múltiplas com a narração, ironizando, questionando, invertendo, distanciando-se ou duplicando seu sentido. Os elementos da composição são organizados de forma não convencional e embaralham

---

[118] OMAR, 1978, p. 6-7.

[119] OMAR, Arthur. [Entrevista a M]. [S.l.], 1974. Inédita. Entrevista realizada com Arthur Omar, logo ao fim do processo de montagem de *Triste Trópico*, que permaneceu inédita e me foi gentilmente concedida pelo cineasta.

frequentes hierarquias. Por meio desses procedimentos, Arthur Omar abala a crença na imagem e na palavra, em uma suposta verdade do documentário, questionando e satirizando seu modo tradicional de representação. O filme trabalha com uma "espessa zona cinza entre o real e o imaginário"[120], como sublinha Ismail Xavier, e tem um importante caráter desconstrutivo. Mediante a exposição do artifício cinematográfico, *Triste Trópico* procura desnudar as convenções.

O crítico José Carlos Avellar, em seu texto "O garçom no bolso do lápis", datado do ano do lançamento do filme, 1974, argumenta que *Triste Trópico* coloca em cena imagens em sons, entendidos enquanto estímulos visuais e sonoros em estado "puro". "Sua estrutura faz todo o possível para retirar de cada plano o seu significado interno e concentrar a atenção do espectador no jogo de luzes, sombras, cores, formas e movimentos"[121]. Segundo essa perspectiva, o filme age como desconstrutor não somente da linguagem documental tradicional, mas da própria referencialidade das imagens e dos sons dos quais se apropria. Mas é importante ressaltar que em *Triste Trópico*, praticamente não há imagens abstratas ou distorcidas a ponto que percam seu caráter figurativo. As imagens, assim como a narração e a trilha, apresentam referentes marcantes. Vemos corpos que existiram, pessoas que muitas vezes nos olham, uma criança que ri, outra que chora, uma mulher sobe uma escada, foliões dançam, pessoas são torturadas etc. Não parece possível esvaziar totalmente a função referencial do que vemos e ouvimos. O que os materiais representam, o que mostram, nos afeta e é importante para a construção de uma narrativa de caráter experimental, que leva os espectadores a percepções e interpretações múltiplas. Portanto, com uma operação e desejo de destruição, há, no filme, uma perspectiva construtiva. Ao mesmo tempo, *Triste Trópico* destrói e constrói perspectivas para o cinema-documentário. Trata-se do mesmo "movimento pendular de destruição/construção"[122] que Haroldo de Campos evoca para descrever a obra *Pau Brasil*, de Oswald de Andrade. Aliás, essa postura propositiva já se encontra no manifesto de Omar, que *Triste Trópico*, de certa forma, encarna:

> A atitude documental é uma atitude entre outras atividades possíveis no tratamento de um tema. Este texto procura justamente levantar o problema de que novas atitudes talvez sejam mais produtivas hoje no Brasil do que simplesmente partir para

---

[120] XAVIER, 2000, p. 15.
[121] AVELLAR, 1982, p. 158.
[122] CAMPOS, 1991, p. 25.

> o filme documentário generalizado sobre as nossas coisas e a nossa cultura, numa atitude de conservação e preservação que, na verdade, nada conserva e nada preserva, esquecendo que o fundamental é o filme como objeto produzido entrando num circuito cultural, o filme como gesto e ação, uma obra aqui e agora, com sua forma aqui e agora, o resultado concreto de uma decisão de filmar e dar forma a uma obra concreta, e não a repetição mecânica e infinita de conteúdos que estão do outro lado da linha, linha essa que sempre existirá enquanto persistir a atitude documental, a de mero repórter, sem formulação de um projeto de absorção real das lições do objeto no corpo imediato da obra e, em seguida, no setor em que essa obra vai circular. Em suma, sem um novo Método.[123]

E é um novo método, radical, livre, experimental, que Omar tateia e busca propor ao realizar *Triste Trópico*. Desmontar e remontar o cinema, colocar as convenções em destaque, abalar a crença no real e testar novos caminhos e possibilidades é o que faz o filme, por meio de uma construção metacinematográfica que indaga não somente o que é, mas o que pode ser o cinema documentário.

Com interesses bem diferentes de Omar, em *História do Brasil*, Glauber Rocha e Marcos Medeiros também pretendem expandir e explorar as possibilidades do cinema. A questão central é pensar como o filme pode ocupar outros espaços e exercer novas funções; no caso, prestar-se a um discurso com fins científicos e pedagógicos. Não se trata apenas do cunho didático-pedagógico dos documentários tradicionais, comum ao cinema documentário brasileiro dos anos 60 e 70, mas realmente testar o audiovisual como uma nova ferramenta de ensino. Como escreve Anita Leandro:

> Glauber Rocha e Marcos Medeiros elaboram uma síntese de quase cinco séculos de história do Brasil, sob a forma original de um compêndio escolar audiovisual. Numa época em que os manuais escolares ainda eram bastante tradicionais, oferecendo uma visão desproblematizada da história do Brasil, ideologicamente próxima de disciplinas como a Moral e Cívica ou a OSPB, o filme de Glauber e Medeiros já oferecia uma abordagem metodológica inovadora para os estudos de história, compatível com a história das mentalidades. O filme propõe uma nova forma de ensinar a história do Brasil, abrindo essa disciplina às outras ciências humanas

---

[123] OMAR, 1978. Disponível em: http://www.cineastaseimagensdopovo.com.br/05_01_012_textos.html. Acesso em: 8 out. 2017.

e ao conjunto das artes. Os autores concebem o filme como uma encruzilhada de informações políticas, econômicas, antropológicas, religiosas, jornalísticas e artísticas.[124]

Em uma carta de Glauber Rocha destinada a Fabiano Canosa, e datada de 1973, momento em que Glauber estava montando *História do Brasil*, o cineasta declara que "o filme tem pretensões científicas" e "tem a novidade de ser uma história fílmica que poderá infinitamente ser remontada com novos documentos"[125]. Em carta de 1976 a Paulo Emílio Salles Gomes, Glauber também declara: "este filme poderia ser completado aí pelos seus alunos sob sua orientação. [...] Considero a montagem muito boa e como a estrutura é dialética permite elastecer, abrir parênteses, notas, etc. Acrescentar várias coisas"[126]. *História do Brasil* é um trabalho pioneiro, portanto, no uso do meio cinematográfico como material audiovisual acadêmico, que expande as fronteiras e os territórios do cinema às ciências humanas e às escolas. Além disso, talvez o aspecto mais inovador do projeto seja sua pretensão de ser passível de eterna transformação, de se constituir como uma obra "ontologicamente inacabada"[127], como define Anita Leandro. Segundo a proposta de Glauber, *História do Brasil* seria, portanto, um filme de autoria cada vez mais coletiva, que se atualizaria ao longo do tempo, apresentando uma história móvel do Brasil. O destino do filme mostra que a intenção não foi levada adiante, e a obra continua até hoje da mesma forma que os seus autores a deixaram, em 1974. Porém, a própria intenção é significativa de um desejo de repensar o cinema, não somente suas finalidades, mas também suas formas de realização, de autoria, ou seu status de obra artística acabada.

1.2 "O Carnaval no Rio é o acontecimento religioso da raça"[128]: paródia, carnaval e carnavalização

Oswald de Andrade serve-se constantemente da paródia, "da força que ela tem para atomizar o discurso oficial, para evidenciar ideologias implícitas"[129], em sua literatura antropofágica. O recurso paródico é tam-

---

[124] LEANDRO, [2003], p. 05.

[125] ROCHA, Glauber. Carta a Fabiano Canosa, 1973. *In*: ROCHA, 1997, p. 452.

[126] ROCHA, Glauber. Carta a Paulo Emílio Salles Gomes, janeiro de 1976. *In*: ROCHA, 1997, p. 585.

[127] LEANDRO, [2003], p. 9.

[128] ANDRADE, 1986b.

[129] OLIVEIRA, 2002, p. 77. Entre as poesias paródicas de Oswald, podemos citar, por exemplo: "Canto de regresso à pátria"; "Meus oito anos"; todos os poemas que compõem a primeira parte de *Pau Brasil*; além de formulações pontuais de seus textos poéticos como *"tupi or not tupi"*. Os romances *Memórias sentimentais de João Miramar* e *Serafim Ponte Grande* também são marcados pelo uso da paródia.

bém estratégia fundamental dos filmes em questão, em suas formas de se relacionar com os discursos outros que incorporam e recontextualizam, atribuindo-lhes novas significações. A paródia pode designar diferentes operações, e, antes de abordar sua importância e efetividade nos filmes, faz-se necessário definir o entendimento do termo com mais precisão. Para tanto, retomamos a definição de paródia proposta por Gérard Genette, em *Palimpsestes: la littérature au second degré*, como ponto de referência.

Na obra, Genette cataloga diferentes tipos de transtextualidade existentes, entendendo a noção como tudo que coloca um texto "em relação, manifesta ou secreta, com outros textos"[130]. Entre eles estão: a intertextualidade — que, para o autor, se refere estritamente à presença efetiva de um texto em outro, por meio da citação, do plágio, ou da alusão —; e a hipertextualidade — que designa as formas como um texto A se faz presente em um texto B, mediante a transformação ou imitação do conteúdo e/ou estilo do texto primeiro, e estabelecendo uma relação que seja distinta do comentário. A paródia é, segundo o autor, um dos gêneros hipertextuais. Ela é entendida como uma transformação de ordem semântica de um texto anterior, com função cômica. A operação paródica consiste, portanto, em retomar um texto

> [...] para dar-lhe um significado novo, jogando com a essência e se possível com as próprias palavras, [...]. A paródia mais elegante, porque a mais econômica, não é outra (coisa) senão uma citação desviada de seu sentido ou simplesmente de seu contexto e de seu nível de dignidade[131].

Próximos à paródia, compartilhando sua função humorística ou satírica, Genette define três outros tipos de hipertextualidade: o travestimento, o pastiche e a charge, entendidos em muitos estudos e contextos também como paródias. O primeiro refere-se à transformação estilística de um texto em outro, com função degradante. Neste caso, mantém-se o enredo, a história ou o personagem, mas altera-se o estilo da obra retomada, normalmente transpondo-a — ou travestindo-a — para uma linguagem popular ou vulgar. Já o pastiche e a charge, diferentemente da paródia e do travestimento, não operam por transformação, mas por imitação estilística. Nestes casos, imitam-se as características de um texto em outro, mas, para falar de outra coisa, frequentemente se utiliza um estilo nobre anterior para tratar de um tema popular ou vulgar, novo. Pastiche e charge são semelhantes em suas

---

[130] GENETTE, Gérard. *Palimpsestos, a literatura de segunda mão*. Belo Horizonte: Viva Voz, 2010. p. 13.
[131] *Ibid.*, p. 35.

operações de imitação de um estilo, mas diferenciam-se, na classificação de Genette, quanto a suas funções. Enquanto o pastiche tem efeito lúdico, de divertimento, a charge tem finalidade satírica, sendo, portanto, mais agressiva e crítica em relação ao texto de origem.

Se transpomos essa classificação para o audiovisual, é possível notar que tanto *História do Brasil* quanto *Triste Trópico* operam por meio da inter-textualidade e da hipertextualidade, predominando as funções lúdica e satírica desta, mediante as práticas da paródia, sobretudo, mas também do travestimento e da charge. *História do Brasil* pode ser considerado um filme mais intertextual, ao incorporar grande parte do material retomado como citação, ainda que não revelada ou sublinhada enquanto tal. Os quadros de Tarsila do Amaral, por exemplo, são citados no filme, a obra da pintora remetendo-se aos seus sentidos originais, sem propósito lúdico ou satírico. O mesmo ocorre com muitos dos trechos de filmes citados em *História do Brasil*. Já *Triste Trópico* é, praticamente, todo ele, hipertextual, as citações propriamente ditas sendo pontuais no filme. Como declara Arthur Omar em entrevista inédita de 1974, feita logo no fim da etapa de montagem:

> Onde havia transporte, havia transformação. Isto foi tomado como princípio de método e norma de trabalho. Onde se processava uma mudança de lugar, se processava também uma alteração na função do elemento em questão, sempre e necessariamente.[132]

Apesar de se construírem conforme escalas diferentes de intertextua-lidade e hipertextualidade, é com base nesta última, nas transformações de sentido, resultantes principalmente da paródia, que os dois filmes elaboram seus pensamentos críticos em relação aos discursos com os quais dialogam. É assim que devoram inimigos e se transfiguram com eles.

Glauber Rocha e Marcos Medeiros lançam mão da paródia em diver-sos momentos ao longo de *História do Brasil*; por exemplo, na sequência em que abordam desde a nomeação de Pedro I como príncipe regente em 1821 à Proclamação da Independência do Brasil em 1822. Essa sequência é montada com base em imagens do filme histórico de ficção *Independência ou Morte!* (Carlos Coimbra, 1972). Trata-se de um filme épico que narra o processo de independência brasileiro, colocando Pedro I — interpretado pelo ator Tarcísio Meira — como grande herói nacional. O filme foi um grande sucesso de bilheteria na época de seu lançamento. Em *História do*

---

[132] OMAR, 1974, s/p.

Brasil, as imagens do filme, sobretudo as de Tarcísio Meira interpretando Pedro I (Fig. 3b e c), são "congeladas", utilizadas em preto e branco (como todo o filme), e misturadas, sem diferenciações de valor, com a iconografia da época, por exemplo, com o retrato histórico de Dom Pedro I realizado pelo pintor português Henrique José da Silva em 1825 (Fig. 3a) e com a pintura intitulada *Independência ou Morte*, de Pedro Américo, 1886-1888 (Fig. 3d). Na banda sonora, ouvimos a narração didática dos fatos históricos que as imagens ilustram. O *freeze-frame* de fotogramas de Tarcísio Meira, travestidos em documentos fotográficos de época, por meio da paragem da imagem e da montagem que os coloca lado a lado com pinturas históricas, produzem um efeito humorístico. Os espectadores sabem que aquele que vemos não é Pedro I, mas o ator de tantas telenovelas brasileiras, e a seriedade da reconstituição e da narração é quebrada por seu reconhecimento. Com a irreverência do gesto de se colocar o rosto de um ator extremamente conhecido como Tarcísio Meira, no papel de Dom Pedro, numa montagem de estilo documental clássico e sério, *História do Brasil* parodia o filme de Carlos Coimbra, ao mesmo tempo que subverte e questiona a linguagem tradicional do documentário clássico, que retoma os documentos da história com circunspecção, como que para comprovar a narrativa dos fatos.

Além disso, o discurso ouvido em *off* também se opõe à mensagem do filme original. Enquanto *Independência ou Morte!* busca retratar a independência do Brasil de forma épica, ressaltando o heroísmo de Pedro I e reforçando o orgulho nacional, em sintonia com o discurso patriótico da ditadura militar nos anos 1970, a narração didática de *História do Brasil* esvazia o heroísmo da independência e diz que uma conjuntura de interesses — de Portugal e das elites republicanas, aliadas à burguesia brasileira — obriga "o príncipe Pedro a proclamar a independência do Brasil em 7 de setembro de 1822, às margens do riacho Ipiranga em São Paulo". Os dois polos da interpretação histórica revelam um embate entre discursos que refletem pensamentos políticos conflitantes, típicos dos anos 70 no Brasil. O filme de Coimbra é representativo de um movimento maior, em que se buscava, com grande incentivo do Estado, valorizar e reforçar a dimensão cívica e heroica do passado brasileiro e particularmente da independência do país[133]. Mil novecentos e setenta e dois é o ano do Sesquicentenário da Independência do Brasil, marcado por grandes celebrações de caráter ufa-

---

[133] Sobre os projetos do governo militar que visavam à produção de filmes históricos que fossem alinhados com os esforços de construção de uma leitura otimista e grandiosa do passado brasileiro por parte da ditadura, ver, por exemplo, o livro de Jean-Claude Bernardet *Piranha no mar de rosas* (São Paulo: Nobel, 1982).

nista, entre elas, a cerimônia de transferência dos restos mortais de Dom Pedro I de Portugal para o Brasil. Ao se apropriar do filme inimigo, Glauber e Marcos parodiam, num gesto tipicamente antropófago, esse outro discurso histórico que englobam e transformam, marcando a oposição entre um discurso de esquerda, que reforçam, e um discurso oficial e associado ao regime militar, que recusam. Vale observar que mesmo a narração séria e didática dos fatos, ao falar de "riacho Ipiranga", em vez de "rio Ipiranga", também inclui uma pitada de irreverência e humor na dureza do texto.

Fig. 3a (em cima, à esquerda) – *Dom Pedro I*, retrato pintado por Henrique José da Silva, em 1825. Fig. 3b (à direita) – Fotograma, em *Independência ou Morte!* (Carlos Coimbra, 1972), do ator Tarcísio Meira interpretando Pedro I. Fig. 3c (embaixo, à esquerda) – Fotograma de *Independência ou Morte!*. Fig. 3d (à direita) – *Independência ou Morte*, pintura a óleo de Pedro Américo, 1886-1888

Fonte: fotogramas de *História do Brasil*

A operação paródica depende, com frequência, de conhecimentos prévios socialmente compartilhados. Por isso, muitas vezes, as paródias podem perder ou enfraquecer seus sentidos para o espectador, leitor ou observador de uma obra, com a passagem do tempo. Nesse sentido, como escreve Mikhail Bakhtin sobre a paródia, "provavelmente, na literatura mundial não são poucas as obras de cujo caráter paródico nós hoje nem suspeitamos"[134]. Filmes especialmente centrados em operações paródicas podem ter o mesmo destino. Ao se perder um conhecimento outrora comum, o desvio ou transformação semântica pretendida pelo autor pode não se efetuar. A paródia que *História do Brasil* faz do filme de *Independência ou Morte!* é um bom exemplo disso. Não necessariamente, ou mesmo dificilmente, quem não viveu no Brasil dos anos 1970 conhece, hoje, o filme de Carlos Coimbra, sabe que ele obteve grande sucesso de público, que se alinhava ao discurso histórico difundido pela ditadura militar e que ficou conhecido por isso. Sem essas informações, a leitura de que a narração de *História do Brasil* contradiz a forma como *Independência ou Morte!* narra um mesmo fato histórico se perde. O fato de Tarcísio Meira ser ainda um ator bastante conhecido, no entanto, permite que uma parte da ironia da montagem permaneça viva. Vale ressaltar, portanto, o vínculo frequente entre paródia, sua função crítica e o tempo presente.

Os novos contextos permitem novas leituras. Ao retomarem criticamente imagens e sons de diversas épocas, *História do Brasil* e *Triste Trópico* trabalham conscientemente com esse fator. Se, às vezes, os sentidos tendem a esmaecer-se com o tempo, pois dependem de informações extrafílmicas que integram a memória coletiva de um grupo em determinado momento, outras vezes, ao se apropriar de materiais do passado, o cineasta tem, justamente, o interesse de confrontá-los a novas leituras, que podem ser permanentemente renovadas em épocas e sensibilidades distintas.

É o caso do estranhamento e efeito cômico de muitas das paródias construídas por Arthur Omar, seja com base em trechos de almanaques dos anos 1940, seja valendo-se de extratos de relatos dos séculos XVI e XVII de cronistas europeus nas Américas. De almanaques populares, "muito comuns na primeira metade do século (XX), em geral, lançados por fabricantes de remédios"[135], como explica Omar, a narração do filme apropria-se de fragmentos de publicidades ou de cartas dos leitores. "Um dia surge a ideia de almanaque. Editaram uns moldes do almanaque de Bristol ou Capivarol sobre as pílulas do Doutor Arthur", diz a voz da narração que, assim, apresenta e revela o almanaque como documento, fonte das paródias que

---

[134] BAKHTIN, Mikhail. *Questões de literatura e estética*: a teoria do romance. São Paulo: Hucitec: Annablume, 2002. p. 170.

[135] OMAR, 1974, s/p.

se seguirão. "Um dia, lendo nos almanaques desse maravilhoso produto, resolvi experimentar e os resultados foram espantosos", diz uma das cartas lidas pelo narrador. Em outro trecho, ouve-se:

> Digo-lhes que no mundo não existe remédio tão prodigioso, juro, a qualquer hora, se preciso for, que as pílulas do Dr. Arthur são um preparado santo e milagroso. Serei sempre um admirador e um propagandista.

No filme, os depoimentos documentais são parodiados, por meio de adaptações textuais que os fazem se referir diretamente ao personagem ficcional. O efeito humorístico, aqui, é produzido pelo estranhamento provocado por uma certa forma de se expressar, um estilo de fazer propaganda, pelo resgate de uma mídia de outrora que, por suas características, é reconhecida como do passado, como pertencente a outro tempo e que, três décadas depois (no caso da realização do filme) ou sete décadas depois (hoje), pode ser percebida como patética, cafona, enfim, engraçada.

Já os relatos coloniais são mais constantes ao longo do filme. Vejamos, por exemplo, a sequência, anteriormente mencionada, que informa que o próprio Dr. Arthur praticava o canibalismo. Ao descrever o que seria a "vida normal" do personagem, o narrador diz: "Nas festas municipais, Doutor Arthur precisou se acostumar a comer carne humana dos inimigos, os quais antes de morrer, eram obrigados a dizer: 'Eu, sua comida, estou chegando'. Carne humana era adocicada e macia". A informação de que os inimigos eram forçados a pronunciar tal frase é proveniente do relato quinhentista do alemão Hans Staden[136] sobre a antropofagia ritual tupinambá. O humor da frase, praticamente autossuficiente, é sublinhado pelo gesto de naturalizar tal afirmação, em um documentário aparentemente clássico, que narra uma história localizada temporalmente, até então, na década de 1920. Na banda visual, as informações iniciais sobre o canibalismo de Dr. Arthur são acompanhadas por uma gravura histórica na qual vemos diversas pessoas, presas a pedaços de madeira, sendo queimadas em uma grande fogueira, enquanto outras pessoas alimentam o fogo (Fig. 4). A violência concreta da imagem, que parece ilustrar o processo de cozinhar a "carne humana", contradiz o bom humor e o tom surrealista da fala parodiada. À primeira vista, a gravura pode ser percebida como uma representação de um ritual antropofágico ameríndio. Entretanto, com um olhar mais atento, percebe-se que as pessoas

---

[136] Segundo seu relato, Hans Staden foi prisioneiro de um grupo tupinambá durante nove meses. Relatos de Hans Staden, publicado originalmente em 1557 em *Duas viagens ao Brasil: primeiros registros sobre o Brasil* (2011), estão incluídos no livro de Alfred Métraux *La réligion des tupinambás* (2014).

que ateiam fogo estão vestidas de maneira ocidental e que, ao contrário, o que vemos é a representação de europeus queimando um grupo de índios em uma fogueira. Se buscamos a origem da imagem, descobrimos tratar-se de uma ilustração de Theodore De Bry, feita em 1539 aproximadamente, para o livro *Brevísima relación de la destrucción de las Indias*, escrito pelo frei dominicano Bartolomé de las Casas — livro que denuncia os efeitos terríveis da atuação espanhola nas Américas, mais especificamente, nas Antilhas. A imagem é também, portanto, parodiada no filme. É a imagem de uma prática branca/europeia que se transforma em ícone do canibalismo narrado no filme, reforçando uma interpretação relativista ou, mais ainda, invertida do que significa ser uma cultura ou uma prática selvagem. As imagens de De Bry para o relato de Las Casas são também utilizadas em outros momentos do filme (Fig. 5). Segue-se à gravura histórica uma fotografia contemporânea de uma mulher jovem, de óculos, que olha para a câmera. Trata-se de uma das fotografias de viagem de Arthur Omar. A imagem aparentemente desconexa causa estranhamento e, agora, reforça o tom surrealista da narração. Afinal, entra uma cartela de texto, na qual se lê: "eu, sua comida, estou chegando", sincronizada à fala do narrador.

Fig. 4 – Reprodução da ilustração de Théodore De Bry para *Brevísima relación de la destrucción de las Indias*, de Bartolomé de las Casas (obra publicada originalmente em 1552). Cartela original filmada para *Triste Trópico*

Fonte: acervo pessoal de Arthur Omar

Fig. 5 – Outro exemplo de reprodução de gravura de Théodore de Bry para *Brevísima relación de la destrucción de las Indias*, utilizada em diferentes enquadramentos em *Triste Trópico*

Fonte: acervo pessoal de Arthur Omar

Na continuidade da sequência, planos médios de um palhaço, que olha e dança para a câmera, enquanto se ouve uma batucada, proporcionam uma pausa na narração e reforçam o tom paródico geral. Logo adiante ouvimos: "Os nativos não tinham em sua língua o F, o L e o R. E por isso não podiam entender o que é a Fé, a Lei e o Rei". Na imagem, vemos cartelas com as respectivas letras e palavras, em sincronia com a narração, e com breves telas pretas, microintervalos, entre os intertítulos. A afirmação que relaciona a ausência de certas letras do alfabeto/fonemas à inexistência de instituições e formas de organização social específicas na cultura ameríndia provém de outro relato quinhentista, o do português Pero de Magalhães Gândavo[137]. A lógica do raciocínio é-nos tão distante que não parece possível

---

[137] Gândavo foi o primeiro historiador português a escrever sobre o Brasil no livro *História da província Santa Cruz a que vulgarmente chamamos Brasil*, editado em Lisboa, em 1575. Relatos de Gândavo também estão incluídos no livro de Alfred Métraux *La réligion des tupinambás* (2014).

ser documental. Mas é, e mais uma vez, por meio de seu deslocamento, faz rir. A sequência segue dessa forma, transformando e invertendo os sentidos dos textos e imagens de maneira rica e complexa.

Como se pode perceber, é, principalmente, por meio da paródia que Arthur Omar constrói a rica e enigmática narração de *Triste Trópico*. "Citações históricas ou literárias são parodiadas, apresentadas de forma fragmentada, [...] de maneira a não podermos identificar seu autor nem seu contexto original"[138], como escreve Guiomar Ramos em sua interessante análise da voz *off* do filme, que revela as origens de algumas das citações que inspiram e compõem a obra. O estudo do etnógrafo francês Alfred Métraux sobre o messianismo tupi-guarani e, sobretudo, seu ensaio *A religião dos tupinambás*[139], publicado originalmente na década de 1920, são uma das fontes principais da narrativa do filme, das quais são extraídas muitas citações históricas do período colonial. Ao incluir informações descritas no estudo etnográfico sobre o messianismo indígena na sua história ficcional, *Triste Trópico* não somente parodia certos trechos, mas de certa forma opera um travestimento do livro de Métraux no filme. O conteúdo do estudo etnográfico de *A religião dos tupinambás*, como a descrição dos costumes cotidianos e das práticas rituais ameríndias, ou da busca pela "terra sem Mal" — mito que motiva as migrações de grupos tupinambás no século XVI —, é transposto para o filme de Omar, travestido enquanto enredo ficcional, cômico e surreal.

Ao lado da paródia, o travestimento, tal como descrito por Genette, realiza-se em várias camadas em *Triste Trópico*. O enredo — que narra a história de um homem que se torna um líder messiânico, conduz uma guerra santa e termina assassinado — retoma e transforma também a história de Antônio Conselheiro e da Guerra de Canudos[140] narrada em *Os sertões*, romance histórico de Euclides da Cunha, publicado primeiramente em 1902. Euclides da Cunha é citado em mais de um momento do filme, em frases como "bem ao gosto de Euclides da Cunha", sendo uma das poucas referências reveladas pela narração. Além de transformar a história narrada no livro, adaptando-a a outra linguagem, tom e estilo,

---

[138] RAMOS, 2008, p. 61.

[139] Ver MÉTRAUX, 2014.

[140] Antônio Conselheiro foi um líder religioso que no fim do século XIX, após mais de 30 anos de peregrinação pelos sertões do Nordeste brasileiro, liderou a comunidade alternativa de Canudos, localizada no sertão da Bahia. O exército da recém-instaurada república brasileira, entre 1896 e 1897, acaba por matar Antônio Conselheiro e dizimar a comunidade na chamada Guerra de Canudos.

fragmentos do texto original são parodiados em determinadas sequências de *Triste Trópico*, como a que descreve, após a morte de Dr. Arthur, o estado de seu cadáver:

> Em fevereiro, em pleno carnaval, seu cadáver é revelado. Jazia em um dos casebres anexos a latada, removida breve camada de terra, apareceu no triste sudário de um lençol, o corpo do famigerado e bárbaro médico. Estava hediondo, a cabeça atormentada com a coroa, as mãos e os pés com os cravos, as costas com os açoites, cabelos arrancados, a pele estava esfolada, as veias rasgadas, os nervos estirados, os ossos desconjuntados, o sangue derramado. Desenterraram-no cuidadosamente, fotografaram-no depois, resolveram, porém, cortar e guardar a cabeça tantas vezes maldita, trouxeram aquele crânio para o litoral para que a ciência dissesse a última palavra. Ali, no relevo de suas circunvoluções cerebrais, os cientistas constataram as linhas essenciais do crime e da loucura.

A narração, no fim do filme, adapta trechos dos parágrafos finais de *Os sertões*, incluindo algumas frases que, evidentemente, não constam no texto original, como a localização temporal "em pleno carnaval".

Sobre as obras que Arthur Omar utiliza como hipotextos de seu filme hipertextual, *Triste Trópico*, ainda falta mencionar aquela da qual provém o título do filme: *Tristes trópicos*, de Claude Lévi-Strauss, publicada originalmente em 1955. Apesar da operação paródica da qual resulta o nome do filme, a relação entre as duas narrativas é menos evidente do que nos casos das obras de Alfred Métraux ou Euclides da Cunha. O pesquisador Robert Stam compara as trajetórias do personagem Arthur e de Lévi-Strauss dizendo que,

> [...] enquanto Lévi-Strauss foi da Europa para o Brasil somente para descobrir, de certo modo, os preconceitos etnocêntricos europeus, o protagonista de *Triste Trópico* vai para a Europa – e aqui sua trajetória é paralela à de inúmeros artistas e intelectuais brasileiros – somente para descobrir o Brasil.[141]

Trata-se de um paralelo possível, apesar de o filme já começar sua narrativa ficcional pela volta do personagem da França e de sua migração para o interior do país. Porém, mais do que uma simetria entre trajetórias, *Triste*

---

[141] STAM, 1995, p. 325, tradução nossa. Texto original: "While Lévi-Strauss went from Europe to Brazil only to discover, in a sense, the ethnocentric prejudices of Europe, the human subject of *Triste Trópico* goes to Europe — and here his trajectory parallels that of innumerable Brazilian artists and intellectuals — only to discover Brazil".

Trópico, o filme, parece espelhar algumas das propostas de *Tristes tropiques*, o livro, em seus questionamentos sobre a função da antropologia como disciplina e sobre o papel das viagens na compreensão de mundo e das pessoas[142]. O filme de Omar também tem a viagem, ou a migração, como tema central e transformador e desenvolve uma crítica ao discurso antropológico-científico. A identidade entre propostas, porém, não se reverte, necessariamente, em conclusões comuns, deve-se ressaltar, já que o filme de Omar, em seu aspecto desconstrutor e caricatural, questiona o discurso científico de maneira abrangente, incluindo o próprio relato de Lévi-Strauss, discípulo de Métraux. A alusão a *Tristes tropiques*, ainda que a obra seja menos citada ou parodiada diretamente no filme, também acrescenta à narrativa outra camada de um olhar etnográfico estrangeiro sobre o Brasil e, mais amplamente, mais uma história de viagem. A experiência dos cronistas europeus do século XVI na América, os deslocamentos migratórios de grupos ameríndios, descritos em *La religion des tupinambás*, a peregrinação de Antônio Conselheiro, narrada em *Os sertões*, a viagem etnográfica de Lévi-Strauss, retomada em *Tristes tropiques*, assim como o enredo ficcional de peregrinação do Doutor Arthur convergem enquanto viagens rumo a novos mundos.

Por último, *Triste Trópico*, o filme, é também, evidentemente, uma charge do gênero documentário em si, que, ao mesmo tempo, mimetiza seu estilo e o satiriza. Pontuais interrupções metatextuais da narração, que revelam seu dispositivo de construção, reforçam o olhar crítico ao gênero. Por exemplo, quando ouvimos a pontual indicação de direção de Arthur Omar ao ator Othon Bastos: "A numeração das relíquias é um troço totalmente sem ênfase". Ou quando o próprio narrador diz "Você quer continuar naquele mesmo tom?", revelando-se enquanto ator que se dirige ao diretor, e não a nós espectadores.

A criação paródica e a potência do "riso festivo", ideia que Mikhail Bakhtin desenvolve do pensamento de Bergson — o riso como remédio social — e de Cassirer — o riso que faz pensar[143] —, constituem o núcleo do conceito bakhtiniano de "carnavalização". A trajetória de Bakhtin é marcada por um interesse central pelas possibilidades de intersubjetividade na literatura, de convivência entre uma multiplicidade de vozes, estilos e linguagens no discurso. Assim, uma característica que perpassa o conjunto de sua obra é a perspectiva relacional, dialógica, que o autor estabelece para o desenvolvimento de seu pensamento crítico e teórico seja sobre

---

[142] Lévi-Strauss desenvolve essa reflexão, sobretudo, no último capítulo de *Tristes Trópicos*, intitulado "O retorno".

[143] Ver BRANDIST, Craig. *The Bakhtin Circle*: philosophy, culture and politics. London: Pluto, 2002. p. 133-155.

determinados escritores, seja sobre gêneros ou métodos. É em *A cultura popular na Idade Média e no Renascimento* que Mikhail Bakhtin desenvolve propriamente a noção de carnavalização, que pode ser definida, em suma, como a forma de incorporação na arte, no caso, na literatura, da irreverência carnavalesca, das inversões, liberdades e espírito de igualdade possibilitados pelo carnaval. Na obra, Bakhtin argumenta que as manifestações populares e sociais do carnaval vivem um momento de ápice no início da Renascença, que François Rabelais transpõe de maneira singular em sua literatura, renovando e reinventando a tradição literária dos gêneros sério-cômicos. Os festejos do carnaval "ofereciam uma visão do mundo [...] deliberadamente não-oficial, exterior à Igreja e ao Estado", construindo "um segundo mundo e uma segunda vida aos quais os homens da Idade Média pertenciam em maior ou menor proporção"[144]. O carnaval, baseado no "princípio do riso" e regido por "leis da liberdade", "era o triunfo de uma espécie de liberação temporária da verdade dominante e do regime vigente, da abolição provisória de todas as relações hierárquicas, privilégios, regras e tabus"[145]. As manifestações culturais populares de tipo carnavalesco possuem, segundo o autor, uma linguagem própria, caracterizada "pela lógica das coisas *ao avesso*", "do mundo ao revés", "e pelas diversas formas de paródias, travestimentos, degradações, profanações, coroamentos e destronamentos bufões"[146]. Com as mais diversas hierarquias sociais, o carnaval suspende a distância entre as pessoas, que se relacionam de maneira livre e familiar durante a festa. "A percepção carnavalesca do mundo", definida por Bakhtin, é também marcada pela convivência de elementos heterogêneos e contrastantes. "O carnaval aproxima, reúne, celebra os esponsais e combina o sagrado com o profano, o elevado com o baixo, o grande com o insignificante, o sábio com o tolo"[147], em um sistema de "alegre relatividade". O autor sublinha o rito de coroação (seguido do destronamento) do rei carnavalesco como revelador do "núcleo da cosmovisão carnavalesca", que enfatiza as mudanças e transformações, a morte e a renovação. "O carnaval é a festa do tempo que tudo destrói e tudo renova"[148].

---

[144] BAKHTIN, Mikhail. *A cultura popular na Idade Média e no Renascimento*: o contexto de François Rabelais. São Paulo: Hucitec, 2013. p. 4-5.

[145] *Ibid.*, p. 8.

[146] *Ibid.*, p. 10, grifos do original.

[147] BAKHTIN, Mikhail. *Problemas da poética de Dostoiévski*. Rio de Janeiro: Forense Universitária, 2008. p. 140. As características do carnaval assim como da carnavalização na literatura são retomadas e elaboradas por Bakhtin no capítulo "Peculiaridades do gênero, do enredo e da composição das obras de Dostoiévski", capítulo que o autor acrescenta à obra *Problemas da poética de Dostoiévski* na sua reedição de 1963.

[148] *Ibid.*, p. 141.

Mas, se o período da Renascença é o auge da vida carnavalesca, segundo Bakhtin, a literatura carnavalizada não se limita a determinado período histórico, e sim tem origens longínquas e renova-se constantemente. Ligada ao emprego do impulso carnavalesco de irreverência e liberdade criativas, ela não apresenta unidade estilística, mas mistura gêneros, vozes, assim como temáticas sérias e cômicas, e desenvolve-se, principalmente, por meio da paródia, entendida como sintoma de uma forte consciência crítica. A "carnavalização" (assim como o carnaval) tem um sentido político central, ao visar a quebra simbólica de hierarquias, de poderes ou de regras estabelecidas. Ela desconstrói algo naturalizado na sociedade e, assim, reinventa, faz pensar e, muitas vezes, rir.

O que faz Arthur Omar não é, justamente, carnavalizar o gênero documentário, assim como as narrativas históricas e etnográficas com as quais dialoga? Em entrevista de 74, Omar declara que os materiais incluídos no filme não são tomados "como documentário de época, mas como documentos de uma atitude frente ao objeto"[149]. O autor continua: "Nisso consiste o propósito inverossímil sobre o qual o filme faz repousar o afastamento de observador, necessário à análise do seu objeto, que não é tanto etnográfico, como o *modo* como se pretende tratar os objetos etnográficos"[150]. Mais do que com as informações etnográficas ou históricas, *Triste Trópico* dialoga com uma atitude científica, com a postura e o olhar, principalmente, etnográficos, mas também históricos, carnavalizados no filme por uma perspectiva crítica e satírica. Ouvimos o narrador dizer, já entrando na parte final do filme: "A primeiro de janeiro, o obscuro Santos Atahualpa recebe súbita inspiração divina e grita que o Doutor Arthur não passa de um rei carnavalesco". Por intermédio de um personagem provisório, Santos Atahualpa[151], um dos vários personagens históricos citados pontualmente na montagem, sem nenhuma apresentação ou desenvolvimento, *Triste Trópico* denuncia e reconhece sua própria farsa, assim como seu método de carnavalização.

História do Brasil é um filme que, com sua finalidade pedagógica, se relaciona com os discursos tradicionais da historiografia, os livros didáticos principalmente. A narração dos fatos em *História do Brasil* é rigidamente cronológica, porém as imagens que acompanham a narração não lidam com a temporalidade do mesmo modo. Nelas, há o tempo que a imagem representa (no caso de um filme ou de uma pintura histórica, por exemplo), o tempo de

---

[149] OMAR, 1974, s/p.

[150] *Ibid.*, s/p.

[151] Juan Santos Atahualpa foi líder de uma importante rebelião indígena na região da selva central do Peru, em meados do século XVIII, que visava restaurar o Império Inca.

realização desta, o tempo para o qual ela pode apontar alegoricamente, ou eventuais choques entre a temporalidade representada na imagem e os tempos dos assuntos que elas ilustram. Enfim, a rede de temporalidades trazida pelas imagens, ou pelo diálogo com as imagens, muitas vezes verticaliza a leitura horizontal da linha do tempo do texto. É, principalmente, por meio da rica variação das possibilidades da montagem que o filme extrapola a linearidade do discurso, elaborando uma narrativa com múltiplas camadas de leitura, e experimentando, assim, as especificidades do meio audiovisual para trabalhar a história. Pela subversão da forma como as imagens ilustram a narração, do que é considerado como imagem de arquivo, das ironias e paródias da montagem, *História do Brasil*, mais do que propor uma outra ideologia ou chaves de leitura da história, carnavaliza a narrativa histórica nacional tradicional com a qual dialoga.

Aliás, como observado anteriormente, tanto *História do Brasil* quanto *Triste Trópico* troçam da própria noção tradicional de arquivo, como lugar do real e instrumento da história. Para a experiência da história que os filmes propõem, tudo vale: o cinema de ficção, a iconografia de época, os acervos pessoais, os materiais de ontem e de hoje. Os filmes trabalham com uma espécie de "efeito-arquivo" das imagens, que, ao ilustrarem o que é dito, adquirem certa legitimidade, questionando, assim, o poder pressuposto do material de arquivo, também, de certa forma, carnavalizado.

O pesquisador Robert Stam nota um parentesco entre as noções de carnavalização de Mikhail Bakhtin e de antropofagia cultural de Oswald de Andrade, ambas desenvolvidas nos anos 1920. Stam escreve sobre o modernismo brasileiro:

> O artista [...] não pode ignorar a arte estrangeira; tem de engoli-la, carnavalizá-la e fazer uma reciclagem para objetivos nacionais. "Antropofagia", neste sentido, é um outro nome para [...] o que o próprio Bakhtin chama de "dialogismo" e "carnavalização", mas desta vez num contexto de poder assimétrico gerado pela dominação neocolonial.[152]

Pela amplitude da ideia de carnavalização e sua independência em relação ao carnaval propriamente dito, ela se torna facilmente aplicável para os fins analíticos mais diversos. Mas, como aponta Stam, a força do carnaval e de seu imaginário nas artes brasileiras faz com que o emprego da ideia de carnavalização e de aspectos da análise bakhtiniana da obra de Rabelais seja especialmente pertinente no estudo de obras brasileiras. Como escreve o autor:

---

[152] STAM, Robert. *Bakhtin*: da teoria literária à cultura de massa. Tradução de Heloisa Jahn. São Paulo: Ática, 1992. p. 49. No livro, Robert Stam concentra sua análise sobre a carnavalização nas chanchadas brasileiras dos anos 1970.

> Exatamente como a obra de Rabelais foi profundamente imbuída da consciência das festividades populares de sua época, do mesmo modo o artista brasileiro torna-se inevitavelmente consciente do universo cultural do carnaval enquanto repertório onipresente de gestos, símbolos e metáforas, um reservatório de imagens ao mesmo tempo popular e erudito, uma constelação de estratégias artísticas que tem a capacidade de cristalizar a irreverência popular.[153]

Apesar de se sobreporem em certa medida, a carnavalização e a antropofagia agregam elementos complementares à atitude crítica que consiste em devorar, à eleição da centralidade do Brasil como temática, ao incentivo à experimentação estética, ao conflito entre *Eu-Outro* ou entre nacional-estrangeiro. Primeiramente, a carnavalização é um conceito passível de se transformar em verbo. Trata-se, ao mesmo tempo, de um princípio e uma ação, e o ato de carnavalizar sintetiza muito bem a atitude dos filmes ante os discursos e os materiais dos quais se apropriam ou para os quais apontam. Uma ação marcada, fundamentalmente, pela quebra de hierarquias. A noção de carnavalização também, no sentido que Stam indica anteriormente, destaca o carnaval não somente em sentido figurado, mas enquanto festividade e ritmo popular em si. A festa popular do carnaval é central nas narrativas de *História do Brasil* e *Triste Trópico*, especialmente, para as leituras que os filmes fazem da identidade brasileira.

Em *Triste Trópico*, imagens do carnaval de rua do Rio de Janeiro, nos anos 1970, pontuam toda a estrutura do filme, como um *leitmotiv* que retorna constantemente. São imagens de foliões, filmadas com câmera na mão, com enquadramentos médios e fechados, em que vemos pessoas com diferentes fantasias e máscaras (Fig. 6). A câmera mergulha na festa e interage com as pessoas, que a encaram diretamente e, muitas vezes, produzem performances para ela. O carnaval tal como filmado por Arthur Omar encarna a ideia do travestimento, da paródia, e da ambiguidade da relação entre identidade e alteridade. O folião brinca de ser eu e outro; homens vestem-se de mulher; brancos, de índios. Por meio dos disfarces, das máscaras e performances, pessoas encarnam palhaços, monstros ou a própria morte. Na montagem do filme, os personagens construídos são levados a sério e, frequentemente, dramatizados mediante a trilha sonora e a forma como são combinados à narração, que não fala do carnaval propriamente dito. Como comenta Ismail Xavier,

---

[153] STAM, 1992, p. 51.

> [...] o carnaval brasileiro se põe, no filme, como um estranho teatro em que a força das máscaras sugere um tipo de afirmação que vai além do clichê da alegria e da paródia. Filmado de forma inusitada, o Carnaval revela uma distância, um tom cerimonial que lhe confere uma dimensão trágica.[154]

A irreverência e a paródia, porém, também estão constantemente presentes, convivendo com a dimensão trágica e enriquecendo o jogo do ser ou não ser. O carnaval é registrado como manifestação cultural catártica, que suspende as identidades prévias. Momento em que paira o mistério do "Quem é você?", e em que cada um pode ser quem quiser, antes de tudo voltar ao normal, como diz a letra da icônica música de Chico Buarque[155]. A festa carnavalesca e seus foliões, da forma como filmados em *Triste Trópico*, refletem, portanto, a estratégia de criação do próprio filme, em sua relação com os materiais documentais que o constituem.

Já em *História do Brasil*, as imagens do carnaval não atravessam o filme, mas estão concentradas, sobretudo, na sequência que Glauber chama de "comentário musical"[156]. Após a conclusão da narrativa que abarca séculos da história brasileira, contada segundo uma dura narração em voz *off*, entra na montagem a sequência do carnaval, na qual vemos imagens tanto de blocos de rua quanto de bailes e desfiles de escola de samba (Fig. 7), acompanhadas por um *pot-pourri* musical que reúne trechos de diversos sambas e de música popular brasileira. Ao longo de 3 minutos, vemos pessoas e grupos que dançam e cantam em uma explosão catártica de energia. Em seguida, enquanto a trilha musical continua a alternar trechos musicais (de Noel Rosa, Carmen Miranda, Pixinguinha, Tom Jobim, Chico Buarque, Caetano Veloso, Gilberto Gil etc.), a banda visual passa de imagens carnavalescas para planos de cerimônias e cultos religiosos diversos, mostrando religiões de matrizes africanas e cristãs. Culmina a narrativa histórica do filme, portanto, uma ode ao sincretismo da cultura brasileira, representado pelo carnaval, e que se desdobra em práticas religiosas populares diversas. É o Carnaval visto como "acontecimento religioso da raça", tal como no verso de Oswald de Andrade.

---

[154] XAVIER, 2000, p. 14.

[155] Referência à música "Noite dos mascarados", de Chico Buarque de Hollanda. Trecho da letra: "Mas é Carnaval / Não me diga mais quem é você / Amanhã tudo volta ao normal / Deixa a festa acabar / Deixa o barco correr / Deixa o dia raiar, que hoje eu sou / Da maneira que você me quer / O que você pedir eu lhe dou / Seja você quem for / Seja o que Deus quiser / Seja você quem for / Seja o que Deus quiser".

[156] ROCHA, Glauber. Carta a Paulo Emilio Salles Gomes, janeiro de 1976. *In*: ROCHA, 1997, p. 585.

Como comenta Craig Brandist, para Bakhtin o carnaval não é "uma prática historicamente identificável, mas uma categoria genérica", descrita como a "unidade sincrética primordial"[157]. Trata-se de uma manifestação que reativa memórias que estão embutidas, incorporadas à cultura e ao corpo e que vêm de um tempo primitivo, pré-clássico. As representações do carnaval nos três filmes parecem querer afirmar esta mesma leitura do carnaval como sendo uma manifestação cultural viva, de origens longínquas, que, por meio do corpo e da música, revela um pouco de uma cultura brasileira ancestral e misteriosa. O carnaval e o samba são representações, por excelência, do sincretismo brasileiro, figuras-chave da identidade nacional, singular, que se faz com base na transfiguração de outros. Centrais em *História do Brasil e Triste Trópico*, o carnaval e o samba são reflexos de uma atitude oswald-bakhtiniana que devora, digere e, assim, desvia, inverte e ironiza. A antropofagia cultural e o carnaval configuram-se nos filmes tanto como objetos e temáticas quanto como propostas estéticas e políticas.

Fig. 6 – Seleção de imagens de foliões de rua no carnaval do Rio de Janeiro (1971) em *Triste Trópico*

Fonte: fotogramas de *Triste Trópico*

Fig. 7 – Seleção de imagens do carnaval na sequência do "comentário musical" em *História do Brasil*

Fonte: fotogramas de *História do Brasil*

---

[157] BRANDIST, 2002, p. 138, tradução nossa. No original, em inglês: "'primordial' syncretic unity".

1.3 "Mas nunca admitimos o nascimento da lógica entre nós"[158]: barroco e América Latina

Haroldo de Campos, em artigo intitulado "Da razão antropofágica: a Europa sob o signo da devoração", publicado em 1981, articula as noções de antropofagia e carnavalização para o desenvolvimento de suas concepções de barroco e de barroquismo na literatura brasileira. Segundo o autor, o barroco histórico, estilo que se localiza temporalmente no período da colonização, nos séculos XVII e XVIII, é a não infância das literaturas da América Latina que "já nasceram adultas [...] e falando um código universal extremamente elaborado: o código retórico barroco"[159]. Escritores latino-americanos seiscentistas valem-se de seu hibridismo e "mecanismo permutatório" para elaboração de textos críticos e satíricos. Como escreve Campos:

> Na medida em que o estilo alegórico do barroco era um dizer alternativo – um estilo em que, no limite, qualquer coisa poderia simbolizar qualquer outra (como explicou Walter Benjamin em seu estudo capital sobre o *Trauerspiel* alemão) – a "corrente alterna" do barroco brasílico era um duplo dizer do outro como diferença: dizer um código de alteridades e dizê-lo em condição alterada.[160]

Gregório de Matos (1636-1696) é considerado o pioneiro da literatura brasileira barroca, assim como o primeiro antropófago[161]. Segundo Campos, o barroco latino-americano — "diferencial no universal", transculturador — já "se nutre de uma possível 'razão antropofágica', desconstrutora do logocentrismo que herdamos do Ocidente"[162]. Além disso, seu caráter paródico e descentrado é diretamente associado à carnavalização. O barroco, como já notara o poeta e teórico cubano Severo Sarduy, é considerado um "fenômeno bahktiniano por excelência: espaço lúdico da polifonia e da linguagem convulsionada"[163]. No texto, Campos reconhece toda uma corrente de escritores ao longo da história da literatura brasileira e latino-americana (incluindo ele mesmo e os poetas concretistas) que seguem essa tradição antinormativa, antropofágica e barroquista, cuja

---

[158] ANDRADE, 1986a, p. 355.

[159] CAMPOS, Haroldo de. Da razão antropofágica: a Europa sob o signo da devoração. *Colóquio/Letras*, [S.l.], n. 62, jul. 1981. p. 14.

[160] *Ibid.*, p. 16.

[161] Como observa Haroldo de Campo, é Augusto de Campos quem primeiro considera Gregório de Matos como antropófago em "Arte final para Gregório" (*Bahia/Invenção*. Salvador: Propeg, 1974).

[162] CAMPOS, 1981, p. 17.

[163] *Ibid.*, p. 18.

[...] mandíbula devoradora [...] vem manducando e "arrui-
nando" desde muito uma herança cultural cada vez mais
planetária, em relação à qual sua investida excentrificadora
e desconstrutora funciona como o ímpeto marginal da anti-
tradição carnavalesca, dessacralizante, profanadora evocada
por Bakhtine em contraparte à estrada real do positivismo
épico lukàcsiano, à literatura monológica, à obra de arte
acabada. Ao invés, o policulturalismo combinatório e lúdico,
a transmutação paródica de sentidos e valores, a hibridação
aberta e multilíngue, são os dispositivos que respondem pela
alimentação e realimentação constantes desse almagesto
barroquista: a transenciclopédia carnavalizada dos novos
bárbaros, onde tudo pode coexistir com tudo.[164]

A razão antropofágica barroca, reivindicada como estratégia de descolonização, resistência e reinvenção de si por meio do outro, é por fim
postulada pelo autor como universal e urgente: "escrever, hoje, na América
Latina como na Europa significará, cada vez mais, reescrever, remastigar"[165].
A devoração não deve ser um movimento de mão única, e a proposta do
poeta é a de uma "redevoração planetária", pois "a alteridade é, antes de
mais nada, um necessário exercício de autocrítica"[166].

Haroldo de Campos faz parte de um amplo movimento de ressurgên-
cia do barroco no pensamento ocidental do século XX, depois de séculos
de ostracismo e desvalorização. Como muitos autores reconhecem[167], as
novas ondas de interesse pelo barroco estão ligadas à crise da ideia de
progresso, a certo esgotamento e questionamento da razão iluminista e,
portanto, da própria modernidade. O barroco histórico, marcado por sua
heterogeneidade, desordem e primado da emoção, com a crise do moderno
passa a ser revisitado, em determinados contextos, enquanto sensibilidade
ou paradigma cultural que oferece caminhos estéticos e formas de pensar
e narrar alternativos para o presente.

Entre os precursores dessa retomada está um sucinto texto de Friedrich Nietzsche, "Sobre o barroco"[168], datado ainda do fim do século XIX
(1878). O filósofo alemão, "crítico feroz da estéril herança do racionalismo do

---

[164] CAMPOS, 1981, p. 22.

[165] *Ibid.*, p. 23.

[166] *Ibid.*, p. 24.

[167] Ver, por exemplo: CHIAMPI, Irlemar. *Barroco e modernidade*. São Paulo: Perspectiva, 2010; KAUP, Monica; ZAMORA, Lois Parkinson (org.). *Baroque new worlds*: representation, transculturation, counterconquest. Durham; London: Duke University, 2010; MOSER, Walter; GOYER, Nicolas. *Résurgences baroques*: les trajectoires d'un processus culturel. Bruxelles: La Lettre Volée, 2001.

[168] Ver NIETZSCHE, Friedrich. On the baroque (1878). *In*: KAUP; ZAMORA, 2010, p. 44-45.

Iluminismo e do historicismo Hegeliano"[169], apesar de considerar o barroco uma estética menor, defende que é arrogante não reconhecer seus efeitos e capacidade de persuasão. O barroco, visto por Nietzsche como um estilo atemporal, encontrável em todos os períodos históricos, "compreende, em primeiro lugar, a escolha de materiais e assuntos da maior tensão dramática, que fazem com que o coração trema mesmo sem arte". Marca também o estilo, "a oratória de fortes paixões e gestos, do feio-e-sublime, de grandes massas, de grande quantidade"[170]. Sublinhando a teatralidade e artificialidade de "formas extremamente moldadas", Nietzsche destaca ainda que o público leigo, ao experimentá-las, tem a sensação de "testemunhar um transbordamento constante e inconsciente de natureza primitiva – desejo da arte pela abundância"[171]. Como apontam Zamora e Kaup, no completo estudo que organizam sobre as ressurgências do barroco, é possível associá-lo no pensamento de Nietzsche ao seu conceito de Dionisíaco, elaborado em *O nascimento da tragédia* (1872). O barroco, como o Dionisíaco, é visto como "uma força vital e destrutiva"[172], caótica, que se opõe e ao mesmo tempo convive dialeticamente com o clássico, a ordem, com o que é Apolíneo. Já em Nietzsche, há, portanto, um germe que possibilita a conexão entre o barroco e a festa de Baco (culto a Dionísio), precursora histórica dos carnavais.

O historiador da arte, também alemão, Heinrich Wölfflin é o primeiro a definir o barroco como um estilo e um período da história da arte, valendo-se da sistematização de suas características formais, inicialmente em *Barroco e Renascimento* (1888) e posteriormente em sua obra de maior importância: *Conceitos fundamentais da história da arte* (1915). Trata-se de um estudo formalista que define o barroco em oposição ao classicismo, sem considerá-lo inferior ou dependente deste, mas antagônico. Entre os pares antitéticos que marcam as mudanças de características do estilo predominante no século XVI (o clássico) para o do século XVII (o barroco), estão: "a passagem do 'linear' ao 'pictural', isto é, da consideração da linha enquanto condutora do olhar à desvalorização gradativa desta linha"[173] na arte barroca; "a passagem

---

[169] KAUP; ZAMORA, 2010, p. 41, tradução nossa. Original: "Nietzsche was an impassioned critic of the sterile inheritance of Enlightenment rationalism and Hegelian historicism".

[170] NIETZSCHE, Friedrich. On the Baroque. *In*: KAUP; ZAMORA, 2010, p. 44, tradução nossa. Original: "The Baroque comprises, first, the choice of materials and subjects of the greatest dramatic tension, which make the heart tremble even without art [...]. Then, the oratory of strong passions and gestures, of the ugly-and-sublime, of great masses, of sheer quantity".

[171] *Ibid.*

[172] KAUP; ZAMORA, 2010, p. 42.

[173] WÖLFFLIN, Heinrich. *Principes fondamentaux de l'histoire de l'art*: le problème de l'évolution du style dans l'art moderne. Paris: G. Monfort, 1994. p. 15, tradução nossa. Original: "Le passage du « linéaire » au « pictural »; c'est-à--dire de la considération de la ligne en tant que conductrice du regard, à la dévalorisation croissante de cette ligne".

de uma apresentação por planos a uma apresentação em profundidade"[174], transformação da representação que é resultante da desvalorização dos contornos; "a passagem da forma fechada à forma aberta"[175], notando-se no barroco uma imprecisão da forma e um relaxamento em relação a regras; "a passagem da pluralidade à unidade"[176], o estilo barroco não dividindo-se em partes autônomas, como o clássico; e, por último, a oposição entre "a clareza absoluta e a clareza relativa dos objetos apresentados"[177], a inteligibilidade não sendo considerada o propósito central da representação barroca em sua nova postura diante do mundo. Como sublinham Zamora e Kaup, "a categorização formalista de Wölfflin continua a ser a mudança de paradigma indispensável no processo através do qual, ao longo do século XX, o barroco seria recuperado para um uso moderno"[178].

Tendo em vista a estreita relação da reemergência do barroco com a crise do pensamento cartesiano e cientificista da modernidade do século XIX, não é de se estranhar que o primeiro *boom* do barroco se dê nas décadas de 1920 e 1930, contemporaneamente ao desenvolvimento da antropofagia cultural oswaldiana ou da carnavalização bakhtiniana, momento histórico marcado pela ascendência dos fascismos europeus. Quando, no berço do que se considerava como as mais "avançadas" civilizações mundiais, acontecem enormes "barbarismos", uma forte crise da civilização ocidental e da perspectiva de uma evolução social positivista instaura-se, e é justamente nesse período que, em diferentes áreas e países, ressurge um interesse pela arte barroca do século XVII.

É em 1925 que Walter Benjamin escreve sua célebre obra *Origem do drama trágico alemão*[179], publicada em 1928, dedicada ao estudo da dramaturgia barroca alemã do século XVII, especificamente, dos chamados *Trauerspiels*. Em sua forma de escrita, Benjamin inspira-se e imita a estética de seu objeto de estudo elaborando um texto fragmentado e descontínuo. É interessante notar, como comentam Kaup e Samora, que "o primeiro rascunho [do texto] se constituiu quase que exclusivamente por citações

---

[174] WÖLFFLIN, 1994, p. 16, tradução nossa. Original: "Le passage d'une présentation par plans à une présentation en profondeur".

[175] *Ibid.*, tradução nossa. Original: "Le passage de la forme fermée à la forme ouverte".

[176] *Ibid.*, tradução nossa. Original: "Le passage de la pluralité à l'unité".

[177] *Ibid.*, p. 17, tradução nossa. Original: "La clarté absolue ou la clarté relative des objets présentés".

[178] KAUP; ZAMORA, 2010, p. 48, tradução nossa. Original: "Wölfflin formalist account remains the indispensable paradigm shift in the process whereby over the course of the twentieth century, the Baroque would be recuperated for modern use".

[179] Ver BENJAMIN, Walter. *Origem do drama trágico alemão*. Edição e tradução de João Barrento. Belo Horizonte: Autêntica, 2013.

extraídas de seus contextos e reorganizadas de acordo com o quadro conceitual de Benjamin"[180], e que a própria obra, portanto, tem um caráter de compilação, de livro-montagem, em seu processo de criação. Ao debruçar-se nos *Trauerspiels*, Benjamin ressalta uma concepção barroca da história, desencantada e pessimista, na qual o mundo e o passado são vistos como irremediavelmente transitórios e lacunares.

É também ao longo da década de 1920 que escritores hispanofônicos interessados em novos caminhos de experimentação artística, como o argentino Jorge Luis Borges e os integrantes da chamada Geração de 27 (que inclui, entre muitos outros, os poetas espanhóis Federico García Lorca e Jorge Guillén), se voltam à metáfora barroca de Luis de Góngora (1561-1627), Francisco de Quevedo (1580-1645) e Miguel de Cervantes (1547-1616) como "um modelo poético e uma referência crítica"[181]. Essas vanguardas literárias, como demonstra Irlemar Chiampi, resgatam a "legibilidade estética" do barroco[182], enquanto teóricos e críticos ibero-americanos como o mexicano Alfonso Reyes, o argentino Angel Guido e o espanhol Eugênio D'Ors também se lançam em uma reavaliação crítica do estilo.

Entre eles, Guido, com o texto *Redescubrimiento de América en el arte*[183] (1936), é o precursor de uma reivindicação do barroco histórico latino-americano como arte anti-imperialista, fruto da mestiçagem e de um processo de transculturação do barroco em território americano. Interpretação que será retomada e desenvolvida a partir dos anos 1940 na América Latina, e que terá seu auge nos anos 1960, quando o barroco é reivindicado como fator determinante na construção de uma identidade cultural transnacional. Nesse período, ganha força uma leitura invertida do papel do barroco no continente, que começa a ser entendido não como instrumento de dominação, mas como *A expressão americana* (1957), título da importante obra do poeta cubano José Lezama Lima, isto é, como uma estética de "contraconquista"[184]. Simplificando a ideia de fundo do pensamento de Lezama Lima, bem como de outros intelectuais, como Angel Guido, Pedro Henrique Ureña e Alejo Carpentier, o barroco histórico, estética e ideologia da Contrarreforma católica, no século XVII, é importado para a América como um instrumento

---

[180] KAUP; ZAMORA, 2010, p. 55, tradução nossa. Original: "The first draft consisted almost exclusively of quotations torn from their contexts and rearranged according to Benjamin's conceptual framework".

[181] CHIAMPI, 2010, p. 5.

[182] Ver *Ibid.*, p. 4-5.

[183] Ver GUIDO, Angel. *Redescubrimiento de América en el arte*. Rosario: Universidad Nacional del Litoral, 1941.

[184] Ver LEZAMA LIMA, José. *A expressão americana*. São Paulo: Brasiliense, 1988. p. 80.

imperialista, uma representação do poder da metrópole. Mas, logo que é apropriado por artistas locais, muitas vezes negros e indígenas, responsáveis por construções arquitetônicas, por exemplo, há uma subversão dos cânones e padrões católicos (e europeus), por meio da inserção de outros símbolos culturais e religiosos, da distorção, do exagero ou simplesmente de novas organizações das formas. O barroco latino-americano é entendido, assim, como um processo de transculturação. Mais do que de resistência, trata-se de uma verdadeira recodificação, do início de uma nova cultura híbrida, latino-americana, feita com base no encontro entre as culturas europeias, ameríndias e africanas. E o que permitiu esse processo de transformação foram as características da estética barroca original, como o excesso, a abertura, a porosidade/permeabilidade, a fragmentação e, justamente e especialmente, a possibilidade de reunião de contradições, a tensão resultante da coexistência de elementos heterogêneos e díspares, própria da estética barroca. Como escreve Irlemar Chiampi:

> A nossa América, ela própria uma encruzilhada de culturas, mitos, línguas, tradições e estéticas, foi um espaço privilegiado para a apropriação colonial do barroco, e o continua sendo para as reciclagens modernas e pós-modernas daquela "arte da contraconquista", na qual Lezama Lima tão bem situou a fundação do autêntico devir americano.[185]

A autora argumenta em *Barroco e modernidade* que a consciência americanista está ligada à "legitimação histórica" do barroco na literatura latino-americana, legitimação essa que "requer uma dialética", ao converter um instrumento de poder em resistência, de conquista em "contraconquista". Por essa perspectiva, a reapropriação do barroco no Novo Mundo pode ser entendida, tal qual faz Haroldo de Campos, como adotando uma razão antropofágica, à la Oswald. Ela se faz com base na transformação do tabu em totem, deslocando algo "do valor oposto, ao valor favorável"[186]. Os principais artífices dessa virada do barroco latino-americano são José Lezama Lima, nos anos 1950, e o também poeta e teórico cubano Alejo Carpentier, nos anos 1960.

O conjunto desses trabalhos pioneiros sobre o barroco abrem caminhos para diversos estudos sobre o tema que se desenvolveram ao longo dos séculos XX e XXI. Os pensamentos dos autores latino-americanos e europeus

---

[185] CHIAMPI, 2010, p. 15.

[186] ANDRADE, Oswald de. A crise da filosofia messiânica. *In*: ANDRADE, Oswald de. *Do pau-brasil à antropofagia e às utopias*: manifestos, teses de concursos e ensaios. Rio de Janeiro: Civilização Brasileira, 1972. p. 77.

sobre os barrocos históricos ou sobre suas ressurgências contemporâneas, por meio de efeitos barroquistas ou de narrativas consideradas neobarrocas ou pós-barrocas, têm muitos pontos de contato e diálogo. Partem, entretanto, de perspectivas historicamente distintas, pois é sobretudo ao longo do século XVII que a América vive sua "não infância" cultural, retomando a expressão de Haroldo de Campos, assente na violenta origem de uma nova civilização ocidental, o Novo Mundo. Os diferentes lugares de fala que ocupam ao observar um mesmo período ou fenômeno levam, muitas vezes, pensadores latino-americanos e europeus a questões distintas. Entretanto, determinadas características transpassam grande parte das lentes de observação, como a quebra da função referencial do signo na obra barroca, por meio de uma comunicação por metáforas e alegorias, que tem como consequência frequente a opacidade dos sentidos, que se multiplicam. Também, dentre as qualidades barrocas, como já apontaram Kaup e Zamora, desde Nietzsche, passando por Benjamin, Lezama Lima, Carpentier, Sarduy ou Campos, é ressaltada a tensão, a relação conflituosa que se estabelece entre elementos díspares reunidos. Como definem os autores, "formas barrocas florescem a partir de oposições, contradições, propósitos cruzados. Não harmonia, mas heterogeneidade, não historicidade hegeliana, mas 'estratos e camadas, simultaneidades e sincronias"[187].

Triste Trópico e *História do Brasil* voltam-se para o passado (incluindo para as origens ou "não origens" da colonização), reúnem e acumulam fragmentos heterogêneos, para a elaboração de narrativas excessivas, transbordantes, abertas, com intenções e temáticas históricas e identitárias, latino-americanas. Entrar no labirinto da "história da crítica sobre o barroco – tão prolixa como a etimologia da palavra e tão contorcida como o mesmo estilo"[188], não é uma tarefa fácil. Mas parece claro que, de diferentes formas, os filmes se filiam a tradições artísticas dos "novos bárbaros" com suas "mandíbulas devoradoras". Interessa pouco a classificação, em si, dos filmes como barrocos ou neobarrocos, considerando que a própria definição do que é barroco é escorregadia e móvel. São determinadas características que perpassam diversos estudos ou pensamentos específicos sobre o barroco que interessam, como ferramentas de análise para melhor compreender as composições, formas de pensamento e percepção desses filmes não

---

[187] KAUP; ZAMORA, 2010, p. 12, tradução nossa. Original: "Baroque forms thrive on oppositions, contradictions, cross-purposes. Not harmony but heterogeneity, not Hegelian historicity but 'strata and layers, simultaneities and synchronies'".

[188] CHIAMPI, 2010, p. 81.

canônicos. Certas perspectivas da sensibilidade ou narrativa barrocas se apresentam como chaves de leitura interessantes para a compreensão das construções particulares de suas narrativas histórico-poéticas. Bastante diferentes entre si, cada filme requer o estabelecimento de diálogos com pontos de vista distintos. Enquanto o discurso de *História do Brasil*, realizado no contexto das preocupações de Glauber Rocha com a descolonização de um novo cinema propriamente latino-americano, pode ser aproximado a escritos dos anos 60 de Alejo Carpentier, por exemplo; Benjamin, Sarduy e certas leituras pós estruturalistas do barroco parecem mais eficazes para iluminar certos aspectos de *Triste Trópico*.

A aproximação do barroco com filmes de reemprego pode parecer estranha quando pensamos em filmes de ficção frequentemente abordados como barrocos/neobarrocos, como os de Raoul Ruiz ou Peter Greenaway, ou mesmo o último filme de Glauber Rocha, *A Idade da Terra* (1980) — filmes esteticamente distantes de *História do Brasil* ou *Triste Trópico*. Porém, por outra via estética e narrativa, os radicais filmes de reemprego de Guy Debord, por exemplo, talvez mais próximos das obras trabalhadas aqui, também já foram lidos como obras neobarrocas[189] e até, para minha surpresa, como antropofágicos[190]. Trata-se de outro caminho de experimentação das possibilidades da montagem e de trabalho com o tempo na narrativa, que podem ser ligadas ao paradigma barroco ou à sua herança. Além do mais, a heterogeneidade das obras que possuem efeitos barrocos ou podem ser pensadas enquanto barrocas não é tão surpreendente, se considerarmos que é, justamente, a tensão e possibilidade de convivência de elementos díspares a característica mais fundamental e constante do barroco.

1.3.1 Barroco e identidade cultural latino-americana

A partir dos anos 1960, encontramos, nos escritos públicos e pessoais de Glauber Rocha, menções ao escritor Alejo Carpentier, pelas quais podemos notar que o cineasta brasileiro conhece bem e admira o escritor cubano. Em sua correspondência com Alfredo Guevara, por exemplo, Glauber comenta certas obras ou pede que lhe sejam enviados livros do autor ("continuo esperando os livros do Carpentier em espanhol..."[191]). Em carta de 1973,

---

[189] Ver PERNIOLA, Mario. Une esthétique du grand style: Guy Debord. *In*: MOSER; GOYER, 2001.

[190] Ver BRESSANE, Júlio. Pequena leitura do cinema elementar e alimentar do antropófago Guy Debord. *In*: *FOTODRAMA*. Rio de Janeiro: Imago, 2005.

[191] ROCHA, Glauber. Carta a Paulo César Saraceni, janeiro de 1962. *In*: ROCHA, 1997, p. 304.

ele chega a afirmar que "a magia histórica de Carpentier é a fonte mais rica da dramaturgia latinoamericana"[192]. A referência a Carpentier é notável em vários outros textos, como em um artigo de 1969 no qual Glauber escreve, valendo-se de um vocabulário antropofágico: "Comerei tranquilo... Neruda, Astúrias, Alejo, Villar etc, para vomitar como um vulcão"[193].

No pensamento de Alejo Carpentier, a noção de mestiçagem é uma ideia-chave (em consonância com outros autores das ciências sociais brasileiras que são referências para Glauber). Em *Tientos y diferencias*, publicado primeiramente em 1964, obra na qual o autor começou a dedicar-se a refletir criticamente sobre o estilo barroco, Carpentier escreve sobre a arquitetura cubana: "a superposição de estilos [...] foi criando em Havana esse *estilo sem estilo* que em longo prazo, por processo de simbiose, de amálgama, se transforma em um barroquismo peculiar que faz as vezes de estilo"[194]. Trata-se, portanto, de um estilo transformativo, que se faz com base em reciclagens. O autor escreve em outro ensaio de *Tientos y diferencias*: "nossa arte sempre foi barroca: desde a esplêndida escultura pré-colombiana e dos *códices, até* o melhor romance da América atual", trata-se do "legítimo estilo do romancista latino-americano"[195]. A ideia de um espírito barroco atemporal, des-historicizado, é central em sua proposta de entendimento da cultura latino-americana como profundamente inclusiva, como uma cultura capaz de acumular e transformar constantemente.

Em termos estéticos, o estilo "real maravilhoso" da literatura de Carpentier (que ele tanto pratica quanto teoriza) é marcado pela abundância de detalhes, por longas descrições do espaço, dos objetos e das texturas. Descrições necessárias, segundo o autor, para a representação da paisagem, da cultura e da experiência da América Latina, que não estariam incluídas no repertório da literatura universal. Constituindo-se de uma natureza ela mesma periférica, faltariam significantes para representar os objetos, as descrições sendo, portanto, imprescindíveis. Carpentier reivindica uma "barroquização" da prosa para que seja possível expressar as realidades

---

[192] ROCHA, Glauber. Carta a Alfredo Guevara, setembro de 1973. *In*: ROCHA, 1997, p. 465.

[193] ROCHA, Glauber. America Nuestra 69. *In*: ROCHA, 2004, p. 163.

[194] CARPENTIER, Alejo. *Tientos y diferencias*. Havana: Unión, 1966. p. 52, tradução nossa, grifos do original. Original: "La superposición de estilos [...] fueran creando a La Havana ese *estilo sin estilo* que a la larga, por proceso de simbiosis, de amalgama, se erige en un barroquismo peculiar que hace las veces de estilo".

[195] *Ibid.*, p. 32-33, tradução nossa. Original: "Nuestro arte siempre fue barroco: desde la espléndida escultura precolombiana y de los códices, hasta la mejor novelística actual de América, [...] El legítimo estilo del novelista latinoamericano actual es el barroco".

americanas, que são vistas, da perspectiva do real maravilhoso, como tendo um caráter sobrenatural, misterioso e milagroso. Em *El reino de este mundo*, o autor escreve:

> Para começar, a sensação do maravilhoso pressupõe uma fé. Os que não acreditam em santos não podem curar-se com *milagres* de santos, nem os que não são Quixotes podem entrar de corpo, alma e bens, no mundo de Amadis de Gaula ou de Tirante o Branco.[196]

Adiante no texto, ele declara:

> Pela virgindade da paisagem, pela formação, pela ontologia, pela presença fáustica do índio e do negro, pela Revelação que constituiu seu recente descobrimento, pelas fecundas mestiçagens que propiciou, a América está longe de ter esgotado seu caudal de mitologias.[197]

Tais interpretações de Carpentier se fazem presentes na obra e no pensamento de Glauber Rocha, que em entrevista de 1967 afirma, por exemplo, que "este aspecto surreal" é "um fato dentro da realidade da América Latina e do Terceiro Mundo"[198], formulação que faz eco à pergunta de Carpentier: "Mas o que é a história de toda a América senão uma crônica do real maravilhoso?"[199]

Glauber está em Cuba na primeira etapa de realização de *História do Brasil*. Alfredo Guevara, diretor do ICAIC, e com quem Glauber se corresponde há muitos anos, é o produtor do filme. Neste momento, os pensadores cubanos estão no centro da discussão sobre o barroco latino-americano. Além de Carpentier e Lezama Lima, há também as influentes obras do cubano Severo Sarduy, que propõe na década de 1970 (na França) a noção de neobarroco, que influenciará Carpentier na continuação de um pensamento sobre o espírito barroco. Glauber está, portanto, muito perto deste debate. Vale lembrar também que nesse período o cineasta buscava financiamento

---

[196] CARPENTIER, Alejo. *El reino de este mundo [1949]*. Lima: S. Valverde, 1958. p. 7-8, tradução nossa, grifos do original. Original: "Para empezar, la sensación de lo maravilloso presupone una fe. Los que no creen en santos no pueden curarse con milagros de santos, ni los que no son Quijotes pueden meterse, en cuerpo, alma y bienes, en el mundo de Amadis Gaula o Tirante el Blanco".

[197] *Ibid.*, p. 11, tradução nossa. Original: "Por la virginidad del paisaje, por la formación, por la ontología, por la presencia fáustica del indio y del negro, por la Revelación que constituyó su reciente descubrimiento, por los fecundos mestizajes que propició, América está muy lejos de haber agotado su caudal de mitologías".

[198] ROCHA, Glauber. Positif 67 [entrevista a Michel Ciment]. *In*: ROCHA, 2004, p. 124.

[199] CARPENTIER, 1958, p. 11, tradução nossa. Original: "Pero que es la historia de América toda sino una crónica de lo real maravilloso?"

para filmar seu roteiro *América Nuestra* — que, finalmente, nunca saiu do papel —, e que ele está especialmente preocupado com a problemática de uma estética transnacional do cinema latino-americano. Nesse contexto, o barroco torna-se para Glauber, cada vez mais, um qualificativo (des-historicizado) que designa um estilo particular; e mais, descreve seu próprio estilo. Por exemplo, em carta a Gustavo Dahl de junho de 1976, ele diz: "eu diria que no Cinema Novo tem os barrocos e os clássicos, entre os barrocos estou eu, Ruy, Cacá, entre os clássicos você e Sarra, Leon, Zuquincas..."[200] Já sobre uma retrospectiva de seus trabalhos que estava sendo organizada no ano de 1978, ele escreve:

> Assim a retrospectiva seria: *barravento, deus e o diabo, terra em transe, o dragão, o leão, cabeças e claro.* [...] Trata-se do mesmo Longo Filme Barrocoko que se desdobra entre negros, camponeses, políticos, revolucionários – os filhos do terceiro mundo – a Eztetyka da Fome.[201]

Esta afirmação resume bem a importância que certa concepção de barroco assume para o pensamento de Glauber Rocha, a ponto de resumir todos os seus filmes, além de se vincular diretamente à identidade (política e estética) do terceiro mundo. Sobre a citação *supra*, é interessante ressaltar, também, seu estilo de escritura que, como no conjunto da escrita glauberiana, substitui a letra "i" por "y", assim como utiliza com frequência o "k", letras não existentes no alfabeto da língua portuguesa. Tais inclusões, por meio do lúdico jogo de letras, podem remeter-se, ao mesmo tempo, à presença estrangeira na própria linguagem (e, assim, ambiguamente, à colonização intelectual do Brasil e da língua portuguesa), e, dialeticamente, a uma *tupinização* do português, por meio do resgate e protagonismo do "y". Trata-se de uma operação de linguagem, portanto, que em si se inspira na antropofagia e na carnavalização.

Em duas cartas de janeiro de 1976, Glauber compõe uma expressão instigante, interessante de ser observada. Em carta a João Carlos Teixeira Gomes, ele diz: "O estilo barroco/tropical/dialético do Cinema Novo nasceu da *mis-en-scène* jogralesca"[202]; e dias depois, a Carlos Diegues, ele escreve: "queria escrever um poema barroco tropical dialético que nos descodificasse a neurose deixasse fluir a luz inconsciente: sexo, prazer, glória"[203]. A "*mis-*

---

[200]   ROCHA, Glauber. Carta a Gustavo Dahl, junho de 1976. *In*: ROCHA, 1997, p. 600.

[201]   ROCHA, Glauber. Carta a Fabiano Canosa, novembro de 1978. *In*: ROCHA, 1997, p. 638.

[202]   ROCHA, Glauber. Carta a João Carlos Teixeira Gomes, janeiro de 1976. *In*: ROCHA, 1997, p. 568.

[203]   ROCHA, Glauber. Carta a Cacá Diegues, janeiro de 1976. *In*: ROCHA, 1997, p. 574.

-en-scène jogralesca" faz referência aos espetáculos do grupo teatral do qual Glauber e João Carlos fizeram parte, ainda na adolescência, o Jogralescas Teatralização Poética — grupo que teve forte impacto no cenário cultural de Salvador, no fim dos anos 1950. As encenações consistiam na interpretação intimista de poemas brasileiros e latino-americanos. As duas frases citadas são complexas e abrem caminhos para questionamentos variados, por exemplo, para a indagação sobre as relações entre as Jogralescas e o Cinema Novo, mas vamos focar aqui em buscar esmiuçar o termo, a união dos qualificativos: barroco, tropical e dialético.

A palavra "tropical" tem um caráter de localização espacial, refere-se a uma região geográfica do mundo, a uma zona climática situada entre as linhas dos trópicos, marcada por calor, umidade etc. A relação entre a América Latina e o seu clima tropical foi e ainda é um fator importante de identidade coletiva. "América do Sul, América do Sol, América do Sal"[204], diz um verso de Oswald de Andrade, no qual o poeta reforça o elo entre o sol, o mar e a América. Para além do interesse pela identidade nacional, *História do Brasil* e *Triste Trópico* também são marcados por uma determinação territorial transnacional, tropical e latino-americana.

Há certa correspondência entre os países considerados de terceiro mundo, ou subdesenvolvidos, e a zona tropical, o que torna a palavra especialmente útil ao Glauber, em seu projeto de integração política e estética das cinematografias dos países pobres dos três continentes (América Latina, África e Ásia). O "barroco tropical" pode ser entendido, portanto, como um barroco do terceiro mundo, que se aproxima, por sua vez, à perspectiva do pensamento específico sobre o barroco do Novo Mundo, de pensadores como Carpentier. "Tropical", assim, especifica a ideia de barroco, remetendo-se não ao barroco em geral, mas ao barroco transformado, americanizado, que se diferencia do pensamento europeu sobre o barroco histórico.

O título do filme de Arthur Omar, *Triste Trópico*, aponta para outra camada da noção de tropical. Remete-se à obra de Lévi-Strauss, é claro, mas, mais do que isso, a uma ideia de trópico que se liga a um olhar etnocêntrico/eurocêntrico. Em entrevista de 1974, Omar faz uma observação interessante sobre o título do filme:

> A palavra *Trópico* deveria ser lida em itálico, ou melhor entre aspas, isto é, Triste "Trópico", pelo seu caráter de citação. Onde se diz *"Trópico"* se está querendo dizer a *noção de Tró-*

---

[204] ANDRADE, Oswald de. Hip! Hip! Hoover! *In*: ANDRADE, Oswald de. *Poesias reunidas*. São Paulo: Companhia das Letras, 2017.

SÓ ME INTERESSA O QUE NÃO É MEU: *HISTÓRIA DO BRASIL, TRISTE TRÓPICO* E A MONTAGEM DE
MATERIAIS DE ARQUIVO NO PERÍODO DA DITADURA MILITAR

> *pico* — Triste noção de Trópico —, uma noção cunhada para
> a apreensão da realidade brasileira. Realidade vista como
> tropical. Essa tropicalidade é que talvez não seja tão inte-
> ressante, ou melhor, tão produtiva para a feitura de filmes
> onde a História é o tema. Ou se faz *análise histórica*, ou se faz
> *análise tropical*. Mas *esta* geralmente é confundida com *aquela*,
> ou melhor, a existência desta detonaria automaticamente a
> existência daquela.[205]

Arthur Omar deixa claro nesse depoimento que está interessado em
questionar certa noção de trópico, vista como triste e improdutiva para o
pensamento sobre a história. O cineasta sublinha e critica, assim, a carga
pejorativa do termo, e aponta para o fato de que este integra uma longa
história nas ciências sociais, nos campos da etnografia e da antropologia.
Trata-se de um *topos* corrente no pensamento científico colonial português
para a designação das colônias. Também é um termo amplamente utilizado
nos estudos etnográficos europeus do século XIX, por exemplo. O sociólogo Renato Ortiz enfatiza como teorias positivistas do evolucionismo
social, muitas vezes relacionadas ao determinismo geográfico e ao racismo
científico, como os escritos de Arthur de Gobineau e Louis Agassiz[206], por
exemplo, são influências importantes para os precursores das ciências sociais
brasileiras, como Euclides da Cunha, Sílvio Romero e Nina Rodrigues, na
virada dos séculos XIX para o XX[207]. Nina Rodrigues, por exemplo, "tece
inúmeras considerações a respeito da vinculação entre as características
psíquicas do homem e sua dependência do meio ambiente"[208]. Segundo
o autor, "a apatia do mameluco amazonense revela os traços de um clima
tropical que o tornaria incapaz de atos previdentes e racionais"[209]. A ideia
de tropical é, portanto, por muito tempo e em diversos estudos, diretamente
relacionada à existência de povos e civilizações considerados primitivos ou
menos desenvolvidos. Preconceito cientificista que, apesar de ter deixado
há muito o campo das ciências, deixa raízes profundas nas sociedades.
Como diz ironicamente o refrão da música *"Caravanas"*, de Chico Buarque,
de 2017, mais uma vez evocando a impressionante capacidade do célebre

---

[205] OMAR, 1974, s/p, grifo do autor.

[206] De Arthur de Gobineau, ver, por exemplo, *Essai sur l'inégalité des races humaines* (1853); e, de Louis Agassiz, *A journey in Brazil* (1868).

[207] Ver ORTIZ, 2006, p. 13-35.

[208] *Ibid.*, p. 16. Ortiz menciona especificamente a obra de Nina Rodrigues *As raças humanas e a responsabilidade penal no Brasil*, publicada originalmente em 1894.

[209] RODRIGUES, Nina *apud* ORTIZ, 2006, p. 16.

compositor de descrever poeticamente questões importantes da realidade brasileira: "Sol, a culpa deve ser do sol / Que bate na moleira, o sol / Que estoura as veias, o suor / Que embaça os olhos e a razão".

Pois é o tórrido sol tropical, por tantas vezes culpado pelos atrasos dos países latino-americanos, que as vanguardas brasileiras do fim dos anos 1960 reivindicam (e subvertem), ao assumirem o nome de tropicália ou tropicalismo, inspiradas pelo modernismo brasileiro. Em paralelo a esse movimento, *Triste Trópico*, ao mesmo tempo que critica certa ideia depreciativa de "trópico", desconstrói essa acepção ao contar outra história da América Latina, que focaliza a experiência dos índios. Os discursos eurocêntricos são devorados criticamente pelo filme, pelo carnaval, pelo calor, e, assim, as concepções etnocêntricas das ideias de trópico/tropical são invertidas e valorizadas enquanto identidade local e continental. Mas essa inversão não anula a presença da compreensão triste de "trópico", sublinhada pelo próprio título do filme. *Triste Trópico* traz uma dupla significação ou experiência da noção de trópico, isto é, uma tensão entre acepções conflitantes.

No caso do pensamento de Glauber Rocha, a ideia de trópico não carrega a mesma tensão. Seu sentido negativo praticamente desaparece, ela sendo utilizada com orgulho para referir-se ao diferencial da identidade latino-americana, tropicalista. É possível observar uma estreita ligação entre as ideias de tropicalismo e de antropofagia no discurso glauberiano. "O tropicalismo, a descoberta da antropofagia, foi uma revelação"[210], diz Glauber em frase já citada anteriormente. Para o cineasta, o que determina a virada para um movimento cultural e, especificamente, para um cinema tropicalista é, justamente, a retomada da filosofia oswaldiana da antropofagia cultural na arte brasileira. Segundo o autor, os anos 1970 marcam o começo de um novo período tropicalista do Cinema Novo, com filmes como *Brasil Ano 2000* (Walter Lima Jr., 1969), *Macunaíma* (Joaquim Pedro de Andrade, 1971), *Os Herdeiros* (Carlos Diegues, 1970) e *O Dragão da Maldade contra o Santo Guerreiro* (Glauber Rocha, 1969), que "geraram as imagens do sentimento brasileiro-latino-americano"[211]. Então, tanto o tropicalismo quanto o barroco, para Glauber, sublinham a tomada de consciência de que a cultura ocidental faz parte da América Latina e, ao mesmo tempo, apontam para um caminho para a criação de uma estética diferenciada, própria. No caso do barroco, uma estética dominante, imperialista, é apropriada por

---

[210] ROCHA, Glauber. Tropicalismo, antropologia, mito, ideograma 69. *In*: ROCHA, 2004, p. 150.

[211] ROCHA, Glauber. Das sequóias às palmeiras 70. *In*: ROCHA, 2004, p. 237.

um outro impensado, que a transforma por dentro, mantendo, entretanto, suas características fundamentais, como a heterogeneidade, o excesso, a abertura, a permeabilidade ou a tensão. Da mesma forma, o termo "tropical" continua a fazer referência ao clima de uma região geográfica do mundo, que é considerada determinante para sua constituição cultural, entretanto o calor passa de carma, de estereótipo ligado a um primitivismo, a trunfo: marca da sensualidade, do erotismo, da alegria profanadora. Assim, os termos "barroco" e "tropical" reforçam-se mutuamente, ao se basearem em uma dinâmica dialética análoga, assente em uma razão antropofágica.

O último termo da expressão glauberiana, "barroco tropical dialético" ressalta, justamente, a perspectiva dialética que deve ser assumida para a compreensão dos termos "barroco" e "tropical", ou "barroco tropical". Isto é, reforçam suas leituras enquanto qualificativos não oficiais, anti-imperialistas, americanizados, que convivem em tensão com suas acepções tradicionais ou europeias. De certo modo, a ideia de "dialético" pode ser entendida, por uma lente oswaldiana, como a transformação do Tabu em Totem. A transfiguração do inimigo devorado seria, assim, uma dialética propriamente tropical.

Outro poeta e teórico cubano, Severo Sarduy, também se dedica ao estudo do barroco, e articula-o a uma identidade especificamente latino-americana. É ele quem teoriza, nos anos 1970, a noção de neobarroco, cunhada por Haroldo de Campos em ensaio intitulado "A obra de arte aberta"[212] (de 1955). Em seus escritos sobre o tema, Sarduy distancia-se dos escritos teóricos de caráter essencialista de Carpentier, ao argumentar que o barroco não está ligado à natureza, ou à paisagem da América Latina, mas é, antes de tudo, artifício. O autor não considera que se trate de um "espírito", mas de uma estética resultante de uma ruptura epistemológica ocorrida no século XVII, que pode ser transposta para o século XX, período no qual, nas ciências e nas artes, vive-se um momento de crise e ruptura considerado análogo ao anterior, momento de nova e maior instabilidade e descentramento. Sarduy concentra sua análise no terreno da retórica, da narrativa, dos códigos semióticos desta estética que se faz especialmente presente nas artes ibero-americanas do século XX, que a elegem como importante forma de expressão. Em *El barroco y el neobarroco*, ensaio de 1972, o autor destaca, dentre as características fundamentais do código

---

[212] CAMPOS, Haroldo de. A obra de arte aberta. *In*: CAMPOS, Augusto de; CAMPOS, Haroldo de; PIGNATARI, Décio. *Teoria da poesia concreta*: textos críticos e manifestos 1950-1960. Cotia; São Paulo: Ateliê Editorial, 2006. Publicado originalmente no *Diário de São Paulo* em 03/07/1955.

barroco: a quebra da função referencial da linguagem, isto é, a opacidade do sentido e a desvinculação entre significante e significado; a ruptura da linearidade da enunciação; e seu caráter intertextual, polifônico, ou até "estereofônico" ("adicionando um neologismo que certamente agradaria Bakhtin"[213]), sublinhando a relação que a retórica barroca estabelece com outros discursos, outros textos. Certos aspectos da descrição da retórica neobarroca de Sarduy contribuem, particularmente, para a reflexão da narrativa e montagem de *Triste Trópico*, mas também de *História do Brasil*. Por isso, vale a pena observá-los mais de perto.

Irlemar Chiampi afirma que Sarduy, ao destacar, neste e em outros textos, a centralidade da hipertextualidade, da prática da reciclagem, na estética barroca, efetua um deslocamento e "esclarecimento fundamental" para o debate sobre o tema, que nos últimos cem anos se centrava na discussão "sobre a condição histórica ou ahistórica do barroco". O autor

> [...] considera-o não como um estilo epocal ou um éon atemporal, mas como um modo de dinamizar esteticamente o amontoado inútil dos saberes acumulados; é usar, para produzir beleza ou saber, o lixo cultural, o repertório obsoleto e desacreditado de leis e premissas, o montão de restos e ruínas que a imaginação barroca converte em metáforas, reciclando-os. [...] O barroco seria, pois, uma reciclagem de formas, a energização de materiais descartados, cujo primeiro momento de evidência como fato cultural ocorreu no século XVII e ocorrerá sempre que o discurso literário reproduza o imaginário da ciência, manejando seus enunciados (seus fragmentos) como se fossem metáforas. [...] Por isso a ópera barroca recusa a totalidade: sua estrutura de excessos e proliferações não permite "formar" a imagem global.[214]

A maneira como essa reciclagem de elementos múltiplos e díspares se dá tem como base uma temporalidade narrativa não linear, baseada em estratos e camadas, em relações de simultaneidade, sobreposição e sincronia. Não se trata de inversões da cronologia, por exemplo, de uma história que começa por seu evento final, mas de uma quebra mais radical da ideia de ordem ou ordenação narrativa. "O barroco se apresentaria, então, como uma rede de conexões, de filigranas sucessivas, cuja expressão gráfica não

---

[213] SARDUY, Severo. *El barroco y el neobarroco*. Buenos Aires: El Cuenco de Plata, 2011. p. 20, tradução nossa. Texto original: "Añadiendo un neologismo que seguramente hubiera gustado a Backtine".

[214] CHIAMPI, 2010, p. 62-63.

seria linear, bidimensional, plana, mas em volume, espacial e dinâmica"[215]. A opção por explicar as conexões entre elementos e fios discursivos do código barroco valendo-se da evocação de uma imagem tridimensional é sintomática desta outra maneira de organizar o tempo. Uma maneira que prioriza a sobreposição, ou a circularidade, à sucessão. Em sua reflexão sobre as formas de artificialização do neobarroco, Severo Sarduy cita, justamente, Glauber Rocha para exemplificar o método da "condensação diacrônica", quando há uma "superposição de várias sequências que se fundem em uma única unidade de discurso na memória do espectador"[216], isto é, se embaralham sem pontos de referência de antes e depois.

Para Sarduy o "espaço barroco é o da superabundância e do desperdício"[217]. Ao opor-se à hegemonia da função informativa da linguagem, o estilo contradiria a lógica utilitarista e produtivista dominante na sociedade. Segundo o autor, a apreciação do barroco solicita o prazer da forma, o deleite textual e estilístico, o erotismo da própria linguagem. "A linguagem barroca satisfaz-se no suplemento, no excesso e na perda parcial de seu objeto. Ou melhor: na busca, por definição frustrada, do objeto parcial"[218]. De forma paradoxal, o excesso liga-se a certo interesse pela perda. O que está no centro desse pensamento é a ideia de um acúmulo não funcional, que, ao mobilizar restos, materiais variados, excessos já existentes, torna-se gesto político.

Ao destacar o sacrifício da função informativa ou da própria inteligibilidade da narrativa, Sarduy aponta para uma característica, diretamente vinculada ao *topos* do excesso, que é valorosa para a análise das narrativas de *Triste Trópico* e *História do Brasil*: a frustração inescapável sentida pelo criador em relação ao objeto, ao tema escolhido e abordado (lacunaridade que o autor relaciona diretamente à experiência social latino-americana). Ele escreve: "*Neobarroco del desequilibrio, reflejo estructural de un deseo que no puede alcanzar su objeto*"[219].

---

[215] SARDUY, 2011, p. 20, tradução nossa. Original: "Espacio del dialoguismo, de la polifonía, de la carnavalización, de la parodia y la intertextualidad, lo barroco se presentaría, pues, como una red de conexiones, de sucesivas filigranas, cuya expresión gráfica no sería lineal, bidimensional, plana, sino en volumen, espacial y dinámica".

[216] *Ibid.*, p. 17, tradução nossa. Texto original: "Superposición de varias secuencias, que se funden en una sola unidad del discurso en la memoria del espectador – condensación diacrónica –, procedimiento frecuente en Glauber Rocha".

[217] *Ibid.*, p. 32, tradução nossa. Texto original: "El espacio barroco es el de la superabundancia y el desperdicio".

[218] *Ibid.*, tradução nossa. Texto original: "El lenguaje barroco se complace en el suplemento, en la demasía y la pérdida parcial de su objeto. O mejor: en la búsqueda, por definición frustrada, del *objeto parcial*".

[219] *Ibid.*, p. 35.

Em entrevista com Arthur Omar no âmbito do presente trabalho, ele reitera com frequência a ideia de que *Triste Trópico* é um filme "não realizado em sua plenitude", ao mesmo tempo que o considera "absolutamente radical como reflexão sobre o Brasil". Para o autor, a contribuição de *Triste Trópico* não é propriamente o resultado dessa reflexão, mas a articulação de materiais díspares, a criação "de uma estrutura onde elementos (do real) que em princípio não estariam presentes e co-presentes" são reunidos, "criando uma tensão inteiramente nova". Omar diz:

> Ele (o filme) ousa, de alguma maneira, estabelecer uma visão de Brasil que eu acho que é mais rica, mais radical, mais ampla, mais cheia. Embora o resultado propriamente dito, talvez, não seja definitivo. [...] Você tem um almanaque, mas [a intenção do filme] não é a de dizer: "nos anos 20 os almanaques eram isso". Você tem aquele universo confrontado com o universo do carnaval, misturado com uma fotografia da Europa, com fotografias de família e outros elementos. Então ele abre uma perspectiva, que eu acho que ele provavelmente não realizou plenamente, mas que é sua originalidade, e a razão pela qual ele mantém uma potencialidade de desdobramento. Ainda que essa potencialidade não seja realizada.

O depoimento de Omar expressa a importância da quebra da função referencial imediata dos materiais documentais retomados, a serem compreendidos com base nas relações que estabelecem na montagem com a narração e com os outros elementos da composição. Não é que a função referencial deixe de existir. O espectador reconhece, por exemplo, as imagens do carnaval enquanto documentais, bem como o filme de família enquanto tal. Mas há um trabalho a ser feito por parte do espectador, que frequentemente se sobrepõe à identificação imediata, para que ele apreenda a natureza ou a função do elemento apropriado na estrutura do filme. São as metáforas, alegorias e digressões os motores da elaboração de uma narrativa que apresenta, como o cineasta reconhece, "uma visão de Brasil inédita". Diferentes formas de "proliferação" são empreendidas para a elaboração dessa perspectiva "mais ampla" e "mais cheia". Como Omar declara em uma entrevista dos anos 1990 sobre seu trabalho audiovisual, de modo geral:

> Não existe tela vazia [...], eu tenho a tela permanentemente preenchida, o tempo todo. [...] Então, essa ideia de campo cheio é uma ideia que vem para trabalhar com a ideia de tempo

cheio. Eu, como os árabes que trabalham caligraficamente o espaço, entrelaçando as letras, formando uma superfície inteiramente preenchida, também tenho horror ao vazio.[220]

Eis o *"horror vacui"*[221] de que fala também Sarduy. Enquanto contracorrente estética, em busca da livre expansão e novas invenções da linguagem cinematográfica, *Triste Trópico* pode ser considerado um filme neobarroco no sentido sarduyano. Trata-se de um filme

> [...] que em sua ação de oscilar, em sua queda, em sua linguagem pictural, às vezes estridente, eclética e caótica, metaforiza a contestação da entidade logocêntrica que até então o estruturava e, por consequência, nos estruturava também, a partir de sua distância e autoridade.[222]

A força do filme produzido, reconhecida pelo próprio autor, convive, entretanto, com certa sensação de frustração em relação a um resultado considerado "não definitivo" ou a uma "potencialidade não realizada", que é um "reflexo estrutural de um desejo que não pode alcançar seu objeto"[223], desejo por uma apreensão do passado no presente, por uma apreensão do país, da história e de sua experiência de sofrimento ou êxtase.

Sobre a relação entre a retomada do paradigma barroco no século XX e a identidade da América Latina, cabe ressaltar um último ponto, que une o pensamento de caráter mais essencialista de Alejo Carpentier (e de *História do Brasil*) ao relativismo de Severo Sarduy (e de *Triste Trópico*). Esse ponto concerne à vinculação entre certa ausência de lógica da narrativa barroca (muitas vezes ligada ao seu caráter não realista/naturalista) e uma *epistème* propriamente latino-americana, fruto de uma "modernidade dissonante"[224]. Enquanto Carpentier defende que essa "não lógica" seria uma essência cultural, Sarduy argumenta que a estética neobarroca é especialmente retomada e explorada nas manifestações culturais da América por expressar de forma particularmente justa sua realidade. Seja esta realidade essencial, seja construída, ambos concordam que uma marca da modernidade latino-americana é o fato de que "nunca admitimos o nascimento da lógica

---

[220] OMAR, Arthur. O exibicionismo do fotógrafo e o pânico sutil do cineasta. *Cinemais*: Revista de Cinema e outras Questões Audiovisuais, [*S.l.*], n. 10, mar./abr. 1998. p. 23.

[221] SARDUY, 2011, p. 33.

[222] *Ibid.*, p. 36, tradução nossa. Texto original: "Barroco que en su acción de bascular, en su caída, en su lenguaje *pinturero*, a veces estridente, abigarrado y caótico, metaforiza la impugnación de la entidad logocéntrica que hasta entonces lo y nos estructuraba desde su lejanía y su autoridad".

[223] *Ibid.*, p. 35, tradução nossa. Texto original: "reflejo estructural de un deseo que no puede alcanzar su objeto".

[224] CHIAMPI, 2020, p. 4.

entre nós", citando, aí, mais um verso-síntese do "Manifesto antropófago". Esta é também uma premissa de Haroldo Campos. Ele considera que o Iluminismo não foi assimilado da mesma maneira na América Latina e não promoveu a mesma ruptura que na Europa. Tanto é que, enquanto o barroco histórico desaparece rapidamente na Europa no início do século XVIII, na América ele persiste ao longo de todo o século. Assim, a desrazão da paixão, o pensamento inconsciente, a ordenação fluida não organizada, características típicas dos paradigmas barrocos, teriam especial ressonância na América Latina. Este é um tema de interesse central para os cineastas aqui abordados, independentemente de eles o vincularem ou não com o barroco.

A memória inscrita no corpo ou na performance, o instante do êxtase carnavalesco, a formação de conceitos audiovisuais ou as indagações sobre a percepção, o que acontece antes do pensamento consciente, são grandes motores da obra artística e teórica de Arthur Omar. Aliás, apesar de Arthur Omar não ter seguido propriamente a via que abriu em *Triste Trópico*, seu filme pode ser interpretado à luz de muitas questões da teoria da imagem que o autor desenvolve em *Antropologia da face gloriosa* (1998) ou em *Antes de ver: fotografia, antropologia e as portas da percepção* (2014), como veremos adiante.

Para Glauber Rocha, o inconsciente coletivo popular, latino-americano, é um fator fundamental. Como escreve Ivana Bentes:

> [...] ao invés de tentar explicar a miséria e a escravidão de uma forma puramente política e racional, Glauber lança mão da experiência mítica e religiosa e mergulha no inconsciente explodido e no transe latino-americano. Fé, Transe e Celebração são a base da sua nova política.[225]

Na estética-política de Glauber, a irracionalidade é valorizada enquanto resistência descolonizadora, como o autor vai sublinhar em seu célebre manifesto de 1971, "Eztetyka do sonho". Em *História do Brasil*, a forte racionalidade do texto convive com a imprevisibilidade de sua relação com as imagens, dos cruzamentos de temporalidades e discursos. No filme, "Eztetyka da fome" e "Eztetyka do sonho" coexistem, e acreditamos que é por essa dupla perspectiva — considerando a abertura, os diferentes estratos da narrativa e as operações simbólicas que se fazem com base em invenções da montagem — que se pode fazer uma análise mais interessante do filme.

---

[225] BENTES, Ivana. Terra de fome e sonho: o paraíso material de Glauber Rocha. [*S.l.: s. n.*], 2002. Biblioteca On-Line de Ciências da Comunicação. p. 1. Disponível em: http://bocc.ubi.pt/pag/bentes-ivana-glauber-rocha. pdf. Acesso em: 26 out. 2017.

Glauber e Omar, por perspectivas distintas, dedicam-se a trabalhar com o *"impensado* latino-americano" enquanto "motor de um pensamento, novo"[226]. Ainda que em contextos diferentes, os autores lançam-se na produção artística de outras formas de saber, não estáveis. *História do Brasil* e *Triste Trópico* inscrevem-se, portanto, de diferentes formas, em tradições do pensamento latino-americano ligadas ao paradigma cultural do barroco, que, em comum, buscam refletir sobre as formas de expressão mais afeitas à modernidade alternativa transnacional do continente americano.

As ideias de antropofagia cultural, carnavalização e barroco ou efeito neobarroco sobrepõem-se mutuamente. Todas estão ligadas ao imbricamento entre identidade e alteridade, à transtextualidade ou à hipertextualidade, à relevância do aspecto construtivo ou da montagem, a um pensamento sobre identidade cultural brasileira ou latino-americana, além de serem, ao mesmo tempo, propostas estéticas (com características formais) e visões de mundo. Há muitas áreas de interseção entre as três noções, porém cada uma aponta para determinadas particularidades. Mas não há apenas afinidades entre os termos. A centralidade da cultura popular da carnavalização opõe-se, por exemplo, à erudição do barroco. A capacidade de síntese tão marcante na estética oswaldiana, com seus "minutos de poesia"[227], também se contrapõe à frequente proliferação e estética do excesso barroquista. Mas é justamente a convivência de contradições e tensões o cerne das montagens propostas. Deixemos, então, a literatura e passemos definitivamente ao cinema e à análise das narrativas histórico-poéticas de *História do Brasil* e *Triste Trópico*, buscando analisar como elas transformam, nas palavras de George Didi-Huberman, "o tempo do visível parcialmente lembrado em construção reminiscente, em forma visual de assombração (*hantise*), em musicalidade do saber"[228] e da história.

---

[226] BENTES, 2002, p. 1.

[227] PRADO, Paulo. Poesia pau-brasil. *In*: ANDRADE, Oswald de. *Obras completas*. Rio de Janeiro: Civilização Brasileira, 1972. v. 7. p. 8.

[228] DIDI-HUBERMAN, Georges. *Images malgré tout*. Paris: Les Éd. de Minuit, 2003. p. 172, tradução nossa. Original: "Le temps du visible partiellement souvenu en construction réminiscente, en forme visuelle de hantise, en musicalité du savoir".

2

REEMPREGO DE IMAGENS: UMA QUESTÃO DE MONTAGEM PARA O BRASIL DA DITADURA

2.1 Montagem vertical: aproximações com Serguei Eisenstein

A ideia de montagem vertical, atribuída a Serguei Eisenstein, faz-se presente em análises existentes sobre as montagens tanto de *História do Brasil* quanto de *Triste Trópico*[229]. Maurício Cardoso, em sua análise sobre *História do Brasil*, afirma que no filme a "montagem vertical" é "usada à exaustão, multiplicando infinitamente o efeito de estranhamento"[230] entre som e imagem. A noção é atrelada ao pensamento eisensteiniano sobre o "monólogo interior" e parece ser entendida pelo autor, sobretudo, com base no artigo de Ismail Xavier sobre o filme *São Bernardo* (Leon Hirszman, 1972)[231]. Nesse artigo, Xavier argumenta que é Eisenstein quem formula, nos anos 1930, um pensamento sobre as formas complexas de relação entre voz e imagem que podem ser construídas na narrativa cinematográfica, apesar de ressaltar que essa experimentação se efetiva na prática, sobretudo, no cinema moderno a partir dos anos 1960. O autor menciona o texto de Eisenstein "Da literatura ao cinema: uma tragédia americana"[232], originalmente publicado em 1932, como um texto fundador nesse sentido, ao refletir sobre a "presença simultânea de um discurso interior (palavras que evidenciam o movimento subjetivo da personagem num dado instante) e uma cena exterior que corresponde à situação prática vivida pela personagem enquanto pensa"[233].

---

[229] É interessante notar que a "montagem vertical" é também evocada por Samuel Paiva para a análise da montagem de *Tudo é Brasil*, de Rogério Sganzerla. Ver PAIVA, Samuel. *A figura de Orson Welles no cinema de Rogério Sganzerla*. Tese (Doutorado em Ciências da Comunicação) – Universidade de São Paulo, São Paulo, 2005. p. 280.

[230] CARDOSO, 2007, p. 174.

[231] Trata-se do artigo de XAVIER, Ismail. O olhar e a voz: a narração multifocal do cinema e a cifra da história em São Bernardo. *Literatura e Sociedade*, [S.l.], n. 2, p. 127-138, 1997.

[232] Variações do mesmo texto de Serguei Eisenstein foram publicadas com diversos títulos em diferentes publicações. Na edição americana de *Film Form*, editada por Jay Leyda, o artigo é intitulado "A course in treatment". Um trecho desse artigo foi publicado em português, intitulado "Da literatura ao cinema: uma tragédia americana", em XAVIER, Ismail (org.). *A experiência do cinema*. Rio de Janeiro: Graal; Embrafilme, 1983. p. 203-215. Depois, na versão brasileira de *A forma do filme* (Jorge Zahar, 2002), o texto é reeditado, na íntegra, sob o título "Sirva-se!".

[233] XAVIER, 1997, p. 127-128.

Segundo Cardoso, valendo-se de um pensamento sobre o monólogo interior,

> Eisenstein sugeriu [...] as possibilidades de uma "montagem-vertical" entre som e imagem, desde que a locução não se prestasse unicamente a comentar as imagens, mas a questioná-la, provocando o entrechoque e o estranhamento no interior do plano e não apenas pela "montagem horizontal" entre os planos.[234]

Em *História do Brasil*, como continua Cardoso:

> [...] a constante assimetria entre imagem e voz *over* desqualifica o narrador como única fonte de interpretação, produz um terceiro sentido; instaura outra instância narrativa que não está simplesmente na fala do narrador, nem na imagem, mas na composição do conjunto[235].

Desta forma, a montagem provoca uma permanente instabilidade narrativa, como argumenta o autor.

Já Ismail Xavier, ao escrever sobre *Triste Trópico*, aponta que, seguindo diferentes correntes do cinema moderno, o filme configura-se com base no jogo duplo entre questionamento ou suspensão da narrativa e reafirmação desta "por outras vias", por meio de um "fascínio pelo relato de experiências"[236]. Segundo o autor, no filme de Arthur Omar

> [...] esse jogo duplo é trabalhado de forma original, conduzido por uma *montagem vertical* que dispõe voz e imagem em descompasso. Aqui, o cineasta, sem dúvida, dialoga com Godard, notadamente *One plus one* (1969), e também com experiências do cinema brasileiro (Glauber, Bressane, Hirszman) mas radicaliza o estranhamento de som e imagem, ao mesmo tempo em que assume mais decididamente o legado de Eisenstein na concepção da montagem. Esta é assumida como um instrumento de precisão, divisões milimétricas, efeitos calculados, engenharia emocional.[237]

Apesar de mencionada em análises sobre os filmes aqui em questão, em nenhuma delas a ideia de montagem vertical é desenvolvida mais profundamente, ou assente em exemplos específicos. A primeira parte deste

---

[234] XAVIER, 1997, p. 174

[235] *Ibid.*

[236] XAVIER, 2000, p. 10.

[237] *Ibid.*, p. 10-11, grifos do original.

capítulo pretende investigar esta noção. Como ela foi definida e desenvolvida por Eisenstein? Como ela é — ou não — atualizada em *História do Brasil* e *Triste Trópico*? Como ela contribui para o pensamento sobre os filmes? Quais são seus efeitos em relação à montagem de materiais já existentes?

Vale ressaltar que Serguei Eisenstein é também uma referência importante tanto para Glauber Rocha quanto para Arthur Omar, influência assumida pelos próprios cineastas em diferentes ocasiões. Arthur Omar cita Eisenstein com certa frequência. Em entrevista a Carlos Alberto Mattos e Ivana Bentes de 1998, por exemplo, ao refletir sobre sua trajetória audiovisual, o artista diz trabalhar com "a tentativa de gerar conceitos através das imagens [...]. Uma tentativa de gerar conceitos não-verbalizáveis, ou seja, não traduzíveis em palavras"[238]. Omar complementa a ideia ressaltando sua admiração pela "prática da montagem eisensteiniana", que também buscava gerar conceitos, apesar de, no caso de Eisenstein, tratar-se de "traduzir conceitos previamente existentes", "conceitos traduzíveis em palavras"[239]. Em outro momento da entrevista, quando Omar nos fala sobre a importância do espectador em sua obra, ele faz nova referência espontânea a Eisenstein, evocando sua noção de montagem de atrações. "Nesse sentido eu diria que sou soviético", diz, "no sentido de que quero criar atrações que coloquem esse espectador num permanente turbilhão sensorial e emocional"[240].

Glauber Rocha, principalmente, projeta uma grande identificação com o cineasta russo e sua obra. Em carta a Paulo Emílio Salles Gomes de janeiro de 1976, ele escreve:

> E segundo minhas próprias ideias de materialização foi o mito Eisenstein que me fez ser cineasta. [...] Primeiro quando era jovem me identificava fisicamente com suas fotos. Depois os filmes. E os livros que li e reli durante a vida sem nunca entender bem. Conscientemente. E a revolução. [...] Não conheço bem nem gosto de Dziga Vertov. Mas creio que entendi a montagem dialética de Eisenstein à minha maneira.[241]

Nesta mesma carta, o cineasta diz especificamente sobre *História do Brasil*: "Considero a montagem muito boa e como a estrutura é dialética, permite elastecer, abrir parênteses, notas, etc."[242] Glauber não somente faz

---

[238] OMAR, 1998, p. 9.

[239] *Ibid.*

[240] *Ibid.*, p. 29.

[241] ROCHA, Glauber. Carta a Paulo Emílio Salles Gomes, janeiro de 1976. *In*: ROCHA, 1997, p. 582.

[242] *Ibid.*, p. 585.

referência ao cineasta soviético em suas cartas, mas também em diversos textos sobre seus próprios filmes ou os de outros cineastas, além de escrever especificamente sobre Eisenstein em artigos como "Eyzenstein e a Revolução Soviétyka"[243]. Como aponta Mateus Araújo, desde seus primeiros textos críticos (a partir de 1956) aos seus escritos finais, "abundam as referências a Eisenstein (mais de 200 nos seus 5 livros principais)"[244].

2.1.1 Eisenstein e a montagem vertical

Entre 1937 e 1940, Eisenstein lança-se em uma revisão crítica de seu conceito de montagem, chegando à noção de montagem vertical, desenvolvida em três ensaios datados de 1940. Em *Montage Eisenstein*, Jacques Aumont ressalta que esses anos são, "inegavelmente, junto com os últimos anos de sua vida, aqueles em que Eisenstein trabalha o mais diretamente e explicitamente em um projeto teórico"[245], desenvolvendo um pensamento sobre a montagem que pode ser considerado "um dos momentos mais fortes, mais condensados, de toda sua reflexão"[246]. "Montagem 1937" é o primeiro texto desse conjunto, ensaio incompleto e fragmentado, que não foi publicado na época. Entretanto, segundo Aumont, este é o texto que apresenta de forma mais completa e coerente sua reflexão teórica sobre a questão da montagem no período, constituindo-se como base dos ensaios seguintes: "Montagem 1938" e as três partes de "Montagem vertical"[247], que retomam suas ideias principais[248]. Esses últimos textos compõem o volume intitulado *O sentido do filme*, publicado primeiramente em inglês em 1942, única publicação editada enquanto Eisenstein ainda era vivo.

---

[243] Ver ROCHA, Glauber. *O século do cinema*. São Paulo: Cosac Naify, 2006. p. 161-169.

[244] ARAÚJO, Mateus. Eisenstein e Glauber Rocha: notas para um reexame de paternidade. *In*: MENDES, Adilson (org.). *Eisenstein / Brasil 2014*. São Paulo; Rio de Janeiro: MIS; Azougue, 2014. p. 145-163. Os livros de Glauber Rocha aos quais Araújo se refere são: *Revisão crítica do cinema brasileiro* (Rio de Janeiro: Civilização Brasileira, 1963); *Deus e o diabo na terra do sol* (Rio de Janeiro: Civilização Brasileira, 1965); *Revolução do cinema novo* (Rio de Janeiro: Alhambra; Embrafilme, 1981); *O século do cinema* (Rio de Janeiro: Alhambra; Embrafilme, 1983); e *Cartas ao mundo* (São Paulo: Cia. das Letras, 1997).

[245] AUMONT, Jacques. *Montage Eisenstein*. Paris: Images Modernes, 2005. p. 230, tradução nossa. Texto original: "Les années 1937-40 sont, sans conteste, avec les toutes dernières années de sa vie, celles où Eisenstein travaille le plus directement et le plus explicitement à un projet théorique".

[246] *Ibid.*

[247] Eisenstein publicou três ensaios intitulados originalmente "Montagem vertical", o primeiro artigo foi publicado em setembro de 1940, o segundo em dezembro de 1940 e o último janeiro de 1941, na revista soviética *Iskusstvo Kino*. Na coletânea em inglês, *The film sense*, cada texto ganhou um título próprio. Na versão brasileira do livro, os títulos são: "Sincronização dos sentidos", "Cor e significado" e "Forma e conteúdo: prática".

[248] Ver AUMONT, 2005. p. 230-231.

Em "Montagem 1938"[249], Eisenstein busca atualizar seu pensamento sobre a montagem, no contexto do cinema sonoro soviético do fim da década de 1930, entendendo-a como um processo artístico que ultrapassa os limites do cinema. Ao analisar "o que estava certo, ou errado, nas nossas entusiásticas declarações da época?"[250], quer dizer, dos anos 1920, Eisenstein critica seu pensamento anterior, argumentando que não foi dada a devida atenção ao problema "da análise do material justaposto"[251], ou seja, ao conteúdo do plano em si e à importância dos elementos específicos escolhidos, individualmente. Porém, o cineasta afirma que:

> O fato fundamental estava certo, e permanece certo: a justaposição de dois planos isolados [...] não parece a simples soma de um plano mais outro plano - mas o produto. Parece um produto [...] porque em toda justaposição deste tipo o resultado é qualitativamente diferente de cada elemento considerado isoladamente.[252]

A tese central do texto de Eisenstein, aqui bastante simplificada, é de que tanto a escolha dos elementos particulares quanto a articulação entre eles se fazem em função de um tema ou sentimento maior, que rege o conjunto e forma uma "imagem total". Os vários detalhes ou fragmentos de uma obra de arte — Eisenstein apresenta exemplos, sobretudo, provenientes da literatura e da pintura — devem se harmonizar para o que ele considera a "concretização intensa do tema". O cineasta evoca a ideia musical de harmonia como chave para seu entendimento mais amplo da obra de arte como um todo orgânico, unificador, formado por múltiplas partes. A partir de 1937, a concepção de montagem de Eisenstein amplia-se, em relação ao seu pensamento anterior, participando de todo o processo de produção da imagem, desde o momento das filmagens. Há montagem no trabalho do ator, do escritor, do pintor, do diretor. Ou seja, entendida como processo que produz significados com base em associações, ela ultrapassa os limites do cinema, sendo considerada o centro de toda obra de arte[253]. A ideia de organicidade torna-se central no pensamento eisensteiniano. O grande objetivo da montagem é alcançar essa organicidade, que é a união (ou sin-

---

[249] Na edição de *O sentido do filme* (Rio de Janeiro: Jorge Zahar, 2002), o artigo intitula-se "Palavra e imagem".

[250] EISENSTEIN, Serguei. Palavra e imagem. *In*: EISENSTEIN, Serguei. *O sentido do filme*. Rio de Janeiro: Jorge Zahar, 2002b. p. 16.

[251] *Ibid.*, p. 17.

[252] *Ibid.*, p. 16.

[253] Sobre o conceito de montagem e suas redefinições na obra teórica de Eisenstein, ver, por exemplo, o último capítulo de *Montage Eisenstein* (AUMONT, 2005, p. 205-258).

cronização) ideal dos múltiplos elementos heterogêneos, para a efetivação do tema, que somente se realiza ao atingir o espectador, produzindo neste um efeito de êxtase.

Esse tratado sobre a montagem, escrito no fim da década de 1930, é uma base teórica importante para o desenvolvimento do pensamento sobre a montagem vertical propriamente dita. Para ilustrar a ideia de montagem vertical, Eisenstein começa seu primeiro ensaio sobre o tema evocando a imagem de uma partitura de orquestra para mostrar que é sua estrutura vertical que interliga todos os elementos do conjunto, dentro de uma unidade de tempo determinada. Análoga às relações verticais das notas musicais e instrumentos de uma partitura musical, está a montagem vertical cinematográfica, que trata das relações entre imagem e som. A explicação do autor é clara:

> Por fazermos um diagrama do que ocorre na montagem vertical, devemos visualizá-la como duas linhas, tendo em mente que cada uma dessas linhas representa *todo um complexo de uma partitura de muitas vozes*. [...]
> O Diagrama 2 revela o novo fator "vertical" da intercorrespondência, que surge no momento em que as unidades da montagem sonoro-visual são conectadas.
> Do ponto de vista da estrutura da montagem, não mais temos uma simples sucessão horizontal de quadros, mas uma nova 'superestrutura' é erigida verticalmente sobre a estrutura horizontal do quadro. [...] As unidades sonoras não se encaixam nas unidades em ordem sequencial, mas em ordem simultânea.[254]

Fig. 8a – Eis o diagrama de Eisenstein apresentado no livro

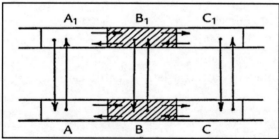

Fonte: reprodução do diagrama apresentado na publicação: EISENSTEIN, Serguei. *O sentido do filme*. Rio de Janeiro: Jorge Zahar, 2002b, p. 56

---

[254] EISENSTEIN, Serguei. Sincronização dos sentidos. *In*: EISENSTEIN, 2002b, p. 56-57, grifos do original.

A montagem vertical tem como fundo, portanto, a ideia bastante simples de que a "montagem sonoro-visual" não deve considerar simplesmente as justaposições de sua linha horizontal, sequencial e progressiva, mas também sua linha vertical, que trabalha a sobreposição entre as bandas visual e sonora. Enquanto em sua horizontalidade a montagem trabalha a sucessão, em sua verticalidade ela trabalha a simultaneidade, ou seja, a copresença de elementos. No texto, Eisenstein cita, até mesmo, a sobreposição de imagens (dupla-exposição) como decorrente desse fator vertical da montagem, já existente no cinema mudo. Também, ao ressaltar que cada linha de seu diagrama representa "todo um complexo de uma partitura de muitas vozes", o cineasta aponta para o fato de que, em seu sistema, o plano não é necessariamente a unidade mínima de montagem. Este pode ser decomposto em muitos níveis, considerando-se, por exemplo, questões como luz e sombra, composição gráfica, movimento interno do plano etc. Assim, a verticalidade pode ser considerada no pensamento teórico de Eisenstein para além da relação entre imagem e som, mas mesmo em seu sentido mais amplo, mantendo a ideia de simultaneidade de elementos[255].

Como podemos observar, o diagrama que Eisenstein desenha no início dos anos 1940 é muito parecido com a *timeline* de qualquer software de edição contemporâneo (Fig. 8b), que separa, verticalmente, as camadas de imagem e de som:

Fig. 8b – À direita, *timeline* (linha do tempo) do software de edição Adobe Première Pro; na parte superior, as camadas de vídeo/imagem (V1, V2, V3); na parte inferior, as faixas de áudio (A1, A2, A3 etc.). À esquerda, novamente o diagrama desenhado por Eisenstein em 1940

Fonte: captura de tela e reprodução do diagrama na publicação: EISENSTEIN, 2002b, p. 56

---

[255] É nesse sentido que Aumont vai constatar, em *Montage Eisenstein*, que a ideia de verticalidade já se faz presente na teoria eisensteiniana desde o ensaio "Dramaturgia da forma do filme", de 1929, quando Eisenstein desenvolve uma reflexão sobre a montagem sem considerar o plano como sua menor unidade, mas considerando os diversos tipos de conflito que se estabelecem "dentro do plano", além do conflito entre "experiência ótica e acústica", o "contraponto audiovisual".

A teoria eisensteiniana não se restringe a essa explicação da verticalidade. A montagem vertical deve, segundo o autor, resolver o problema do que ele chama de "sincronização interna" dos múltiplos elementos que a compõem. Ao longo dos artigos nos quais se dedica a pensar a questão, Eisenstein investiga as formas ideais de relação entre imagem e som (esferas consideradas opostas), para que a organicidade desejada do todo, ou seja, a representação fiel do tema ou sentimento previamente escolhido, seja alcançada. Retomando sua teoria anterior sobre os métodos de montagem[256], Eisenstein explora as maneiras de obter a almejada harmonia, e conclui que é por meio de uma correspondência entre movimento da imagem, ou do olhar do espectador para a imagem, e movimento do som, da música, principalmente, que se pode chegar à sincronização interna ideal. Toda sua busca é por uma estrutura polifônica (o termo "polifonia" é repetido inúmeras vezes) em que cada uma das múltiplas vozes, e também as formas de articulação entre elas, sejam expressivas do tema. Relacionando sua teoria e sua prática, ele convoca, nesse texto, seu filme *Alexander Nevski* (1938) como um modelo para exemplificar a montagem vertical e seus métodos[257]. Os exemplos de planos e sequências mencionados no texto visam demonstrar, mediante gráficos diversos, como a sincronização ideal entre o movimento da imagem e o da música pode ser efetivamente realizada. Todavia, os exemplos dados são bastante abstratos e de difícil compreensão. Vale ressaltar, também, que todos os diálogos de *Alexander Nevski* são sincronizados de maneira realista.

Jacques Aumont considera que é *Ivan, o Terrível*, partes 1 e 2, o filme que melhor apresenta, na prática, o pensamento eisensteiniano sobre a montagem vertical, que o teórico francês renomeia como montagem orgânica. "A ideia de verticalidade remete a uma vontade de decomposição de diversos elementos que compõem cada pedaço, cada fragmento da cadeia fílmica"[258], escreve Aumont, que centra sua definição da montagem vertical na busca eisensteiniana pela "imagem global", por meio de um trabalho de construção metafórica de cada elemento da composição (do enquadramento

---

[256] No artigo "Métodos de montagem", de 1929 (*In*: EISENSTEIN, Serguei. *A forma do filme*. Apresentação, nota e revisão técnica de José Carlos Avelar. Tradução de Teresa Ottoni. Rio de Janeiro: Jorge Zahar, 2002a. p. 79-87), Eisenstein estabelece uma tipologia da montagem, na qual desenvolve as categorias de "montagem métrica", "montagem rítmica", "montagem tonal", "montagem atonal" e "montagem intelectual", que apresentam, segundo o cineasta, níveis crescentes de complexidade. São essas categorias que são retomadas e mencionadas eventualmente nos textos de 1940 sobre a montagem vertical.

[257] Ver EISENSTEIN, Serguei M. Forma e conteúdo: prática. *In*: EISENSTEIN, 2002b, p. 105-145.

[258] AUMONT, 2005, p. 57, tradução nossa. Texto original: "L'idée de verticalité renvoi à une volonté de décomposition de diverses éléments qui composent chaque morceau, chaque fragment, de la chaîne filmique".

à montagem)[259]. É o caso, por exemplo, da sequência do "assassinato no quarto nupcial" de *Ivan 1*. Nesta, Aumont demonstra como seus diversos elementos — os temas musicais que a compõem (que entram e saem por meio de cortes abruptos); os ruídos da banda de áudio, tal como o das gotas que caem (amplificados e assíncronos); a fala (esta sim em sincronia com a imagem); e aspectos do enquadramento (como "a invasão da superfície do quadro pelo casaco preto de Euphrosine"[260]) — se acumulam na montagem, fazendo com que "imagem e som, um com o outro, um sobre o outro, um contra o outro, produzam um significado global (a traição), do qual cada atualização parcial [...] já é uma micrometáfora"[261]. Apesar de destacar a questão da decomposição eisensteiniana em múltiplas instâncias, Aumont também focaliza sua análise da montagem vertical na relação simultânea entre imagem e som.

Se voltamos ao uso da ideia de montagem vertical nas análises sobre *História do Brasil* e *Triste Trópico* citadas no início do texto, podemos estranhar sua associação, por parte dos autores, à noção eisensteiniana de monólogo interior, ou mesmo às ideias de assincronia, estranhamento e conflito desenvolvidas anteriormente nos escritos teóricos de Eisenstein. Mas não é difícil entender o porquê dessa aparente confusão. Se pensamos a montagem vertical, em seu sentido mais pragmático e imediato, como um termo que descreve as relações de simultaneidade estabelecidas pela montagem, e que tem como essência, ou elemento incontornável, a relação entre imagem e som, esta pode ser observada retrospectivamente no pensamento do cineasta russo, sobretudo no conjunto de seus escritos sobre as potencialidades do cinema sonoro. A exploração das relações entre bandas visual e sonora, tendo como meta um antinaturalismo cinematográfico, é uma característica constante ao longo de diferentes fases do pensamento de Eisenstein. Em diversos momentos, Eisenstein dedica-se a pensar nas possibilidades dessa superestrutura "erigida verticalmente sobre a estrutura horizontal" da montagem, com o intuito de produzir determinados efeitos no espectador, por meio de um trabalho de composição dos elementos expressivos. Dentro

---

[259] AUMONT, 2005, p. 189.

[260] *Ibid.*, p. 190, tradução nossa. Texto original: "L'envahissement de la surface du cadre par le noir du manteau d'Euphrosine".

[261] *Ibid.*, p. 189-190, tradução nossa. Texto original: "Image et son, l'un avec l'autre, l'un sur l'autre, délivrent un signifié global (la trahison), dont chaque actualisation partielle [...] est déjà une micrométaophore. (On retrouve, très logiquement, la notion d'image globale, ici sous la forme d'un thème unique, qui circule d'élément en élement, de figurant en figurant, mettant en jeu à chaque fois une *matière* différente, un principe figuratif différente, un nouveau type de métaphore, etc.)".

dessa problemática do cinema sonoro, um dos grandes temas ao qual o autor se dedica, no início da década de 1930, é o do "monólogo interior", e é interessante apresentá-lo um pouco melhor.

Quando Eisenstein estava nos Estados Unidos, contratado pela Paramount Pictures, escreveu uma adaptação para o cinema do romance *Tragédia americana*, de Theodore Dreiser. O roteiro, porém, como Eisenstein conta no artigo "Sirva-se"[262], publicado originalmente em 1932, não foi aceito pelo estúdio e nunca foi filmado. Ao buscar formas de transpor o texto literário para as telas, Eisenstein defronta-se com a questão do monólogo interior, ou seja, a representação do pensamento do personagem, e chega à conclusão de que o cinema é um meio privilegiado para expressá-lo. Ele escreve:

> Quando me encontrei com Joyce em Paris, ele se interessou vivamente pelos meus planos de um monólogo interior cinematográfico, cujo alcance é infinitamente mais vasto do que o possível à literatura.[263]

Mais adiante, no texto, Eisenstein complementa: "quantas perspectivas de reflexão e de invenção criativa! E como era evidente que o material do filme sonoro não é o diálogo! *A verdadeira matéria-prima do cinema sonoro é sem dúvida o monólogo*"[264]. A representação da subjetividade, das sensações e dos pensamentos íntimos dos personagens, com base em múltiplas relações possíveis entre palavras, sons, silêncio e imagens, é, para Eisenstein, a grande potência da montagem que inclui o som. Não é a sincronia naturalista entre fala e corpo, portanto, que é considerada a força do cinema sonoro, mas o som como representação do processo interior de pensamento humano. Vale ressaltar que é este o texto citado na tese de Cardoso para elucidar a ideia de montagem vertical, neste momento ainda não desenvolvida por Eisenstein nestes termos.

Em *"A forma do filme: novos problemas"*[265], artigo de 1935, Eisenstein dedica-se a desenvolver sua teoria do monólogo interior[266]. Segundo o autor, o discurso interior, "o fluxo e sequência do pensamento não-formulado nas

---

[262] EISENSTEIN, Serguei. Sirva-se! *In*: EISENSTEIN, 2002a, p. 89-107.

[263] EISENSTEIN, Serguei. Da literatura do cinema: uma tragédia americana. *In*: XAVIER, 1983, p. 212.

[264] *Ibid.*, p. 214, grifos do original.

[265] EISENSTEIN, Serguei. A forma do filme: novos problemas. *In*: EISENSTEIN, 2002a, p. 120-140. O mesmo artigo, com outra tradução, foi publicado em *A experiência do cinema*, intitulado "Novos problemas da forma cinematográfica".

[266] O monólogo interior é considerado por Eisenstein como o sucessor de seu pensamento sobre o cinema intelectual, desenvolvido nos anos 1920.

SÓ ME INTERESSA O QUE NÃO É MEU: *HISTÓRIA DO BRASIL, TRISTE TRÓPICO* E A MONTAGEM DE
MATERIAIS DE ARQUIVO NO PERÍODO DA DITADURA MILITAR

construções lógicas"[267], é dotado de uma estrutura e uma sintaxe específicas, em oposição ao discurso exterior, a fala, que se baseia em construções lógicas. E as "leis de construção do discurso interior" correspondem às que "governam a construção da forma e composição das obras de arte"[268]. Isto é, os princípios que regem o mecanismo ou funcionamento do discurso interior, definido como "pensamento sensorial", são considerados por Eisenstein os mesmos da arte, de modo geral. Neste texto, o cineasta busca, então, sistematizar essas leis, com o objetivo de "dominar os 'mistérios' da técnica da forma"[269]. Para tanto, opera mais uma relação de correspondência, argumentando, com base em diversos exemplos, que o "pensamento sensorial" segue as mesmas leis de "primitivos processos de pensamento"[270] de outras épocas e civilizações, podendo ser elucidado por estas. Influenciado pela obra do antropólogo francês Lucien Lévy-Bruhl, Eisenstein faz, assim, um paralelo entre pensamento sensorial e pensamento pré-lógico. O cineasta evoca para sua argumentação o caso da etnia indígena brasileira dos bororos, tratado anteriormente por Bruhl. Os bororos, segundo o texto, considerar-se-iam, ao mesmo tempo, seres humanos e pássaros (no caso, araras), cada indivíduo sendo uma "identidade total simultânea de ambos"[271]. Eisenstein argumenta que essa condição de existência dupla, simultânea, também pode ser observada na prática artística, e exemplifica seu argumento citando o trabalho do ator, que prescinde da construção de uma simultaneidade entre o "eu" (ator) e o "ele" (personagem). Para Eisenstein, se o "pensamento sensorial", fora da obra de arte, leva a comportamentos sociais que julga como primitivos e regressivos, para a arte ele é um elemento fundamental. E o cineasta conclui:

> A dialética de uma obra de arte é construída sobre uma "unidade dupla" muito curiosa. A eficácia de uma obra de arte é construída sobre o fato de que ocorre nela um processo duplo: uma impetuosa ascensão progressiva ao longo das linhas dos mais elevados degraus explícitos da conscientização e uma simultânea penetração através da estrutura das formas nas camadas do mais profundo pensamento sensorial. [...] Apenas na interpretação "duplamente unida" dessas tendências reside a verdadeira unidade formada pela tensão de forma e conteúdo.[272]

---

[267] EISENSTEIN, 2002a, p. 125.

[268] *Ibid.*, p. 125.

[269] *Ibid.*, p. 126.

[270] *Ibid.*, p. 127.

[271] *Ibid.*, p. 129.

[272] *Ibid.*, p. 135-136.

Eisenstein complementa, ainda, que, na atual fase do cinema sonoro soviético, a questão do conteúdo ideológico está em primeiro plano, e plenamente desenvolvido, e é preciso voltar a olhar para a forma, suas leis de construção e composição. Sua questão central, portanto, é a busca em direção "à suprema forma expressiva e à suprema forma emocional"[273], que exige um mergulho no pensamento sensorial (parte constituinte da estética e da montagem cinematográfica), que pode ser entendido como um mergulho no irracional ou na desrazão (ainda que Eisenstein não utilize estes termos). É essa imersão que o cineasta se dedica a fazer neste momento, por meio de sua pesquisa sobre o "discurso interior", que se efetivaria na realização de *O Prado de Bejin*.

Lévy-Bruhl foi um intelectual renomado e muito influente na Europa na década de 1920, e é interessante notar que Oswald de Andrade também dialoga com Bruhl para o desenvolvimento de seu pensamento sobre a antropofagia cultural[274]. "Contra todos os importadores de consciência enlatada. A existência palpável da vida. E a mentalidade pré-lógica para o Sr. Lévy-Bruhl estudar"[275], diz um dos aforismos do "Manifesto antropófago". Oswald não nega um pensamento outro, que pode mesmo ser considerado pré-lógico (afinal, "nunca admitimos o nascimento da lógica entre nós"), mas, contra Bruhl, valoriza-o enquanto sabedoria (mais uma vez, operando uma transformação de tabu em totem). Em seu texto, Eisenstein também critica a abordagem positivista e de caráter imperialista de Lévy-Bruhl, porém ele mantém a ideia de que há diferentes níveis de desenvolvimento cultural, inferiores e superiores, enquanto Oswald busca abolir mais radicalmente, ou mesmo inverter, as hierarquias estabelecidas.

Vale ainda ressaltar, como destaca Aumont em *Montage Eisenstein*, que a teoria do monólogo interior não sobrevive por muito tempo nos escritos de Eisenstein. O seu desaparecimento deve-se, por um lado, às fortes críticas ao terreno filosófico no qual se apoia (a noção de "pensamento pré-lógico" sendo bastante criticada e renunciada por seu próprio autor, Lévy-Bruhl), e, por outro, às "acusações de subjetivismo [...] e idealismo que ela rendeu a Eisenstein"[276]. Finalmente, o cineasta nunca conseguiu experimentar a

---

[273] EISENSTEIN, 2002a, p. 137.

[274] O antropólogo francês Lucien Lévy-Bruhl também exerceu influência no modernismo brasileiro. Como comenta Beatriz Azevedo: "não apenas Oswald de Andrade lê e cita Lévy-Bruhl, mas também diversos modernistas, entre eles Mário de Andrade". Ver AZEVEDO, 2016, p. 123-124.

[275] ANDRADE, 1986a, p. 354.

[276] AUMONT, 2005, p. 87.

ideia em sua prática cinematográfica. O *Prado de Bejin*, cuja filmagem foi interrompida e o filme censurado pelo governo soviético, em 1937, seria, a princípio, o laboratório para as experimentações da teoria. Os negativos das filmagens foram, entretanto, perdidos ao longo da Segunda Guerra. É interessante notar, portanto, que as declaradas tentativas de efetivação de um monólogo interior eisensteiniano foram vetadas tanto pela indústria cinematográfica estadunidense quanto pela União Soviética stalinista[277].

Concluindo esta trajetória de breve revisão retrospectiva de fases importantes do pensamento eisensteiniano sobre as relações entre som e imagem no cinema[278], é importante mencionar os primeiros escritos do autor sobre o tema, contemporâneos do advento do cinema sonoro, nos quais ele desenvolve a ideia de "contraponto". No fim dos anos 1920, Eisenstein argumenta que o uso mais interessante da então recente tecnologia que inclui o som no cinema não é o da sincronização naturalista, mas o do som como novo elemento de choque da montagem, por meio de um "método de contraponto de imagens visuais e auditivas combinadas"[279].

> E APENAS UM USO POLIFÔNICO do som com relação à peça de montagem visual proporcionará uma nova potencialidade no desenvolvimento e aperfeiçoamento da montagem. O PRIMEIRO TRABALHO EXPERIMENTAL COM O SOM DEVE TER COMO DIREÇÃO A LINHA DE SUA DISTINTA NÃO-SINCRONIZAÇÃO COM AS IMAGENS VISUAIS. E apenas uma investida deste tipo dará a palpabilidade necessária que mais tarde levará à criação de um CONTRAPONTO ORQUESTRAL das imagens visuais e sonoras[280],

Escrevem Eisenstein, Pudovkine Alexandrov, em texto-manifesto publicado em 1928, em Moscou. "Declaração, sobre o futuro do cinema sonoro", primeiro texto em que a ideia de contraponto aparece, logo circulará pelo mundo. No Brasil, como aponta Fabiola Notari, é reproduzido em 1930, no jornal *O FAN*, traduzido para o português das versões já exis-

---

[277] O próprio Eisenstein vai fazer uma autocrítica e assumir publicamente que *O Prado de Bejin* foi um erro, conformando-se, ao menos publicamente, com a censura sofrida.

[278] Como se sabe, a produção textual de Eisenstein é extensa e uma grande parte de seus escritos permanece inédita, ou foi publicada somente em russo. Nesta análise, focamos, sobretudo, o conjunto de artigos que compõem as duas mais conhecidas coletâneas de textos teóricos do cineasta, organizadas por ele e publicadas primeiramente em inglês, na década de 1940: *O sentido do filme* e *A forma do filme*.

[279] EISENSTEIN, Serguei. Uma inesperada junção. *In*: EISENSTEIN, 2002a, p. 31. Artigo originalmente publicado na revista *Zhinz Iskusstva*, n. 34, em 1928.

[280] EISENSTEIN; PUDOVKIN; ALEXANDROV. Declaração. Sobre o futuro do cinema sonoro. *In*: EISENSTEIN, 2002a, p. 226. Originalmente publicado na revista *Sovietski Ekran*, n. 32, e *Zhinz Iskusstva*, n. 32, em agosto de 1928.

tentes do artigo em inglês e em francês[281]. Entre 1928 e 1929, Eisenstein continua a desenvolver uma reflexão sobre o cinema sonoro, de maneira cada vez mais complexa, mas mantendo a ideia central de contraponto. Se, como escreve o cineasta neste período, "montagem é conflito"[282], o som é mais uma variável expressiva a ser considerada para produzi-lo. Uma preocupação que mobiliza Eisenstein neste momento é a busca de formas de tratar os diferentes elementos da composição cinematográfica de maneira igualitária, sem relações de dominância, o que resulta na definição do método de montagem atonal, por ele definido[283]. *A Linha Geral* (Serguei M. Eisenstein, 1929) é, segundo o cineasta, o primeiro filme a seguir esse "método de igualdade democrática de direitos de todas as provocações ou estímulos, considerando-os um sumário, um complexo"[284]. Em analogia com o campo da música, esse complexo é entendido segundo a ideia de harmonia. É, portanto, "do conflito contrapontístico entre as atonalidades visuais e auditivas", segundo Eisenstein, que "nascerá a composição do cinema sonoro soviético"[285].

Como podemos perceber, as primeiras ideias de Eisenstein sobre o som contrastam, em muitos sentidos, com o pensamento que ele desenvolve a partir do fim dos anos 1930, quando a não sincronia é substituída pela busca de uma sincronização ideal entre opostos, e a questão-chave deixa de ser o conflito e passa a ser a da organicidade que deve ser construída por meio da montagem. A discussão da ideia de "contraponto audiovisual" tem outros desdobramentos no amplo conjunto de escritos do cineasta. Mas, para a avaliação da influência de Eisenstein no projeto de montagem de Glauber e Omar, já temos um ponto de partida suficiente.

Tanto a ideia de "conflito contrapontístico" quanto a de "monólogo interior" são resultados da reflexão eisensteiniana sobre as possibilidades artísticas e dramáticas da relação entre imagem e som. Ao observar os

---

[281]   O texto é publicado em português com o título "O cinema sonoro e o manifesto dos três cineastas russos". O jornal *O FAN*, com sede no Rio de Janeiro, foi uma publicação especializada em cinema, que circulou entre 1928 e 1930, organizada pelo grupo Chaplin Club. Ver NOTARI, 2016, p. 237-249.

[282]   EISENSTEIN, Serguei M. Fora de quadro. *In*: EISENSTEIN, 2002a, p. 43. Escrito originalmente em 1929.

[283]   O método de montagem atonal é desenvolvido em textos de Eisenstein como "A quarta dimensão do cinema" e "Métodos de montagem". Como escreve o cineasta, a montagem atonal "é distinguível da montagem tonal pelo cálculo coletivo de todos os apelos do fragmento. Esta característica eleva a impressão de um colidido melodicamente emocional" (EISENSTEIN, Serguei. Métodos de montagem. *In*: EISENSTEIN, 2002a, p. 84).

[284]   EISENSTEIN, Serguei. A quarta dimensão do cinema. *In*: EISENSTEIN, 2002a, p. 73. Primeiramente publicado no jornal soviético *Kino*, em agosto de 1929.

[285]   EISENSTEIN, Serguei. La quatrième dimension au cinéma. *In*: EISENSTEIN, 1976. p. 61, tradução nossa. Texto original: "Et du conflit contrapuntique entre les harmoniques visuelles et auditives naîtra la structure du film parlant soviétique".

usos do termo "montagem vertical" nas análises de *Triste Trópico* e *História do Brasil*, é possível notar que elas mesclam esses diversos momentos do pensamento eisensteiniano sobre a articulação entre imagem e som, fundindo-os na ideia única de montagem vertical. Mas, enquanto Eisenstein desenvolve uma reflexão teórica sobre a montagem vertical voltada para o cinema de ficção, da perspectiva de uma narrativa linear, e preocupado em produzir efeitos dramáticos específicos no espectador; os filmes aqui trabalhados podem ser considerados ensaísticos, com narrativas abertas, feitos com base em materiais já existentes e sem a construção de cenas ou diálogos ficcionais. Em termos estéticos, os filmes brasileiros são, portanto, especialmente distantes de *Alexander Nevski* ou de *Ivan*. As múltiplas evocações de Eisenstein por parte da crítica e dos realizadores talvez possam, em parte, ser explicadas por um componente geracional. O cineasta soviético foi amplamente retomado e discutido pelas novas ondas do cinema mundial dos anos 1960 e, especificamente, pelo cinema brasileiro. Glauber e Omar, além de teóricos como Ismail Xavier, por exemplo, compartilham um lugar de fala impregnado por um vocabulário eisensteiniano, evocado, sobretudo, em reflexões sobre a montagem, grande tema do cineasta soviético.

Mas também a designação de um termo para se referir, especificamente, às relações verticais entre bandas visual e sonora na montagem é, nesse sentido, particularmente produtiva para a análise dos filmes brasileiros que nos ocupam. E a repercussão da ideia de montagem vertical nos textos existentes sobre esses filmes só confirma a pertinência dessa aproximação com Eisenstein. O cineasta russo, em seu esforço constante de decomposição analítica da composição cinematográfica, no intuito de calcular a eficácia da narrativa e seus efeitos no espectador, cria um termo bastante prático para a análise fílmica, ao distinguir o eixo vertical da montagem de seu eixo horizontal, ou sequencial, complementar. *História do Brasil* e *Triste Trópico*, ao explorarem criativamente a verticalidade das montagens, centrando suas narrativas nas relações significantes entre bandas visual e sonora, e na própria expressividade da composição, seguem um caminho não somente descrito, mas aberto e estimulado pelo cineasta soviético em seus textos, que nos conclamam a pensar as potencialidades dessa relação para a além da sincronia naturalista. Neste sentido, os filmes atualizam e renovam uma via inaugurada, especialmente, pelo legado teórico de Eisenstein.

Esse eixo vertical da montagem, o da simultaneidade, apesar de presente em todo filme feito com imagem e som é, na grande maioria das vezes, secundário, sendo uma consequência da organização sequencial dos diversos elementos fílmicos. Nos casos de *História do Brasil* e *Triste Trópico*, entretanto, as relações verticais são alçadas a primeiro plano e os filmes são concebidos, sobretudo, valendo-se da exploração das possibilidades de associação e dissociação entre as bandas de som e imagem. Neste sentido, não deixa de fazer sentido evocar o termo, cunhado por Eisenstein, de "montagem vertical", para pensar as estratégias de montagem empreendidas pelos filmes. Assim, para analisar as formas como as obras trabalham na montagem a sobreposição de elementos, em especial, as relações simultâneas entre imagem e som, manteremos aqui a noção de montagem vertical, entendida em seu sentido mais fundamental e pragmático. Mas buscaremos também, em determinados casos, pensá-la em sua complexidade, que a atrela à ideia de organicidade e "imagem global", em relação aos filmes em questão.

Num breve parêntese, vale lembrar que, ao longo da história do cinema, pontualmente, outros termos foram utilizados para se pensar o que estamos chamando de eixo vertical da montagem. Curiosamente, André Bazin, em texto de 1958 no qual analisa o filme de Chris Marker *Lettre en Sibérie* (1957), vai elaborar a noção de *montagem horizontal* para pensar, justamente, a relação entre som e imagem. Segundo o autor, a montagem horizontal opõe-se "à montagem tradicional que se faz no sentido do comprimento da película, através da relação de plano a plano. Aqui, a imagem não se refere ao que a precede ou ao que a sucede, mas lateralmente de certa forma ao que é dito sobre ela"[286]. A definição de altura e comprimento, de vertical e horizontal, é uma questão de perspectiva, e Bazin estabelece-a de forma inversa a Eisenstein. Parece que o crítico francês se refere, ali, ao formato vertical da película, em que cada fotograma está em cima do outro, enquanto as perfurações do áudio estão na lateral. O mais importante é que, apesar de utilizarem termos opostos, o que ambos os autores descrevem é que há duas linhas perpendiculares que compõem a montagem de um filme, uma responsável pela organização sequencial e outra pela simultaneidade, ou concomitância, e que diferentes tipos de montagem podem alterar a hierarquia entre elas. Como no caso de Eisenstein, a definição bazaniana não se restringe a nomear um eixo da montagem. A ideia de um comentário que se relaciona "lateralmente" com a imagem também parece designar uma

---

[286] BAZIN, André. *Le cinéma français, de la Libération à la Nouvelle Vague (1945-1958)*. Paris: Cahiers du Cinéma, 1998. p. 259, tradução nossa. Texto original: "Chris Marker apporte dans ses films une notion absolument neuve du montage que j'appellerai horizontal, par opposition au montage traditionnel qui se joue dans le sens de la longueur de la pellicule par la relation de plan à plan. Ici, l'image ne renvoie pas à ce qui la précède ou à ce qui la suit, mais latéralement en quelque sorte à ce qui en est dit".

narração que se faz à margem dos códigos tradicionais, rompendo com o encadeamento narrativo linear, e estabelecendo vinculações complexas e menos diretas. Além disso, a montagem horizontal a que se refere Bazin, efetuada em *Lettre en Sibérie*, designa, também, uma direção. Ela se faz "do ouvido para o olho"[287]. O som é considerado o elemento primordial desta forma de montagem, no caso, a inteligente e poética voz do comentário de Marker, "e é a partir dele que o espírito deve saltar para a imagem"[288]. Essa ideia de que há um direcionamento (e um protagonismo) na relação que se estabelece entre imagem e som, assim como a distinção entre os dois eixos da montagem, para além do estudo do filme específico de Marker, também pode ser eficaz para a análise fílmica, de modo geral. Porém, neste estudo, vamos nos concentrar na ideia de montagem vertical, seguindo o vocabulário e a proposta de Eisenstein, que influenciaram, especificamente, os cineastas brasileiros em questão. Passemos, enfim, às formas como *História do Brasil* e *Triste Trópico* empreendem suas explorações da verticalidade da montagem, considerando, especialmente, o alcance desse procedimento no tratamento de materiais de arquivo.

2.2 Montagem vertical em *História do Brasil* e *Triste Trópico*: cruzamento de temporalidades e anacronismo

A primeira imagem de *História do Brasil* é um mapa da América do Sul, em que vemos um movimento de *zoom in* no Brasil. Enquanto isso, a voz da narração anuncia o título e os créditos do filme: "*História do Brasil*, realizado por Marcos Medeiros e Glauber Rocha; narração de Jirges Ristum; Roma, outubro, 1974". Do mapa, a banda visual corta para o plano médio de um homem jovem, sem camisa, abatido, que fala diante de um microfone, olhando para baixo (Fig. 9). A banda sonora da fala desse homem foi suprimida, e, no lugar dela, articulado à imagem, ouve-se o início da narração dos fatos históricos: "O capitalismo mercantil europeu, iniciado no século XI, provoca uma revolução cultural cujo auge é o Renascimento no século XV". O narrador continua a falar do contexto histórico-político do período das grandes navegações portuguesas, enquanto o plano do homem continua, com enquadramento mais aproximado. Os primeiros 30 segundos do filme já deixam claro ao espectador que a montagem das imagens não segue a

---

[287] BAZIN, 1998, p. 259, traduçao nossa. Texto original: "De l'oreille à l'œil".

[288] *Ibid.*, tradução nossa. Texto original: "L'élément primordial est la beauté sonore et c'est d'elle que l'esprit doit sauter à l'image".

cronologia da voz narradora, nem é necessariamente ilustrativa do que é dito. Enquanto a voz em *off*, atual, se remete ao século das navegações, vemos um homem doente, da segunda metade do século XX.

Sobre essa cena que abre o filme, Anita Leandro informa, em seu mapeamento das imagens de *História do Brasil*, que se trata de um plano de *Maranhão 66* (Glauber Rocha, 1966), no qual um homem doente, na cama de um hospital, dá uma entrevista em que denuncia a situação de abandono dos pacientes e os maus serviços de saúde prestados pela instituição[289]. Para quem identifica o filme original, portanto, o plano em questão já vem preenchido por certos significados. Neste caso, o reconhecimento da imagem fortalece o caráter de denúncia social de *História do Brasil*, e torna-se possível pensar em uma conexão entre a experiência da colonização, fruto das navegações e conquistas portuguesas, e o presente de desigualdades sociais vivido pelo país. De toda forma, independentemente de quão carregada já venha a imagem para o espectador, sua montagem com a voz *off* estabelece uma conexão entre passado e presente, entre as origens do Brasil e os dias e questões então atuais.

Fig. 9 – Fotogramas de planos iniciais de *História do Brasil*. Planos extraídos do filme *Maranhão 66* (Glauber Rocha, 1966)

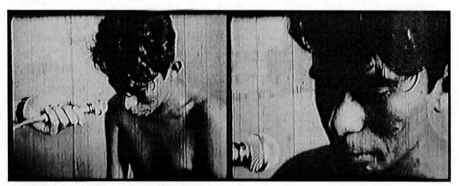

Fonte: fotogramas de *História do Brasil*

Em sua análise desta cena de *História do Brasil*, Maurício Cardoso detém-se no fato de, neste plano, haver um entrevistador fora de quadro, que segura o microfone e, assim, media o discurso do homem entrevistado. Com base na escolha desta imagem, o filme questionaria, segundo Cardoso, as relações entre entrevistador e entrevistado no cinema documentário,

---

[289] Ver LEANDRO, [2003], p. 11-12.

SÓ ME INTERESSA O QUE NÃO É MEU: *HISTÓRIA DO BRASIL, TRISTE TRÓPICO* E A MONTAGEM DE
MATERIAIS DE ARQUIVO NO PERÍODO DA DITADURA MILITAR

trazendo questões como: "quem teria, de fato, direito à fala? Quais os termos reais da negociação entre entrevistado e entrevistador?"[290] Entrevistador e entrevistado sugeririam, "assim, os termos de uma relação entre intelectual e povo, na qual cabe ao primeiro mediar a fala do segundo"[291]. Parece-nos ser possível ir mais longe na análise dessa imagem no filme. Mais do que a presença do entrevistador no quadro, é o procedimento de silenciar um homem que fala e de substituir sua voz, por meio da montagem, por uma narração no estilo acadêmico, de cunho sociológico, já na abertura do filme, que ataca de frente, e de maneira deliberadamente ambígua, o problema da relação, então muito discutida, entre o intelectual e o povo. O próprio filme assume o lugar de fala do intelectual que fala pelo outro ao mesmo tempo que o critica. Mais do que o poder de mediação do entrevistador, a mudez desse homem, enquanto ouvimos uma voz que não é a dele, pode levantar a questão sobre quem, de fato, tem direito à fala no Brasil.

Como vemos, há muitas possíveis elucubrações sobre as intenções do filme que podem ser feitas com base em uma única relação vertical entre imagem e som. Independentemente das possíveis interpretações, é fato que o corpo sem voz e a voz sem corpo, juntos, produzem uma espécie de dublagem tosca, à primeira vista, ou de efeito de "falsa dublagem", e causam uma sensação imediata de estranhamento no espectador. *História do Brasil*, diferentemente de *Triste Trópico*, em sua maior parte, segue uma cronologia rígida, com uma narração linear e lógica. Porém, ao longo das mais de 2 horas e 30 minutos de duração do filme, as formas como as bandas visual e sonora se associam, de diversas maneiras, desestabilizam a linearidade da narrativa e subvertem o que, à primeira vista, poderia parecer um documentário didático tradicional, em que a voz em *off* explicativa é ilustrada e legitimada por imagens.

Continuemos a análise da sequência inicial do filme. Depois da imagem do jovem que fala, entra um plano, em movimento, de um nascer do sol por detrás de montanhas. Em seguida, há uma sequência de planos que se remetem à chegada dos portugueses a terras brasileiras; vemos: um plano geral, em *plongé*, de três pessoas — uma delas carregando uma grande bandeira — que caminham do mar em direção a um cruzeiro fincado na areia; o plano médio de um índio, vestindo um cocar com grandes penachos, que encara a câmera; e o plano médio de um homem branco, de barba negra, portando um traje europeu nobre e, também, olhando fixamente para o

---

[290] CARDOSO, 2007, p. 167.

[291] *Ibid.*

espectador. Não se trata de planos quaisquer, mas provenientes de um dos filmes mais conhecidos de Glauber Rocha, *Terra em Transe* (1967). É possível notar que o plano ficcional do cruzeiro na praia faz referência às conhecidas representações do que se considera a primeira Missa realizada no Brasil, no contexto da chegada dos portugueses no continente, como, por exemplo, a pintura *Primeira Missa no Brasil*, de Victor Meirelles (1860), que, minutos depois, será incluída na montagem, reforçando a ligação entre as imagens de diferentes origens. Enquanto vemos os planos de *Terra em Transe*, ouvimos a narração que fala da expedição comandada por Cristóvão Colombo, que "descobre a América a 12 de outubro de 1492". Destaca-se, imediatamente, o tom irônico da representação, já presentes nos planos originais, por meio da irreverência e do aspecto caricatural da atuação dos atores e da caracterização alegórica do europeu e do índio em *Terra em Transe*. Na montagem efetuada, o viés satírico da imagem contrapõe-se à seriedade da voz em *off*. Ao retomar as imagens de *Terra em Transe* — imagens facilmente reconhecidas, sobretudo nos anos 1970 —, *História do Brasil* remete-se, especialmente, à obra citada. Em *Terra em Transe*, estes planos articulam simbolicamente a experiência da colonização e o regime ditatorial da fictícia República de Eldorado, expondo as origens longínquas da dominação das elites, que continua a ecoar naquela sociedade. Em *História do Brasil*, os planos de *Terra em Transe* guardam o seu sentido original, permitindo à montagem articular, mais uma vez, passado e presente. Ao falar (via narração) do passado da colonização, o documentário evoca, na imagem, a República de Eldorado, que, alegoricamente, espelha o presente da ditadura vivida pelo país em 1974, momento de realização do filme.

Como já é possível notar, em relação ao trabalho com materiais de arquivo, a montagem, pensada em sua verticalidade, pode trazer contribuições específicas. Ao articular, simultaneamente, materiais heterogêneos, oriundos de diferentes temporalidades e que podem representar e remeter-se a outros tempos históricos, é possível criar complexas redes de temporalidades. No caso de *História do Brasil*, os cruzamentos de temporalidades, trazidos pelas imagens em sua relação com a narração, muitas vezes verticalizam a leitura horizontal da linha do tempo do texto, subvertendo o tempo da narrativa aparentemente cronológica. É a relação entre imagem e som que produz, por exemplo, o desvio de sentido das imagens extraídas do filme histórico *Independência ou Morte!* (Carlos Coimbra, 1972), na sequência analisada no capítulo anterior. É a experimentação da montagem vertical, das múltiplas estratégias de copresença entre banda visual e sonora, portanto, a principal força criativa de *História do Brasil*. Concordamos com a análise de Maurício Cardoso quando ele argumenta que "o andamento entre estes dois vetores" — o que é dito e o que é visto — "dá forma ao princípio geral do filme, marcado pela *tensão permanente entre os vários elementos que compõem o discurso fílmico*"[292]. Tensão que, como observa em seguida o historiador, apesar de constante, varia de intensidade ao longo do filme. Cardoso já aponta que há uma oposição entre os eixos vertical e horizontal da montagem, ao concluir que

> [...] estas tensões na composição geral do filme comportam uma "forma latente", vertical, que atravessa o filme como uma espinha dorsal, por oposição à "forma ostensiva", marcada pelo trajeto cronológico e pelo percurso linear da narrativa.[293]

Triste Trópico é ainda mais radical neste sentido, e cada plano do filme pode ser analisado conforme a rica relação vertical que estabelece com a banda sonora, produzindo diferentes graus de disjunção e ligação. A sequência final do filme, que narra a morte do protagonista, é emblemática para destacar a complexidade das relações estabelecidas entre voz, trilha e imagens na montagem. Primeiramente, vemos um plano fechado de mais de 1 minuto de duração de um homem coberto por uma fantasia preta com ilustrações brancas de caveiras, vestindo uma máscara também negra, com grandes dentes brancos e pequenas cruzes também brancas. A câmera na mão movimenta-se em torno do personagem, que também se move, filmado de perto. Ouvimos uma trilha de sons distorcidos e perturbadores. A imagem carnavalesca é, assim, teatralizada pela montagem. A forma como o personagem é filmado, assim como sua encenação para a câmera e, sobretudo, a trilha musical composta por Arthur Omar para acompanhar a imagem, descola-a de seu contexto original, transformando-a em verdadeira assombração. A situação do carnaval de rua do Rio de Janeiro, porém, continua se fazendo presente na imagem, por meio de pessoas que, eventualmente, aparecem no fundo do quadro, olhando para a câmera, rindo, ou andando normalmente pela rua e, assim, quebrando o jogo teatral no qual personagem e câmera estão imersos. A figura personificada da morte — ao mesmo tempo brincadeira e fantasma — é o prenúncio da iminente morte trágica de Dr. Arthur. A música é interrompida em corte seco, e vemos uma cartela onde se lê: "O único filme do Dr. Arthur em pessoa". Entra um canto à capela, que se assemelha a gritos de lamentação em língua árabe. Na banda de imagem, vemos planos em preto

---

[292] CARDOSO, 2007, p. 176, grifos do original.

[293] *Ibid.*, p. 177.

e branco de um filme de família dos anos 1930: a menininha, identificada no início do filme como provável filha de Dr. Arthur, está alegre. Ela joga beijos para a câmera e, em seguida, abraça e beija um homem mais velho, que seria o Dr. Arthur "em pessoa". Corta para a imagem contemporânea, em cores, de uma criança negra gritando e chorando desesperadamente, abraçada a outra criança um pouco mais velha, talvez um irmão. O plano começa muito fechado, com detalhes do rosto do menino, e vai se abrindo aos poucos, revelando a situação. A música continua. A montagem estabelece assim um contraste, ou, em termos eisensteinianos, um *choque* entre a imagem em preto e branco da menina burguesa feliz e a imagem colorida do menino pobre e sofrido (Fig. 10). Se o canto de caráter trágico articulado ao primeiro plano causava estranhamento, devido ao seu contraste total com a imagem, no segundo caso, imagem e som ecoam um no outro por meio do tema comum da dor. Mas, enquanto o plano continua, o canto é interrompido e entra uma nova música, uma espécie de salsa, alegre, em espanhol. A dissonância que a trilha sonora provoca reforça o silenciamento da imagem original. Aqui não parece haver efeito de dublagem, voz e imagem não encontram sintonias possíveis. Como em um pesadelo, a voz do menino não sai, não é ouvida, e o gesto de emudecê-lo na montagem reforça a sensação de angústia provocada pela imagem. Mas, apesar do conflito entre imagem e som, da música feliz que destoa da imagem triste, também há pontes sutis entre as bandas visual e sonora. Na letra da música, ouvimos: *"No cunda el pánico / Viejo maldito me hala los pelos / Y si grito y si grito / Cállate soldado que te voy a matar"*. A música, que em seu conteúdo fala de pânico e gritos, reforça o conteúdo da imagem, apesar da sensação de destoar dela, completamente.

Fig. 10 – Contraponto entre planos das crianças em *Triste Trópico*

Fonte: fotogramas de *Triste Trópico*

Na entrevista de 1974 sobre o filme, Omar destaca a "estrutura contra-pontística" da montagem de *Triste Trópico*, ligada à forma como se relacionam no filme imagem e som. Ele argumenta que o fio narrativo

> [...] é apenas um dos elementos do filme, limitando-se à voz do locutor, enquanto a banda de imagens trabalha numa outra faixa, não ilustrando o que a locução conta, mas reagindo contra ela. Estrutura contrapontística, onde música e ruídos vêm colaborar no conflito geral de todos os elementos fílmicos entre si. [...] A imagem afronta o som — mas num regime invertido, onde a trilha sonora é o corpo principal, onde vem submeter-se a imagem.[294]

Aqui, com um vocabulário bastante eisensteiniano, o autor sublinha uma das funções da montagem vertical, tal como empreendida pelo filme, que é a de estabelecer o contraponto, apesar de tudo: o do colocar imagem e som em oposição — alegria e angústia, erudito e popular, passado e presente, antigo e moderno —, gerando efeitos com base no conflito entre as bandas[295]. Essa dimensão contrapontística é, frequentemente, complexa no filme. Como no exemplo da sequência citada anteriormente, a montagem de *Triste Trópico* pode, ao mesmo tempo, construir incompatibilidades e elos entre as bandas. Também, a relação vertical de contraponto não é a única explorada pela montagem do filme. A banda sonora cumpre um papel de ressignificação e deslocamento das imagens, em diversos momentos do filme, distanciando-as de seus contextos originais e criando para elas ambientes ou universos de reexistência.

Na continuação da sequência examinada, entra a voz da narração que anuncia o assassinato de Dr. Arthur, cometido por sua esposa, Grimanesa Le Petit, como anuncia a voz do narrador, em *off*:

> [...] disfarçada por uma cabeça mecânica com barbas, bigode e queixo movendo, inventada pelo célebre Bustefanini de Veneza, num acesso de ciúme que nada tinham com as lutas, matou seu marido com 35 tiros na cabeça, número que faz supor que ela foi ajudada por outras pessoas.

Diversos planos fixos, curtos, acompanham a narração, destacando-se fotografias de mulheres que representam, na montagem, Grimanesa. No momento em que a voz *off* fala dos tiros, uma fotografia em silhueta de um braço que segura uma arma de fogo é intercalada, primeiramente, com uma

---

[294] OMAR, 1974, s/p.

[295] A montagem contrapontística entre imagem e som faz-se também presente em diversos momentos de *História do Brasil*, constituindo o que Glauber descreve como a "estrutura dialética" do filme, também inspirado em Eisenstein. Mas voltaremos ao filme de Rocha no próximo capítulo.

representação da cabeça decapitada de João Batista sobre uma bandeja e, em seguida, com fragmentos de gravuras de anjos com espadas e rostos de homens, que gritam desesperados (Fig. 11). A imagem da cabeça cortada de João Batista reproduz a pintura renascentista do italiano Giovanni Bellini, datada de 1468. Não reconhecemos as gravuras que se seguem, mas muitas das reproduções identificadas do filme provêm de pranchas do século XVI, e é possível que seja também o caso destas imagens. Ainda que não reconheça a referência, o espectador pode perceber que se trata de gravuras históricas, que apresentam pessoas que gritam de dor ou medo.

Fig. 11 – Fotogramas de *Triste Trópico*, seguindo a ordem da sequência que descreve o assassinato de Dr. Arthur

Fonte: fotogramas de *Triste Trópico*

Este trecho, e a montagem de *Triste Trópico* como um todo, pensada, sobretudo, em termos de verticalidade, constrói elaborados cruzamentos de temporalidades. A iconografia histórica articula-se com a narração dirigida a nós espectadores, hoje, no momento do visionamento, contando uma história que, a princípio, se passaria nos anos 1920. No caso desta sequência, a mescla de temporalidades acontece sob um tema, um fio condutor comum, a violência, ou melhor, os sentimentos de dor e de medo. Essa temática latente, que perpassa as imagens de diferentes séculos e suportes, assim como a narração, torna-se especialmente simbólica no tempo presente da realização, o ano de 1974. Os torturados, mortos e desaparecidos políticos acumulam-se nos porões da ditadura enquanto a sociedade segue amordaçada. Como nos planos emudecidos pela montagem, os gritos não são ouvidos. O momento da realização, e do visionamento do filme, soma a ele uma importante camada de temporalidade, fazendo ecoar, no tempo presente de exceção e repressão, a violência brasileira de vários séculos.

SÓ ME INTERESSA O QUE NÃO É MEU: *HISTÓRIA DO BRASIL, TRISTE TRÓPICO* E A MONTAGEM DE
MATERIAIS DE ARQUIVO NO PERÍODO DA DITADURA MILITAR

Depois do anúncio do assassinato passional de Dr. Arthur, ouvimos a descrição do estado hediondo de seu cadáver, após sua morte. Trecho, já citado no capítulo anterior, baseado nos parágrafos finais de *Os sertões*, de Euclides da Cunha, que se refere ao corpo de Antônio Conselheiro, líder de Canudos. Com a violenta narração, que detalha os "ossos desconjuntados" e "o sangue derramado" e se localiza temporalmente "em fevereiro, em pleno carnaval", ouve-se um samba de roda, com palmas, canto e triângulo, em volume baixo. A banda visual começa abstrata. Em plano fechado, a câmera move-se. O quadro, predominantemente preto, com o movimento, revela cores, texturas, partes do corpo, silhuetas. Vai ficando cada vez mais claro que se trata de uma imagem de carnaval, em sincronia com o som do samba, ao fundo. Imagem e voz da narração estão mais uma vez em descompasso, contrastando a morte e a vida, o horror e a alegria. Porém, a música de fundo sincronizada à imagem (possível som direto da situação filmada), assim como elementos da narração, tal qual a alusão ao carnaval como marco temporal, criam simultaneamente laços tênues entre imagem e som.

Em corte seco, entra um novo plano do filme de família, em preto e branco, em que vemos a menina em um campo, dando um adeuzinho para a câmera. Em *off*, inicia-se um discurso que parece ser de Hitler, em alemão. As imagens do carnaval retornam, um pouco mais abertas, e percebemos várias pessoas dançando. A câmera passeia pelos rostos alegres dos foliões. A montagem dura mais de um minuto, produzindo um contraste perturbador entre a energia e alegria carnavalescas e o discurso hitleriano. Não parece haver um sentido ou mensagem precisa a ser desvendada com base nesta junção. Colocando imagem e som em tensão, o que a montagem provoca, sem dúvida, é uma sensação de desconforto. Muitas elucubrações são, porém, possíveis. A alegria do carnaval pode simbolizar, por exemplo, a paz reinante no Brasil, enquanto o país vive um regime autoritário e assassino. Mas essa interpretação não parece dar conta da proposta do filme. A complexidade, e mesmo a magnitude com que as imagens do carnaval são tratadas ao longo de *Triste Trópico*, não corresponde a uma visão da festa como "ópio do povo". A montagem aqui não passa nenhuma mensagem precisa, mas provoca, sobretudo, sensações, o que parece, de modo geral, o principal propósito do filme como um todo: suscitar a sensibilidade e reflexão do espectador por meio da montagem, sem necessariamente propor interpretações específicas.

O discurso termina, e vemos a imagem filmada de um muro pintado com uma bandeira do Brasil imperial (1822-1889), e com os escritos: "Bandeira da independência total do Brasil. Setembro 1822!" E logo abaixo, com menos destaque, a data da proclamação da república: "15 de novembro 1889..." Encostado ao muro, há um grupo de meninos negros, sem camisa. Mixado com a imagem, ouvimos o som de uma música clássica, épica, interpretada por orquestra. Trata-se da abertura de "Egmond", música de cena composta por Beethoven. A bandeira e o texto fazem uma ode ao Brasil-império, sublinhada pela música, mas em contradição com o que simbolizam os magros meninos negros na rua, mostrados na imagem, a evocar a pobreza e a desigualdade social e racial do país, legados do passado da escravidão. O plano é longo, dura em torno de 1 minuto e meio, e apenas ligeiros movimentos dos meninos diferenciam-no de uma imagem fixa. A música termina; ouve-se, então, uma voz entoar uma espécie de hino, acompanhada por um instrumento de percussão. Em seguida, a banda visual corta para os dois últimos planos do filme: uma fotografia em preto e branco, contemporânea (dos anos 1970), de uma mulher que chora segurando uma pequena bandeira do Brasil na mão, ao lado de uma criança que também segura uma bandeira nacional (Fig. 12). As pessoas que seguram a bandeira nacional evocam um gesto típico de desfiles militares. A imagem entra primeiramente em enquadramento mais aberto; em seguida, em plano próximo, que destaca o rosto sofrido da mulher. Entra a cartela de "fim". A última fotografia do filme acumula a violência evocada na sequência, ou melhor, durante todo o filme, reforçando a relação entre passado, colonial e escravista, e tempo presente, de ditadura.

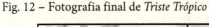

Fig. 12 – Fotografia final de *Triste Trópico*

Fonte: fotograma de *Triste Trópico*

É interessante notar que *História do Brasil* e *Triste Trópico* são filmes que praticamente não utilizam sobreposições de imagens. Ao se pensar nessa ideia imediata de montagem vertical, de um modo geral, é possível que venham logo à mente filmes que utilizam abundantemente a sobreposição de camadas de imagem, no campo da videoarte ou do chamado cinema de poesia, por exemplo. Mais clássicos em sua abordagem da montagem, os dois filmes aqui estudados arquitetam uma verticalidade na associação dos materiais, principalmente com base na relação fundamental entre banda sonora e banda visual[296]. Também, a linha horizontal, sequencial e narrativa continua importante nos dois filmes, sendo particularmente forte em *História do Brasil*. Mas, mesmo no filme de Glauber Rocha e Marcos Medeiros, é por meio do que consideramos aqui como montagem vertical que o filme constrói seus principais questionamentos, desvios ou ironias. São os experimentos entre as relações entre imagem e som, e sua consequente produção de efeitos e significados, isto é, a montagem pensada, sobretudo, com base em seu eixo vertical, que constituem as maiores riquezas e inovações das montagens e das narrativas dos filmes em questão.

Vale reforçar que a montagem com materiais já existentes e heterogêneos, pensada em sua verticalidade, é capaz de construir redes complexas de temporalidades, e que a exploração de suas possibilidades provoca a percepção e inteligência do espectador, de maneira particular. Podemos dizer que os filmes assumem o anacronismo, tal como entendido por Didi-Huberman[297], como método de montagem e forma de trabalhar suas intenções históricas. Eles criam expressamente extratos temporais simultâneos, por meio de conexões e disjunções estabelecidas pela montagem. Assim, valorizam e buscam explorar não o distanciamento, o recuo crítico, em relação ao passado, mas "momentos de proximidades empáticas, intempestivas e inverificáveis"[298] com ele, isto é, a "soberania do anacronismo"[299]. À margem do trabalho científico do historiador, esta opção leva a uma abordagem da história que prioriza a subjetividade, a memória, o afeto, e, no caso dos filmes, o trabalho com o inconsciente.

---

[296] Arthur Omar, em seu trabalho como realizador e como fotógrafo, vai cada vez mais explorar a verticalidade conforme a exploração das possibilidades de sobreposição, somando múltiplas camadas de imagem. Uma característica marcante em seu trabalho.

[297] Ver DIDI-HUBERMAN, Georges. *Devant le temps*: histoire de l'art et anachronisme des images. Paris: Les Editions de Minuit, 2000.

[298] *Ibid.*, p. 21, tradução nossa. Texto original: "des moments de proximités empathiques, intempestifs et invérifiables".

[299] *Ibid.*, p. 19, tradução nossa. Texto original: "Souveraineté de l'anachronisme".

Na entrevista concedida em 1974, Arthur Omar reforça essa atitude anticientífica de *Triste Trópico*, seu diálogo crítico com os métodos científicos da antropologia, da sociologia ou da história. Ele define *Triste Trópico* como "um filme anti-sociológico, porque vê, provisoriamente, na sociologia, um abuso de causalidade. *Triste Trópico* é uma cascata de efeitos"[300]. E também declara que o filme,

> [...] ao se voltar para a História – a "ciência" histórica, a "reconstituição do passado" – adota a postura de um almanaque, a fragmentação de um almanaque. Postura que, ao ser assumida, se transforma numa tentativa de rever o modo, altamente problemático, como a História vem sendo tratada e manipulada no grande filme histórico brasileiro dos últimos cinco anos.[301]

Os almanaques, uma das inúmeras fontes documentais de *Triste Trópico*, tornam-se uma alternativa metodológica — "história de almanaque" — definida como uma abordagem não "rigorosa e controlada da história dentro do cinema". Abordagem que se define, então, sobretudo, por seu fator negativo, pelo que não é. Parodiando uma formulação típica do manifesto oswaldiano, poderíamos sintetizar e formular assim o argumento de Omar (e de *Triste Trópico*): Contra a ciência histórica, a história de almanaque.

Em *Devant le temps*, Didi-Huberman destaca o anacronismo inerente à própria imagem. O autor defende que a imagem é "altamente sobredeterminada (*surdeterminée*) em relação ao tempo"[302]; trata-se de "um objeto de tempo complexo"[303], composto pela "montagem de tempos heterogêneos formando anacronismos"[304], o que leva à necessidade de uma abordagem que leve em consideração essa complexidade, essa impureza de temporalidades. A história, por sua vez, sobretudo a história da arte, também não pode escapar completamente do seu próprio anacronismo. Apesar de tradicionalmente considerado um grande inimigo a se evitar, o anacronismo é, paradoxalmente, um componente de todo fazer histórico, já que o historiador parte

---

[300] OMAR, 1974, s/p.

[301] *Ibid.*, s/p.

[302] DIDI-HUBERMAN, 2000, p. 18-19, tradução nossa. Texto original: "L'image est donc hautement surdéterminée au regard du temps".

[303] *Ibid.*, p. 16, tradução nossa. Texto orginal: "un objet de temps complexe".

[304] *Ibid.*, p. 16, tradução nossa. Texto original: "Nous voici bien *devant le pan* comme devant un objet de temps complexe, de temps impur: un extraordinaire *montage de temps hétérogènes formant anachronismes*".

do presente e a ciência da história não pode se desligar totalmente de sua dimensão subjetiva[305]. Ao lidar com a imagem, o anacronismo torna-se indispensável, como argumenta o filósofo, que declara:

> Eu não quero dizer que a imagem é "intemporal", "absoluta", "eterna", que ela escapa por essência à historicidade, quero dizer, ao contrário, que sua temporalidade não será reconhecida como tal enquanto o elemento de história que a carrega não for dialetizado pelo elemento do anacronismo que a atravessa.[306]

Assim, o anacronismo — que desse ponto de vista é, ao mesmo tempo, histórico e anacrônico — "é fecundo quando o passado se revela insuficiente, ou mesmo quando constitui um obstáculo para a compreensão do passado"[307]. E é por meio de um método que prima pela montagem de elementos, a priori, heterogêneos que este pode ser considerado e trabalhado.

A escolha de trabalhar especialmente o eixo vertical da montagem, construindo um cruzamento de temporalidades, liga-se a determinada atitude artística e política que os filmes adotam para tratar da história do Brasil. Uma atitude que, em sintonia com a tradição antropofágica, busca entrelaçar o tempo presente com o passado da colonização e da escravidão, momentos fundadores da história do país, considerados enquanto recalques da história. As escolhas de ordem estética e, especificamente, a verticalização da montagem dos dois filmes visam ao enfrentamento desses recalques, de raízes profundas, que se desdobram ao longo do curso da história brasileira.

2.3 Verticalidade da narrativa: ruínas até o céu

As diferentes formas de manipulação do tempo por meio da montagem, efetuadas pelos filmes, levam a construções de temporalidades narrativas específicas (seja do discurso em si, seja do tempo histórico). Construções que também se ligam à ideia de verticalidade. Para além da montagem imediata

---

[305] Didi-Huberman desenvolve um breve panorama da discussão histórica sobre a questão do anacronismo convocando historiadores e filósofos como Lefebvre, Marc Bloch, François Hartog e Jacques Rancière na abertura do livro, sobretudo entre as partes "Paradoxe et part maudite" e "Il n'y a d'histoire qu'anachronique: le montage". Ver DIDI-HUBERMAN, 2000, p. 28-39.

[306] *Ibid.*, p. 25, tradução nossa. Texto original: "Je ne veux surtout pas dire que l'image est 'intemporelle', 'absolue', éternelle", qu'elle échappe par essence à l'historicité. Je veux dire, au contraire, que sa temporalité ne sera pas reconnue comme telle tant que l'élément d'histoire que la porte ne se verra pas dialectisé par l'élément de l'anachronisme qui la traverse".

[307] *Ibid.*, p. 19, tradução nossa. Texto original: "L'anachronisme est fécond lorsque le passé se révèle insuffisant, voire constitue un obstacle à la compréhension du passé".

entre imagem e som (definida pioneiramente por Eisenstein) e o método anacrônico que esta, com frequência, propõe, é possível pensar em uma verticalidade, não literal, das estruturas, das montagens dos filmes como um todo ou, dito de outra forma, na verticalidade como uma escolha narrativa (mais radical em *Triste Trópico* e mais secundária em *História do Brasil*).

Ao selecionar as sequências específicas de *História do Brasil* e *Triste Trópico* para a análise, deparamo-nos com uma dificuldade em determinar os pontos em que elas começam e terminam. A escolha deu-se, frequentemente, de forma um tanto arbitrária. Não é um trabalho simples dividir os filmes em questão em cenas ou sequências; tudo parece se encadear continuamente, em um grande fluxo, ou retornar constantemente. As organizações das narrativas, pensadas em seu conjunto, parecem baseadas na acumulação, opondo-se à linearidade e ao tempo cronológico. Parece possível observar a estrutura dos discursos dos filmes segundo a descrição proposta por Severo Sarduy sobre a narrativa neobarroca, que se faz com base em "uma rede de conexões, de filigranas sucessivas, cuja expressão gráfica não seria linear, bidimensional, plana, mas em volume, espacial e dinâmica"[308]. Pois esta definição não propõe, justamente, uma oposição entre uma narrativa horizontal e vertical? Essas características de ruptura com a linha e de uma arte "em volume" se aproximam do paradigma barroco — enquanto "*modus operandi* estético, capaz de cobrir um espaço-tempo muito extenso"[309] —, em análises que partem de diferentes perspectivas teóricas e artísticas, expressas, por exemplo, nos escritos de Wölfflin — por meio de sua ideia de "desvalorização gradativa da linha"[310] e da consequente passagem do plano à profundidade —; ou em Walter Benjamin, com o entendimento do *Trauerspiel* como uma narrativa que visa "acumular incessantemente fragmentos, sem um objetivo preciso"[311].

É, aliás, sobretudo de Walter Benjamin que Severo Sarduy desenvolve sua leitura verticalizada da construção narrativa, em *El barroco y el neobarroco*. É também Benjamin uma referência central no pensamento de Didi-Huberman sobre a relação entre anacronismo e história, em *Devant le temps*. O filósofo alemão, no conjunto de sua obra, culminando com seu

---

[308] SARDUY, 2011, p. 20.

[309] MOSER, Walter; GOYER, Nicolas. Baroque: l'achronie du contemporain. *In*: MOSER; GOYER, 2001, p. 9, tradução nossa. Texto original: "Nous prendrons plutôt le baroque [...] comme un *modus operandi* esthétique, capable de couvrir un espace-temps très étendu".

[310] WÖLFFLIN, 1994, p. 15.

[311] BENJAMIN, 2013, p. 190.

último texto, "Sobre o conceito da história" (1940), dedica-se a romper com a metodologia hegeliana da história, com a "continuidade reiterada da história"[312], por meio da proposição de outro "conceito da história", de uma maneira alternativa de lidar com esta no presente, que requer outro entendimento da relação com o tempo.

A alegoria do anjo da história que o autor desenvolve em "Sobre o conceito da história" é especialmente emblemática tanto da ideia de verticalidade narrativa (que se opõe à linearidade) quanto da percepção de tempo que sua concepção particular de história propõe. O filósofo evoca o quadro *Angelus Novus*, de Paul Klee, e sobre ele escreve:

> Representa um anjo que parece querer afastar-se de algo que ele encara fixamente. Seus olhos estão escancarados, sua boca dilatada, suas asas abertas. O anjo da história deve ter esse aspecto. Seu rosto está dirigido para o passado. Onde nós vemos uma cadeia de acontecimentos, ele vê uma catástrofe única, que acumula incansavelmente ruína sobre ruína e as dispersa a nossos pés. Ele gostaria de deter-se para acordar os mortos e juntar os fragmentos. Mas uma tempestade sopra do paraíso e prende-se em suas asas com tanta força que ele não pode mais fechá-las. Essa tempestade o impele irresistivelmente para o futuro, ao qual ele vira as costas, enquanto *o amontoado de ruínas cresce até o céu*.[313]

A metáfora espacial das ruínas que crescem até o céu ilustra uma compreensão de tempo. Um tempo no qual as coisas não se sucedem, mas acumulam-se eternamente, de forma desorganizada e não organizável. Representação do tempo na qual não há seta ou linha possível, que inspira, certamente, a descrição de Severo Sarduy ao falar do volume e da tridimensionalidade da narrativa barroca/neobarroca. Essa concepção, se pensada conforme a relação entre passado, presente e futuro, como o faz Benjamin, compreende a ideia de um eterno presente, instante que concentra o passado ao mesmo tempo que é dinâmico, sem jamais se fixar. "O passado só se deixa capturar como imagem que relampeja irreversivelmente no momento de sua conhecibilidade"[314]. Ele se apresenta no "tempo de agora" (Jetztzeit), com o qual deve lidar o historiador materialista. Assim, a função desse historiador, para Benjamin, não é a de agrupar as ruínas para,

---

[312] BENJAMIN, Walter. *Paris, capitale du XIXe siècle*. Paris: Le Cerf, 2009. p. 492.

[313] BENJAMIN, 2012, p. 246, grifo nosso.

[314] *Ibid.*, p. 243.

com base nelas, recompor uma continuidade — reestruturar seus laços em uma estrutura discursiva que organiza o antes e o depois, as causas e as consequências —, mas acumular as sobrevivências, com a preocupação, sobretudo, de reconhecê-las (atento aos apelos do passado no presente) e de fazer com que não se percam.

A concepção histórica materialista de Benjamin tem suas raízes em *Origem do drama trágico alemão* e desdobra-se ao longo da obra do autor, seja em suas considerações sobre a obra alegórica do poeta francês Charles Baudelaire (do século XIX), seja nos textos de *Paris, capital du XIXe siècle*. Como afirmam Kaup e Zamora: "o sentido barroco da história como decadência e ruína impulsiona o subsequente desenvolvimento por Benjamin de uma concepção materialista (e marxista) da história"[315]. Já em sua reflexão sobre os *Trauerspiels* do século XVII, o filósofo apresenta uma visão da história que tem como pressuposto a irremediável fragmentação do passado, que só pode ser expresso e exposto no presente de forma lacunar, por meio de uma escrita por alegorias. Segundo Benjamin, "as alegorias são, no reino dos pensamentos, o que as ruínas são no reino das coisas"[316]: fragmentos, traços materiais que sobreviveram à história, sintomas de seu "inevitável declínio".

> O que jaz em ruínas, o fragmento altamente significativo, a ruína: é esta a mais nobre matéria da criação barroca. O que é comum às obras desse período é *acumular* incessantemente fragmentos sem um objetivo preciso e, na expectativa de um milagre, tomar os estereótipos por uma potenciação da criatividade.[317]

No processo de acumulação e experimentação da escrita barroca, destaca-se o interesse pelo enigmático. Em sua análise, Benjamin vincula estreitamente uma concepção da história (e da temporalidade) a uma maneira de narrar, a uma "forma de expressão", a tal ponto que ele mesmo se serve desta, do método alegórico, para a elaboração de seu estudo crítico.

Em sua leitura sobre a dramaturgia barroca, Benjamin propõe uma instigante relação entre temporalidade e espacialidade, ao afirmar que no barroco "o dinamismo do processo temporal é captado e analisado numa imagem espacial"[318]. A afirmação é reiterada no texto que sublinha essa

---

[315] KAUP; ZAMORA, 2010, p. 56-57, tradução nossa. Original: "The baroque sense of history as decay and ruin impelled Benjamin's subsequent development of a materialist (and Marxist) conception of history".

[316] BENJAMIN, 2013, p. 189.

[317] *Ibid.*, p. 190, grifo nosso.

[318] *Ibid.*, p. 91.

"projeção do decorrer temporal no espaço"[319], "a transposição dos dados originalmente temporais para uma simultaneidade espacial figurada, que nos permite penetrar na estrutura íntima desta forma dramática"[320]. Por meio da transposição do tempo no espaço, nos *Trauerspiels* "a história desloca-se para o centro da cena"[321] e "a imagem do espaço cênico [...] torna-se chave de compreensão do processo histórico"[322]. Essa captura do tempo pela imagem, a busca de sua figuração no próprio espaço, é especialmente significativa de um outro entendimento de temporalidade narrativa que queremos retomar aqui.

A ideia não é se estender na exposição do pensamento de Benjamin sobre a história ou sobre o tempo em sua análise sobre o barroco, a literatura crítica dedicada ao pensamento benjaminiano sendo especialmente farta, mas destacar o caráter enigmático, sem "objetivo preciso" e cumulativo da sensibilidade barroca, destacado pelo filósofo, assim como ressaltar que já se faz presente em suas reflexões, de diferentes maneiras, uma metáfora da espacialização do tempo da narrativa, ligada a uma proposta de método de abordagem do passado que não se faz em linha reta e sequencial, mas "espalha-se" pelo espaço. Essa ruptura com a ideia de linearidade, se pensada em relação à história, refere-se diretamente, portanto, a uma ruptura com a ideia de sucessão entre passado, presente e futuro, como se fossem tempos estanques. A imagem do "amontoado de ruínas que cresce até o céu" não poderia ser mais clara. Olhando para o passado, o anjo vê empilhar-se "incansavelmente ruína *sobre* ruína", e não ruína *após* ruína. A distinção entre linearidade e verticalidade é uma questão de montagem, de como são organizados os elementos de que se dispõe ou que se escolhem.

Mas como fazer uma construção verticalizada por um meio linear como o cinema? Como o próprio Arthur Omar especifica na entrevista que concedeu para esta pesquisa, um filme não é uma instalação, é impossível romper verdadeiramente com a linearidade em *Triste Trópico*, "porque ele é um filme igual aos outros, ele tem um começo e ele vai para o final". No entanto, é possível observar em *Triste Trópico* um desejo de romper com essa linearidade, notável nas escolhas narrativas e na composição da montagem. Ao dissertar sobre o assunto, Arthur Omar argumenta, em relação a *Triste Trópico*, que é como se os diferentes tipos de materiais que compõem o filme

---

[319] BENJAMIN, 2013, p. 94.

[320] *Ibid.*, p. 77.

[321] *Ibid.*, p. 91

[322] *Ibid.*

estivessem virtualmente presentes o tempo todo na montagem, um sobre o outro, além de evocar a interessante noção de hipertextualidade para definir o mecanismo ou o desejo latente do filme. Ele diz:

> O filme como ele tem, vamos dizer assim, várias bandas – você tem a banda das fotos da Europa, você tem a banda dos letreiros, você tem a banda importante do carnaval, você tem a banda da narração, que é uma entre outras, etc – é como se, num determinado momento, uma delas que está ali embaixo viesse pra cima, mas todas, de alguma forma, continuassem, mesmo na sua invisibilidade. Então é como se todas elas estivessem dadas diretamente ao mesmo tempo, simultâneas. O *Triste Trópico* tem [...] por esse lado chave dele de ser um nódulo, um cruzamento de possibilidades, um filme com um potencial que está dentro dele. Ele é um filme essencialmente hipertextual. Isso está na sua natureza. Você intuiu um pouco no momento em que fala que é como se tudo fosse simultâneo. [...] É como se, virtualmente, as diversas linhas permanecessem ao longo dele. Isso é um campo, mas na verdade, a produção dele foi toda feita a partir de um levantamento que é típico dessas produções hipertextuais, que antigamente eram o CD-ROM, etc. São arquivos não-lineares. Um nome que aparece no filme, ele joga para não sei quantos nomes. [...] Então o que aparece na superfície do filme pode ser considerado quase que como portas de entrada, cada plano. Não a porta de entrada para os planos que vem depois, ou uma porta de saída para os planos que vem antes, mas como uma porta de entrada pra outras dimensões, algumas das quais não estão presentes no filme. E, na verdade, o filme como um todo é como uma porta para uma ramificação [...] múltipla, de filmes que poderiam emergir do campo que ele abre, e de certos elementos contidos na sua linguagem.

Triste Trópico apresenta sua diversidade de materiais — suas diversas "bandas" ou séries — desde o início (nas primeiras sequências do filme), e constrói uma estrutura em que estas se alternam ao longo da narrativa. Assim, o filme cria essa outra superestrutura vertical na montagem, para além da relação concreta entre imagem e som — entre elementos que estão literalmente um sobre o outro —, que se faz presente de forma invisível. É como se as gravuras do século XVI, o filme de família dos anos 1930, as fotografias de viagem do século XX, as pinturas do século XIX, as páginas de almanaque dos anos 1940 ou as filmagens contemporâneas de carnaval

SÓ ME INTERESSA O QUE NÃO É MEU: *HISTÓRIA DO BRASIL*, *TRISTE TRÓPICO* E A MONTAGEM DE
MATERIAIS DE ARQUIVO NO PERÍODO DA DITADURA MILITAR

dos anos 1970, que percorrem o filme, estivessem, como diz o cineasta, virtualmente sempre ali, a montagem escolhendo, a cada momento, cortar de uma banda para outra.

Esse desejo de hipertextualidade é reforçado pelo conhecimento do grande conjunto de materiais que a realização do filme produziu. Omar ainda hoje possui o acervo de *Triste Trópico* em sua casa, com fotografias, cartelas com reproduções de gravuras históricas, letreiros, listas de nomes próprios barrocos, de provérbios, de associações de palavras (ou experiências verbais), cadernos de ideias, de montagem, de comentários sobre *Tristes trópicos*, de Lévi-Strauss, e sobre o messianismo indígena (à luz dos estudos de Métraux), por exemplo. Esse acervo pessoal demonstra o mergulho do artista em um universo mental e imagético que é muito maior do que o resultado do filme em si. *Triste Trópico* é um recorte possível dentro deste universo. O excesso de materiais em torno do filme corrobora a leitura de um caráter hipertextual pioneiro de *Triste Trópico*, ainda nos anos 1970, e de uma montagem que, apesar de presa à linearidade do meio, busca construir redes de materiais. Em entrevista, Omar revela que possui um projeto de fazer, justamente, uma instalação em hipertexto com base no material selecionado para a realização de *Triste Trópico*, que conectaria as imagens e os sons reunidos para o filme, até mesmo, com outros trabalhos posteriores do artista[323].

A ideia de um rompimento com a linearidade narrativa já está expressa na entrevista de 1974, quando Arthur Omar fala que "*Triste Trópico* é uma *cascata* de efeitos", que se opõe ao "abuso de causalidade"[324]. A imagem da cascata, mais uma vez, evoca a verticalidade, a ideia de uma estrutura que funciona por meio de acúmulos. Ele complementa:

> A ficção em *Triste Trópico* surge como auxiliar, como serva, como subordinada a uma dinâmica que a extravasa, a ponto de não se poder qualificar *Triste Trópico* como filme de ficção, nem de se poder reduzi-lo ao enredo que o percorre.
> Esse enredo foi colocado contra a parede, minimizado. Não no sentido de ser um enredo pequeno ou de pouca importância, como certos filmes de vanguarda costumam fazer, mas no

---

[323] OMAR, 2017. Trecho da entrevista em que Omar fala sobre o projeto de exposição: "A ideia do projeto [...] era fazer uma recuperação digital do *Triste Trópico* e, tendo essa recuperação visual do *Triste Trópico* [...] voltar para o material original e fazer um negócio em hipertexto. Então você clica numa imagem, você tem um universo de imagens etc. Você clica numa cena de carnaval, você pode ir para o *Inferno* ou pode ir para a *Antropologia da face gloriosa*, e pode ir para o material inédito que não foi usado".

[324] OMAR, 1974, s/p, grifos nosso.

> sentido de se ter conseguido colocá-lo num devido lugar, espremê-lo contra apenas um dos cantos do filme, impedindo seu derramamento sobre os outros cantos, embora, vez por outra, ele se infiltre e a imagem acabe ilustrando, e a música sublinhando, e o ruído ambientizando — opa! nenhum filme é de ferro...[325]

Essa estrutura que "extravasa" e se constrói em "cascata" é também reveladora do próprio método de trabalho de Omar, que não monta seus filmes e vídeos por sequências, nem começa do início ou do fim, mas trabalha com a lógica de um processo descentralizado de associações pontuais, que vão sendo guardadas para, no momento final da montagem, serem reunidas no filme como um todo[326].

Arthur Omar comenta, na conversa que tivemos sobre o filme, que é muito comum, em comentários críticos sobre *Triste Trópico*, que ele seja considerado fundamentalmente um filme descontínuo. Ele discorda da afirmação e diz:

> Eu, pessoalmente, acho que é o contrário. O filme é uma luta, um combate para tornar contínua uma coisa que era descontínua. No momento em que o filme se dá, ele não tem nenhum buraco. Ele é visto como um fluxo de montagem ininterrupto. [...] A recepção do filme, ela, é totalmente contínua.

Segundo o artista, "a descontinuidade surge na produção do material", na escolha de elementos heterogêneos, na "produção de uma incompatibilidade". Mas a função da montagem propriamente dita seria a de "eliminar essa descontinuidade".

Não nos parece, porém, que as duas leituras da montagem como descontínua ou contínua sejam necessariamente incompatíveis. Elas convivem uma com a outra e, de modo geral, se referem a diferentes escalas de observação. Quer dizer, do ponto de vista dos procedimentos da montagem — a forma como a imagem se articula com o som, ou como um plano é justaposto a outro —, *Triste Trópico* busca, frequentemente, manter ou sublinhar a descontinuidade do material selecionado, por meio da já mencionada aproximação de elementos díspares, de naturezas completamente distintas (enquanto suporte, função, temporalidade original, qualidade, cor etc.), sem a criação de conexões causais. Essa articulação pode provocar estranhamento e chama atenção para os saltos, as distâncias, as irregula-

---

[325] OMAR, 1974, s/p.

[326] Arthur Omar fala sobre esse método de montagem na entrevista de 1974, assim como em: OMAR, 1998.

ridades, enfim, para a montagem em si, para o cinema como linguagem e construção passo a passo, por partes. Entretanto, se a narrativa é pensada enquanto conjunto, observamos, conforme comentado, que as cenas do filme como um todo se entrelaçam. As imagens de fontes e suportes heterogêneos vão e vêm dentro de um turbilhão contínuo de elementos. Esse aspecto da continuidade da montagem de *Triste Trópico* é, entretanto, muito pouco comentado, como ressalta Omar.

Nesse sentido, é possível fazer uma analogia entre a estrutura de montagem de *Triste Trópico* e o funcionamento de um caleidoscópio. Como destaca Didi-Huberman, o caleidoscópio é um objeto óptico que, para Walter Benjamin, funciona como "um paradigma, um modelo teórico"[327]. Modelo que contribui para a compreensão de sua teoria da imagem e da história, "pois, nas configurações visuais sempre saltitantes (*saccadées*) do caleidoscópio, se encontra [...] o duplo regime da imagem, a polirritmia do tempo, a fecundidade dialética"[328]. O funcionamento do caleidoscópio depende de um duplo jogo de desmontagem e remontagem. Seu "material visual [...] é da ordem do dejeto e da disseminação: pedacinhos de tecidos desfiados, conchas minúsculas, vidro moído, mas também fiapos de plumas ou todo tipo de poeira"[329]. Os fragmentos desmontados e dispersos, no entanto, por meio do mecanismo do objeto são transformados em uma "montagem de simetrias"[330], mediante um trabalho de recondução, reconstrução, renovação. Há, simultaneamente, portanto, um princípio de decomposição e construção em ação, que se relaciona tanto com a condição dialética da imagem para o filósofo quanto com a tarefa do historiador que, como um trapeiro ou catador (*chiffonnier*), deve "criar a história com os próprios detritos da história"[331].

Em *Triste Trópico*, sobretudo, mas também em *História do Brasil* é possível observar essa dialética entre fragmentação e continuidade, uma estrutura caleidoscópica, digamos, de uma montagem que se faz por meio de saltos entre elementos e tempos heterogêneos, que constrói uma narra-

---

[327] DIDI-HUBERMAN, 2000, p. 151, tradução nossa. Texto original: "Un paradigme, un modèle théorique".

[328] *Ibid.*, p. 134, tradução nossa. Texto original: "Car, dans les configurations visuelles toujours "saccadées" du kaléidoscope, se retrouve une fois de plus le double régime de l'image, la polyrythmie du temps, la fécondité dialectique".

[329] *Ibid.*, tradução nossa. Texto original: "Le matériau visuel du kaléidoscope [...] est de l'ordre du rebut et de la dissémination: bouts d'étoffes effilochées, coquillage minuscules, verroterie concassée, mais aussi lambeaux de plumes ou poussières en tous genre".

[330] *Ibid.*, p. 135, tradução nossa. Texto original: "montage des symétries".

[331] BENJAMIN, 2009, p. 559. Nessa passagem, Benjamin cita o poeta francês Remy de Gourmont.

tiva descontínua e, no entanto, é percebida como um fluxo. Em ambos os filmes, as imagens raramente se fixam na narrativa de forma definitiva, mas integram, ao contrário, um movimento dinâmico e contínuo, turbilhonante e lúdico. *História do Brasil*, de Glauber e Medeiros, apresenta uma estrutura linear muito mais definida. Sua montagem vertical está centrada, sobretudo, nas relações entre imagem e som. Entretanto, mesmo no caso deste filme, temos a impressão de que as cenas do filme como um todo se entrelaçam, que há um encadeamento constante e que as sequências se "debruçam" umas sobre as outras. Ou seja, é possível pensar em uma macroestrutura "em cascata", que resulta de determinadas escolhas de montagem.

É possível exemplificar algumas dessas escolhas de montagem. *Triste Trópico* e *História do Brasil* raramente incluem momentos de intervalos ou pausas na montagem. Eles quase não se servem de recursos como as telas pretas, silêncios ou transições que marcam a abertura ou o fechamento de sequências, como *fade in/fade out*. Há poucos elementos de pontuação nesses filmes. De modo geral, eles não "param" até o fim, e tudo se encadeia ininterruptamente (em uma cadeia de proliferações e com uma postura de certo "horror ao vazio", retomando a expressão utilizada por Sarduy e Omar[332]). Também, nenhum deles se organiza por blocos temáticos ou assuntos claros, ou mesmo segundo um tipo de imagem/material reunido. Os diversos elementos se embaralham, assim, sem regras de continuidade ou divisões previsíveis. Além disso, as duas narrativas servem-se da repetição de imagens, sons ou temáticas ao longo da montagem. Em *Triste Trópico*, há ainda o recurso de cartelas temporais com indicação de datas ou horários e que, em vez de organizar a sequencialidade da narrativa, criam falsas conexões, atribuem à obra uma temporalidade aparente, porém vazia, que acaba por misturar mais ainda a mescla de tempos evocados pelo filme. E mesmo a suposta objetividade da narração de *História do Brasil*, que fala de assuntos que podem ser isolados um dos outros conforme uma decupagem racional, ao manter o tom de fala durante todo o filme, produz certa igualdade e semelhança entre as diferentes partes.

Enfim, em suas escolhas sequenciais, os dois filmes, em diferentes graus, rompem com a linearidade, construindo narrativas em que o antes e depois, as causas e as consequências, os momentos de início e fim, frequentemente, não são marcantes ou localizáveis para o espectador (ou pesquisador). Parece que, mesmo em sua dimensão horizontal — da ordem

---

[332] Ver OMAR, 1998, p. 23; SARDUY, 2011, p. 33.

da justaposição dos planos e sequências —, uma coisa vem "em cima" da outra, "ruína sobre ruína", os elementos somando-se e acumulando-se na montagem. Trata-se de narrativas que se fazem "em volume, espaciais e dinâmicas", que acolhem a abundância e o excesso em "estratos e camadas, simultaneidades e sincronias"[333], opondo-se, desta forma, à "cadeia de acontecimentos"[334].

2.4 A materialidade do tempo: cinema de reemprego, memória, história e experiência

Antes de analisar separadamente as narrativas de *História do Brasil* e de *Triste Trópico*, faremos uma breve digressão sobre a relação entre práticas de reemprego no cinema, suas intenções históricas e memoriais e a ideia de experiência, com o intuito de melhor localizar os filmes abordados dentro desse universo da produção cinematográfica e de seu campo de debates.

Em estudos sobre a prática da reciclagem de imagens e sons no cinema, encontramos, muitas vezes, a evocação da noção de experiência ou, especificamente, de experiência histórica. Sobre *Espanha* (1939), de Esfir Shub[335] — precursora na realização de filmes inteiramente feitos de materiais preexistentes —, Jay Leyda já comenta:

> A versão final do filme é sem dúvidas uma obra prima da compilação. [...] Sua execução brilhante se faz toda para comunicar um sentimento, uma experiência – semelhante a um grande trabalho de história, não objetivo ou fechado (*rounded*), mas pessoal e apaixonado.[336]

O pesquisador Vladimir "Vlada" Petric declara, por sua vez, em artigo dos anos 1970, considerar Shub "a primeira historiadora cinemática" (*Cinematic Historian*)[337]. Chama atenção, nessas análises das décadas de 1960 e

---

[333] KAUP; ZAMORA, 2010, p. 12.

[334] BENJAMIN, 2012, p. 246.

[335] Devido ao processo de transliteração do alfabeto cirílico para o alfabeto romano não ser único, é possível encontrar o nome de Эсфирь Шуб escrito de diferentes formas na literatura ocidental. Para o presente trabalho, escolhi manter a grafia "Esfir Shub", por se tratar da forma que o nome da a cineasta soviética aparece mais frequentemente, especialmente na literatura anglofônica. Em francês, escreve-se Esther Choub, em alemão Sfir Schub, também é possível encontrar menções à cineasta como Chub, por exemplo.

[336] LEYDA, 1964, p. 41, tradução nossa. Texto original: "The finished film is one of the sure masterpieces of compilation. [...] It's brilliant execution is all to communicate a feeling, an experience – akin to a great work of history, not objective or rounded, but personal and passionate".

[337] PETRIC, Vlada. Esther Shub: cinema is my life. *Quarterly Review of Film Studies*, [*S.l.*], v. 3, n. 4, p. 429-448. Autumn 1978, p. 446.

1970 debruçadas no trabalho de uma cineasta que atuou entre as décadas de 1920 e 1940, a atualidade da discussão levantada em torno da possibilidade de se pensar a história enquanto experiência ou em formas alternativas de se fazer história por meio cinematográfico e, particularmente, pela apropriação de materiais já existentes.

Michel-Rolph Trouillot ressalta en *Silencing the past*, publicado em 1995, "a ambivalência da palavra "história" na maioria das línguas modernas". Ele continua:

> No seu uso vernacular "história" significa tanto os fatos do passado quanto a narrativa sobre estes fatos, tanto "o que aconteceu" quanto "o que foi dito ter acontecido".[338]

Segundo o autor, os vestígios do passado que permanecem, sobretudo seu arquivamento, são, primeiramente, trabalhos da memória. Lembrar é também decidir o que será esquecido. Já a narrativa histórica, por sua vez, é produzida da reflexão crítica sobre esses vestígios. Como foram realizados? O que permitem lembrar? O que fazem esquecer?

Já Marc Bloch, no clássico *Apologia da história* ou *O ofício do historiador*, obra inacabada escrita pouco antes de ser assassinado pelos nazistas, próximo a Lyon, em 1944, enfatizou que o uso crítico do historiador dos indícios do passado deveria também servir para compreender o vivido e as emoções de outros tempos. No livro, em que se propunha responder ao filho para que serve a história, ele definiu seu ofício como "a ciência dos homens no tempo"[339]. A despeito do ponto de partida radicalmente racionalista, o historiador como sujeito do conhecimento; e o passado enquanto experiência do vivido, já estavam lá, colocados como problemas, no coração de *Apologia da história*.

Em artigo sobre o "documentário de reemprego", publicado em 2008, a pesquisadora Laetitia Kugler define o trabalho de determinados cineastas ensaísticos de reemprego como escritas alternativas da história, vinculadas à ideia de experiência e, especificamente, à concepção benjaminiana da história. "Para o filósofo alemão, o fundamento da História se trava em uma *sobrevivência* que dá acesso à *materialidade do tempo*"[340]. Da mesma forma,

---

[338] TROUILLOT, Michel-Rolph. *Silencing the past*: power and the production of history. Boston: Beacon, 1995. p. 2.

[339] BLOCH, Marc. *Apologie pour l'histoire ou métier d'historien*. Paris: A. Colin, 1997. p. 65.

[340] KUGLER, Laetitia. Quand Clio retrouve Mnémosyne: le documentaire de réemploi. *In*: BERTIN-MAGHIT, Jean-Pierre (org.). *Lorsque Clio s'empare du documentaire*. Paris: INA: L'Harmattan: Les Médias en Actes, 2011. v. 2, p. 65-73. p. 66, tradução nossa, grifos no original. Texto original: "Pour le philosophe allemand, le fondement de l'Histoire se joue dans une *survivance* qui donne accès à la *matérialité du temps*".

para cineastas como Yervant Gianikian e Angela Ricci Lucchi, Péter Forgács, Arthur Pelechian ou Daniel Eisenberg, os materiais do passado são retomados não enquanto documentos, mas enquanto vestígios, rastros da história, argumenta a autora. Esses materiais valem "por sua natureza indicial, [...] mas também e simultaneamente por seu valor de sobrevivência portadora de *pathos*, de afeto"[341]. A imagem (e o som) que sobrevive ao tempo é, assim, indício do próprio tempo, além de algo capaz de provocar um esforço de memória no espectador. A imagem, ao ser valorizada enquanto indício e sobrevivência, deixa de ser objeto do passado e torna-se "suporte de uma memória vivida enquanto *experiência da história*"[342]. Como escreve Kugler: "É como arautos desta dupla arqueologia material e psíquica tão bem descrita por Benjamin (e encarnada aos seus olhos pela prática do trapeiro) que os cineastas, através do documentário de reemprego, vão propor uma escrita singular e poética da História"[343].

A ideia de experiência, aqui, está diretamente ligada à recepção da obra pelo espectador, que estabelece uma relação intersubjetiva com o filme. A escrita cinematográfica histórico-poética que descreve a autora propõe para o espectador, portanto, uma experiência estética, sensível e psíquica na qual ele é confrontado "a seu próprio passado (peso da História pessoal e coletiva)" e convidado "a efetuar um *trabalho de memória*"[344]. Experiência que "se desenha como nova relação com a história"[345], e como nova modalidade de transmissão da história.

É baseado na noção de experiência histórica que William Guynn, em sua recente obra, *Unspeakable history: films and the experience of catastrophe*, fundamenta a análise de um conjunto de documentários que aborda eventos históricos por meio de diferentes estratégias. No livro, o autor aponta para a diferença entre representação objetiva do passado — distanciada, objetiva, intelectual e discursiva — e experiência do passado — fenomenológica, subjetiva, intuitiva e do domínio da sensação. O estudo de Guynn é

---

[341] KLUGER, Laetita. Quand Clio retrouve Mnémosyne: le documentaire de réemploi. *In: BERTIN-MAGHIT, 2011*, p. 70, tradução nossa. Texto original: "L'image survivante de l'Histoire [...] vaut pour sa nature indicielle, elle est trace de l'Histoire, mais elle vaut aussi et simultanément pour sa valeur de survivance porteuse de pathos, d'affect".

[342] *Ibid.*, p. 73, tradução nossa. Texto original: "L'archive devient le support d'une mémoire vécue en tant qu'*expérience de l'histoire*".

[343] *Ibid.*, p. 65, tradução nossa. Texto original: "C'est en chantre de cette double archéologie matérielle et psychique si bien décrite par Benjamin (et incarnée à ses yeux par la pratique du *chiffonnier*) que les cinéastes, par le biais du documentaire de réemploi, vont proposer une écriture singulière et poétique de l'Histoire".

[344] *Ibid.*, p. 72, grifos no original.

[345] *Ibid.*, p. 73.

especialmente influenciado pelo filósofo Frank Ankersmit e seu conceito de sublime histórico (*historical sublime*). Ankersmit nota uma virada no foco de interesse de estudos recentes, tanto nos campos da história quanto da filosofia, da linguagem para a experiência. Segundo o filósofo, "podemos observar um esforço para reabilitar a quase esquecida e completamente marginalizada categoria da experiência"[346], que não se limita ao sensorial, podendo ser também intelectual. Trata-se de uma categoria que, já em Benjamin, disputa com o racionalismo. Ankersmit declara explicitamente que sua obra é um "ataque ao que veio a ser conhecido nos últimos vinte ou trinta anos pelo nome de 'teoria'"[347], e que busca um deslocamento que reabilite os sentimentos e sensações como elementos constitutivos de como nos relacionamos com o passado. A forma "como nos *sentimos* em relação ao passado não é menos importante do que o que *sabemos* sobre ele"[348], comenta o autor. À luz do pensamento de Ankersmit, em sua obra William Guynn defende o argumento de que o

> [...] filme é excepcionalmente capaz de evocar a dimensão afetiva do passado e igualmente apto a desenterrar as emoções atávicas que pertencem ao mito e ao ritual. Ele é até capaz [...] de desencadear momentos de consciência aumentada (*heightened awareness*) em que a barreira entre o passado e o presente cai e a realidade do passado que pensávamos perdido é momentaneamente redescoberta em seu ser material (*in its material being*).[349]

Segundo o autor, determinados filmes que apostam no poder evocativo de vestígios visíveis do passado se configurariam como uma forma alternativa de narrativa histórica, centrada, portanto, na experiência. Tratar-se-ia de uma outra escrita da história, desenvolvida não somente por cineastas, mas por artistas de um modo geral e por uma minoria de historiadores menos

---

[346] ANKERSMIT, Frank. *Sublime historical experience*. California: Stanford University, 2005. p. 7, tradução nossa. Texto original: "So, in both history and philosophy we may observe an effort to rehabilitate the almost forgotten and thoroughly marginalized category of experience".

[347] *Ibid.* p. 10, tradução nossa. Original: "It [this book] can therefore be seen as an uncompromising attack on all that came to be known over the last twenty or thirty years by the name of theory".

[348] *Ibid.*, tradução nossa, grifos no original. Original: "How we *feel* about the past is no less important than what we *know* about it".

[349] GUYNN, William. *Unspeakable histories*: film and the experience of catastrophe. New York: Columbia University, 2016. p. 1, tradução nossa. Texto original: "My intention is to show that film is exceptionally capable of evoking the affective dimension of the past and equally adept at unearthing the atavistic emotions that belong to myth and ritual. [...] It is even capable, I will attempt to show, of triggering moments of heightened awareness in which the barrier between past and present falls and the reality of the past we thought was lost is momentarily rediscovered in its material being".

SÓ ME INTERESSA O QUE NÃO É MEU: *HISTÓRIA DO BRASIL, TRISTE TRÓPICO* E A MONTAGEM DE
MATERIAIS DE ARQUIVO NO PERÍODO DA DITADURA MILITAR

ligados ao método analítico e às restrições epistemológicas da disciplina clássica da história. Tal como argumenta Kugler, para Guynn o esforço de memória é provocado pelo indício material: o passado é reencontrado por meio de "seu ser material". Escreve o autor:

> Experiências históricas estão submetidas ao curso do tempo, estão embutidas em lugares concretos e meios sociais, e alojadas na consciência privada e coletiva que podem trazê-las à luz. A experiência está, em suma, ancorada na materialidade do passado[350].

Gostaríamos de destacar, em relação ao reemprego de materiais, a importância dessa questão da materialidade do passado e da imagem como indício da passagem do tempo. Em entrevista com Sylvie Lindeperg sobre os usos de imagens de arquivo no cinema, Jean-Louis Comolli sublinha que considera ser o "mito fundador do cinema e da fotografia" o fato de que "a imagem sobrevive ao corpo [nela] figurado". Ele diz:

> O surgimento do cinema e suas evoluções são históricas, como é sem dúvida o lugar do espectador, mas no fundo de tudo isso há uma estrutura estática do mito. Eu me pergunto, portanto, se o advento do cinema não carrega consigo o sonho ou o fantasma de uma "anulação do tempo histórico"?[351]

Anular o tempo histórico, vencer a inexorável passagem do tempo embalsamando o passado ou fragmentos dele, parece ser uma utopia original que paira com frequência sobre os filmes de reemprego. A metáfora da imagem como túmulo é evocada, por exemplo, por Chris Marker no título de seu filme *Le Tombeau d'Alexandre* (1992); assim como na bela anedota contada por Santiago Merlo no documentário *Santiago* (João Moreira Salles, 2007):

> Estes dias, una manhã, o jornaleiro me perguntou: "o que estão fazendo no seu apartamento, película?" Eu disse: "estão preparando o meu embalsamento... no sei se embalsamar ou empalhar... *C'est la même chose non?*"

---

[350] GUYNN, 2016, p. 4, tradução nossa. Texto original: "Historical experiences submit to the course of time, are embedded in concrete places and social milieus, and lodged in the private and collective consciousness that can bring them to light. Experience is, in sum, anchored in the materiality of the past".

[351] COMOLLI, Jean-Louis. Images d'archives: l'emboîtement des regards. Entretien avec Sylvie Lindeperg. *Images Documentaires*, [S.l.], n. 63, p. 11-39, 1er et 2e trimestres 2008. p. 34, tradução nossa. Texto original: "L'apparition du cinéma, ces évolutions sont historiques, comme l'est sans doute la place du spectateur, mais au fond de tout cela il y a la structure immobile du myth. Je me demande donc si l'avènement du cinéma ne porte pas avec lui le rêve ou le fantasme d'une "annulation du temps historique"?".

A anedota de Santiago evoca intuitivamente o conhecido texto de André Bazin, "Ontologia da imagem fotográfica", que abre o primeiro volume de *Qu'est-ce que le cinéma?*. Ali, Bazin parte das múmias egípcias e chega ao cinema, ligando-os com base no que considera ser uma "necessidade fundamental da psicologia humana: a defesa contra o tempo"[352]. O desejo de liberação "das contingências temporais"[353] é o fio condutor pelo qual o texto revê a história da arte. O crítico francês argumenta que

> [...] uma psicanálise das artes plásticas poderia considerar a prática do embalsamamento como um fato fundamental de sua gênese. Na origem da pintura e da escultura, ela descobriria o "complexo da múmia".[354]

Segundo Bazin, a permanência da materialidade do corpo depois da morte significava, para os egípcios, "arrancá-lo da correnteza da duração"[355]. Ainda que, com a passagem do tempo, o sentido religioso do gesto de embalsamamento seja perdido, o desenvolvimento da história da arte não poderia destruir a "necessidade de exorcizar o tempo". Como complementa o autor, hoje "não acreditamos mais na identidade ontológica entre o modelo e o retrato, mas admitimos que este nos ajuda a recordar daquele e, portanto, a salvá-lo de uma segunda morte espiritual"[356]. A imagem fotográfica/cinematográfica, cm seu realismo, em sua fidelidade na representação do referente, registra o momento, faz figurar a ausência e permite um trabalho de memória, que se coloca em sentido contrário em relação à impassível continuidade do tempo.

É interessante notar que Bazin, apesar de centrar todo o texto na capacidade realista da imagem fotográfica de representar a realidade como seu duplo, objetivo e mecânico, também destaca, especificamente, o poder que a materialidade da imagem tem de representar o tempo e sua passagem, independentemente do que é efetivamente visto, do seu valor figural. Ele diz:

---

[352] BAZIN, André. Ontologie de l'image photographique. *In*: *Qu'est ce que le cinema?* (1958). Paris: Les Éditions du Cerf: Collection 7ème Art, 1990. p. 9, tradução nossa. Texto original: "besoin fondamental de la psychologie humaine: la défense contre le temps".

[353] *Ibid.*, p. 14, tradução nossa. Texto original: "des contingences temporelles".

[354] *Ibid.*, p. 9, tradução nossa. Texto original: "Une psychanalyse des arts plastiques pourrait considérer la pratique de l'embaument comme un fait fondamental de leur genèse. À l'origine de la peinture et de la sculpture, elle trouverait le 'complexe' de la momie".

[355] *Ibid.*, tradução nossa. Texto original: "l'arracher au fleuve de la durée".

[356] *Ibid.*, p. 10, tradução nossa. Texto original: "On ne croit plus à l'identité ontologique du modèle et du portrait, mais on admet que celui-ci nous aide à nous souvenir de celui-là, et donc à le sauver d'une seconde mort spirituelle".

> A imagem pode estar desfocada, deformada, descolorida, sem valor documental, mas ela provém por sua gênese da ontologia do modelo; ela é o modelo. Daí o charme das fotografias de álbuns. Essas sombras cinzentas ou sépia, fantasmagóricas, quase ilegíveis, já não são mais os tradicionais retratos de família, mas a inquietante presença de vidas paralisadas em suas durações, libertas de seus destinos, [...]; pois a fotografia não cria, como a arte, eternidade, ela embalsama o tempo, ela o subtrai somente à sua própria corrupção.[357]

A ideia da imagem-túmulo, capaz de congelar a realidade e gerar um reflexo desta, denota uma relação de crença na imagem filmada que foi predominante nos primórdios do cinema. Se voltamos à Shub, percebemos como na concepção da cineasta soviética as imagens são consideradas enquanto duplos da realidade, capazes, portanto, de narrá-la de maneira privilegiada. Como escreve o pesquisador Matthias Steinle,

> [...] as atualidades são, [...] segundo Chub, as únicas capazes de restituir "esta grande época" às gerações futuras: a autenticidade das imagens sendo provenientes de seu status ontológico, a autoridade é transferida para o próprio material.[358]

Outro autor, Vlada Petric, também reforça que o "próprio conceito de cinema" de Shub é baseado na ideia de *autenticidade ontológica* que era, para ela, a mais importante característica do plano filmado"[359]. O desejo de um acesso direto ao passado por meio do registro fílmico constitui uma motivação central para Shub. Essa crença na imagem representa uma perspectiva predominante naquele momento histórico e pode ser observada no manifesto precursor do fotógrafo polonês Boleslas Matuszewski, intitulado "Uma nova fonte para a história", lançado ainda em 1898, no qual ele declara:

---

[357] BAZIN, André. Ontologie de l'image photographique. *In:* BAZIN, 1990, p. 14, tradução nossa. Texto original: "L'image peut être floue, déformée, décolorée, sans valeur documentaire, elle procède par sa genèse de l'ontologie du modèle; elle est le modèle. D'où le charme des photographies d'albums. Ces ombres grises ou sépia, fantomatiques, presque illisibles, ce ne sont plus les traditionnels portraits de famille, c'est la présence troublante de vies arrêtées dans leur durée [...]; car la photographie ne crée pas, comme l'art, de l'éternité, elle embaume le temps, elle le soustrait seulement à sa propre corruption".

[358] STEINLE, Matthias. Esther Schub et l'avènement du film-archive. *In:* BLÜMLINGER, Christa *et al.* (org.). *Théâtres de la mémoire*: mouvement des images. Paris: Presses Sorbonne Nouvelle, 2011. p. 13-20. p. 16. Texto original: "Les actualités sont, [...] selon Choub, les seules capables de restituer "cette grande époque" aux générations futures: l'authenticité des images relevant de leur statut ontologique, l'autorité est transférée au matériau lui-même".

[359] PETRIC, 1978, p. 434, grifos no original.

> Esta simples fita de celulóide constitui não somente um
> documento histórico mas uma parcela da história [...].
> Para acordar e viver de novo as horas do passado, ela só
> necessita de um pouco de luz atravessando uma lente no
> interior da escuridão.[360]

Ainda que a crença na imagem como expressão da verdade possa ser considerada algo ultrapassado, que marca uma época e um regime de visibilidade, damos uma atenção especial ao trabalho de Shub, por considerarmos que sua obra, além de pioneira, é exemplar de um desejo de história que frequentemente motiva a realização de filmes de reemprego. Esse desejo de história nos fala sobre o cineasta de compilação como produtor de memória — em seu poder de decisão sobre o que esquecer e o que lembrar — e como sujeito da narrativa historiográfica. Obras que optam por trabalhar fundamentalmente com materiais do passado continuam, apesar de tudo, a se nutrir da relação ontológica da imagem com o tempo. Perpassando os diferentes contextos históricos, esses filmes são atraídos (e nos atraem), ainda que de maneira consciente e não ingênua, pelo poder das imagens e dos sons de sobreviver ao tempo, às pessoas e aos eventos filmados e, assim, de certa forma, guardar o passado e os mortos, com base na figuração do que não mais existe, e propiciar uma "experiência de presença"[361] do que passou. Como bem define Leyda:

> Reconstruir o passado, ou mesmo comentá-lo com a ajuda
> dos arquivos (*newsreel archive*), tem um toque, ao menos
> em uma direção, da Máquina do Tempo de H. G. Welles. E
> é preciso uma imaginação digna de H. G. Welles e Orson
> Welles juntos para dizer alguma coisa com esta máquina.[362]

Vale lembrar que o desejo de história ou memória não é, de forma alguma, uma exclusividade dos filmes de reemprego, nem são eles privilegiados para tratar dessas questões. Tanto os filmes de ficção quanto documentários ou filmes experimentais variados, com ou sem materiais

---

[360] MATUSZEWSKI, Boleslas. Une nouvelle source de l'histoire: création d'un dépôt de cinématographie historique. *In*: MAZARAKI, Magdalena (org.). *Écrits cinématographiques*. Paris: Cinémathèque Française: Association Française de Recherche sur l'Histoire du Cinéma, 2006. Plaquette publiée à Paris, le 25 mars 1898. p. 8-9, tradução nossa. Texto original: "Ce simple ruban de celluloïd constitue non seulement un document historique, mais une parcelle d›histoire [...]. Il ne lui faut, pour se réveiller et vivre à nouveau les heures du passé, qu›un peu de lumière traversant une lentille au sein de l›obscurité".

[361] DOANE, May Ann. *The emergence of cinematic time*. Cambridge: Harvard University, 2002. p. 23.

[362] LEYDA, 1964, p. 10, tradução nossa. Texto original: "To reconstruct the past, or even to comment on it with the help of newsreel archive, has a tinge, at least in one direction, of H. G. Wells' Time Machine. And it takes an imagination worthy of H. G. Wells and Orson Welles together to say something with this Machine".

de arquivo, podem ser motivados por esse desejo e podem abordar a história e a memória de maneiras mais ou menos interessantes e inovadoras. Porém, nos filmes que se constituem fundamentalmente de materiais já existentes, essa aspiração é frequentemente uma motivação central e, portanto, uma chave importante para entender a excepcionalidade dessa escolha de realização. O mito fundador da imagem capaz de arquivar o próprio tempo, vinculado ao desejo de se deslocar entre temporalidades, de ver com outro olhar, de frequentar outras épocas, costuma fazer parte do dispositivo mágico-afetivo do cinema que trabalha com materiais do passado, e especificamente com as imagens de arquivo. Ainda que, como destaca Leyda, fazer com que esse dispositivo fílmico funcione, fazê-lo conquistar e atingir o espectador não é nada fácil.

É interessante observar também que o interesse pelo valor de sobrevivência da imagem não precisa ligar-se a um passado distante, já que os gestos de filmar, arquivar e montar constroem também "túmulos" direcionados para o futuro. Mary Ann Doane, em sua análise interdisciplinar sobre a representabilidade do tempo na passagem do século XIX para o século XX, afirma, por exemplo, que "o cinema tanto emerge quanto contribui para o impulso arquivístico do século XIX"[363]. Nesse sentido, basta nos lembrarmos de iniciativas como os "Arquivos do Planeta" ("Archives de la Planète") de Albert Kahn, que, no início do século XX, financia a produção de imagens (fixas e em movimento) de diferentes culturas do mundo, a fim de fixá-las, de arquivá-las para a posteridade[364]. Esse "impulso arquivístico"[365] não se limita, porém, a determinado período histórico, e pode ser percebido em diversas produções cinematográficas contemporâneas[366].

---

[363] DOANE, 2002, p. 23, tradução nossa. Texto original: "the cinema emerges from and contributes to the archival impulse of the nineteenth century".

[364] Para saber mais sobre o "Archives de la Planète". de Albert Kahn, e ver algumas das fotografias que constituem o acervo, ver o site do museu: http://collections.albert-kahn.hauts-de-seine.fr/. Acesso em: 13 jul. 2023.

[365] Hal Foster adota e conceitua a noção de "impulso arquivístico" ("archival impulse") para refletir sobre experiências da arte contemporânea no artigo: FOSTER, Hal. An archival impulse. *October*, [S.l.], v. 110, p. 3-22, Autumn, 2004.

[366] Entre as produções cinematográficas contemporâneas que arquivam materiais para o futuro, podemos citar, a título de exemplo, dois filmes de reemprego: *Videogramas de uma Revolução* (Harun Farocki e Andrei Ujica, 1992) e *Um Dia na Vida* (Eduardo Coutinho, 2010). *Um Dia na Vida* constrói um retrato da televisão aberta brasileira do início do século XXI. O documentário é composto por trechos da programação dos canais da TV aberta brasileira captados no dia 1 de outubro de 2009. O condensado subjetivo de um dia qualquer da televisão brasileira em 2009 transforma-se em um arquivo, guardado e acessível para novas possíveis leituras futuras. Já em *Videogramas*, as imagens que o filme-ensaio retoma são de um passado muito recente (da Revolução Romena de 1989), provenientes, sobretudo, de emissões de televisão e vídeos amadores. O que o filme de Farocki e Ujica revela, com base na montagem, na organização das imagens recolhidas por meio da realização do próprio filme, é como um momento da história ficou nelas registrado e pode, por elas, ser narrado e "experienciado".

O valor indicial da imagem fotográfica e cinematográfica, destacado até aqui, liga-se diretamente à memória, pois é o vestígio, traço material da história, o que permite um esforço de memória, ainda que seja uma memória da própria destruição ou do esquecimento. Podemos nos questionar, portanto, se a própria materialidade da imagem não se liga, em si, a certa ideia de experiência. Toda imagem do passado retomada para uma construção audiovisual, independentemente da forma como é tratada na montagem, não teria o potencial de suscitar lembranças e emoções em quem a vê? Isto é, se entendemos a ideia de experiência de maneira bastante simples, considerando o caráter experiencial da própria memória, toda imagem não pode provocar uma experiência? Evidentemente, nem sempre, e mesmo dificilmente, experimentamos algo ao entrar em contato com imagens e sons do passado e os materiais retomados podem ser trabalhados de diversas perspectivas e formas de tratamentos. As estratégias de abordagem e montagem podem valorizar mais ou menos a experiência do espectador e, até mesmo, trabalhar com diferentes concepções da ideia de experiência.

Tanto Guynn quanto Kugler, nos textos citados anteriormente, analisam filmes que possuem intenções históricas, que abordam a história de determinados grupos e sociedades. A reivindicação de uma narrativa da história que se ligue à ideia de experiência, ao vincular a história ao afeto e à subjetividade psíquica próprias da memória, parece sempre cruzar as fronteiras entre história e memória. O título do artigo de Kugler, "Quand Clio retrouve Mnémosyne", é especialmente ilustrativo neste sentido. É do encontro entre as deusas da história (Clio) e da memória (Mnémosyne) que parece poder emergir a experiência da história.

A distinção entre memória e história e a reflexão sobre suas especificidades têm um longo percurso na história do pensamento dos séculos XX e XXI. Se frequentemente as noções são consideradas opostas, independentemente de ser dada prioridade a uma ou a outra, diversos historiadores e pensadores contemporâneos buscam reconciliar esses termos e pensá-los para além de suas fronteiras, como Paul Ricoeur, Didi-Huberman ou Frank Ankersmit, com base nas noções de consciência histórica ou de experiência da história, que valorizam o caráter experiencial da memória. O conjunto de reflexões nessa direção destaca como atributo central da memória o afeto e a subjetividade.

As propostas de vias alternativas de historiografia comentadas por Guynn e Kugler, assim como as de *História do Brasil* e *Triste Trópico*, fazem-se entre história e memória, valendo-se da construção de narrativas histórico-poéticas que propõem experiências de ordem estética. Esses filmes, de caráter ensaístico, em seu trabalho com imagens já existentes, alçam a montagem a um patamar importante. Eles trabalham com a memória, que, de acordo com Georges Didi-Huberman, pode ser lida como "uma montagem não 'histórica' do tempo"[367], e fazem-no de forma poética; a poética, por sua vez, podendo ser entendida como "um agenciamento impuro [...] não 'científico', do saber"[368]. Essas vias de narrativas histórico-poéticas podem levar, porém, a estéticas distintas quanto à abordagem da história, que devem ser estudadas caso a caso.

É possível notar que os dois filmes brasileiros assumem uma postura em relação aos materiais retomados bastante diferente da maior parte dos filmes citados por Laetitia Kugler, por exemplo, tais como os de Péter Forgács (*La Famille Bartos*, 1988; *Free Fall*, 1997; *L'Exode du Danube*, 1998) ou de Yervant Gianikian e Angela Ricci Lucchi (*Prisonniers de la Guerre*, 1995; *Sur les Cimes Tout est Calme*, 1998). Essa filmografia europeia, à qual poderíamos acrescentar ainda filmes de Chris Marker, Harun Farocki ou, mesmo, os de Susana de Sousa Dias, segue uma certa tradição analítica da montagem dos materiais de arquivo, que busca explorar ao máximo o que cada imagem dá a ver no presente (e a sentir), por meio dos recursos da paragem, do *slow motion*, do reenquadramento de detalhes, da longa duração dos planos e, especialmente, do comentário sobre a imagem (muitas vezes, sobre seu contexto ou fenomenologia), seja com base em uma voz em *off* ou em cartelas textuais. Nesses casos, a montagem está, de certa forma, voltada para os materiais retomados, buscando tirá-los de sua mudez. Sobre o que falam? Sobre o que silenciam? Os filmes brasileiros aqui convocados, por sua vez, constroem montagens turbilhonantes e primam pelo excesso de elementos, ritmo rápido de cortes, não demarcação clara das sequências, estrutura com poucos intervalos narrativos; e optam pela ausência de comentários sobre os materiais retomados. Em *História do Brasil* e *Triste Trópico*, parece que a imagem raramente está no centro da cena, como foco da atenção do filme (e do espectador). Os comentários não se referem, ou convergem, necessariamente para a imagem. As bandas são trabalhadas de forma mais independente, por meio de uma montagem mais centrífuga, dispersa e verticalizada. De certa forma, esses filmes constroem uma montagem mais inspirada na ideia eisensteiniana de igualdade entre estímulos, fator reforçado pelo dinamismo da montagem e pela enorme quantidade de elementos nela incluídos.

---

[367] DIDI-HUBERMAN, 2000, p. 35, tradução nossa. Texto original: "un *montage* – non 'historique' – du temps".

[368] *Ibid.*, p. 36, tradução nossa. Texto original: "un agencement impur, [...] – non 'scientifique' – du savoir".

Pode ser interessante ver um pouco mais de perto essas diferenças de montagem com base em um exemplo concreto. Vejamos a sequência de *Imagens do Mundo e Inscrições da Guerra* (Harun Farocki, 1988) — comentada por Sylvie Rollet em "(Re)atualização da imagem de arquivo: ou como dois filmes de Harun Farocki conseguem 'anarquivar' o olhar" —, na qual Farocki justapõe fotografias de mulheres argelinas "que foram forçadas a retirar seus véus, para estabelecer fotograficamente suas identidades" e a fotografia de "uma mulher, sobre a rampa de Auschwitz, várias vezes reenquadrada, isolada da fila dos deportados 'selecionados' para a câmara de gás"[369]. A montagem de imagens anacrônicas leva o espectador a pensar nas relações que podem ser estabelecidas entre elas. Como escreve Sylvie Rollet:

> O que há em comum entre essas fotografias que não parecem transparecer nenhuma violência? Na Argélia assim como em Auschwitz, o acontecimento, logo ao lado – as atrocidades do exército francês – ou logo em seguida – a exterminação programada pelos nazistas –, não foi inscrito na película. [...] E, no entanto, nestas imagens deficientes, transita "alguma coisa" que a confrontação com elas hoje permite que leiamos, uma mesma pergunta: "como enfrentar um aparelho fotográfico? [...] É então no próprio ato de fotografar que se constrói o elo entre a imagem de arquivo e o assassinato, entre o registro que conserva o vestígio de uma vida e a destruição dessa, cuja realidade é assim reduzida ao status de referente.[370]

O complexo comentário do filme de Farocki sobre as imagens de arquivo que seleciona só é possível pela montagem que aproxima sujeitos temporalmente e geograficamente distantes, articulação capaz de nos fazer notar, justamente, o que cada imagem esconde: seu fora de campo, suas terríveis condições de produção. A montagem entre imagens, com o apoio do comentário em voz *off*, contribui neste caso para um "dar a ver" que não seria perceptível somente pelas imagens vistas isoladamente. Assim, o filme propõe uma nova leitura e interpretação destas.

Já no caso dos filmes de Glauber, Medeiros e Omar, não há um esforço por parte dos filmes em reconstruir o fora de campo, em trabalhar a fenomenologia do ato fotográfico, o fazer da imagem. O que parece estar no

---

[369] ROLLET, Sylvie. (Re)atualização da imagem de arquivo: ou como dois filmes de Harun Farocki conseguem "anarquivar" o olhar. *Revista ECO-Pós*: Transformações do Visual e do Visível, [*S.l.*], v. 17, n. 2, 2014. p. 6. Disponível em: https://revistas.ufrj.br/index.php/eco_pos/article/view/1464. Acesso em: 3 fev. 2018.

[370] *Ibid.*

centro desses filmes brasileiros não é, portanto, a imagem em si, da qual a montagem estaria "a serviço", mas a própria montagem. Aqui, a montagem não busca necessariamente revelar o passado quando este "se revela insuficiente"[371], mas procura estabelecer outras propostas de compreensão do passado e percepção do tempo, que explodem mais drasticamente com a lógica interpretativa, do comentário, das conclusões. Nos filmes, frequentemente, não é simples determinar que perguntas estão sendo colocadas às imagens, ou por meio das imagens, ou pelo filme. Trata-se de narrativas ainda mais abertas, de contornos incertos, que apostam nas percepções e sensações provocadas pelos materiais, não necessariamente inteligíveis, mas que reforçam um aprisionamento das possibilidades do presente em relação ao passado.

Se distanciando de uma leitura geolocalizada de distinção entre um modus operandis europeu ou latino-americano com os materiais de arquivo, me parece interessante aproximar os filmes em questão a outras narrativas de fundação (ou contra-fundação) que visam, através do *topos* do excesso, considerar a história a longo prazo, colocando em evidência elementos de repetição e buscando a elaboração de obras sensorialmente impactantes a partir de resquícios e sobrevivências audiovisuais. A filmografia do cineasta e teórico armênio Artavazd Peleshian e, em particular, sua teorização da "montagem distanciada", parece-me estar próxima das ideias abordadas neste texto sobre *Triste Trópico*, por exemplo. Ao evocar a dimensão narrativa de elementos (planos ou blocos) distantes na montagem de um filme, mas capazes de se comunicar por meio da repetição — de imagem, som ou variações do mesmo motivo —, Peleshian leva em conta o aspecto cumulativo da percepção do espectador, que é capaz de produzir significados (cognitivos e afetivos) por meio de uma ligação virtual desses elementos distantes na montagem. É possível pensar, portanto, que diferentes filmes podem ser aproximados a um paradigma barroco/neobarroco, ao abordar o passado e, em particular, as fundações nacionais e culturais que perduram e se transformam com a passagem do tempo, dos séculos, buscando considerar o caráter permanente de determinados elementos da história vista por uma perspectiva de longa duração.

A questão de uma outra abordagem menos racional da história leva a outro ponto discutido por Georges Didi-Huberman sobre o anacronismo, que é a sua relação com a noção de inconsciente. O autor reforça quanto a

---

[371] DIDI-HUBERMAN, 2000, p. 19, tradução nossa. Texto original: "L'anachronisme est fécond lorsque le passé se revèle insuffisant, voire constitue un obstacle à la compréhension du passé".

disciplina histórica costuma buscar separar-se, ao máximo, do domínio da *psiquê*, "fonte constante de anacronismos", espaço da subjetividade, "onde, por definição, evolui a 'vida afetiva'"[372]. Pois os filmes aqui estudados, em suas intenções históricas, interessam-se pelo tempo longo da cultura, em sentido lévi-straussiano, e, especialmente, pelo psiquismo, não somente pelo afeto, mas por suas dimensões inconscientes. Em suas narrativas abertas, eles escolhem trabalhar expressamente com o tema (e com imagens) de rituais ou festas que lidam com o transe, com a alteração do estado de consciência e de percepção humana do tempo. As atmosferas mágicas que cruzam os filmes brasileiros — as imagens de possessões, em *História do Brasil*; ou os messias, monstros e aberrações evocados em *Triste Trópico* — denotam o fascínio, a força e o desejo por outra forma de experiência da realidade, ou da vida, que se reflete na postura dos filmes em relação ao passado, ao tempo e à história. Ou seja, experiências metafísicas ou religiosas interessam enquanto temáticas, mas também expressam outras formas de se pensar a própria história, levando em consideração o inconsciente coletivo e as formas misteriosas ou fantasmagóricas de presença do passado no presente. As experiências propostas pelos filmes pretendem, como escreve Guynn, "desenterrar as emoções atávicas que pertencem ao mito e ao ritual".

Os estudos da psicanálise exercem forte influência para a geração dos cineastas em questão. Não chegaremos a aprofundar esse elo interpretativo nas análises específicas, mas parece-nos importante sinalizá-lo. Em 1971, Glauber escreve seu importante manifesto "A Eztetyka do sonho", no qual ele escreve: "o sonho é o único direito que não se pode proibir"[373]. Trata-se do mesmo ano em que o cineasta começa a montagem de *História do Brasil*. Em sua obra *Rêves et cauchemars au cinema*, Maxime Scheinfeigel escreve que a longa análise de Freud "sobre o 'trabalho do sonho' e seus 'processos de figuração', revelam a atividade do sonho como um dispositivo de criação de imagens que é estranhamente semelhante em certos aspectos da *câmera obscura*"[374]. Segundo Freud, por meio dos "procedimentos de figuração do sonho", os pensamentos deixam de estabelecer relações lógicas entre si e formam uma massa de fragmentos, de pedaços. Freud questiona-se, então,

---

[372] DIDI-HUBERMAN, 2000, p. 45, tradução nossa. Texto original: "source constante d'anachronismes","où, par définition, évolue la vie affective".

[373] ROCHA, Glauber. Eztetyka do sonho 71. *In*: ROCHA, 2004, p. 251.

[374] SCHEINFEIGEL, Maxime. *Rêves et cauchemars au cinéma*. Paris: A. Colin, 2012. p. 37, tradução nossa, grifos no original. Texto original: "Les réponses de Freud, à savoir sa longue analyse du « travail du rêve » et de ses « procédés de figuration » font apparaitre l'activité onirique comme un dispositif de fabrication d'images étrangement semblable par certains aspects à la *camera obscura*".

justamente, "sobre a passagem do pensamento que pode ser expresso por palavras (conteúdo latente do sonho), à figuração onírica deste mesmo pensamento (as imagens do sonho)"[375]. O que vem à tona, mediante o trabalho figurativo do sonho, são fragmentos do inconsciente recalcados pelo sujeito. O próprio Freud estabelece uma comparação entre a elaboração de imagens do sonho e a arte figurativa, apesar de na época não dar atenção ao cinema. Mas como aponta Scheinfeigel,

> [...] se Freud não tinha o cinema em seu campo de visão, este, por outro lado, parece ter concordado frequentemente com ele, pois muitos são os filmes que atualizaram sua reflexão sobre as imagens do sonho.[376]

De certa forma, é o caso dos filmes abordados, que buscam escapar das conexões lógicas, transcender o "esquema racional de opressão"[377], para criar narrativas de caráter onírico da própria história brasileira e, assim, enfrentar seus recalques. Como veremos nas análises dos próximos capítulos, tanto *História do Brasil* quanto *Triste Trópico*, de diferentes maneiras, criam atmosferas de sonho e pesadelo, repletas de forças sobrenaturais. As experiências da história propostas por cada um dos filmes, entretanto, são também muito distintas entre si, e devem ser observadas e analisadas separadamente, o que faremos nos capítulos que se seguem.

---

[375] SCHEINFEIGEL, 2012, p. 37-38, tradução nossa. Texto original: "Il s'interroge sur le passage de la pensée que des mots peuvent exprimer (contenu latent du rêve), à la figuration onirique de cette même pensé (les images du rêve)".

[376] *Ibid.*, p. 38, tradução nossa. Texto original: "Si Freud n'avait pas le cinéma dans son champ de vision, celui-ci, par contre, semble avoir été souvent d'accord avec lui car nombreux sont les films qui ont actualisé sa méditation sur les images du rêve".

[377] ROCHA, Glauber. Eztetyka do sonho 71. *In*: ROCHA, 2004, p. 250-251.

3

HISTÓRIA DO BRASIL: A FORÇA DA VIOLÊNCIA NA HISTÓRIA

3.1 Entre a fome e o sonho

História do Brasil, como o título indica, abarca a história por uma perspectiva de longa duração, almejando sintetizar toda história do país, desde a conquista portuguesa, em suas 2 horas e 37 minutos de duração. É o texto em *off* quem cumpre essa função narrativa. É importante ressaltar mais uma vez que *História do Brasil* é um filme inacabado, suas diferentes sequências apresentando discrepâncias quanto ao grau de elaboração. Enquanto algumas delas parecem ser rascunhos de ideias ainda em processo, ou apresentam uma montagem aparentemente aleatória, outras são complexas e ricas em detalhes. Em cartela incluída na abertura do filme, datada de 1985 (depois da morte de Glauber), Marcos Medeiros informa que havia a intenção de incluir no corte materiais de arquivo provenientes da Cinemateca Brasileira e que faltaria no filme "a música, o som do Brasil", que amenizaria o ritmo da narração. Os materiais da Cinemateca Brasileira, provavelmente, ainda enriqueceriam a montagem e substituiriam trechos de filmes brasileiros que, em *História do Brasil*, estão legendados em espanhol por se tratar de cópias provenientes do Instituto Cubano del Arte e Industria Cinematográficos (ICAIC). Em seu breve texto introdutório acrescentado à última versão da montagem do filme, Medeiros conclui: "Incompleto, mas intenso, é oferecido ao público brasileiro".

História do Brasil é formalmente dividido em três partes, estruturalmente distintas. A maior e principal delas é composta pela narração em *off*, impessoal e objetiva, dos fatos históricos (desde o fim do século XV ao início da década de 1970) e de imagens preexistentes de diversas temporalidades e suportes. Trata-se da parte que Bertrand Ficamos nomeia como *cours magistral*[378], que podemos traduzir para "aula magna", e que ocupa as pri-

---

[378] FICAMOS, Bertrand. L'histoire du Brésil selon Glauber Rocha. *In*: BERTIN-MAGHIT, Jean-Pierrre (org.). *Lorsque Clio s'empare du documentaire*. Paris: INA; L'Harmattan; Les Médias en Actes, 2011. v. 1, p. 117-126. p. 121.

meiras 2 horas do filme. Não há nenhum uso de trilha sonora ou sonoplastia na primeira parte, que se restringe à combinação entre voz da narração, imagens e silêncio. Após a conclusão da longa narrativa histórica cronológica, há uma espécie de epílogo que se inicia e termina com sequências de aproximadamente 10 minutos cada, que Glauber chama de "comentários musicais". Estas são compostas por um *pot-pourri* de músicas brasileiras e imagens filmadas variadas, em sua maioria contemporâneas. Recheando os comentários musicais, ouvimos um diálogo de aproximadamente 17 minutos entre Glauber, Medeiros e um terceiro homem, não identificado. Trata-se de uma conversa improvisada e fragmentada, também em voz *off*, que aborda questões ligadas ao cenário político e econômico brasileiro da época. Os interlocutores fazem uma revisão crítica dos eventos históricos anteriormente mencionados no filme e tecem considerações sobre as alternativas para o futuro do país, principalmente, sobre o fortalecimento das esquerdas e as perspectivas progressistas e revolucionárias. Glauber, que inicialmente assume o papel de questionador — ou de entrevistador —, enquanto os outros dois homens — sobretudo Medeiros — elaboram as respostas, progressivamente, passa a centralizar os comentários sobre a política nacional. Breves incursões da voz impessoal da narração, na terceira pessoa, interrompem o diálogo informal entre os autores, trazendo novas informações sobre a progressão dos acontecimentos históricos do país. Nesta parte, a banda de imagem volta a ser extremamente diversificada, reunindo diferentes temáticas, materiais e períodos históricos.

Bertrand Ficamos associa as diversas partes da montagem de *História do Brasil* aos diferentes tempos históricos abordados pelo filme. Segundo o autor, a aula magna trata do passado, da "história tal como ela se impõe a nós no discurso objetivado do historiador, discurso este que, como sabemos, não pode dar conta da experiência humana como um todo"[379]. Quanto ao diálogo entre os autores, que discute o tempo presente, ele seria

> [...] a atualidade, o tempo da especulação sobre o futuro, a efervescência da conversa, a audácia, a ingenuidade ou mesmo a vacuidade das hipóteses que podem ser desenvolvidas, a ausência de conceptualização.[380]

---

[379] FICAMOS, Bertrand. L'histoire du Brésil selon Glauber Rocha. *In*: BERTIN-MAGHIT, 2011, p. 123, tradução nossa. Texto original: "La première partie, c'est le passé et l'histoire telle quelle s'impose à nous dans le discours objectivé de l'historien mais dont on a cessé de penser qu'il pouvait saisir l'expérience humaine dans sa totalité".

[380] *Ibid.*, tradução nossa. Texto original: "La seconde partie, c'est le présent, l'actualité, le temps de la spéculation sur le futur, le bouillonnement de la conversation, l'audace, la naïveté ou même la vacuité des hypothèses qui peuvent être avancées, l'absence de conceptualisation".

Já as sequências dos comentários musicais seriam o futuro e representariam "a fé restaurada no cinema, uma vez que [nestas] Rocha só se exprime por meio de imagens e de sons, abandonando totalmente o verbo"[381]. Sem dúvidas, estes são os interesses dominantes de cada uma das partes do filme, mas é importante ressaltar que o tempo presente é central em todas elas. O passado, abordado na primeira parte, é a todo tempo articulado, por meio da montagem, ao tempo presente. Também os comentários musicais, constituídos de imagens dos anos 60 e 70, baseiam-se no tempo presente.

Antes de adentrar na análise do filme, é interessante expor melhor a organização temporal da divisão histórica de *História do Brasil*. Apesar de a cronologia começar ainda no fim do século XV, mais da metade da "aula magna" é dedicada ao século XX ou, em uma divisão que talvez faça mais sentido, ao período do Brasil-república (de 1889 a 1973), com duração de 70 minutos. A despeito da importância atribuída pelo filme às experiências da colonização e do império para a formação nacional e para muitos de seus problemas mais profundos, são os fatos do século XX que são trabalhados de forma mais prolongada e detalhada. Isso mostra a importância do século XX para a leitura da história brasileira proposta pelos cineastas. De certa forma, é aonde eles desejam chegar: a um melhor entendimento sobre o tempo presente e as forças que agem no momento de ditadura militar.

Aquilo que os cineastas escolhem incluir, enfatizar, reduzir ou cortar em seu discurso sobre a história do Brasil diz muito sobre o que consideram importante ser levado em consideração para a reinterpretação crítica por eles apresentada. A recorrência do tema da violência — presente nas imagens e nos fatos priorizados na narração — chama atenção desde um primeiro contato com o filme. É uma história de revoltas, motins, guerras e repressões que ouvimos e vemos, como mostra um breve levantamento da sequência de fatos violentos descritos: conquista colonial, guerra contra os franceses, Revolta de Palmares, resistência indígena dos Janduim, invasão holandesa, Batalha dos Guararapes, Guerra dos Mascates, Inconfidência Mineira, Insurreição Pernambucana, lutas latino-americanas comandadas por José Artigas, José de San Martín ou Simón Bolívar, Guerra da Cisplatina, Guerra dos Farrapos, Cabanada, Sabinada, Guerra do Paraguai, Guerra de Canudos, luta pelo estado do Acre, Revolta da Chibata, Revoltas Tenentistas, resistência de Lampião e dos cangaceiros, Coluna Prestes, revolta comunista

---

[381] FICAMOS, Bertrand. L'histoire du Brésil selon Glauber Rocha. *In:* BERTIN-MAGHIT, 2011, p. 123, tradução nossa. Texto original: "La troisième partie, c'est le futur et c'est aussi la foi retrouvée dans le cinéma, dans le sens où Rocha ne s'y exprime plus que par des images et des sons, abandonnant totalement le verbe".

de 1935, Segunda Guerra Mundial, Revolução Cubana, suicídio de Getúlio Vargas, Golpe Militar, resistência revolucionária pós-1964, ações armadas e sequestros de embaixadores por parte da guerrilha, tortura e repressão por parte do governo militar. É sobretudo uma história dos poderes — de quem manda e de quem é subjugado — e das lutas políticas que conta *História do Brasil*. De um lado, há a persistência de uma violenta dominação (dos portugueses, das elites rurais e urbanas, dos países imperialistas), e, de outro, uma história de focos de resistência e rebelião, de respostas igualmente violentas às violências sofridas. Assim, a narrativa do filme reforça um embate entre violência opressora das forças conservadoras e violência libertadora das minorias e forças revolucionárias, quase sempre deixando claro seu posicionamento, que legitima e valoriza as rebeliões contra os poderes dominantes e busca ressaltar uma tradição de violência contestatória na história brasileira.

Assim como os discursos, em voz *off*, as imagens também compilam situações de violência, documentais e ficcionais, grande parte provenientes de filmes ligados ao Cinema Novo, incluindo os do próprio Glauber Rocha. Sobre o movimento, Glauber declara em "Eztetyka da fome" (1965): "Não é um filme, mas um conjunto de filmes em evolução que dará, por fim, ao público, a consciência de sua própria existência"[382]. De certa forma, *História do Brasil* busca colocar esta tese em prática, ao reunir os esforços de construção da história de diferentes cineastas identificados com o Cinema Novo, e ao alçar esse conjunto de filmes ao lugar de importantes leitores e agentes da história. As representações da desigualdade social brasileira, da fome e de ações violentas que pessoas oprimidas sofrem ou exercem perpassam as cenas escolhidas pela montagem, unindo os diversos filmes. Compilados em *História do Brasil*, portanto, os fragmentos da produção histórica do Cinema Novo parecem visar levar aos espectadores a consciência da existência do país e de sua história ("sua própria existência", nas palavras de Glauber).

A dicotomia entre narrativas revolucionárias e conservadoras também se faz presente na banda de imagens. De um lado, há os filmes do Cinema Novo (e do Novo Cinema Latino-Americano), e, de outro, em menor quantidade, filmes tradicionais como *Independência ou Morte* (Carlos Coimbra, 1972) e *Sinhá Moça* (Tom Payne, 1953). Em *Alegorias do subdesenvolvimento*, Ismail Xavier destaca justamente estes dois filmes como exemplos de narrativas de fundação do cinema brasileiro. Como define o autor, a narrativa de fundação, frequentemente fruto do cinema industrial e de caráter melodramático,

---

[382] ROCHA, Glauber. Eztetyka da fome 65. *In*: ROCHA, 2004, p. 67.

> [...] coloca em pauta o processo de formação nacional – ou focaliza um momento decisivo dessa formação –, a partir de um esquema em que se entrelaçam dramas privados e grandes questões públicas, em que Eros e Polis se unem, e a paixão amorosa, o desejo heterossexual de um casal protagonista se funde a uma teia de acontecimentos históricos de modo que o seu destino condensa, como uma sólida figura, o destino nacional.[383]

É o caso dos filmes de Payne e Coimbra, realizados em diferentes contextos[384]. Em *Sinhá Moça* (1953), "o momento da abolição se desenha como passagem civilizatória em que a trama da emancipação dos escravos está centrada na atuação secreta do herói, que tem sua recompensa final ao lado da generosa sinhá"[385], ambos os protagonistas sendo brancos. Já em *Independência ou Morte* (1972), a independência do país é retratada com base na construção do heroísmo do príncipe Pedro I, o filme retratando

> [...] um caso raro de sintonia com o espírito de um regime que não encontrou o cinema que desejava e assumiu a televisão (e as telenovelas de fundação) como o veículo de penetração popular concordante com a sua política de integração nacional.[386]

Os filmes autorais de ficção histórica do Cinema Novo opõem-se a essas narrativas, em termos de perspectiva histórico-política e de tratamento estético, podendo ser considerados como contranarrativas de fundação. *História do Brasil*, ao assimilar essas narrativas e contranarrativas, apresenta um embate entre pontos de vista sobre a história no campo do cinema brasileiro. Assim, expõe uma disputa de narrativas mais ampla da sociedade brasileira, como veremos a seguir, assumindo sua posição ao lado do Cinema Novo e reafirmando a estética da fome.

Anita Leandro escreve, sobre o filme, que "toda a história do país é revisada a partir de uma reflexão sobre duas questões que a atravessam: a fome e a violência"[387]. Ambas estão profundamente atreladas ao pensamento

---

[383] XAVIER, 2012, p. 17.

[384] *Sinhá Moça* (1953) é um dos filmes produzidos pela Companhia Cinematográfica Vera Cruz, tentativa de criação de um modelo de produção industrial no cinema brasileiro no início dos anos 1950. *Independência ou Morte* (1972), com grande sucesso de público, foi realizado no início dos anos 1970 durante a ditadura militar e distribuído pela Embrafilmes. Ver mais sobre o comentário de Ismail Xavier (2012, p. 20-21) sobre os filmes enquanto narrativas de fundação em *Alegorias do subdesenvolvimento*.

[385] XAVIER, 2012, p. 20.

[386] *Ibid.*, p. 21.

[387] LEANDRO, [2003], p. 5.

glauberiano, como o autor explicita claramente em "Eztetyka da fome", cujo título, não por acaso, é também traduzido para o francês como "Esthétique de la violence". "A mais nobre manifestação cultural da fome é a violência"[388], diz uma das frases do manifesto de Glauber, que, mais adiante, acrescenta: "Enquanto não ergue as armas, o colonizado é um escravo: foi preciso um primeiro policial morto para que o francês percebesse um argelino"[389]. A violência é considerada, portanto, a mais legítima e corajosa resposta à fome que é sentida, e é ela que possui um real poder de ação e transformação. Essa violência transformadora, segundo Glauber, deve ser incorporada à arte, a uma estética que se pretende verdadeiramente revolucionária, não apenas enquanto temática, mas como forma audiovisual. Trata-se de uma estética de ruptura, de conflito e que, idealmente, tenha a capacidade de conduzir os espectadores à revolta e à ação efetiva. "Com *História do Brasil*", nas palavras de Anita Leandro,

> [...] radicaliza-se a "estética da fome" [...]. Nos deparamos com um filme sem concessões, que além de fazer a constatação de que o Brasil permanece colonial e escravocrata, uma evidência histórica colocada em relevo pela violência das imagens, propõe também, com o cinema, um método de ruptura com todas as formas de colonialismo e de servidão. Esse método consiste em colocar a fome em primeiro plano: nossa história é a história da fome, a grande fome brasileira, seu bem maior. E o cinema, segundo o manifesto, seria o espaço de representação dessa fome, lugar de confluência de todo o potencial de violência que ela é capaz de engendrar, em busca de uma saída revolucionária e transformadora para a sociedade brasileira.[390]

História do Brasil atualiza, por outra via muito distinta dos filmes anteriores de Glauber, e em parceria com o militante político Marcos Medeiros, as possibilidades de entrelaçamento entre fome e violência na estética glauberiana. É interessante abrir um breve parêntese sobre a relação conflituosa entre estética da fome e estética antropofágica. Para falar e mostrar essa fome essencial que, "sendo sentida, não é compreendida"[391], essa fome do outro que leva ao mesmo tempo à impotência e à necessidade de criação (e imaginação), apesar de tudo, os cineastas esco-

---

[388] ROCHA, Glauber. Eztetyka da fome 65. *In*: ROCHA, 2004, p. 66.

[389] *Ibid.*

[390] LEANDRO, [2003], p. 6.

[391] ROCHA, Glauber. Eztetyka da fome 65. *In*: ROCHA, 2004, p. 65.

lhem a estética antropofágica que tudo devora, que mistura os tempos, materiais e perspectivas; e assim, por meio do excesso, busca saciar uma falta inacessível.

A violência assume no filme, simultaneamente, como sublinha Maurício Cardoso, um papel "de estilo da narrativa fílmica, visto que é critério essencial na escolha das imagens e na montagem, e de representação da dinâmica de transformação da história, na medida em que a violência se relaciona com as mudanças sociais e econômicas do país"[392]. Parodiando a célebre frase de Eisenstein, para quem "montagem é conflito"[393], poderíamos dizer que, em *História do Brasil*, história é conflito, e a montagem audiovisual, ao espelhar essa história, também o é. A história faz-se por meio das guerras e insurreições, enquanto a montagem se faz via tensão entre elementos heterogêneos e do embate entre imagem e som. Esta compreensão de Glauber tanto da história quanto da montagem faz-se especialmente presente em sua correspondência na qual, com frequência, o cineasta se serve da ideia de "dialética" para explicá-la.

Glauber fala de "dialética" ou "montagem dialética" em relação a quase todos os seus filmes, em diferentes cartas e textos[394]. Ele declara, aliás, que a montagem de *História do Brasil* é boa devido a sua estrutura dialética. A utilização da ideia de dialética é tão vasta e frequente que é possível pensar que, para Glauber, como para o próprio Eisenstein, nos termos de Jacques Aumont, "todo conflito, toda contradição deriva da dialética"[395]. No caso de Glauber, a ideia evoca diretamente a teoria e a prática da montagem eisensteiniana. Enquanto método de montagem, a dialética faz-se com base no conflito de elementos: confronto entre cores, texturas, planos, movimentos ou, como é especialmente explorado em *História do Brasil*, entre imagem e som. Mas a noção de dialética no pensamento de Glauber evoca também um compromisso político, revolucionário, do cinema. A dialética é o método necessário para a revolução estética, que está vinculada à revolução política. Nesse sentido, sua ideia de dialética — e de "materialismo dialético" — tem uma perspectiva marxista declarada.

---

[392] CARDOSO, 2007, p. 238. Sobre a análise de Cardoso sobre o lugar da violência em *História do Brasil*, ver o capítulo da tese "A encenação da violência: a história como combate", p. 232-244.

[393] EISENSTEIN, Serguei M. Fora de quadro. *In*: EISENSTEIN, 2002a, p. 43.

[394] Vide os exemplos citados no início deste capítulo. Podemos destacar ainda como exemplo uma afirmação em carta a Daniel Talbot de 1978: "Acho que recebi o espírito da teoria científica de Eisenstein. O segredo de meus filmes é a prática da montagem dialética" (ROCHA, 1997, p. 636).

[395] AUMONT, 2005, p. 92, tradução nossa. Texto original: "Tout conflit, toute contradiction relève de la dialectique".

Esta perspectiva é marcante na abordagem de *História do Brasil*, e faz-se presente no predomínio da abordagem econômica (de postura anti-imperialista) do discurso histórico, ao lado da questão da luta de classes[396]. Também se destaca o vocabulário empregado na narração, presente no discurso das diversas organizações de esquerda da época, no Brasil e no mundo, de inspiração marxista, no qual se verifica a recorrência de termos como "materialização dialética", "imperialismo internacional", "burguesia industrial", "proletariado", "massas", "luta de classes". Marcos Medeiros, antes do exílio, era um líder estudantil que atuava no Partido Comunista Brasileiro Revolucionário (PCBR). O partido, uma das dissidências do PCB que se formam a partir de 1967, seguindo uma tendência marxista-leninista, é especialmente influenciado pelo exemplo da Revolução Cubana, e planeja a formação de um exército revolucionário que se concentraria no campo, como explica o historiador Marcelo Ridenti[397]. Já Glauber não se vincula diretamente a nenhuma organização política, mas demonstra em sua trajetória uma admiração pela luta armada, especialmente pela figura de Carlos Marighella, integrante da Aliança Libertadora Nacional (ALN), "talvez a organização guerrilheira mais claramente romântica"[398], primando pela ação sobre a teoria. Mas, como aponta Marcelo Ridenti sobre o cineasta:

> [...] se há um fio condutor no aparente caos de seu pensamento e obra, não está nem no seu marxismo, nem em vanguardismos, mas na proposta de construção de um povo e uma nação brasileira, que ele procurou encarnar ao longo da vida, de formas diferentes e criativas, sempre antiliberais.[399]

Em sua obra, Ridenti também menciona o depoimento de Fernando da Rocha Peres, amigo de juventude de Glauber Rocha, que diz que sua geração não se sentou para ler Marx, mas é influenciada sobretudo pela literatura brasileira e seus grandes escritores comunistas, como Jorge Amado e Graciliano Ramos[400]. O autor Bertrand Ficamos também comenta a ideia de que

---

[396] Ver MORAES, João Quartim. A evolução da consciência política dos marxistas brasileiros. *In*: MORAES, João Quartim (org.). *História do Marxismo no Brasil.* Campinas: Unicamp, 1995. v. 2. p. 45-100. No artigo, João Quartim de Moraes analisa a recepção no Brasil das diversas tendências da teoria política marxiana, comentando a posição de partidos e organizações, assim como de importantes intelectuais brasileiros do século XX. O autor ressalta no texto "o predomínio do raciocínio econômico na autonomização teórica do comunismo brasileiro" e discorre, por exemplo, sobre as análises de Caio Prado Jr. e Nelson Werneck Sodré.

[397] Ver RIDENTI, 2000, p. 164.

[398] *Ibid.*, p. 165.

[399] *Ibid.*, p. 173.

[400] *Ibid.*, p. 110.

o "materialismo dialético" chega ao Cinema Novo, sobretudo, por meio de uma obra de Nelson Werneck Sodré, *Formação histórica do Brasil* (1962), na qual o historiador busca aplicar o método do materialismo dialético para o desenvolvimento de sua análise sobre a história do Brasil, com o intuito de melhor interpretar a realidade social do país naquele momento. Aliás, releituras brasileiras da teoria marxista feitas por Sodré, assim como por Caio Prado Jr.[401], foram amplamente retomadas pelos vários grupos de esquerda do fim da década de 1960. Não parece possível, portanto, dizer que *História do Brasil* segue especificamente uma corrente do marxismo no Brasil ou é diretamente influenciado pela obra de Marx. Mas há, sim, uma mistura de tendências de orientação marxista na composição da narração, presente no universo da esquerda brasileira do período e nas fontes teóricas desses grupos.

Vale lembrar que o discurso de *História do Brasil* também se preocupa em fazer espécies de parênteses culturais que, sucintamente, expõem o que acontece nas artes brasileiras nos diversos momentos históricos abordados. Mas a história cultural é tratada de maneira secundária no filme, em relação à história política e econômica. Os múltiplos artistas citados são, frequentemente, associados aos seus posicionamentos políticos. O que costuma estar em destaque é a importância desses artistas para a construção, com base em suas obras, de leituras críticas da realidade brasileira, feitas nos diferentes momentos histórico-sociais em que viveram.

O discurso cronológico da narração de *História do Brasil*, alinhado ao ensino tradicional da história, dá especial destaque às datas e aos nomes próprios (principalmente de personagens, mas também de lugares, grupos ou guerras), ao contar a história do país. A grande quantidade de personagens citados no filme contribui para a proliferação de excessos da montagem (que reúne muitos séculos, acontecimentos, lugares, tipos de materiais), e torna o acompanhamento dos fatos narrados difícil, sobretudo na primeira parte do filme, que aborda os períodos colonial e imperial brasileiros, praticamente sem nenhuma pausa na narração. Como vimos anteriormente, é por meio da combinação da banda sonora com a banda visual, da rica variação das possibilidades de relação vertical entre imagem e som na montagem, que o filme vai quebrar a rígida cronologia e causalidade da narração e, assim, tornar mais complexo o tempo da narrativa e explorar esteticamente as

---

[401] Para saber mais sobre as interpretações das teorias marxistas de Nelson Werneck Sodré ou Caio Prado Jr. em suas leituras sobre a realidade brasileira, ver, por exemplo, MORAES, João Quartim. A evolução da consciência política dos marxistas brasileiros. *In*: MORAES, 1995, p. 77-81.

possibilidades de abordagem cinematográfica da história. Assim, à estética da fome, *História do Brasil* soma seu desdobramento no pensamento glauberiano: a estética do sonho.

Na comunicação com este título proferida em 1971, que se consolida como outro texto clássico do cineasta, Glauber afirma e reitera:

> A ruptura com os racionalismos colonizadores é a única saída. [...]
> A revolução é a *anti-razão* que comunica as tensões e rebeliões do mais *irracional* de todos os fenômenos que é a *pobreza*. [...] As revoluções se fazem na imprevisibilidade da prática histórica que é a cabala do encontro das forças irracionais das massas pobres. [...] Há que tocar, pela comunhão o ponto vital da pobreza que é seu misticismo. Este misticismo é a única linguagem que transcende ao esquema racional de opressão. A revolução é uma mágica porque é o imprevisto dentro da razão dominadora. No máximo é vista como uma possibilidade compreensível. Mas a revolução deve ser uma impossibilidade de compreensão para a razão dominadora de tal forma que ela mesma se negue e se devore diante de sua impossibilidade de compreender.[402]

Em "Eztetyka do sonho", "a ruptura com os racionalismos colonizadores" assume diferentes dimensões, que são imbricadas umas nas outras ao longo do texto de Glauber. De um lado, há a valorização de um irracionalismo popular que se concretiza no misticismo: nas manifestações religiosas, na fé, na força do transe que perpassa tanto rituais religiosos quanto carnavalescos, na permanência das tradições. É nas diversas formas de misticismo e magia entre os que sofrem na pele a pobreza e a opressão que Glauber reconhece a maior potência de resistência à dominação e, mais ainda, uma potência de revolução. A influência do pensamento barroco de Alejo Carpentier — do "real maravilhoso", do elo profundo entre magia e realidade latino-americana — é notável no texto, escrito durante o exílio do cineasta em Cuba, no período de início da realização de *História do Brasil*.

Por outro lado, de forma análoga à "antirrazão" do misticismo, há a irracionalidade da própria história. É no imprevisto, na imprevisibilidade, que a história se faz. Perspectiva que coloca as revoluções como grandes motores da história (como faz o filme) e ressalta que não há causas e consequências calculáveis possíveis. As alterações de curso da história irrompem

---

[402] ROCHA, Glauber. Eztetyka do Sonho 71. *In*: ROCHA, 2004, p. 250-251, grifos nossos.

na surpresa do presente, de forma violenta. Aqui, a violência não se remete apenas aos efeitos revolucionários, às guerras ou aos assassinatos, mas à violência do curso da própria história, das rupturas, da impossibilidade de controle dos rumos dos acontecimentos. Violência que resulta da irracionalidade vista como fator constituinte da história.

Por último, há uma terceira dimensão evocada na "Eztetyka do sonho", que é o irracionalismo da arte. É preciso incorporar a mágica à arte e à forma. Sem isso, não há potência revolucionária latino-americana, "continua nessa esquerda paternalista", que, segundo Glauber, segue, sem sucesso possível, "a razão revolucionária burguesa europeia"[403]. Só o sonho pode criar um real diálogo com a cultura popular. É necessário que se efetue uma transposição para a estética, que não é simplesmente temática, da força da magia. "Arte revolucionária deve ser uma mágica capaz de enfeitiçar o homem a tal ponto que ele não mais suporte viver nesta realidade absurda"[404], diz o texto-manifesto. A estética do sonho reafirma, assim, a imbricação entre estética e política, fio condutor do pensamento de Glauber Rocha.

Entre a fome e o sonho, constrói-se a montagem de *História do Brasil*. Para aprofundar a análise do filme, considerando suas especificidades, os enfoques e o entendimento da narrativa histórica, vamos de agora em diante seguir sua ordem: analisando primeiramente a "aula magna" audiovisual conforme sua divisão por períodos (Colônia e Império, República, e tempo presente da ditadura militar); e, em seguida, examinando o epílogo do filme segundo suas diferentes partes estruturais (comentários musicais e diálogo entre os realizadores).

3.2 Brasil-colônia e Império: males de origem

Em *História do Brasil*, a colonização é o ponto de partida que ecoa ao longo da narrativa dos quase 500 anos de história contados pelo filme. Como escreve Anita Leandro, no filme "a história do Brasil é uma história de lutas de classe e de situações coloniais ainda não resolvidas", em aberto[405]. Nas sequências iniciais do filme, destaca-se o uso de uma iconografia histórica tradicional, de caráter oficial: vemos desenhos e pinturas de caravelas ao mar, representações do primeiro encontro entre europeus e índios, da primeira Missa católica em território brasileiro, além de mapas e retratos de

---

[403] ROCHA, Glauber. Eztetyka do Sonho 71. *In:* ROCHA, 2004, p. 250.

[404] *Ibid.*, p. 251.

[405] LEANDRO, [2003], p. 5.

navegadores importantes e da família real portuguesa. Trata-se, na grande maioria, de pinturas românticas do século XIX, representações clássicas do "descobrimento" da América feitas no período do Brasil imperial, que se tornaram correntes nos livros escolares didáticos nos séculos XX e XXI. Entre as pinturas, vemos, por exemplo: *Elevação da Cruz*, de Pedro Peres, 1879; *A Primeira Missa no Brasil*, de Victor Meirelles, 1860; *Descobrimento do Brasil*, de Aurélio de Figueiredo, 1887.

As imagens históricas e a narração tradicional referem-se ao mesmo período e temática — a chegada dos portugueses à América —, estabelecendo uma sincronia entre som e imagem, rara nessa montagem. Assim como nos livros didáticos escolares (e documentários tradicionais), as imagens aqui também têm função ilustrativa, mostrando o que é dito. Alguns indícios e procedimentos da montagem, porém, causam certo estranhamento no espectador e indicam uma perspectiva crítica em relação à narrativa tradicional e romântica citada pelas imagens. É o caso dos planos de *Terra em Transe* anteriormente mencionados, que, por meio do símbolo do cruzeiro de madeira fincado na areia da praia, alegorizam com ironia as pinturas históricas da primeira Missa, que a montagem vai convocar logo depois.

Fig. 13 – À esquerda: fotograma proveniente de *Terra em Transe*, no qual vemos o símbolo do cruzeiro e quatro personagens arquetípicos que representam o índio brasileiro, o navegador, a nobreza e o clero português. À direita: reprodução de *A Primeira Missa no Brasil*, Victor Meirelles, 1860

Fonte: fotogramas de *História do Brasil*

Em sua análise do filme, Maurício Cardoso reforça a perspectiva crítica de *História do Brasil* em relação às imagens históricas e, especificamente, ao quadro *Primeira Missa no Brasil*:

Em linhas gerais, o uso de quadros da pintura histórica do século XIX, de perfil oficializante, comumente retomados nas ilustrações de livros didáticos, tem função de contraponto imposto pela montagem. [...] Este é o caso da reprodução de *A Primeira Missa no Brasil*, de Victor Meirelles, cuja tradição conservadora encerra um projeto imperial de construção da nação pautado na "descoberta" como chegada da civilização. Em *História do Brasil*, a pintura é esvaziada pelo teor da montagem: uma sequência de planos fixos padroniza numa mesma leitura, outras pinturas desconhecidas, um mapa didático, as imagens de um pôr do sol e, completando a sequência, a fotografia de uma onça, uma cobra e um papagaio. Pintura histórica, livro didático e fotografia *kitsch*, no conjunto formam um quadro que apenas sugere um amontoado de representações entre caricatas e desconexas da conquista desmobilizando o efeito cívico e patrioteiro do quadro de Meirelles. Assim, a aderência momentânea à ilustração da "cena histórica" é rapidamente solapada pelo ingresso de outros elementos na tela, carregados de novas significações que reestruturam o conjunto.[406]

Neste caso, pinturas históricas e fotografias de animais, de autores desconhecidos, são colocadas lado a lado na montagem, e é a igualdade de tratamento dada aos diferentes tipos de imagem que produz um efeito de estranhamento no espectador. Trabalhada em sua horizontalidade, a montagem carnavaliza a pintura romântica do século XIX, assim como a própria narrativa. No entanto, trata-se de uma carnavalização ainda tímida, atitude que se consolida pouco a pouco, ao longo de *História do Brasil*.

A maior parte da iconografia histórica reunida no filme refere-se a obras de pintores integrantes da Academia Imperial de Belas-Artes (Aiba), estabelecida no Rio de Janeiro em 1826. No livro *As barbas do imperador*, de Lilia Moritz Schwarcz, a autora destaca que o imperador Pedro II, a partir de meados do século XIX, participa vivamente da produção cultural do Brasil por meio da consolidação da Academia, assim como do Instituto Histórico e Geográfico Brasileiro. Com vínculos entre si, ambos buscam construir "uma imagem oficial para o país"[407], "criar uma historiografia" — e memória — "para esse país tão recente"[408], valendo-se da estética romântica. Como escreve Schwarcz,

---

[406] CARDOSO, 2007, p. 211.

[407] SCHWARCZ, Lilia Moritz. *As barbas do imperador*: Dom Pedro II, um monarca nos trópicos. São Paulo: Companhia das Letras, 1998. p. 226.

[408] *Ibid.*, p. 198.

> [...] por meio, portanto, do financiamento direto, do incentivo ou do auxílio a poetas, músicos, pintores e cientistas, d. Pedro II tomava parte de um grande projeto que implicava, além do fortalecimento da monarquia e do Estado, a própria unificação nacional, que também seria obrigatoriamente cultural.[409]

Victor Meirelles foi integrante da Aiba, assim como Aurélio de Figueiredo, Pedro Américo, Pedro Peres, e, no período inaugural da academia, Nicolas-Antoine Taunay e Jean-Baptiste Debret, pintores cujas obras povoam a montagem de *História do Brasil*, sobretudo quando são abordados os períodos colonial e imperial. É importante sublinhar que nem sempre o filme apresenta uma leitura de viés crítico dessas representações oficiais, muitas vezes assumindo-as, de maneira tradicional, como documentos históricos capazes de ilustrar a história narrada.

Após abordar o período da chegada dos portugueses, interrompe a cronologia histórica dos acontecimentos uma sequência que faz uma espécie de digressão antropológica sobre as formas de organização social e de trabalho dos grupos indígenas originários do território brasileiro. O texto da narração, ao mesmo tempo que ressalta certo caráter primitivo dos grupos autóctones brasileiros — reforçando que estes "não desenvolvem uma civilização semelhante à dos Incas localizados nos Andes, ou à dos Maias na América Central e Astecas, no México" —, valoriza sua cultura de caráter comunitário, "razão pela qual não existe" entre estes povos "trabalho escravo, circulação de dinheiro e propriedade privada". Fotografias aéreas de uma aldeia, na qual vemos grupos de índios apontando seus arcos e flechas para o alto, em direção ao avião onde está o fotógrafo, são apresentadas logo no início desta sequência. As imagens mostram uma atitude de resistência dos nativos em relação aos estranhos que sobrevoam suas terras. Elas também sublinham a própria violência do ato fotográfico não consentido: os brancos apontam a câmera, e, em resposta, os índios empunham suas armas. Nessas imagens, não se trata da representação do bom selvagem, mas do índio guerreiro, pronto para defender seu território. A voz do narrador, por sua vez, fala das "primeiras tribos brasileiras que entram em contato com os invasores portugueses". O emprego da palavra "invasores" reforça uma perspectiva crítica quanto aos conquistadores e, assim, rompe com a neutralidade do discurso.

As fotografias aéreas e os planos de filmes etnográficos que se seguem, evidentemente, não mostram os tupis do início do século XVI, mas a presença indígena no Brasil contemporâneo (ao menos, em algum momento do século

---

[409] SCHWARCZ, 1998, p. 199.

XX). Voltamos ao recurso especialmente reiterado ao longo da montagem de *História do Brasil*, que estabelece uma conexão direta entre passado e presente, por meio da verticalidade da relação imagem-som. As imagens dos índios de hoje são atreladas à ancestralidade de sua história e suas tradições. A montagem reforça os laços entre as temporalidades ao procurar ilustrar o que é dito e optar por deixar a narração no presente do indicativo. Por exemplo: ao ouvirmos a descrição de quais são as atividades atribuídas às mulheres nas aldeias (agricultura, pesca, transportes, tecelagem), vemos imagens em movimento, atuais, de mulheres trabalhando em artesanatos e descascando mandioca. Banda visual e banda sonora estão em concordância, mas esta é rompida pela última atribuição mencionada pelo narrador: a "preparação dos prisioneiros sacrificados nos rituais antropofágicos". A menção à antropofagia volta a lembrar ao espectador que as informações da narração se remetem aos costumes indígenas dos séculos XV/XVI, e não ao tempo presente.

Fig. 14 – À esquerda: fotograma do plano aéreo que sobrevoa uma aldeia indígena, de origem não identificada. À direita: fotografia de caça, de origem não identificada

Fonte: fotogramas de *História do Brasil*

Voltam, repentinamente, à banda visual as pinturas históricas e os mapas tradicionais, enquanto a narração, de forma didática e sucinta, retoma o curso cronológico dos acontecimentos: negociação de mercadorias entre índios e franceses, organização da colônia como "empresa colonial agrícola" e divisão do território brasileiro em "Capitanias Donatárias". Ao explicar o funcionamento econômico das capitanias (da estrutura colonial), a montagem do filme insere trechos de um filme de ficção histórico (*La Pelea Cubana contra los Demonios*, de Tomás Gutierrez Alea, 1971). Primeiramente, vemos planos de homens abastados, nobres, que andam a cavalo e conversam em frente à igreja de um vilarejo. As imagens parecem representar as elites às quais o texto se refere:

> Em 1534, a costa do Brasil é dividida em doze setores lineares, entre 60 e 180 quilômetros, que são concedidos a nobres e comerciantes portugueses, e chamados de Capitanias Donatárias. As dificuldades de implantar uma empresa agrícola em regiões tropicais e subtropicais são compensadas pela concessão aos capitães donatários de poderes para distribuir terra, cobrar impostos, legislar, escravizar e punir.

Em seguida, porém, a banda visual descola-se do que é dito, e passamos a ver uma série de planos, que reconhecemos pertencer ao mesmo filme ficcional (*La Pelea Cubana*), nos quais vemos uma revolta popular. São planos médios e fechados, de modo geral de curta duração, filmados com uma câmera na mão, inquieta, que sacode e se movimenta bastante. Eis o que mostram: um homem de trajes populares, talvez bêbado, que exclama e gesticula animadamente; uma multidão com mãos e braços levantados, marchando, enquanto carrega um grande barril; pessoas que tentam segurar de forma violenta o corpo de um homem negro; mãos agitadas e ávidas que enchem recipientes com a água que sai de um barril; retirantes que andam cansados e suados entre a vegetação local; um padre negro de braços abertos que olha para a câmera, acompanhado de uma grande espada em formato de cruz em primeiro plano; fragmentos de rostos, braços e corpos de uma multidão revoltada; uma mulher negra e vestida de branco que dança no centro de uma roda, em uma espécie de dança-transe; a mesma mulher rolando pelo chão. No fim da sequência, os três últimos planos — da multidão rebelada, do ritual/dança e da mulher no chão — alternam-se em cortes rápidos. Enquanto isso, a voz continua, no mesmo tom, narrando calmamente a organização política e econômica das capitanias coloniais:

> Portugal se responsabiliza pela produção e transporte da empresa, enquanto a Holanda financia, refina e distribui o açúcar, produto de maior interesse no mercado europeu. A mão de obra é tentada através da escravização dos índios, que resistem a essa forma de trabalho, mesmo quando torturados. A experiência das Capitanias Donatárias fracassa sob dificuldades econômicas e técnicas, guerras contra os índios, e sobrevivem apenas as de Pernambuco e São Vicente, onde se desenvolve a produção de açúcar.

É a primeira vez que a montagem se serve de um recurso contrapontístico que será retomado inúmeras vezes ao longo de *História do Brasil*: enquanto a voz da narração conta a história do país pela perspectiva da alta política — dos grandes acontecimentos, das decisões das elites coloniais e forças inter-

SÓ ME INTERESSA O QUE NÃO É MEU: *HISTÓRIA DO BRASIL, TRISTE TRÓPICO* E A MONTAGEM DE
MATERIAIS DE ARQUIVO NO PERÍODO DA DITADURA MILITAR

nacionais —, a banda visual insere outra perspectiva narrativa e apresenta a
história vista de baixo — mostrando a pobreza, a vida das classes populares,
os pequenos motins e gestos de resistência. Estabelece-se, dessa forma (mais
uma vez via montagem vertical), um choque de pontos de vista. Na sequência
descrita anteriormente, o narrador não relata uma guerra ou rebelião que tenha
ficado na história. As imagens, estranhas ao texto, revelam o que ele omite: as
pessoas que viviam no sistema econômico descrito pela voz, em uma situação de exploração e miséria. A energia da multidão, ou da mulher ao centro
da roda, atribui força e vitalidade a esses personagens não ditos. O conflito
gerado pela montagem provoca, mais uma vez, uma quebra de hierarquias, e
apresenta-se como outra forma de carnavalização do discurso tradicional da
história. Discurso esse que o filme incorpora e reproduz, ao mesmo tempo
que, de diferentes formas, sublinha seu caráter lacunar e sua ambiguidade.

Este dispositivo de construção se repete em muitos momentos e parece
efetivar a montagem dialética, de inspiração eisensteiniana, que Glauber diz
ter compreendido à sua maneira e aplicado em *História do Brasil*. Trata-se não
só do conflito entre bandas visual e sonora, mas também, de uma perspectiva
marxista, da representação da luta de classes. O embate entre imagem e som
pode também ser visto como um embate entre o povo e as elites. Conflito
que se estende por todo o filme, especialmente nessa primeira parte, que
aborda o Brasil colonial, constituindo uma constante tensão na montagem.

Fazendo um salto temporal, podemos citar outra sequência emblemática
dessa estratégia de confronto entre pontos de vista. Trata-se do momento em
que a narração disserta sobre os feitos de Marquês de Pombal[410], já em meados
do século XVIII. Na banda sonora, em uma sequência de aproximadamente 3
minutos de duração, ouvimos o narrador falar sobre as reformas pombalinas
e as disputas nas quais Pombal interviu, especialmente contra a ordem dos
jesuítas e seus estabelecimentos econômicos no Brasil[411]. Vale abrir um breve
parêntese aqui para comentar que, em diversos momentos da narrativa, é
possível perceber que o discurso histórico do filme foi construído de fontes
fortemente antijesuíticas, sendo os jesuítas considerados responsáveis pelo
atraso português e por muitos dos males da colônia. É a perspectiva do texto
desta sequência, crítica em relação aos jesuítas, que "continuam usando a

---

[410] Marquês de Pombal (1699-1782) foi ministro do rei Dom José I, de Portugal, entre 1750 e 1777. Ele foi o
responsável por múltiplas reformas políticas, econômicas e religiosas em Portugal, e, entre suas decisões de forte
impacto, está a expulsão dos jesuítas das colônias portuguesas.

[411] A ordem religiosa católica jesuíta, por meio da Companhia de Jesus, chegou ao Brasil ainda em meados
do século XVI e permaneceu em diversas regiões do país até sua expulsão na segunda metade do século XVIII.

catequese para se enriquecer às custas da escravização religiosa dos índios", e simpática à política modernizadora de Marquês de Pombal, que "produz o desenvolvimento intelectual e político das elites brasileiras". A narração também ressalta que Pombal "expulsa os jesuítas em 1751 e ordena uma reforma de ensino sob a orientação dos padres da Congregação do Oratório, que resgata os estudantes brasileiros do irracionalismo jesuítico e os introduz nos estudos científicos". Enquanto isso, na banda visual, vemos uma série de planos de um ritual de candomblé, provenientes de *Barravento* (Glauber Rocha, 1962): filhas de santo com trajes brancos típicos dançam em roda; a mãe de santo benze uma pessoa que está deitada coberta por um pano, enquanto meninos negros com a cabeça raspada estão sentados em volta, de olhos fechados; a mãe de santo joga búzios; uma galinha é sacrificada, e o sangue do animal é derramado sobre a cabeça de um dos meninos. A dissonância entre o que vemos e ouvimos é radical. Em vez de Pombal, dos jesuítas, dos índios, das reformas urbanas ou guerras, assistimos a um ritual religioso afro-brasileiro. Mais uma vez, é o não dito que é evocado pelas imagens: a força da tradição no cotidiano, a presença da cultura negra, de uma herança que não é nem portuguesa, nem católica. Com um corte brusco, o filme sai da imagem do sangue no rosto do menino para uma gravura histórica que representa uma cena da corte, na qual vemos homens nobres conversando.

Fig. 15 – Ritual de candomblé em planos provenientes de *Barravento* (Glauber Rocha, 1969)

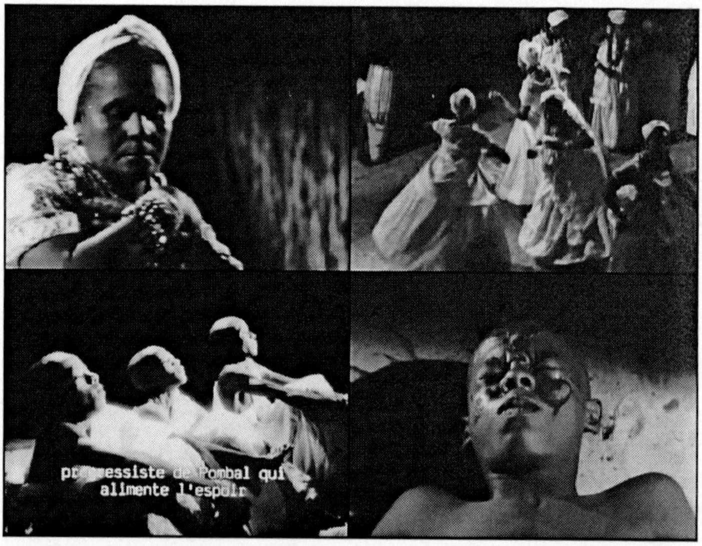

Fonte: fotogramas de *História do Brasil*

SÓ ME INTERESSA O QUE NÃO É MEU: *HISTÓRIA DO BRASIL, TRISTE TRÓPICO* E A MONTAGEM DE
MATERIAIS DE ARQUIVO NO PERÍODO DA DITADURA MILITAR

Apesar da forte discrepância entre banda visual e sonora, neste caso há uma inquietante conexão entre elas por conta da ideia de irracionalismo. Enquanto a voz censura o "irracionalismo jesuítico" e "a demagogia da oratória barroca como resposta teológica às verdades científicas", a imagem também apresenta um ritual religioso, igualmente não racional. Não há, porém, perspectiva crítica em relação ao ritual popular, e, ao longo do filme, ao contrário, a cultura negra mística é frequentemente valorizada. Estabelece-se, portanto, uma ambiguidade, não resolvida pela montagem, do lugar do irracional na cultura brasileira. Ambiguidade revelada também em outros momentos do filme. De modo geral, a narração apresenta o irracionalismo como grande inimigo, como instrumento de dominação colonial ligado aos jesuítas e ao barroco metropolitano. A banda visual, entretanto, frequentemente valoriza o "irracional" como patrimônio e força transformadora, ligados à cultura popular, especialmente negra, e ao barroco "mestiço", recriado na América. A convivência entre o irracionalismo português e o que renasce em território brasileiro se efetua em tensão na montagem.

É interessante notar que o primeiro parêntese artístico/cultural do filme se dedica a Gregório de Matos, poeta barroco, descrito por Haroldo de Campos como o primeiro transculturador brasileiro, primeiro antropófago. Fruto da miscigenação racial, o poeta é descrito no filme como forte crítico da realidade de violência e miséria da Bahia jesuítica. A banda de imagens sublinha essas duas informações ao mostrar um grupo de homens negros, pescadores, que puxam uma grande rede de peixes (planos também provenientes de *Barravento*). O estilo barroco não é imediatamente identificado, mas é ressaltada a influência exercida por Camões, Góngora e Quevedo na obra de Gregório de Matos, cuja poética, como diz o narrador, é "caracterizada pelo erotismo, sátira e misticismo". O discurso, sempre preocupado em pontuar as violências sofridas por quem ousa contestar a ordem vigente, termina por informar que "Gregório de Matos é preso e deportado para Angola".

O barroco também se faz presente no filme, sobretudo, quando este trata da época da exploração do ouro no Brasil, ao longo do século XVIII, por meio de fotografias do patrimônio material da época, de fachadas de igrejas barrocas e das estátuas dos 12 profetas esculpidas por Aleijadinho, por exemplo.

Encadeada à sequência sobre Pombal, está outra sequência representativa das estratégias de construção de *História do Brasil*, que trata da Inconfidência Mineira (1789). Nesta, fotogramas do filme *Os Inconfidentes* (de Joaquim Pedro de Andrade, 1972) são utilizados congelados e mesclados tanto a pinturas históricas românticas (datadas do fim do século XIX e início do XX) quanto a pinturas modernistas de Candido Portinari (da década de 1940), que retratam o mesmo acontecimento histórico. Anterior à já mencionada sequência da proclamação da independência, que se serve de fotogramas do ator Tarcísio Meira como Pedro I no filme *Independência ou Morte*, a montagem coloca imagens de atores muito conhecidos, como José Wilker (intérprete de Tiradentes) e Paulo César Pereio (ator de inúmeros filmes do Cinema Novo, que interpreta o inconfidente Alvarenga Peixoto), ao lado, e sem diferenciações, de pinturas históricas clássicas que representam os mesmos personagens. As imagens do filme ficcional (e dos atores) estão sempre congeladas, utilizadas como fotografias, o que produz um efeito-documento. São representações dos anos 1970, do fim do século XIX, e dos anos 1940; na verdade, todas ficcionais. A montagem justapõe, assim, diferentes imaginários do mesmo acontecimento do fim do século XVIII[412].

É interessante notar que esse filme de Joaquim Pedro de Andrade, *Os Inconfidentes*, que foca o autoritarismo da monarquia portuguesa e assim faz uma crítica velada à falta de liberdade da ditadura militar, funciona como um contraponto ao filme de Carlos Coimbra, *Independência ou Morte*, obra ligada à ditadura vigente, voltada para a história oficial. Ambos datam do mesmo ano: 1972. O conflito entre os filmes acaba por atualizar uma antiga disputa simbólica entre as figuras de Tiradentes e de Pedro I como heróis nacionais, iniciada na fase final do Império e que continua na transição e início da República. O historiador José Murilo de Carvalho traça a trajetória da formação do herói-mártir Tiradentes na memória nacional no texto "Tiradentes: um herói para a República"[413], e demonstra que é a partir de meados do século XIX que o personagem começa a ser retomado e cultuado no seio das forças republicanas que almejavam o fim da monarquia. Como escreve Murilo de Carvalho:

> Ao que parece, o primeiro conflito político em torno da figura de Tiradentes ocorreu em 1862 por ocasião da inauguração da estátua de D. Pedro I no então Largo do Rocio, ou Praça da Constituição, hoje praça Tiradentes. A ocasião e o local

---

[412] A pintura do século XIX, por ser proveniente do passado e, por isso, histórica, não é uma representação menos ficcionalizada do acontecimento do que o filme de Joaquim Pedro.

[413] Ver o capítulo em CARVALHO, José Murilo de. *A formação das almas*: o imaginário da República no Brasil. São Paulo: Companhia das Letras, 2017.

eram a própria materialização do conflito. No lugar onde fora enforcado Tiradentes, o governo erguia uma estátua ao neto da rainha que o condenara à morte infame.[414]

Neste período, o Brasil imperial independente ainda era uma monarquia governada pela família Bragança, que não lidava bem com a memória de uma rebelião republicana cruelmente reprimida pela rainha (a Inconfidência Mineira). Carvalho sublinha que

> [...] a luta entre a memória de Pedro I, promovida pelo governo, e a de Tiradentes, símbolo dos republicanos, tornou-se aos poucos emblemática da batalha entre Monarquia e República [...] [e que] o conflito continuou após a proclamação, [...] representando correntes republicanas distintas.[415]

A batalha simbólica, que se estende por décadas, trava-se fortemente no domínio das imagens. Nesse processo de construção do mito de Tiradentes, Carvalho destaca que

> [...] as representações plásticas e literárias de Tiradentes, e mesmo as exaltações políticas, passaram a utilizar cada vez mais a simbologia religiosa e a aproximá-lo da figura de Cristo.[416]

Progressivamente se afirma um paralelo entre as trajetórias do mártir republicano e da figura central do cristianismo, comparação permitida não apenas pelo destino trágico dos personagens, mas devido à religiosidade e ao misticismo que se intensificaram em Tiradentes no período de sua prisão até sua execução. Pinturas utilizadas na montagem de *História do Brasil*, como *Martírio de Tiradentes* (1893), de Aurélio de Figueiredo, e *Leitura Sentença*, de Eduardo de Sá, possivelmente datada de 1921, são representativas dessa simbologia, desse movimento de construção "da imagem de um Cristo cívico"[417]. O quadro *Martírio de Tiradentes* é assim descrito pelo historiador: "o mártir é visto de baixo para cima, como um crucificado, tendo aos pés um frade, que lhe apresenta o crucifixo, e o carrasco Capitania, joelho dobrado, cobrindo o rosto com a mão"[418]. Em *História do Brasil*, antecede a pintura do martírio um fotograma de *Os Inconfidentes*, no qual vemos o personagem na mesma situação da pintura, de pé em frente à forca, aguardando a execução.

---

[414] CARVALHO, 2017, p. 64.

[415] *Ibid.*, p. 65.

[416] *Ibid.*, p. 68.

[417] *Ibid.*, p. 71.

[418] *Ibid.*

O enquadramento, também de baixo para cima, reverenciando o personagem, em preto e branco e em plano de conjunto, parece inspirado pela pintura, e, com ela, cria uma continuidade na montagem. As representações feitas em diferentes períodos, e por meios distintos, parecem concordar com a visão heroicizada e mitificada do personagem.

Fig. 16 – À esquerda: fotograma proveniente do filme *Os Inconfidentes* (Joaquim Pedro de Andrade, 1972). À direita: recorte da pintura *Martírio de Tiradentes*, de Aurélio de Figueiredo (1893)

Fonte: fotogramas de *História do Brasil*

As figuras de Tiradentes e Pedro I, com o tempo, passaram a conviver em paz na memória nacional. Entretanto, a rivalidade entre as ficções históricas *Os Inconfidentes* e *Independência ou Morte*, nos anos 1970, de certa forma revive a disputa, trazendo a ela novas camadas de significação. É notório o caráter alegórico de ambos os filmes. *Os Inconfidentes*, ao se posicionar como extremamente crítico ao autoritarismo da monarquia, pretende espelhar sua crítica ao presente do estado de exceção. A opressão e a violência do Estado são as grandes temáticas do filme, e Tiradentes é quem ousa insubordinar-se contra o sistema vigente, em favor da república e da liberdade. Já o filme *Independência ou Morte* enaltece o poder centralizador de Pedro I, apresentando o imperador como grande herói nacional, e, assim, como comentado anteriormente, alinha-se ao discurso oficial da ditadura militar. A montagem de *História do Brasil* convoca ambos os filmes para sua construção e utiliza procedimentos de montagem semelhantes ao tratá-los em suas respectivas sequências, porém, no caso de *Independência ou Morte*, o discurso da voz da narração contradiz o do filme evocado, enquanto em *Os Inconfidentes* ela o reforça. Também, como é típico do recurso paródico, a narrativa de Glauber e Medeiros parece contar com o conhecimento prévio dos espectadores, que, para entender plenamente as camadas que o filme apresenta, devem conhecer os filmes que são apropriados, seus atores, assim como as disputas políticas do tempo presente nas quais ambos estão envolvidos ou são representantes. No caso da sequência da Inconfidência Mineira em *História do Brasil*, a montagem soma imagens de diferentes períodos que, em conjunto, reforçam o imaginário de Tiradentes como símbolo da República e da liberdade nacional. Como em grande parte do filme, esse simbolismo se relaciona — sobretudo pela convocação da ficção histórica *Os Inconfidentes* — com o presente vivido pelo país.

Os diferentes enquadramentos de *Tiradentes* (1948-1949), painel pintado por Candido Portinari, adiciona uma camada à mesma linha de leitura. A última imagem desta sequência em *História do Brasil* é a quarta cena do mural de Portinari: "Os despojos de Tiradentes no caminho novo das Minas". Nele, veem-se pedaços do corpo esquartejado de Tiradentes fincados em postes. A cena representa a exposição de pedaços de seu corpo espalhados na estrada entre Rio de Janeiro e Ouro Preto, por ordem do Estado monárquico. A pintura apresenta a estética característica de Portinari, de influência cubista, desconstrutivista, mas, ainda assim, figurativa. A cena violenta é antecedida pelo que aparenta ser uma fotografia, na qual se vê o corpo de um padre segurando pelos cabelos uma cabeça decapitada. Não foi possível localizar a origem desta imagem, que não provém de *Os Inconfidentes*. Mais uma vez, como no caso das imagens da forca, a montagem aproxima imagens visualmente e temporalmente muito heterogêneas, criando certa continuidade com base no tema comum entre elas. As duas imagens de corpos decepados — uma fotográfica e outra pictórica e estilizada — entram na montagem em total silêncio, sem o acompanhamento da voz em *off*. Trata-se da primeira pausa significativa da banda sonora de *História do Brasil*. O silêncio dá destaque às imagens, atribuindo peso e solenidade à violência mostrada.

Vale ressaltar que, ao longo de *História do Brasil*, em diversos momentos a montagem convoca pinturas de Portinari, cuja obra é a mais citada no filme. O fato de temas ligados à história do Brasil terem sido importantes na obra do pintor contribui para entendermos a especial atenção dada no filme ao seu trabalho. Mas, além disso, destacam-se nas imagens escolhidas a predileção do artista por retratar poeticamente a desigualdade social brasileira — a fome, a dor e a violência sofridas por personagens populares —, e é possível entender a escolha pelos quadros de Portinari por serem, de certa forma, precursores, na pintura, do espírito da estética da fome glauberiana.

Fig. 17 – À esquerda: imagem não identificada. À direita: recorte de "Os despojos de Tiradentes no caminho novo das Minas", parte do painel *Tiradentes*, de Candido Portinari (1948-1949)

Fonte: fotogramas de *História do Brasil*

A sequência sobre a Inconfidência Mineira é também um bom exemplo do acúmulo de nomes próprios de personagens históricos no texto de *História do Brasil*, como é possível perceber neste curto trecho:

> Liderada por Tiradentes, a Inconfidência conta com o apoio do tenente coronel Francisco de Paula Freire, comandante da milícia provincial, dos padres Carlos Toledo de Correa e Melo, Luiz Vieira da Silva e José da Silva Oliveira Rollin, de Antônio Álvares Maciel, Domingos Vidal de Barbosa e dos poetas árcades José de Alvarenga Peixoto, Cláudio Manuel da Costa e Thomaz Antônio Gonzaga. O governador de Minas Gerais, Visconde de Barbacena, recebe a denúncia da Inconfidência da parte do coronel Silvério dos Reis e manda prender os conspiradores em 1789.

A atenção dada à citação dos nomes de pessoas em *História do Brasil* parece revelar um desejo de arquivar determinados personagens, de não permitir que caiam no esquecimento, ou de buscar tirá-los de lá, seja por seus valores nobres e heroicos, seja por suas características negativas e prejudiciais para o país. Há uma preocupação clara em nomear os responsáveis pelos acontecimentos históricos e, muitas vezes, em expor seus destinos, especialmente quando são trágicos, quando os personagens são vítimas da repressão do Estado e do sistema de poder dominante. É também o caso da sequência sobre a Inconfidência, na qual ouvimos a sina de todos os participantes, finalizando com a de Tiradentes: "Enforcado no Rio de Janeiro no dia 21 de abril de 1791, seu corpo (é) esquartejado e exposto na estrada Rio-Minas, sua casa queimada e o local salgado, sua família e descendentes declarados infames até a quinta geração".

Na sua grande maioria, os personagens mencionados não são apresentados ou desenvolvidos no filme. Como destaca Michel De Certeau em *A escrita da história*, os nomes próprios têm um valor de citação. Diferentemente dos personagens de um romance, os personagens históricos "são imediatamente afiançáveis"[419], já vêm preenchidos, e contribuem para a credibilidade e para o efeito de realidade da narrativa histórica. Para um espectador iniciado, portanto, os nomes podem, isoladamente, ter a capacidade de evocar questões e informações extrafílmicas, podendo convocar, para os espectadores, eventos históricos, atitudes, correntes políticas, ou histórias de vida, não propriamente tratados pela narrativa. Porém, na ânsia de tudo lembrar, o filme produz um acúmulo que, na maior parte dos casos, parece ter o efeito contrário. A profusão de nomes torna o texto especialmente duro e acaba por dificultar o entendimento dos acontecimentos e seus encadeamentos, sobretudo para um espectador leigo, mas não somente. Finalmente, poucos são os personagens que realmente se destacam no universo de nomes próprios citados em *História do Brasil*.

O acompanhamento da primeira parte da narrativa é especialmente difícil, pois cada assunto é tratado de maneira extremamente sucinta, logo se encadeando em outro, ao mesmo tempo que a montagem das imagens é também muito dinâmica. O filme, que inicia sua narração ainda no fim do século XV, em 33 minutos da montagem já está no fim do século XVIII, e apresenta aos espectadores um número enorme de personagens históricos. Trata-se de uma estética do excesso (de nomes, assuntos, imagens) que contribui barrocamente para a instabilidade do que é dito.

Quanto aos temas e enfoques históricos do discurso, nesta parte se destaca a preocupação do filme em marcar as forças de resistência negras e indígenas na história do país. Na sequência sobre a escravidão (na qual também sobressai a perspectiva antijesuítica da narração), a voz pontua as torturas sofridas, as rebeliões, assim como a "forte influência" exercida pelos africanos "sobre a civilização que se forma" (concepção-chave de Gilberto Freire no clássico *Casa grande & senzala*). Os planos desta sequência, provenientes do filme *Ganga Zumba* (Carlos Diegues, 1964), reforçam a violência, ao mostrar um homem sendo chicoteado na plantação de cana-de-açúcar.

---

[419] DE CERTEAU, Michel. *A escrita da história*. Rio de Janeiro: Forense Universitária, 1982. p. 102.

Vale observar que o protagonista desse filme de ficção, que interpreta o papel de Ganga Zumba, personagem histórico que vemos em diversas cenas, é o ator Antônio Pitanga, um rosto igualmente icônico do Cinema Novo, presente em inúmeros filmes. Mais uma vez, como se repete ao longo de toda a montagem, um filme do Cinema Novo é convocado na montagem de *História do Brasil*, que reúne diversas das perspectivas e iniciativas do grupo de contar a história do país por meio do cinema. Os argumentos e premissas de cada filme do Cinema Novo reapropriado pelo filme de Glauber e Medeiros, quando previamente conhecidos pelo espectador, podem acrescentar sentidos à narrativa.

Da mesma forma, a sequência sobre o quilombo dos Palmares, composta por planos de *Ganga Zumba* e de *Sinhá Moça*, também reforça a temática da resistência e da repressão contra a população africana escravizada. Há um elemento especialmente interessante nesta sequência: após o narrador encerrar a descrição da história de Palmares, fechando sua narrativa com a descrição do destino trágico do líder Zumbi, ainda se veem, na banda visual, imagens da fuga de um grupo de escravizados. Os planos provêm de uma cena de *Sinhá Moça*, filme que, desta vez, é apropriado por *História do Brasil* sem que este apresente um viés crítico quanto ao filme original. Enquanto vemos essas imagens, ouvimos o narrador falar das descobertas das minas de ouro em Ouro Preto, em 1698, e fornecer dados estatísticos da quantidade de ouro extraída nos anos seguintes. Na imagem, os escravizados em fuga levam tiros pelas costas. Apesar de a narração mudar de assunto, aparentemente de forma radical, a permanência das imagens ficcionais faz ecoar o tema anterior — a resistência negra — no tema que se segue — a economia do ouro do fim do século XVII —, estabelecendo ligações entre os diferentes aspectos da história colonial. Assim, a montagem dialética produz a ideia de que todo o ouro da Colônia é resultado do trabalho escravo, de pessoas que levam nas costas, por meio de seu trabalho e sofrimento, o fardo da economia da sociedade colonial, ainda que este elo e argumento não estejam presentes no comentário em *off*.

Também vale ressaltar a constante atenção dada pela narração às relações internacionais, por meio da preocupação em pontuar o vínculo da economia e da política brasileiras com a Europa ocidental, para além de Portugal, e em demonstrar como as disputas entre os países europeus repercutem na América colonial. Destacam-se, por exemplo: o papel da Holanda no financiamento da economia do açúcar, na colonização mundial com a formação da Companhia das Índias Ocidentais, na conquista do estado de Pernambuco (com o holandês Maurício de Nassau em 1637) e na

SÓ ME INTERESSA O QUE NÃO É MEU: *HISTÓRIA DO BRASIL, TRISTE TRÓPICO* E A MONTAGEM DE
MATERIAIS DE ARQUIVO NO PERÍODO DA DITADURA MILITAR

Batalha dos Guararapes, na qual Portugal reconquista Pernambuco em 1654; os conflitos políticos entre Espanha e Portugal; a centralidade do poder político-econômico da Inglaterra nas decisões das colônias portuguesas; as disputas com os franceses no Rio de Janeiro em meados do século XVI e no Maranhão no início do XVII; a disputa comercial entre França e Inglaterra, com a Companhia das Índias Ocidentais; e o Império napoleônico, que leva, por meio da pressão dos ingleses, à fuga da família real portuguesa para o Brasil em 1808. De modo geral, desde o período colonial e seguindo para o imperial, o comentário busca sublinhar a não autonomia do Brasil, traçar sua longa história de país periférico, dependente e explorado por países imperialistas, isto é, a construção histórica do "nosso" subdesenvolvimento.

A partir do momento em que o filme aborda o período da instauração da monarquia portuguesa no Brasil e, em seguida, os anos do Brasil imperial, a montagem torna-se menos elaborada e dinâmica, havendo uma maior sensação de rascunho e incompletude. O conjunto de sequências desta parte é marcado, na banda visual, por grandes trechos de filmes de ficção históricos. A iconografia clássica do século XIX continua a percorrer o filme, com entradas pontuais de pinturas de Candido Portinari, por exemplo, mas em menor escala.

Cenas do filme de ficção histórico *Sinhá Moça* (Tom Payne, 1953), por exemplo, cobrem um longo trecho do comentário, atravessando diversos acontecimentos, desde a transferência da corte de Dom João VI para o Brasil às revoltas separatistas que eclodiram em diferentes regiões do país após a Proclamação da Independência (Guerra dos Farrapos, 1835-1845; Cabanada, 1832-1834; e Sabinada, 1837-1838). Muitas vezes, a articulação entre o que vemos e ouvimos se dá de maneira, aparentemente, aleatória. Por exemplo, quando o narrador explica a anexação da província da Cisplatina, região do Uruguai, ao império brasileiro, em 1820, vemos planos ficcionais do julgamento de um escravo, em um tribunal do século XIX. Veem-se, principalmente, planos de um advogado branco que articula veementemente seus argumentos, silenciados na montagem. É possível perceber — em grande parte, graças às legendas em espanhol da cópia cubana utilizada na montagem — que o personagem fala da abolição da escravidão. Não é fácil associar o que vemos ao que ouvimos[420]. O reconhecimento da discussão sobre a abolição torna a

---

[420] Como o filme permaneceu inacabado, a falta de relação entre imagem e som pode advir, simplesmente, da falta de tempo para trabalhar melhor a sequência, procurando para ela uma imagem mais adequada à voz em *off*. Entretanto, sequências como essa, em *História do Brasil*, não deixam de ter um efeito no espectador, que, a todo tempo, é instigado a refletir sobre as relações estabelecidas entre imagem e som pela montagem.

associação entre imagem e som ainda mais confusa, já que permite localizar a representação histórica na segunda metade do século XIX, enquanto a fala se remete à Guerra da Cisplatina, na década de 1820. Certos paralelos podem ser traçados, mas parecem frágeis e pouco acessíveis ao espectador: Araruna, cidade do Paraná e palco do filme de Payne, por exemplo, foi muito disputada pelos castelhanos. Também, a opção pelas imagens do julgamento de *Sinhá Moça* mantém a temática da escravidão como elemento primordial da banda visual, conservando-a no centro do debate empreendido pelo filme sobre a sociedade colonial e imperial, de forma praticamente independente do assunto abordado no comentário em *off*. Entretanto, nesta sequência específica, o argumento tem menos força, pois vemos mais o personagem do advogado branco do que o do escravizado.

A arbitrariedade da montagem, no caso do uso dos planos de *Sinhá Moça*, muitas vezes, produz um efeito cômico. Adiante, no filme, enquanto o comentário disserta sobre a coroação de Dom Pedro I e as políticas empreendidas pelo imperador, vemos imagens de um escravizado sendo desamarrado de um poste, e de uma multidão que carregando tochas acesas acende uma grande fogueira em praça pública. Aqui, mais uma vez, parece haver um cruzamento de perspectivas entre as bandas visual e sonora: a história vista "de cima" pela narração — que fala das decisões políticas do governo — e "de baixo" pelas imagens — que mostram as revoltas populares. Porém, logo em seguida, na continuação da mesma sequência, o foco das imagens é deslocado da revolta para planos dos dois protagonistas brancos de *Sinhá Moça*. Eles buscam se aproximar um do outro, andando com dificuldades em meio à multidão, trocando olhares apaixonados. Enquanto isso, a voz *off* continua a narrar, impassível, os desdobramentos da independência do Brasil:

> Entre as dívidas externas típicas da economia colonial e as exigências de reformas que superassem o latifúndio escravista pelo desenvolvimento industrial, o imperador cede às pressões conservadoras e, mediante golpe militar, fecha a Constituinte no dia 12 de novembro de 1823. O imperador manda preparar outra constituição onde ficam estabelecidos, segundo os seus critérios absolutistas, as estruturas legais do império constitucional. As forças liberais nacionalistas republicanas de Pernambuco, remanescentes da revolução de 1817, protestam contra o golpe imperial e recusam a nomeação de Francisco Paes Barreto para o cargo de presidente da província, em substituição a Manuel de Carvalho Paes de Andrade.

Finalmente o casal consegue se encontrar e dar um beijo romântico, enquanto a multidão, ao fundo, comemora a abolição. A dissonância entre as bandas resultante da montagem vertical não mais contrapõe perspectivas, mas volta a ser aparentemente aleatória. No entanto, neste caso, destaca-se o tom jocoso da imagem (e da montagem). A insistência da montagem na cena clichê do beijo romântico dos protagonistas brancos — típica das narrativas de fundação — soa como uma crítica ao *Sinhá Moça* de Tom Payne, ao mostrar como o filme de ficção trata o tema da abolição, colocando os negros como pano de fundo e o homem e a mulher brancos em primeiro plano. Como *História do Brasil*, em sua banda visual, enfatiza a presença e a agência negra na história, o contraste produzido por esta cena de *Sinhá Moça* sobressai na montagem, causando um estranhamento. A própria situação de exceção do plano, em relação às outras representações históricas que o filme reúne, destaca-o e, assim, instiga o espectador a uma reflexão crítica.

Ao mesmo tempo, as imagens escolhidas ridicularizam o que ouvimos. Ao assistir a tal cena, dificilmente o espectador consegue prestar atenção nos fatos descritos pela narração sobre a Revolução Pernambucana de 1817. Dessa forma, por meio da sequência, o filme parece rir de si mesmo e, mais amplamente, do dispositivo de montagem, que se serve de ficções históricas para ilustrar e narrar a História. A cena de *Sinhá Moça* é evidenciada como uma reconstituição artificial, simplista e romantizada da história. É verdade que a mudança de postura quanto à ficção histórica neste trecho pode ser exclusivamente atribuída à relação crítica do filme com a narrativa de *Sinhá Moça*. Mas, como cenas do próprio *Sinhá Moça* são utilizadas em outras sequências de *História do Brasil* sem a mesma perspectiva crítica, e como não há cartelas ou nenhum outro meio que identifique os filmes utilizados na montagem, para além desta leitura é possível ver a sequência como uma brincadeira do filme em relação ao seu próprio dispositivo, que se serve de reconstituições históricas, sobretudo do Cinema Novo, para narrar e representar a história.

No tocante à forma como o filme trata historicamente os períodos da corte no Brasil e do Império, um aspecto importante destaca-se na narrativa, a saber, sua desaprovação à família real portuguesa. A narração ressalta em diversos momentos a não autonomia da dinastia Orleans e Bragança, como é possível notar pelos seguintes extratos:

> Dom João VI, que não tem poder militar para enfrentar a invasão francesa, *cede* às pressões inglesas e *foge* para o Brasil em 1808, acompanhado de 18 mil pessoas.

> O movimento nacionalista liderado por intelectuais, padres, militares e burguesia, que atuam na maçonaria e na imprensa, *força* o príncipe Pedro a se decidir publicamente por sua permanência no Brasil, no dia 9 de janeiro de 1822.
>
> A insubordinação das províncias, que ameaça desagregar o Brasil em colônias e repúblicas, e a reação de Portugal, que ordena prisões e processos aos líderes nacionalistas, *obrigam* o príncipe Pedro, para manter o poder, a proclamar a independência do Brasil a 7 de setembro de 1822, às margens do riacho Ipiranga, em São Paulo.
>
> A 13 de maio de 1888, a princesa Isabel *cede* às pressões da burguesia industrial e dos militares positivistas e abole a escravidão.

Verbos como "obrigar", "forçar" e "ceder" sublinham a passividade dos líderes da família real, a quem o filme não atribui a agência ou o mérito de seus feitos. Os verdadeiros sujeitos são outros: a Inglaterra, a burguesia brasileira, as revoltas locais. Assim, a narrativa composta por Glauber e Medeiros, frequentemente combinada a imagens que produzem um efeito jocoso, esvazia qualquer perspectiva heroica da nobreza no Brasil. Não é reconhecido heroísmo ou bravura em Pedro I pela declaração da independência, ou generosidade e magnanimidade na princesa Isabel pela assinatura da Lei Áurea, assim como Pedro II praticamente não é citado pela narração.

Essa leitura crítica da nobreza pode ser associada a toda uma linha de pensamento sobre a história brasileira desenvolvida ao longo do século XX. "Males de origem", o subtítulo escolhido para a análise desta parte do filme (que dura aproximadamente 55 minutos), cita o subtítulo da obra do intelectual brasileiro Manuel Bonfim, *A América Latina: males de origem*, publicada primeiramente em 1905. Ali, o autor já trata a independência do Brasil como um evento conservador, e não revolucionário. Nas palavras de Bonfim, por pressão da elite brasileira, "alijaram a metrópole para conservar todos os privilégios, injustiças e opressões que ela tinha gerado, e por entre os quais se haviam formado as novas sociedades"[421]. A leitura de Bonfim da história e sociedade brasileiras é precursora de uma perspectiva crítica que coloca a formação do país — a estrutura de exploração estabelecida na sociedade colonial e sua herança nos sistemas políticos que se seguem — como seu grande mal. É o desejo de pensar soluções para os problemas do Brasil no tempo presente que motiva a análise da história efetuada pelo autor, que apresenta, ainda no início do século XX, a particularidade de pensar a

---

[421] BONFIM, Manuel. *A América Latina*: males de origem. Rio de Janeiro: Centro Edelstein de Pesquisas Sociais, 2008, p. 268. Disponível em: http://books.scielo.org/id/zg8vf. Acesso em: 28 jan. 2017.

questão do nacional por uma perspectiva mais abrangente, inserindo o Brasil em uma problemática latino-americana que o ultrapassa, ligada à reflexão sobre as relações entre países hegemônicos e dependentes. "Nasceram (estas sociedades) do assalto a este continente e do estabelecimento violento e transitório dos aventureiros ibéricos, devorados de cobiça, sequiosos de riqueza, vivendo de guerras e depredações desde muitos séculos"[422], escreve Bonfim.

Como sublinha Renato Ortiz, à luz de uma teoria "biológico-social", em *A América Latina: males de origem*:

> [...] as relações entre colonizador e colonizado são apreendidas enquanto relações entre parasita e parasitado. [...] A metrópole "suga" as colônias e vive parasitariamente do trabalho alheio; a introdução do trabalho escravo vai consolidar ainda mais este estado de parasitismo social.[423]

Enquanto isso, a população cativa trava "lutas contínuas" contra um "Estado tirânico e espoliador", mas é mantida em uma situação de ignorância e não instrução. O caráter parasitário desse regime é posteriormente herdado pela elite brasileira (e do continente), que se identifica com os objetivos egoístas da metrópole. Segundo Bonfim:

> As classes dirigentes, herdeiras diretas, continuadoras indefectíveis das tradições governamentais, políticas e sociais do Estado-metrópole, parecem incapazes de vencer o peso dessa herança; e tudo o que o parasitismo peninsular incrustou no caráter e na inteligência dos governantes de então, aqui se encontra nas novas classes dirigentes; qualquer que seja o indivíduo, qualquer que seja o seu ponto de partida e o seu programa, o traço ibérico lá está – o conservantismo, o formalismo, a ausência de vida, o tradicionalismo, a sensatez conselheiral, um horror instintivo ao progresso, ao novo, ao desconhecido, horror bem instintivo e inconsciente, pois que é herdado.[424]

Inscreve-se nesta linha de pensamento sobre a colonização (e também sobre o império), como males de origem, por diferentes perspectivas, toda uma tradição do pensamento sobre a história e a realidade brasileiras. Por exemplo, autores importantes como Caio Prado Jr. (*Evolução política do Brasil e outros ensaios*, 1933; e *Formação do Brasil contemporâneo*, 1942), Sérgio Buarque

---

[422] BONFIM, 2008, p. 265.

[423] ORTIZ, 2006, p. 24-25. No capítulo "Memória coletiva e sincretismo científico: as teorias raciais do século XIX", Ortiz comenta as influências teóricas de Bonfim, por exemplo, a teoria biológica do social de Augusto Comte, e sua aproximação com positivismo de Durkheim.

[424] BONFIM, 2008, p. 269.

de Hollanda (*Raízes do Brasil*, 1936), ou os integrantes do Iseb, como Nelson Sodré — referências para Glauber e Medeiros —, assim como diversos textos dos anos 1960 e 1970 que buscam compreender o subdesenvolvimento brasileiro por uma análise retrospectiva da história do país, especialmente crítica a Portugal e ao processo de colonização, como o já mencionado texto de Paulo Emílio Salles Gomes, *Cinema: trajetória no subdesenvolvimento*, de 1973, e o próprio *História do Brasil*. Segundo a análise de Cardoso:

> O tema central desta abordagem consistia em definir a "formação" do país, equacionando o legado colonial, o desenvolvimento econômico, a constituição do Estado Nacional e a luta de classes numa organicidade social que conferiu uma feição original ao país. A despeito das diferenças de diagnóstico, este foi um dos traços comuns às grandes obras de interpretação do país publicadas entre os anos 30 e a década de 60 e que constituíam traço essencial da atmosfera ideológica daqueles tempos.[425]

No caso de *História do Brasil*, mais do que o atraso português, vinculado ao barroquismo e irracionalismo jesuíta, sobressai, da compilação de imagens, a força da escravidão como mal original. O horror de um sistema baseado na opressão e na tortura da população negra vinda de países africanos é, no filme, a base da formação da sociedade brasileira, apresentando-se, ao mesmo tempo, como trauma e preconceito profundo e como potência cultural e física de resistência e transformação social.

3.3 Brasil-república: a história política do século XX, revoluções e contrarrevoluções

A instauração da República não é representada em *História do Brasil* de maneira mais honrosa do que as mudanças de regime político anteriormente tratadas. É o conhecido plano da coroação do personagem de Porfírio Diaz em *Terra em Transe* (Glauber Rocha, 1967) que se articula com a narração em *off*, ao serem elencados os nomes dos principais responsáveis pelo "golpe de estado que depõe Pedro II" e pela Proclamação da República em 15 de novembro de 1889. Vemos, em plano próximo, o personagem — interpretado pelo célebre ator Paulo Autran — fazer um discurso inflamado, emudecido pela montagem, enquanto é coroado com uma coroa de ouro. A câmera aproxima-se ainda mais de seu rosto, e, de olhos arregalados fixando o espectador, o personagem abre um sorriso. Com uma expressão de louco, o ator congela

---

[425] CARDOSO, 2007, p. 183-184.

o sorriso nos lábios, e sua cabeça é sacudida por um ligeiro tremor. O tom expressionista da cena, e da atuação, oferece uma caricatura do acontecimento histórico-político. Mais do que isso, leva ao ridículo a figura do político e da república "à brasileira". É possível, principalmente conhecendo previamente *Terra em Transe*, ver nessa imagem uma leitura crítica da frágil história da república no Brasil (e na América Latina), marcada por golpes autoritários sucessivos, como vai mostrar a narrativa do filme. Em *Terra em Transe*, filme de 1967, a cena alegoriza justamente o golpe militar de 1964, recentemente vivido pelo Brasil de então. Não é por acaso que o mesmo plano do filme de Glauber circulou muito nas redes sociais após o golpe institucional de 2016, permanecendo ainda hoje como um ícone dos golpes de Estado da América Latina, do funcionamento das "repúblicas das bananas"[426]. O personagem de Diaz é, em *Terra em Transe*, um líder político conservador, rico, corrompido e poderoso, que domina os meios de comunicação. "Como a condensação da elite mais tradicionalista, sua palavra de ordem é a pureza, o direito natural, a dominação como apanágio da aristocracia"[427], escreve Ismail Xavier em *Alegorias do subdesenvolvimento*. O autor também o descreve como "herdeiro da empresa colonial europeia"[428]. O símbolo da coroa (e do coroamento) em plena república marca este vínculo entre passado e presente (tanto em *Terra em Transe* como em sua apropriação em *História do Brasil*). As descrições do personagem feitas por Xavier aproximam-se da leitura de Manuel do Bonfim sobre as "classes dirigentes" em *A América Latina: males de origem*.

Fig. 18 – Coroação do personagem Porfírio Diaz em *Terra em Transe* (Glauber Rocha, 1967)

Fonte: fotogramas de *História do Brasil*

---

[426] O termo "República das bananas" foi cunhado pelo escritor e humorista estadunidense O. Henry, no conto "O almirante" (1904), quando este vivia em Honduras, país, então, centrado na monocultura da banana. A expressão, de caráter pejorativo, com o tempo passou a referir-se, de modo geral, aos países — frequentemente latino-americanos — politicamente instáveis, cujas instituições governamentais são fracas e corruptas, e que, por serem marcados por uma economia dependente, estão sujeitos à grande influência política de interesses empresariais internacionais.
[427] XAVIER, 2012, p. 106.
[428] XAVIER, Ismail. *Glauber Rocha et l'esthétique de la faim*. Paris: L'Harmattan, 2008. p. 203.

A montagem de *História do Brasil* passa por uma significativa mudança, ao abordar a história do século XX, devido à entrada de materiais documentais. Fotografias de personalidades, jornais impressos, filmes de atualidades e documentários passam a compor majoritariamente a banda visual do filme. Como consequência, a montagem torna-se mais tradicional, combinando, com frequência, a voz do narrador com imagens dos fatos narrados, que os ilustram e legitimam. A exploração da verticalidade da montagem torna-se mais pontual, mas continua perpassando a narrativa.

Outra mudança estrutural característica desta parte é o aumento significativo de momentos de silêncio na banda sonora. A ausência de som permite que o espectador dê maior atenção a determinadas imagens, o que até então era particularmente raro no filme. A montagem serve-se de alguns segundos de silêncio, por exemplo, ao mostrar a imagem de capa do catálogo da Exposição da Semana de Arte Moderna de 1922; fotografias de operários, movimentos grevistas e manchetes de jornais comunistas do mesmo período; o primeiro filme documental que entra em *História do Brasil*, no qual vemos imagens históricas de Lampião e seu bando, filmadas pelo cinegrafista amador Abrahão Benjamin entre 1936 e 1937; fotografias de soldados brasileiros na Segunda Guerra Mundial; assim como personalidades políticas como Getúlio Vargas e outros. Excepcionalmente, há também uma única pausa musical na narrativa. Após o narrador dizer que "Villa-Lobos produz a música do Estado Novo", ouve-se um trecho do poema sinfônico do compositor, "Uirapuru", tocado por uma orquestra, enquanto a banda visual mostra retratos de outros artistas importantes atuantes no período em questão (os anos 40), como Grande Othelo, Jorge Amado e Graciliano Ramos, que, salvo exceções, não são identificados na imagem. Depois do parêntese musical, a montagem segue seu curso habitual, atrelando somente a voz do narrador às imagens.

Ao longo do discurso, os Estados Unidos entram em cena, substituindo os países europeus como potência imperialista a influenciar diretamente os destinos do Brasil. Por exemplo, na sequência dos primeiros presidentes ao longo da década de 1910, ouvimos o narrador dizer que "o liberalismo republicano [...] caracteriza o Brasil como uma sociedade luso-africana recolonizada pelos Estados Unidos".

Adiante no filme, imagens de Carmen Miranda cobrem uma sequência sobre a instalação de "trustes norte-americanos" e o domínio que alcançam no mercado brasileiro. Fotografias da atriz/cantora radicada nos Estados Unidos servem na montagem como símbolo da exploração imperialista.

SÓ ME INTERESSA O QUE NÃO É MEU: *HISTÓRIA DO BRASIL, TRISTE TRÓPICO* E A MONTAGEM DE
MATERIAIS DE ARQUIVO NO PERÍODO DA DITADURA MILITAR

Ao tratar do século XX, a narração passa a se concentrar na apresentação de certas personalidades e temáticas centrais. Dentre estas, destacam-se o papel do exército nos cursos da política brasileira e as figuras dos presidentes Getúlio Vargas e João Goulart. Maurício Cardoso analisa atentamente a questão da postura do filme em relação aos militares em sua tese, no subcapítulo intitulado "Militares, nacionalistas e revolucionários, ao mesmo tempo". O autor demonstra como

> [...] a participação das forças militares, dos exércitos populares, das milícias privadas e de tropas armadas povoa a narrativa em *História do Brasil*, delimitando claramente dois campos opostos, separados pelo critério nacionalista: de um lado, as ações militares de controle e repressão aos anseios populares, em geral, articuladas aos interesses de uma burguesia nacional associada ao capitalismo internacional e ao imperialismo; de outro, as investidas militares de caráter progressista ou revolucionário, de inspiração nacionalista e pautada em ações de vanguarda.[429]

Ligadas a esta última está, por exemplo, a sequência que aborda as revoltas tenentistas no início dos anos 1920. O narrador declara que em 1924 "os militares, a serviço do latifúndio, resistem aos militares revolucionários", sublinhando claramente o embate entre forças conservadoras e progressistas dentro do exército. Um pouco adiante, sobre a Coluna Prestes (1925-27), a voz afirma que, "enfrentando as forças armadas do latifúndio aliadas às minorias militares, a coluna descobre a miséria e a escravidão camponesa e radicaliza a ideologia revolucionária popular que mitifica Luiz Carlos Prestes, o 'Cavaleiro da Esperança'". É possível notar, portanto, a exaltação por parte do filme de certas figuras e setores militares do campo progressista, vistos como importantes para o desenvolvimento do Brasil.

O personagem histórico tratado de maneira mais singular é, porém, Getúlio Vargas, cujos governos, longamente descritos, merecem as cenas de maior duração no filme. Vargas é o único personagem a quem é atribuída voz própria na montagem, por meio da leitura pelo narrador de três discursos do ex-presidente, em primeira pessoa, incluindo a leitura da carta-testamento, na íntegra. Trata-se de um recurso inédito da narração, que não se repetirá em nenhum outro momento. Destaca-se no discurso do filme o caráter nacionalista e trabalhista da gestão de Vargas, apesar de a narração apresentar também ambiguidades do personagem. O narrador

---

[429] CARDOSO, 2007, p. 190.

não hesita em dizer, por exemplo, que Vargas "dá um golpe de Estado a 10 de novembro de 1937", ou que "o capitão Filinto Muller", chefe da polícia de Vargas, "prende, tortura e mata militares, proletários, políticos e intelectuais revolucionários". Apesar de a narração não omitir os fatos, com a inclusão dos discursos do próprio Vargas o filme toma definitivamente partido, exaltando o político. Nos discursos escolhidos, sobressaem a nobreza e a dignidade do personagem, atributos negados a quase todos os governantes citados em *História do Brasil*. Soma-se às falas em primeira pessoa a seriedade da própria montagem da sequência. Montagem documental tradicional na qual imagem e som estão em sintonia, por meio da seleção de imagens históricas que ilustram e legitimam o que é dito. A maior parte dos planos de Vargas provém dos Cinejornais, atualidades cinematográficas oficiais realizadas pelo Departamento de Imprensa e Propaganda do governo. A procedência das imagens, que confirmam seu caráter oficial e propagandístico, reforça a parcialidade do tratamento que elas recebem na montagem. O que vemos é um Vargas sério, ativo, conclamado pelas multidões.

A sequência da leitura da carta-testamento é a única que volta a recorrer a uma montagem vertical. Enquanto vemos a imagem de uma tela de televisão com Carlos Lacerda proferindo um discurso (emudecido pela montagem), a voz em *off* anuncia que Vargas se suicida em 24 de agosto de 1954 e inicia a leitura de sua carta-testamento:

> Mais uma vez, as forças e os interesses contra o povo coordenaram-se novamente e se desencadearam sobre mim. Não me acusam, me insultam; não me combatem, me caluniam e não me dão o direito de defesa.

Contando com o reconhecimento, por parte do espectador, de que quem vemos na imagem é Carlos Lacerda — jornalista e político influente nos meios de comunicação da época, que articula feroz oposição a Vargas e é a vítima do atentado[430] desencadeador da crise política que leva o então presidente ao suicídio —, a associação operada pela montagem é evidente. Lacerda é o rosto que representa "as forças e os interesses contra o povo", anunciados no texto da carta. Em seguida, a montagem volta a se tornar mais simples. Enquanto a leitura da carta continua, vemos uma série de fotografias de Vargas: primeiramente com Gregório Fortunato em um jornal — neste caso,

---

[430] Carlos Lacerda sofre um atentado em 1954, no qual ele fica levemente ferido e a pessoa que o acompanhava, o major Ruben Vaz, é morto. Um dos responsáveis pelo crime foi o então chefe da guarda pessoal de Getúlio Vargas, Gregório Fortunato, conhecido como "Anjo Negro". Esse atentado foi o motor da crise política que culminou no suicídio do presidente, no mesmo ano.

SÓ ME INTERESSA O QUE NÃO É MEU: *HISTÓRIA DO BRASIL, TRISTE TRÓPICO* E A MONTAGEM DE
MATERIAIS DE ARQUIVO NO PERÍODO DA DITADURA MILITAR

o reconhecimento de Gregório, o "anjo negro", permite associar a imagem
às causas que levam Vargas à morte —; o presidente sorridente e fumando
um charuto; closes de seu rosto. Vargas deixa a cena, momentaneamente,
quando entram filmes de atualidades no qual vemos operários trabalhando,
provavelmente em uma usina da Petrobras. Se antes as imagens mostravam
o rosto de quem fala (Vargas), agora revelam seu interlocutor, diretamente
mencionado no discurso, em frases como: "Quando vos vilipendiarem, sentireis
a força para a reação. Meu sacrifício vos manterá unidos e meu nome será
vossa bandeira de luta". Já no fim desta sequência, a montagem lança mão de
filmes do velório de Vargas, combinados às dramáticas frases finais da carta:

> Mas este povo de quem fui escravo não mais será escravo de
> ninguém. Meu sacrifício ficará sempre na sua alma e meu
> sangue será o preço de seu resgate. Lutei contra a espoliação
> do Brasil. Lutei contra a espoliação do povo. Tenho lutado de
> peito aberto. O ódio, as infâmias, a calúnia, não abateram o
> meu ânimo. Eu vos dei a minha vida. Agora, ofereço a minha
> morte. Serenamente dou o primeiro passo no caminho da
> eternidade e saio da vida para entrar na história.

As imagens do caixão aberto enquanto as pessoas passam para dar
um último adeus ao popular presidente reforçam a dimensão heroica do
personagem-mártir. Quando a leitura termina, as imagens permanecem,
em um dos mais longos momentos de silêncio do filme: mulheres e homens
choram, planos em *plongée* revelam uma grande multidão que acompanha
o caixão pelas ruas do Rio de Janeiro. Vargas e o povo estão agora nas mesmas imagens. O realce e a gravidade atribuídos às imagens do enterro e à
comoção que evidenciam, por meio do silêncio da fala, atuam como uma
homenagem do filme a Getúlio Vargas.

Já a construção da imagem do ex-presidente Juscelino Kubitschek
na narrativa faz-se, sobretudo, de uma perspectiva crítica que reforça o
crescimento do imperialismo estadunidense no Brasil durante seu governo,
em decorrência da grande abertura concedida aos capitais estrangeiros e
de acordos feitos com o Fundo Monetário Internacional pelo então presidente. O narrador aponta, porém, que há um rompimento com os Estados
Unidos e que JK recebe oficialmente Fidel Castro em 1959. Atualidades
cinematográficas, de modo geral, cobrem a sequência de modo tradicional.
Jânio Quadros, por sua vez, é apresentado em sua ambiguidade, enquanto a
montagem retoma recursos cômicos. A voz em *off* de Jirges Ristum, apesar
do tom objetivo impassível, torna-se mais irônica, enquanto a banda de

imagens também volta a subverter e satirizar o que é dito. A lista de feitos de Jânio descrita pela narração, ao reunir ações de escalas completamente distintas — Jânio "reabre as relações com os países socialistas, proíbe biquíni, briga de galo, aumenta o tempo de trabalho da burocracia pública, reprime estudantes em Recife" — ou contraditórias — ele "consegue financiamentos de Kennedy" ao mesmo tempo que "condecora Che Guevara com a Grã Cruz da Ordem do Cruzeiro do Sul" —, é sintomática da postura da narrativa em reação ao personagem. Chama atenção do espectador o retorno na montagem, em meio a imagens documentais, de um plano ficcional, recurso deixado de lado nas últimas sequências. Trata-se novamente de um plano de *Terra em Transe*, no qual vemos um político e um padre subirem uma favela, enquanto cumprimentam os moradores desfavorecidos. O reconhecimento do filme permite a compreensão do paralelo que a montagem traça entre Jânio Quadros e o personagem Vieira, líder populista inconsistente e fraco diante das pressões do status quo, incapaz de levar adiante as esperanças nele depositadas, interpretado em *Terra em Transe* por José Lewgoy (mais uma vez, um rosto conhecido entre os filmes do Cinema Novo).

João Goulart é também um grande personagem em *História do Brasil*, as sequências sobre ele ocupando uma parte significativa no filme. Destaca-se um olhar assumidamente favorável em relação ao líder trabalhista. A narração profere frases como "João Goulart ataca os exploradores da miséria popular", além de se preocupar em detalhar suas ações e, sobretudo, suas propostas de reformas políticas para a sociedade brasileira, em seu conjunto favoráveis à classe trabalhadora rural e urbana, como a reforma agrária. O personagem é também tratado com total seriedade pela montagem, que volta a assumir uma estética característica do documentário tradicional e jornalístico, na qual a banda visual apoia o discurso. Jango, porém, diferentemente de Vargas, não chega a ter direito à fala no filme.

A parte final da narrativa histórica de *História do Brasil*, que dura em torno de 15 minutos, dedica-se ao período que vai do golpe militar de 1964 ao assassinato, pelo Estado, de Carlos Lamarca, em 1971. O evento é uma das últimas grandes derrotas da luta armada brasileira, e simboliza, no filme, a vitória da repressão e de lutas internas que "desintegram as organizações revolucionárias". Em sua primeira parte, o narrador descreve a sucessão de acontecimentos históricos (políticos e econômicos) até o ano de 1967: a participação dos diversos personagens do cenário político no golpe de 31 de março de 64, o fechamento do Congresso e outras medidas do estado de exceção, a sequência dos primeiros presidentes militares e suas ações (até mesmo em relação à política econômica do país), e a resistência cultural que desponta. Na banda visual, vê-se, por sua vez, uma série de imagens em movimento que retratam manifestações políticas e a repressão policial em relação aos militantes nas ruas do país. Vemos pessoas que correm, que são presas, corpos estirados no chão. Chamam atenção imagens em que indivíduos desarmados são atacados por grupos de policiais militares. Vale citar, por exemplo, o trecho no qual um homem negro é violentamente agredido por dois policiais, um deles armado — ele leva tapas, é lançado ao chão —, mas, a cada vez, levanta-se com calma e altivamente. Um plano capaz de demonstrar a força da resistência pessoal diante da truculência. Pela proximidade da câmera com as cenas de repressão policial, é possível supor, como nota a pesquisadora Patrícia Machado, que as imagens tenham sido feitas por jornalistas, para a televisão[431]. Também podemos assumir que se trata de imagens anteriores à instauração do AI-5 (em dezembro de 1968), quando as novas leis impediram que houvesse manifestações de rua, e tornaram clandestina praticamente toda oposição ao regime.

Nessa série de imagens da ditadura brasileira, destacam-se também os planos nos quais vemos uma grande multidão ocupando as ruas do Rio de Janeiro, além de jovens proferindo discursos políticos, emudecidos na montagem, acompanhados por gestos efusivos de indignação. Em algumas imagens, é possível reconhecer personagens importantes, como, por exemplo, o líder estudantil Vladimir Palmeira, que faz um discurso nas escadarias do Palácio Pedro Ernesto (Câmara Municipal do Rio de Janeiro), na Cinelândia. A montagem vertical da sequência associa, mais uma vez, as decisões políticas governamentais ao que acontece efetivamente nas ruas e com indivíduos particulares. Se a voz em *off* trata de assuntos e aspectos diversos — seja de economia, seja de cultura —, as imagens reiteram constantemente a violência da repressão e da situação de exceção, assim como marcam a resistência presente na sociedade brasileira. As imagens que vemos — tanto de violência quanto de grandes manifestações — são proibidas de circular no Brasil no período da realização do filme, e tal levantamento documental certamente não seria possível, se os cineastas não estivessem exilados. Há, portanto, no gesto de compilação de imagens de repressão policial e resistência civil, uma intenção de denúncia pública, internacional.

---

[431] Patrícia Machado, autora da tese intitulada "Imagens que restam: a tomada, a busca dos arquivos, o documentário e a elaboração de memórias da ditadura militar brasileira" (2016), foi consultada pessoalmente por mim a respeito desse conjunto de imagens. Em seu depoimento, ela também comenta que, possivelmente, esse material bruto se encontra ainda hoje no ICAIC, e que os responsáveis pelo acervo do instituto a informaram que possuem filmes de manifestações no Brasil.

Talvez o fato de Cuba ter sido o destino, ou lugar de passagem, de muitos exilados brasileiros ajude a explicar a existência de um conjunto de imagens da ditadura brasileira no acervo ICAIC. Em sua tese de doutorado, Patrícia Machado ressalta a ligação que Alfredo Guevara, então diretor do ICAIC, mantinha com o Brasil, o que é notável por exemplo na vasta correspondência que estabeleceu com Glauber. Guevara esteve no Brasil em 1968 para "fazer contatos políticos clandestinos"[432], e, segundo Machado, uma

> [...] correspondência de Guevara enviada em 1970 para um brasileiro chamado Dirceu, possivelmente José Dirceu, como aponta a pesquisadora Carolina Amaral Aguiar (2013), oferece mais indícios dessa rede que se forma em torno do diretor do ICAIC para divulgar imagens que estavam proibidas de circular no Brasil. Guevara escreve sobre um filme do cineasta Chris Marker que acabava de ser finalizado e que havia sido produzido com imagens de arquivo do ICAIC com o intuito de denunciar a tortura no país: "Já está terminado o documentário denunciando a tortura no Brasil, e o regime em geral, e parece que terá chance de ser transmitido pela TV francesa e de circular, ao menos, pelos circuitos paralelos (universidades, cineclubes, grupos de pressão etc.)".[433]

O fundador do ICAIC refere-se especificamente ao filme *On Vous Parle du Brésil: Tortures* (Chris Marker, 1969), que utiliza, até mesmo, algumas das mesmas imagens de atualidades cubanas, que serão também retomadas em *História do Brasil*, na sequência da conversa entre os realizadores, que será comentada mais adiante.

Depois da descrição da sequência de eventos que ocorreram entre 1964 e 1967, *História do Brasil* abre um parêntese sobre a primeira conferência da Organização Latino-Americana de Solidariedade (Olas), em Havana, associando o que acontece no Brasil com o conjunto de movimentos revolucionários nas Américas. Planos de Che Guevara, Fidel Castro e da guerrilha em Cuba preenchem a tela, enquanto a narração volta a abordar os acontecimentos políticos brasileiros do ano de 1968. A narração lista as múltiplas ações de resistência e protesto ocorridas naquele ano:

> Em março de 1968, 50.000 pessoas protestam contra o assassínio do estudante Edson Luiz.

---

[432] MACHADO, Patrícia. *Imagens que restam*: a tomada, a busca dos arquivos, o documentário e a elaboração de memórias da ditadura militar brasileira. 2016. Tese (Doutorado em Comunicação e Cultura) – Universidade do Rio de Janeiro, Rio de Janeiro, 2016. p. 131.

[433] *Ibid.*, p. 132.

Em abril, 17.000 metalúrgicos entram em greve.

A 1º de maio, estudantes e proletários assaltam o palanque onde discursa o governador de São Paulo, Abreu Sodré.

Em junho, são reprimidas manifestações de estudantes, intelectuais, setores da classe média e proletários.

Organizam-se grupos de autodefesa, que enfrentam a polícia. 100.000 pessoas desfilam no Rio de Janeiro e elegem uma Comissão Popular encarregada de negociar um acordo político com o governo.

A Comissão exige liberdade para os presos políticos e Costa e Silva recusa.

São realizadas passeatas, o proletariado metalúrgico ocupa fábricas em São Paulo, os estudantes ocupam universidades e organizam um congresso clandestino. O congresso é descoberto e os estudantes presos.

As organizações revolucionárias Aliança Libertadora Nacional, Vanguarda Popular Revolucionária, Movimento Revolucionário 8 de outubro, Var-Palmares, Partido Comunista Brasileiro Revolucionário, assaltam bancos, quartéis, executam agentes fascistas e ocupam fábricas.

A Frente Ampla pede liberdades democráticas. O deputado federal do Movimento Democrático Brasileiro, Márcio Moreira Alves, ataca os militares.

Costa e Silva pede licença para processá-lo e o Congresso recusa.

Todas as variadas atitudes de oposição à ditadura são associadas por meio de imagens da guerrilha na América Latina, especialmente da Revolução Cubana. Cuba estabelece-se, assim, como o grande modelo a ser seguido. Não há, em *História do Brasil*, nenhuma referência na banda visual ao comunismo soviético, a seus líderes ou à Revolução de 1917. A Revolução Cubana representa a possibilidade concreta de um socialismo latino-americano, que deve se desenvolver segundo as especificidades do continente. As imagens de guerrilha também demonstram a simpatia do filme em relação às ações armadas. Se a voz apresenta de forma objetiva as diversas ações de oposição ao regime, as imagens parecem reforçar o ponto de vista dos autores de que a violência deve ser respondida com violência. Em seguida, em resposta ao crescimento da oposição, o narrador informa que, em dezembro de 1968, "Costa e Silva edita o Ato Institucional que fecha o Congresso, suspende as garantias constitucionais e concentra o poder no presidente". É o AI-5, ato que instaura o golpe dentro do golpe.

No fim da "aula magna", o narrador disserta sobre a sequência de sequestros de diplomatas pelos grupos guerrilheiros: embaixador dos Estados Unidos (setembro de 1969); cônsul japonês (março de 1970); embaixador alemão (junho de 1970); e embaixador suíço (dezembro de 1970). Ao mesmo tempo, descreve a forte repressão e as perdas sofridas pelas esquerdas armadas, como o desmonte de bases guerrilheiras e os assassinatos em série de líderes da luta armada: Carlos Marighella (1969), Joaquim Câmara Ferreira (1970) e, por último, o capitão Carlos Lamarca (1971). Já na banda visual, vemos a demonstração de métodos de tortura então praticados nos porões da ditadura. Em planos médios e fechados, vemos um homem nu, que serve de modelo para demonstrações de métodos de tortura, e as mãos de quem exemplifica as diferentes técnicas: pau-de-arara, choques elétricos nas mucosas e genitálias, cadeira do dragão... Os planos, também interditados no Brasil de então, são provenientes do filme *Não é Hora de Chorar* (Luiz Alberto Sanz e Pedro Chaskel, 1971), documentário realizado no período de exílio do cineasta Luiz Sanz no Chile, para denunciar a tortura. Novamente, o filme coloca o espectador em face da violência da opressão do Estado, dando a ver o que se passa nas sombras.

Fig. 19 – Fotogramas de alguns dos planos de demonstrações de métodos de tortura, provenientes do documentário *Não é Hora de Chorar* (Luiz Alberto Sanz e Pedro Chaskel, 1971)

Fonte: fotogramas de História do Brasil

A forma como *História do Brasil* combina imagem e som ao tratar dos acontecimentos políticos dos anos 1970-1971 também permite a observação de um aspecto ainda pouco comentado da montagem. Ainda que o narrador profira, diversas vezes, juízos de valor quanto aos fatos históricos que narra, sua função primordial é a de informar o espectador, contar a história, de maneira objetiva e racional. Por sua vez, é atribuição das imagens convocar o afeto — seja quando acrescentam camadas ou contradizem o que é dito, seja quando revelam o não dito. As imagens chocam, entristecem, dão esperança, enfim, provocam reações e apelam para a subjetividade do espectador. Assim, a verticalidade da montagem, isto é, as diferentes formas de relação entre bandas visual e sonora não somente contrapõem ou produzem o cruzamento entre temporalidades ou pontos de vista, mas também entre razão e emoção.

Pois é justamente buscando o *pathos* do espectador que a aula magna de *História do Brasil* se conclui. Após as últimas frases da narração — que informam sobre a desagregação da esquerda armada e a persistência da ditadura devido a "interesses econômicos internacionais" que justificam "a ditadura em nome da industrialização" —, as imagens perduram na montagem, em mais um momento de total silêncio. O que vemos é uma pilhagem de fotografias de cadáveres, de corpos mortos assassinados pelo Estado. A cronologia histórica termina com o peso concreto de mortes recentes, que continuam a acontecer enquanto o filme se faz.

Fig. 20 – Algumas das fotografias de corpos assassinados reunidas na sequência mencionada de *História do Brasil*

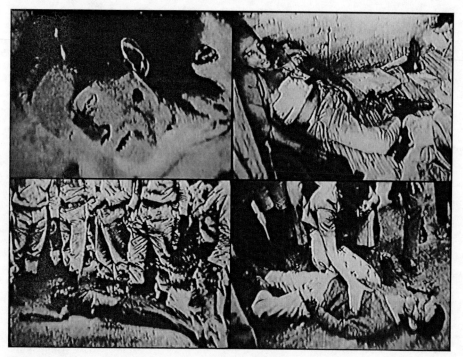

Fonte: fotogramas de *História do Brasil*

3.4 O epílogo do filme: comentários sobre a história

Após a narração cronológica dos fatos históricos, há ainda meia hora de filme, constituída pelas duas sequências de "comentários musicais" e a conversa entre Glauber Rocha, Marcos Medeiros e um terceiro interlocutor. As sequências musicais, poéticas e dramáticas, apostam especialmente na afetividade das imagens e da montagem. Trata-se do auge da estética do sonho, quando a fala da narração é totalmente suprimida, assim como qualquer ordenação lógico-causal, dando lugar à experimentação estética entre imagens e músicas. Já a conversa entre os realizadores, apesar do desejo do filme de, pelo passado, encontrar sentidos para o presente e o futuro, levanta mais perguntas do que aponta respostas.

Depois da sequência de fotografias de cadáveres, em total silêncio, *História do Brasil* opera um corte radical para uma cena de carnaval e, na banda sonora, para o samba "Feitiço da vila", de Noel Rosa. As imagens são de grupos de sambistas desfilando e sambando na Avenida Presidente Vargas, no Rio de Janeiro. O choque é brusco entre o peso da morte e do silêncio e a alegria da dança e do samba. Mas, apesar de tudo, há vida e energia, parece comentar a montagem. Das imagens de carnaval da avenida e das ruas, a montagem passa para filmes de rituais religiosos diversos — católicos, afro-brasileiros e protestantes (extraídos de *Viramundo*, Geraldo Sarno, 1965) — e, assim, associa ambos os tipos de manifestações (carnavalescas e religiosas) conforme seu caráter místico e popular comum, como já foi comentado no capítulo anterior. Há uma força, que é simbólica, popular e não racional, que persiste e resiste, reitera a montagem. Trata-se de um potencial brasileiro, autenticamente "nosso", que se expressa na música, no corpo, que está nas festas populares, assim como nas religiões.

O contraste do primeiro comentário musical com a sequência anterior — o trágico final da aula magna — também poderia evocar, ao contrário, a alienação da festa, ou do povo, diante dos fatos terríveis em curso na história do Brasil. Porém, toda a construção do filme até este momento, constantemente valorizando a resiliência popular, além de valorizando especialmente o corpo negro como agente dessa resistência e de um poder de mudança, não endossa essa interpretação. Também, a montagem da sequência não tem nenhum tom crítico, muito pelo contrário; a música e a dança são bonitas, criativas, contagiantes. As letras de diversos sambas são de teor nacionalista e cantam as riquezas do próprio carnaval e do país (reforçadas pelas imagens). Outras canções, dos festivais da canção da época, são entoadas por compositores como Chico Buarque e Caetano Veloso, notadamente músicas de protesto, que marcam naquele momento um posicionamento político. Ademais, a sequência torna-se ainda especialmente prazerosa para o espectador, dada a aridez da montagem do filme, até então.

Nesta sequência, vemos, por exemplo, pessoas fantasiadas de Morte, carregando um falso caixão; homens vestidos de mulher, de reis ou monstros; dispositivos e acessórios fabricados à mão, como bonecos, animais ou um navio que solta fumaça. A criatividade das fantasias e a irreverência dos foliões encarnam a postura que o próprio filme, por meio da montagem, buscou assumir em tantos momentos. Uma postura carnavalizante que rompe hierarquias, parodia, ironiza e, assim, faz rir da realidade e de si mesmo.

É interessante notar também que, até esse momento do filme, o narrador está sempre contando a história com autoridade, de forma impessoal e pela perspectiva dos eventos grandiosos da história do país. Perspectiva que, como vimos, é frequentemente contestada pelas imagens. Nesta sequência é, portanto, a primeira vez que o ponto de vista do popular, e também de uma espécie de não razão, é exclusivo, reiterado pelas bandas visual e sonora, simultaneamente. Como comentado anteriormente, há, no filme de Glauber e Marcos, uma tensão não resolvida entre a crítica ao irracionalismo jesuíta e a ode ao não racional propriamente brasileiro, mestiço e transfigurado. No comentário musical, ao assumir de forma positiva e única esse ponto de vista do irracional, o filme toma partido deste. Como no caso do barroco histórico latino-americano, *História do Brasil* parece dizer que o que interessa é esse outro irracionalismo, que engole o primeiro, mas não se confunde com ele, e que não significa atraso, mas, opostamente, renovação.

Interrompe a música uma conversa informal entre os dois cineastas e um terceiro homem não identificado, que intervém mais pontualmente, sobre o tempo presente (1974). Falhas técnicas do áudio, por vezes, impedem a compreensão de frases e dificultam o entendimento das análises desenvolvidas espontaneamente. Os diferentes assuntos abordados nesta parte — que versam sobre as realidades econômica, política e cultural brasileiras — são interrompidos por breves intervenções do narrador, que fornece algumas informações factuais e, desta forma, estabelece intervalos e divisões entre os temas. Em seu conjunto, a conversa acaba por reforçar e sintetizar determinados posicionamentos dos autores, já delineados ao longo da montagem do filme.

A última fala de *História do Brasil*, dita por Glauber nessa conversa, é:

> Como dizia o poeta Carlos Drummond de Andrade, que ao lado de Getúlio é um outro avatar brasileiro... não! Como diz o poeta Carlos Drummond de Andrade, que é um oráculo, que escreveu "O claro enigma", precisamos esquecer o Brasil e descobrir o Brasil.

A frase, além de reforçar a importância de personagens como Getúlio Vargas e do poeta modernista Carlos Drummond de Andrade, já em destaque no discurso do filme, parece sintetizar a motivação do filme: fazer com que as pessoas observem e analisem o passado do país, para que vejam melhor o presente, e sejam capazes de pensar saídas para o futuro, em um momento de crise. O ano de 1974, no Brasil, é um momento de derrota e desagregação da esquerda revolucionária, em que "a certeza na frente e a história na mão", da música de Geraldo Vandré, são postas em questão. A ordem do tempo que se pensava, "primeiro, como certeza da revolução"[434], ficou no passado. Ao mesmo tempo, a entrada de Geisel marca um primeiro movimento de distensão do regime militar, o fim do ciclo mais duro e ufanista da ditadura, do "Brasil, ame-o ou deixe-o".

Ao observar a conjuntura política brasileira de meados dos anos 1970, vemos indícios de um momento de crise de uma ordem dominante do tempo, centrada no futuro e no progresso. Com a marcha em direção ao futuro cada vez mais colocada em xeque, surgem múltiplas reconsiderações sobre as relações com o tempo. Glauber e Medeiros compartilham da desilusão da esquerda, e naquele momento de crise e exílio assumem uma atitude retrospectiva: voltam-se para materiais do passado para a construção de suas narrativas. Assim, desenvolvem uma contranarrativa ao discurso ainda progressista e futurista da ditadura sobre a identidade e a história brasileiras, que, sem encontrar grandes adeptos na academia ou nas artes, como demonstra o historiador Carlos Fico, é veiculado principalmente "através da imprensa e da própria voz onipalrante de ideólogos e presidentes-generais"[435].

A intenção da elaboração da contranarrativa de Glauber e Medeiros parece ser a de aprender, ou melhor, a de ensinar sobre o passado, para instigar os espectadores no presente e contribuir com o pensamento sobre o

---

[434] XAVIER, 2012, p. 34.

[435] FICO, Carlos. *Reinventando o otimismo*: ditadura, propaganda e imaginário social no Brasil (1969-1977). Rio de Janeiro: Fundação Getulio Vargas, 1997. p. 36. Na continuação, o autor precisa: "À época de Médici, destacavam-se a arquitetura futurista de Brasília, o desenvolvimento das metrópoles paulista e carioca, o peculiar do nordeste (com o patético da seca) e da Amazônia (especialmente aquilo que há de misterioso e imponderável na floresta), tanto quanto o futebol as telecomunicações, o ouro, etc. À época de Geisel, a ênfase recaiu sobre a 'constatação' do 'novo patamar de desenvolvimento econômico', alcançado em função de um 'milagre'".

SÓ ME INTERESSA O QUE NÃO É MEU: *HISTÓRIA DO BRASIL, TRISTE TRÓPICO* E A MONTAGEM DE
MATERIAIS DE ARQUIVO NO PERÍODO DA DITADURA MILITAR

futuro. Postura que não é original e que se faz presente em diversas análises da história brasileira, sobretudo relacionadas a correntes políticas ligadas às esquerdas nacionalistas, como a própria obra de Manuel Bonfim, ainda no início do século XX. A introdução de *A América Latina*, por exemplo, marca esta postura, e poderia servir certamente a *História do Brasil*:

> Este livro deriva diretamente do amor de um brasileiro pelo Brasil, da solicitude de um americano pela América. Começou no momento indeterminado em que nasceram esses sentimentos; exprime um pouco o desejo de ver esta pátria feliz, próspera, adiantada e livre. Foram esses sentimentos que me arrastaram o espírito para refletir sobre essas coisas, e o fizeram trabalhar essas ideias – o desejo vivo de conhecer os motivos dos males de que nos queixamos todos. Desse modo, as anotações, as analogias, as observações, as reflexões se acumularam.[436]

Mas, se há um desejo de iluminar e dar sentidos ao presente e ao futuro por meio do passado, há uma impossibilidade de fazê-lo. Na conversa entre os realizadores, à luz da narrativa do passado que ambos constroem em conjunto, há polêmicas e divergências quanto aos diagnósticos do presente e perspectivas para o futuro. E a conversa acaba por apontar mais questões e caminhos possíveis do que propor efetivamente respostas concretas.

O primeiro assunto a ser tratado é o da economia nacional. Medeiros procura fazer um diagnóstico dos problemas econômicos contemporâneos, enquanto Glauber assume, sobretudo, o papel de entrevistador/polemista que intervém com questionamentos relativos à fala do colega. O discurso de Medeiros reforça, principalmente, a situação de dependência econômica nacional em relação ao capital estrangeiro. Isto é, ao que chama de "modelo pró-imperialista", aspecto que, como vimos ao longo da análise, é bastante sublinhado na narração de *História do Brasil*. Em determinado momento, Glauber corta a fala de Medeiros:

> GR:
> O Brasil pode viver independente das multinacionais hoje?
> MM:
> Pode. Porquê...
> GR:
> Independente das multinacionais, quer dizer, das multinacionais mundiais, incluindo os países socialistas.

---

[436] BONFIM, 2008, p. 2.

O comentário de Glauber parece querer alertar para o risco de um posicionamento da esquerda mais ortodoxa poder levar à troca de uma situação de dependência econômica por outra. Marcos responde prontamente:

> Independente não, porque o Brasil precisa de tecnologia e capital. Mas com um acordo muito mais seguro, como fazem todos os países socialistas e todos os países do terceiro mundo. A novidade histórica é que o Brasil pode ser relacionado diretamente com os países do terceiro mundo, como no caso do petróleo agora, do petróleo em relação com a China.

O diagnóstico dos realizadores, com a participação do terceiro interventor, passa por múltiplas questões: a relação do Estado com o setor privado, o papel da burguesia nacional, o estágio de industrialização brasileira, o crescimento econômico durante o período da ditadura, os diferentes modelos postos em prática, como o do ministro da Fazenda da época, Delfim Neto.

Na banda de imagens, circulam filmes de atualidades contemporâneos, que por vezes se ligam diretamente ao que está sendo discutido — por exemplo, vemos imagens de operários trabalhando em uma fábrica, enquanto a conversa se refere à industrialização —, e, outras vezes, mostram situações recentes, que se conectam com a fala justamente por sua proximidade temporal com o assunto, expandindo o universo do que é dito. É o caso do momento no qual vemos planos da chegada ao exílio dos primeiros presos políticos libertados, devido ao sequestro do embaixador americano Charles Elbrick por guerrilheiros da ALN e do MR-8, em setembro de 1969. Vemos planos dos exilados descendo as escadas de aviões (relativos à chegada ao México e, posteriormente, a Cuba); cumprimentando as pessoas que os aguardam; dando depoimentos para a imprensa internacional; e, em seguida, closes de vários rostos ou grupos em uma reunião política. Já a discussão que ouvimos na banda sonora enquanto vemos estas imagens versa sobre a existência ou não de uma burguesia nacional independente no Brasil e sobre as previsões econômicas que haviam sido feitas em relação à ditadura. Som e imagem tratam de universos independentes, um econômico e outro político. As bandas não se relacionam diretamente, não se complementam ou comentam. Porém também não são totalmente estrangeiras uma à outra, mas paralelas. A montagem parece visar tratar de mais de uma face da conjuntura brasileira ao mesmo tempo: as vozes discutem a situação econômica e suas possibilidades, enquanto as imagens nos lembram os brasileiros contestatários ao regime que se encontram exilados fora do país. Trata-se de uma reflexão polifônica, de uma montagem que podemos talvez descrever como paralela-simultânea, passível de ser questionada em sua eficácia. Vozes e imagens não acabam se perturbando entre si, e criando ruídos mutuamente? É possível seguir simultaneamente duas linhas de pensamento, ou o espectador precisa, de certa forma, escolher entre concentrar-se nas vozes ou nas imagens? É necessariamente um problema, ou pode ser interessante ter essa possibilidade de escolha? Em termos de percepção, não conseguimos realmente acompanhar duas linhas narrativas distintas e simultâneas, ou é o próprio hábito de esperar outro tipo de relação entre imagem e som — e o consequente esforço em estabelecer elos entre as bandas — que cria o ruído/dificuldade de compreensão?

Vale observar que muitas das imagens que constituem esta sequência são oriundas do *Noticiero ICAIC Latinoamericano* de número 469, cinejornal dirigido por Santiago Alvarez, de 1969[437]. "Os noticieros eram curtas produzidos pelo ICAIC que tinham como objetivo trazer informações locais e internacionais para os cubanos, além de produzir a propaganda do governo"[438], como escreve Patrícia Machado. A pesquisadora nota que imagens do mesmo *noticiero* do ICAIC circulam nos documentários de Chris Marker que denunciam a situação política vivida no Brasil — os dois episódios de *On Vous Parle du Brésil* (*Tortures*, 1969; e *Carlos Marighella*, 1970) — e, quase uma década depois, também em *Le Fond de l'Air est Rouge* (1977). Estes são, portanto, alguns dos exemplos de imagens que faziam parte do acervo do ICAIC desde 69, às quais Marker teve acesso, como comenta Guevara em carta a Dirceu citada anteriormente. Algumas dessas mesmas imagens dos exilados brasileiros em Cuba foram recentemente retomadas no documentário brasileiro *Hércules 56* (Silvio Da-Rin, 2007). Ao serem reapropriadas em *História do Brasil*, essas imagens já tinham um histórico de circulação e denúncia, e continuaram suas trajetórias por discursos distintos após o filme.

Vários temas são debatidos na conversa, a maior parte deles por meio de comentários curtos e fragmentados, entre eles o monopólio dos meios de comunicação no Brasil, as possibilidades de críticas à própria esquerda na forma como tratou João Goulart ou o Partido Comunista no momento do golpe militar, o lugar do Partido Comunista no momento presente, e as forças políticas atuantes no país. Mas um deles sobressai (perpassando os

---

[437] Para mais informações sobre o *noticiero* cubano e as imagens que o compõem, ver "Os índices da derrocada em um noticiero cubano", em: MACHADO, 2016, p. 128-132.

[438] *Ibid.*, p. 129.

outros): a reflexão sobre as possibilidades de desenvolvimento de um novo projeto revolucionário nacional brasileiro. As propostas dos interlocutores, muitas vezes, não convergem. Como sintetiza Cardoso,

> [...] de um lado, Medeiros desenha um programa de recomposição das forças revolucionárias (destruídas pela repressão política) em torno do PCB e dos setores progressistas da burguesia e das classes médias; enquanto, de outro lado, Glauber aponta para uma unidade imaginária entre um novo partido (a ser criado), os movimentos religiosos, operários, camponeses, frações do exército, das classes médias e várias organizações políticas.[439]

Além de orientações distintas, o debate levanta outras polêmicas e ambiguidades, mais uma vez, em diálogo com a narrativa do filme até então. Essa questão de um novo projeto para o futuro se impõe primeiramente por meio de uma pergunta de Glauber:

> A sociedade brasileira, colônia portuguesa, colônia europeia, imitação do modelo ocidental nos trópicos deverá seguir o mesmo caminho das sociedades ocidentais? Quer dizer, produzir *blue jeans*, gravata, cachimbo, ou produzir tanga e lança-perfume? Quer dizer, modelos em prática, não é o modelo soviético, que é leninista, stalinista, brejnevista, com suas contradições...

A questão já aponta uma problemática central para Glauber, que é a de encontrar um caminho político alternativo propriamente brasileiro, questionando-se sobre quão ocidental este deve buscar ser e, ao mesmo tempo, quanto este deve se inspirar de modelos teóricos socialistas existentes, também importados da Europa. O terceiro homem da conversa responde dizendo que o processo revolucionário não pode se desenvolver em uma cultura que "é dependente e subdesenvolvida". Um pouco adiante, é a vez de Medeiros comentar o assunto:

> Eu acho que os brasileiros têm que redescobrir e fazer renascer um projeto nacional, têm que redescobrir a sua força, a sua particularidade, redescobrir o núcleo da sua cultura. Isso é um projeto social, político, antropológico geral. [...] Na verdade a situação que se vê é a seguinte: as organizações que partiram para uma radicalização política que foi aquela dos anos 60, tentando imprimir um caráter novo ao processo

---

[439] CARDOSO, 2007, p. 182.

> revolucionário brasileiro, se perderam, se fragmentaram
> por erros e por tragédias históricas, porque o capitalismo
> se desenvolvia na época em que se radicalizou a luta. Hoje,
> quando estamos na estaca zero, a tarefa dos que detêm o
> projeto até agora – porque quem faz o projeto nacional é
> o próprio povo em movimento – é recompor o processo
> histórico e cultural a partir de onde ele foi interrompido...
> integrando esses setores novos que surgiram, que realmente
> se descolonizaram por força de toda a tragédia histórica que
> ocorreu... Você comer a cultura dos outros, é transformar
> em armas a sua própria prática social...

Atreladas ao comentário de Medeiros, estão imagens em movimento de Fidel Castro e Che Guevara fazendo discursos ou travando debates políticos silenciados pela montagem. A banda visual acrescenta, portanto, uma camada ao discurso falado, ao associá-lo à política socialista efetuada e em curso em Cuba, isto é, ressaltando a possibilidade de socialismo americano que a Revolução Cubana abre para a América Latina. O discurso de Medeiros é claro ao defender que o Brasil, para alcançar a possível revolução brasileira, precisa redescobrir sua particularidade, o que é de fato seu, "o núcleo de sua cultura". A fala sublinha o dilema identitário tão caro (e profundo) à história do pensamento sobre a cultura brasileira, ao qual se filia o filme como um todo. Esse reconhecimento do "quem sou eu" se faz necessário para a tarefa de criar um projeto nacional, após a derrota das organizações revolucionárias dos anos 1960, projeto que deve incluir essas forças derrotadas. Para isso, Medeiros propõe a estratégia oswaldiana: "comer a cultura dos outros". Podemos nos perguntar: mas que outros? Os outros seriam os integrantes da luta armada brasileira, e a ideia do autor é a de incorporar a própria experiência do fracasso na elaboração de um novo projeto revolucionário de esquerda? Pelo contexto da fala, esse outro não parece ser o europeu, ou o ocidental, mas a afirmação não é clara.

Glauber aproveita a deixa do vocabulário digestivo para citar, explicitamente, Oswald de Andrade, por meio da fala já citada no capítulo anterior: "O único pensamento político avançado que tem no Brasil que eu conheço é o do Oswald de Andrade, porque é o único que produz ideologia". Ele continua:

> E enquanto a economia política e as ciências sociais do Brasil
> não reencontrarem essa linguagem não vão poder integrar
> uma coisa na outra. [...] Eu acho que no Brasil tinha que ter
> um partido nacional popular. Quer dizer, isso significa que

> tem que ser nacional porque precisa ser nacional, tem que
> ser verde e amarelo mesmo, porque são as nossas cores, e
> ao mesmo tempo tem que ser popular revolucionário. O
> romantismo brasileiro, por exemplo, você vê, a leitura do
> Brasil é uma leitura econômica e uma alternativa metafórica
> ao projeto cultural que vai de Gregório de Matos ao tropi-
> calismo... e esse aí procura justamente dar essa alternativa,
> é a metáfora do projeto.

A fala de Glauber reforça a perspectiva fortemente nacionalista, presente no modernismo brasileiro, que o cineasta considera essencial para se pensar o futuro do país. Ela também reafirma seu compromisso com um projeto político que seja popular e revolucionário. Mas, além disso, ao reunir Gregório de Matos, Oswald de Andrade e o tropicalismo em uma mesma linha de pensamento, ou em uma mesma tradição cultural, que seria capaz de metaforizar artisticamente um projeto político, o comentário reitera uma tese presente em diversos textos do autor e no próprio filme: a de que uma nova política brasileira só pode se fazer segundo um processo de transfiguração do eu — como faz o barroco de Gregório, a antropofagia de Oswald, e o movimento tropicalista das gerações dos anos 60 e 70 — isto é, de uma "razão antropofágica" capaz de se autotransfigurar em um *Eu Outro*[440], que não é a anulação do *Outro* ou do *Eu*, mas é necessariamente impuro. Este processo, que reflete uma atitude descolonizadora diante da cultura ocidental, é o que pode levar a uma estética revolucionária nova capaz de se concretizar na prática da sociedade. A intenção de transformar a metáfora em ação, entretanto, pode ser uma utopia — como a própria "estética revolucionária/popular" tropicalista o é, conforme declara o cineasta no artigo "Das sequoias às palmeiras" —, mas, ainda assim, Glauber parece convencido de que esta deve ser a direção política (e estética) a seguir.

Ao longo desta fala de Glauber, vemos planos de *Vidas Secas* (Nelson Pereira dos Santos, 1963), de um homem sendo chicoteado por soldados fardados. Em seguida, entra na montagem um impactante plano documental proveniente de *Memória do Cangaço* (Paulo Gil Soares, 1964), no qual vemos as cabeças decapitadas dos cangaceiros integrantes do bando de Lampião, em exposição em uma espécie de vitrine de museu. Ao trazer, de diferentes formas, representações da violência do Estado para a discussão, a banda

---

[440] Expressão utilizada por Eduardo Viveiros de Castro. Ver CASTRO, Eduardo Viveiros de. Que temos com isso? *In*: AZEVEDO, 2016, p. 15-16.

SÓ ME INTERESSA O QUE NÃO É MEU: *HISTÓRIA DO BRASIL, TRISTE TRÓPICO* E A MONTAGEM DE
MATERIAIS DE ARQUIVO NO PERÍODO DA DITADURA MILITAR

visual mantém-se em um plano concreto de dor e de morte, enquanto a voz do cineasta teoriza sobre o projeto político e cultural que pode levar a sacudir e transformar a realidade.

As certezas sobre a força do irracionalismo popular, do sonho e de um projeto que se faz segundo a razão antropofágica, que não é uma razão cartesiana ou iluminista, mas ritualística, tupi, ou barroquista, chocam-se no discurso de *História do Brasil*, e na fala pessoal do próprio Glauber, com um projeto marxista de revolução. Glauber declara mais adiante na conversa: "Então essa passagem à idade da razão, a passagem da barbárie capitalista a uma civilização socialista depende dessa prática de massa e é essa feijoada ideológica que vai produzir o banquete do Quarup". Tal proposta que busca conciliar "idade da razão" e "banquete do Quarup", Marx e Oswald, não parece, porém, tão simples. Como escreve João Quartim de Moraes em *História do marxismo no Brasil*,

> [...] cada uma das fontes teóricas do marxismo (a economia política inglesa, o socialismo francês, a filosofia clássica alemã) era portadora de uma determinada concepção da racionalidade política. A fórmula "socialismo científico" sintetiza esta tríplice derivação. Ela permaneceria presente, com maior ou menor efetividade, no horizonte dos combates inspirados na teoria de Marx e de seus epígonos.[441]

Esse caráter de pretensão de cientificidade ligado à inspiração marxista, da busca pela verdade científica por meio da razão lógica, ocidental, se afirma em diversos momentos da narração do filme como valor a ser alcançado, chocando-se com o enaltecimento — sobretudo na banda visual — da força irracional e revolucionária da magia e do misticismo. A tensão entre o lugar do irracionalismo e a importância da razão para o desenvolvimento das sociedades, e especificamente da sociedade brasileira, também cruza *História do Brasil*. Questão que se soma à já mencionada discussão sobre as diferentes apreciações do filme em relação a formas variadas de irracionalismo presentes na cultura brasileira. O conflito entre razão e emoção, lógica e magia, entre o racionalismo da fala da narração e o caos das imagens, porém, fica no ar e não se resolve no filme ou na conversa entre os cineastas.

Ao fim da conversa, entra o último comentário musical, sequência final de *História do Brasil*. Primeiramente, ouvimos um coro de mulheres acompanhado de tambores, canto ritualístico do candomblé (extraído de

---

[441] MORAES, João Quartim. A evolução da consciência política dos marxistas brasileiros. *In*: MORAES, 1995, p. 45.

Barravento). O canto é associado a cenas filmadas do Festival da Canção: planos de cantores no palco, assim como da multidão de jovens que lhes assiste animadamente, carregando bandeiras, dançando e batendo palmas. As imagens de efervescência da juventude, que sabemos se tratar de um importante espaço de resistência artística e política à ditadura, contrastam com o canto ritualístico e, em seguida, com o batuque do que parece ser uma bateria de escola de samba, apesar de haver em determinados momentos uma sincronização entre os movimentos dos corpos e os ritmos das músicas. A montagem visaria trazer, simultaneamente, aspectos distintos da riqueza cultural do Brasil? A banda visual corta para imagens filmadas de praias do Rio de Janeiro, de banhistas, e de coqueiros ao vento, acompanhadas na trilha sonora por "Águas de março", cantada por Tom Jobim. Imagem e som, agora em sintonia, evocam claramente a importância da bossa nova.

Interrompendo o panorama cultural alegre, tranquilamente mostrado, *História do Brasil* passa para planos de presidiários e de pacientes nos leitos de um hospital precário, na maior parte proveniente de *Maranhão 66* (Glauber Rocha, 1966). O conjunto de planos apresenta um retrato da pobreza e miséria brasileira, associado a uma trilha sonora patriótica: a ópera *O Guarani*, de Carlos Gomes (1870) — até hoje tema do programa de rádio diário-oficial do governo federal, *A Voz do Brasil* —, e o *Hino Nacional*. Destaca-se nesta sequência a compilação de olhares para a câmera de pessoas muito jovens: dos detentos sem camisa, de uma mulher cuja magreza é extrema e de cujos braços podemos ver os ossos, de uma adolescente negra coberta por um lençol. Os olhares direcionam-se a nós espectadores e acumulam-se. A força do olhar para a câmera lembra-nos a existência do fora de quadro, ao quebrar a quarta parede das ficções cinematográficas, das pinturas românticas, ou mesmo dos filmes de atualidades e imagens documentais de caráter jornalístico, nas quais a câmera passa desapercebida. O olhar lembra-nos que há uma relação que se instaura ali, entre quem filma e quem é filmado, mas, mais do que isso, neste caso, convoca a presença do espectador que vê. Por meio da montagem, esses indivíduos particulares nos olham e apelam à responsabilidade de quem os percebe. Aqui estão as imagens de uma realidade atual da qual fazemos parte: o que você faz diante delas? Esta parece ser a questão colocada pelo filme.

Fig. 21 – Planos de olhares para a câmera, provenientes do documentário de Glauber Rocha *Maranhão 66*

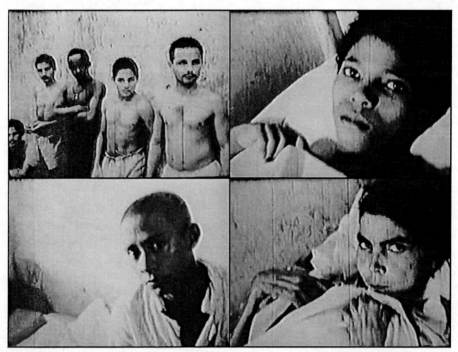

Fonte: fotogramas de *História do Brasil*

Fechando o último comentário musical, ouvimos uma ópera, cantada por um coro e uma solista feminina. À música, associam-se, primeiramente, planos filmados de uma partida de futebol, em um estádio. Depois de um plano geral da arquibancada lotada, com grandes bandeiras ao vento, vemos planos abertos e de conjunto de um homem de pé, no meio da torcida sentada, que grita energicamente para os outros e joga dinheiro para cima. Os planos, silenciados, são provenientes do filme ficcional *A Falecida* (Leon Hirszman, 1965). Destaca-se a indignação do personagem, que é repercutida pela música dramática. O discurso inflamado do homem em um estádio assemelha-se a um caloroso discurso político. Em seguida, veem-se planos de jogadores em campo, como Pelé e Garrincha. Corridas, dribles e cortes de imagem constroem um jogo rítmico com a ópera, sendo atribuída ao futebol certa aura mística, de religiosidade. Vemos, então, um jogador machucado que agoniza no gramado. A imagem, até hoje corriqueira, de um jogador que expõe ou encena eloquentemente sua dor é teatralizada pela música. Seu sofrimento é levado a sério e potencializado, ganhando um status, simbólico, de imagem trágica. Enquanto a ópera segue, a imagem corta para o plano, mudo, de pouco mais de 30 segundos, de um torcedor que fala com entusiasmo, diante de um microfone[442]. Aqui, a montagem reutiliza o recurso da "falsa dublagem", por meio da associação de um rosto que fala sem voz e de uma voz, no caso, um canto, sem imagem. O efeito que tal montagem vertical produz é, porém, diferente do da sequência inicial do filme, do homem que é entrevistado no leito de um hospital enquanto ouvimos a voz informativa do narrador. Para além do estranhamento provocado, aqui a falsa sincronia produz um efeito poético. Apesar das evidentes disjunções, a começar pelo fato de vermos um homem e ouvimos uma mulher, ou de vermos uma imagem popular e ouvirmos uma música erudita, há uma correspondência entre a dramaticidade e a energia da fala e da música. Em um jogo simultâneo de associação e dissociação empreendido pela montagem, temos a impressão de que o homem canta ou de que a ópera é seu grito. E não é qualquer ópera que ouvimos; trata-se de *Invocação em Defesa da Pátria*, composta por Heitor Villa-Lobos, em 1943, cuja letra é baseada em texto do poeta modernista Manuel Bandeira. Eis o que canta a voz da soprano feminina enquanto vemos o homem falar e gritar com paixão: "Preservai o horror da guerra / Zelai pelas campinas / Céus e mares do Brasil / Tão amados de seus filhos"[443].

O canto-cívico da mulher por meio da montagem vira lamento e reivindicação do homem, uma prece pelo Brasil — oração de Villa-Lobos, do homem, da mulher, do próprio filme. Mediante uma "linguagem de lágrima e mudo sofrimento"[444], como sugere o manifesto "Eztetyka da fome", a montagem onírica da sequência evidencia que "o sonho é o único direito que não se pode proibir"[445] e que "o irracionalismo liberador é a mais forte arma do revolucionário"[446], da "Eztetyka do sonho". As escolhas estéticas, como defende tantas vezes Glauber, metaforizam na montagem um projeto que é político.

A ópera segue dramatizando as imagens: vemos curtos planos de brigas da torcida que culminam com a invasão de torcedores no campo. Por fim, planos de um vulcão em erupção. No canto ouvimos: "Santo amor da

---

[442] Trata-se de um plano proveniente do filme *Subterrâneos do Futebol*, de Maurice Capovilla, 1965.

[443] Trecho da letra de *Invocação em defesa da pátria*, ópera para solista, coro e orquestra de Heitor Villa-Lobos, 1943.

[444] ROCHA, Glauber. Eztetyka da fome 65. *In*: ROCHA, 2004, p. 64.

[445] ROCHA, Glauber. Eztetyka do sonho 71. *In*: ROCHA, 2004, p. 251.

[446] *Ibid.*

liberdade / Concedei a essa pátria querida / Prosperidade". Entra a cartela de "fim". *História do Brasil* termina, desta forma, evocando, também metaforicamente, o enfrentamento por meio da violência, a insurreição popular, aspectos que a narrativa procurou ressaltar ao longo de *História do Brasil*, e que Glauber deseja e evoca expressamente em muitos de seus filmes, desde *Barravento* (Glauber Rocha, 1962).

Fig. 22 – À esquerda e ao centro: torcedor que fala após partida; plano extraído do filme *Subterrâneos do Futebol* (Maurice Capovilla, 1965). À direita: vulcão em erupção

Fonte: fotogramas de *História do Brasil*

O plano do vulcão em erupção é uma metáfora da explosão social desejada e esperada, imagem da revolta. É, também, uma imagem da própria história tal como vista pelo filme: a história como conflito, feita por irrupções, pelo impensado que se forma subterraneamente até, finalmente, estourar. Mais uma vez, o filme mescla a violência, e a própria história, à não racionalidade. Trata-se do "irracional da história", como afirma Bertrand Ficamos. Voltamos à frase de Glauber em "Eztetyka do sonho":

> A revolução é uma mágica porque é o imprevisto dentro da razão dominadora. No máximo é vista como uma possibilidade compreensível. Mas a revolução deve ser uma impossibilidade de compreensão para a razão dominadora de tal forma que ela mesma se negue e se devore diante de sua impossibilidade de compreender.[447]

As forças de transformação latino-americanas não são apreensíveis pelo discurso, elas estão nas manifestações místicas, no não dito, nos subterrâneos. Trata-se de uma tese presente em outros filmes e textos de Glauber. *Barravento*, por exemplo, inicia-se com uma cartela na qual o significado da palavra-título do filme é explicado: "'Barravento' é o momento de violência,

---

[447] ROCHA, Glauber. Eztetyka do sonho 71. *In:* ROCHA, 2004, p. 250..

quando as coisas de terra e mar se transformam, quando no amor, na vida e no meio social ocorrem súbitas mudanças". "Barravento", se traduzido em imagem, poderia ser representado pelo vulcão em erupção.

A visão da história como conflito imprevisível assim como o desejo pela reação violenta, porém considerada legítima das classes oprimidas, costumam estar acompanhadas na obra glauberiana por outra questão, que é: por que a explosão não acontece? O que falta? Por que não reagimos? Ou melhor, por que as classes populares, diante de toda a opressão a qual estão submetidas, não se revoltam? Essas indagações são colocadas de formas diferentes e, frequentemente, ambíguas ao longo da filmografia de Glauber. Firmino, protagonista de *Barravento*, tenta extrair os pescadores de sua comunidade da passividade e impeli-los à revolta. Com a impossibilidade de fazê-lo por vias racionais (do convencimento), ele rompe com a estabilidade do grupo por vias místicas, conspirando para que a regra fundamental imposta por Iemanjá, deusa das águas, seja quebrada. O jovem e belo Aruã, eleito como protegido da deusa do candomblé, deveria manter-se virgem, para que Iemanjá continuasse a proteger a comunidade de pescadores. Firmino, com a ajuda de Cota que assedia o rapaz, consegue provocar a quebra do encanto. Sem a proteção da deusa, o mar será impiedoso e não haverá mais peixes. Eis o plano de Firmino: com a fome, não poderá haver alternativas além de reagir: "a barriga precisa doer mesmo, porque quando tiver uma ferida bem grande, então todo mundo grita de vez" é uma das frases do personagem. Mas, ainda assim, a comunidade decide tentar resolver o problema buscando recompensar a deusa. Antonio das Mortes, de forma análoga, matador profissional de cangaceiros e responsável pela chacina da comunidade religiosa que seguia o beato Sebastião em *Deus e o Diabo na Terra do Sol*, também age seguindo uma ética particular: mata pois não pode "viver descansado com essa miséria" e almejando acelerar o processo de uma grande guerra no sertão brasileiro[448]. Ambos os personagens usam, portanto, da violência com o intuito de gerar violência revolucionária. Eles não veem outra saída. Já Corisco, personagem que proclama a célebre frase "mais fortes são os poderes do povo!", apela à violência radical e sem escrúpulos como forma de resistência a uma sociedade opressora. Como diz Antônio das Mortes, ele mesmo e Corisco se espelham, e "são a mesma coisa". Já o personagem do poeta e jornalista Paulo Martins, em *Terra em*

---

[448] Fala do personagem Antônio das Mortes em *Deus e o Diabo na Terra do Sol* (Glauber Rocha, 1964): "Um dia vai ter uma guerra grande nesse sertão, uma guerra grande, se a cegueira de Deus e do Diabo [...] e para que essa guerra comece logo eu, que já matei Sebastião, vou matar Corisco, e depois morrer de vez".

Transe, desta vez um personagem intelectual e não popular, trata da questão da espera pela insurreição do oprimido por outra perspectiva. Paulo exterioriza a ambiguidade do lugar do intelectual que está do lado da revolução e do povo, mas, ao mesmo tempo, não o compreende e menospreza, como é possível perceber em cenas em que Paulo age de forma autoritária com o líder popular Felício.

Apesar de sua drástica diferença estética em relação ao resto da filmografia de Glauber Rocha, *História do Brasil* é coerente com aspectos cruciais que perpassam sua obra, notadamente a aspiração pela violência do oprimido como saída para o impasse da desigualdade brasileira. Ao catalogar as revoltas do passado até chegar às do tempo presente, o filme pretende conscientizar, instigar o sonho por mudança, e assim gerar raiva e violência concretas, chegar ao sonho de uma revolução popular brasileira, sonho do próprio Glauber e, possivelmente, de Medeiros. De certa forma, *História do Brasil* reafirma a visão esperançosa da história de *Deus e o Diabo*, ao atualizar documentalmente a tese de que "o povo brasileiro encontra dentro de seu próprio passado a experiência inspiradora capaz de afirmar a vocação do oprimido para a liberdade"[449], bem descrita por Ismail Xavier. É essa experiência inspiradora da história que o filme visa construir, mas sem ilusões de que a revolução esteja próxima de se concretizar. "A violência revolucionária" não está "na agenda da nação"[450], como no filme de 1964, mas é um sonho ainda distante. Não há nenhuma certeza de que o vulcão explodirá, mas, segundo a perspectiva do filme, esta continua sendo a única saída, e o horizonte de esperança.

---

[449] XAVIER, 2012, p. 35.

[450] *Ibid.*

4

TRISTE TRÓPICO: A DOR E A FESTA, ENTRE O PASSADO E O PRESENTE

Retire o centro e terás um universo.[451]
(Arthur Omar)

4.1 Ficções de memória: narrativas em séries

Diferentemente de *História do Brasil, Triste Trópico* tem como fio condutor uma história ficcional, centrada na trajetória de um personagem: o doutor Arthur. O enredo, que parte de fontes documentais e antropológicas, começa mais inteligível e, progressivamente, torna-se cada vez mais absurdo e digressivo, sem nunca, entretanto, perder completamente de vista o seu protagonista. Vejamos, rapidamente, em que consiste tal história e como ela está organizada na narrativa composta por Arthur Omar. Os primeiros 10 minutos do filme são dedicados a certas apresentações: do personagem, da região onde se passa a história, dos créditos, da proposta do filme, assim como dos diferentes materiais reunidos (as múltiplas séries da montagem).

A parte introdutória resume a trajetória do protagonista. Doutor Arthur Álvares Nogueira, "nascido em 1892 e morto em 1946", forma-se em medicina em Paris e, em 1925, volta da Europa para atuar como médico no interior do Brasil, mais especificamente na fictícia Zona do Escorpião. Frases do narrador, como "O exotismo discreto de suas boas maneiras lhe confere um grande magnetismo pessoal, facilitando a tarefa de fazer amigos e influenciar pessoas", já demonstram que, desde o início do filme, o caráter biográfico e a função tradicional da narração são subvertidos por elementos da própria construção textual. Neste caso, seguindo uma inspiração oswaldiana, o texto opera uma inversão de perspectivas entre centro e periferia, entre o que é comumente considerado pela cultura ocidental como normal ou excêntrico, ao julgar como exóticas as boas maneiras

---

[451] "Retire o centro e terás um universo" é o subtítulo de uma das séries de fotografias da *Antropologia da face gloriosa*, de Arthur Omar (São Paulo: Cosac Naify, 1997) e epígrafe de seu livro *Antes de ver* (São Paulo: Cosac Naify, 2003).

europeias de Dr. Arthur. É, no entanto, sobretudo por meio da criativa montagem (vertical) — que se efetua conforme a relação da banda sonora com as imagens heterogêneas — que o filme marca, de saída, sua postura irônica, irreverente e experimental.

Em relação à apresentação do próprio filme, algumas frases do texto tratam efetivamente do seu enredo e suas motivações, enquanto outras dão falsas pistas de como este se constitui. O narrador diz, por exemplo, que

> [...] nenhum fato marcante indicava a trajetória fantástica que (Dr. Arthur) percorreria após sua volta ao Brasil. Aqui, no espaço de poucos anos, se tornaria o centro de fenômenos de fanatismo e messianismo social, semelhante aos messias indígenas do período colonial.

A afirmação sintetiza o enredo que está ainda por vir e revela sua conexão com o período colonial no Brasil. Ao mesmo tempo, a voz do comentário também fornece informações falsas, como a de que o filme "foi baseado em depoimentos orais e em documentos filmados pelo próprio doutor Arthur, recentemente liberados pela viúva, senhora Grimanesa Le Petit", ou de que o personagem, com sua câmera de filmar, "registra episódios da vida familiar durante 20 anos", e que "alguns desses filmes estão incluídos neste filme". Como sabemos, não são estas as fontes orais e documentais de *Triste Trópico*, e o filme de família realizado por um Arthur verdadeiro — o avô do cineasta — que encarna o personagem ficcional na montagem não contém uma progressão temporal. Os personagens que figuram nas filmagens dos anos 1930 têm sempre a mesma aparência e idade.

A montagem dessa primeira parte também apresenta alguns dos temas de interesse centrais à narrativa, tal como a temática nacional (o interesse por pensar o Brasil / a realidade brasileira), a viagem ou, ainda, o messianismo indígena. O "Brasil" faz-se presente, por exemplo, por meio da imagem da bandeira Pau Brasil, do destaque dado ao modernismo brasileiro, da delimitação do espaço da história no Brasil ou da trilha sonora que, pontualmente, canta o país. Já a temática da viagem é colocada no filme pela descrição dos deslocamentos do doutor Arthur (de São Paulo a Paris, e de Paris a Rosário do Oeste), da menção à "busca do paraíso" e aos deslocamentos indígenas, ou do destaque dado aos planos de um filme antigo de um trem em movimento que perpassa montanhas, planos acompanhados de uma cartela que — no estilo da poesia concreta, com as palavras formando desenhos no espaço —, especifica: "Imagem de Trem: Paris – Poços de Caldas". A referência ao

SÓ ME INTERESSA O QUE NÃO É MEU: *HISTÓRIA DO BRASIL, TRISTE TRÓPICO* E A MONTAGEM DE MATERIAIS DE ARQUIVO NO PERÍODO DA DITADURA MILITAR

messianismo indígena, por sua vez, é convocada nesse primeiro momento, sobretudo, pela narração, assim como por algumas gravuras, cantos indígenas e imagens de foliões do carnaval carioca, que evocam os índios.

Após as primeiras sequências introdutórias, o narrador fala-nos, por meio de paródias, sempre com um toque absurdo e *nonsense*, da adaptação de doutor Arthur na região na qual se instalou, a Zona do Escorpião. Lá, ele "precisou acostumar-se a comer carne humana dos inimigos", desenvolveu as "pílulas do Doutor Arthur", colaborou com os jornais da região e criou um almanaque nos "moldes do almanaque de Bristol ou Capivarol" para anunciar seus medicamentos. O almanaque tem especial destaque neste trecho (Fig. 23), assumindo papel central tanto na banda visual quanto no discurso do narrador, que lê diversas cartas de leitores sobre os miraculosos efeitos das pílulas.

Fig. 23 – Exemplo de reprodução de uma página de almanaque dos anos 1930/1940 em *Triste Trópico*

Fonte: fotograma de *Triste Trópico*

Logo em seguida, a história muda de rumo, abandonando sua progressão temporal. Uma cartela textual anuncia: "O Nascimento da Tragédia". A citação do título da célebre obra de Nietzsche marca o início da virada mágica

215

da história do doutor Arthur. A partir daí, as "alterações de ordem física e mental" que acometem subitamente o protagonista começam a ser anunciadas. Vejamos, mais detalhadamente, a construção da sequência que abre esta parte do enredo ficcional, dedicada aos sintomas que o protagonista apresenta.

"Doutor Arthur era feliz, sentia-se um inovador, mas forças desconhecidas começaram a sabotar a sua vida sentimental", diz o narrador. Entra uma música de suspense que continua como pano de fundo ao longo da sequência. A voz continua: "No começo foi uma simples incapacidade de atuar agressivamente". Na banda visual, vemos uma fotografia de bonecas velhas desmontadas, sem as pernas, e uma cartela textual que informa uma data: "15 de abril". Entram fotografias de uma escultura de uma enorme tesoura, com outra grande escultura em formato de mão ao fundo, enquanto ouvimos: "Disse a si mesmo como teria dito a um leitor de almanaque: esse seu nervosismo, essa dorzinha de cabeça que o atormenta, todas essas ideias negras que o martirizam, indicam que os seus intestinos estão precisando de um corretivo". Na trilha sonora, uma bateria faz uma pontuação cômica, típica de números de circo ou de esquetes de comédia. No fim da frase, a banda visual corta para a fotografia em preto e branco de parte do corpo de uma mulher nua, que coloca a mão sobre a barriga; em seguida, vemos a fotografia de um objeto envolto num cobertor e amarrado com um barbante. Trata-se de um corpo? Uma estátua? Ouve-se o barulho de um tiro. Sobre uma tela vermelha, pisca a gravura de um leão que segura uma espada, imagem aparentemente simbólica e de caráter religioso. A voz retoma a narração:

> Mas a 25 de Abril começaram sintomas estranhos, coincidindo com inesperados fenômenos atmosféricos: agulhadas pelo corpo, suores frios, ansiedade intensa, diarreia matinal. Imediatamente perde a sua capacidade de distinguir os treze sabores comerciais do café. Cruza o céu da Zona do Escorpião o mesmo cometa a que em 1577 se atribui a perda de El Rei Sebastião. O astrônomo engenheiro Paleta de Navarra e Rocafull comenta: esse cometa cada ano sai pior.

Como é possível perceber, o texto torna-se, agora, ainda mais surrealista, e começa a apresentar digressões, cada vez mais numerosas, sobre outros personagens (geralmente, históricos), extremamente fugazes, citados em frases soltas pelo narrador, como é o caso de "Navarra e Rocafull"[452].

---

[452] Melchor de Navarra y Rocafull (1626-1691), duque de Palata, foi um militar e político espanhol, que chegou a ser vice-rei do Peru entre 1681 e 1689.

SÓ ME INTERESSA O QUE NÃO É MEU: *HISTÓRIA DO BRASIL, TRISTE TRÓPICO* E A MONTAGEM DE
MATERIAIS DE ARQUIVO NO PERÍODO DA DITADURA MILITAR

Associada à fala, vê-se a seguinte sequência de imagens: um desenho morfológico de um esqueleto humano; uma fotografia de uma estátua de pedra de um santo que carrega o Menino Jesus; uma fotografia que foca o sexo de uma mulher sentada, na qual vemos um pedaço de sua barriga e suas pernas (o sexo ficando na sombra); e outra fotografia em preto e branco do corpo de uma mulher nua deitada, imagem que, depois de uma fusão, é estilizada, de forma que passamos a vê-la com riscos e arranhões. Na trilha sonora, entra uma música experimental, psicodélica, enquanto pisca na banda visual um novo símbolo misterioso, seguido do plano filmado de um homem mascarado e coberto por um lençol vermelho que, encostado em uma parede, encara a câmera com ar cansado.

Todo o trecho que, de modo geral, descreve os sintomas estranhos e mágicos apresentados por doutor Arthur é marcado por indicadores temporais que localizam datas e horários específicos e criam uma curiosa e artificial progressão temporal na narrativa. Artificial, pois não há de fato nenhuma evolução ou conexão entre os sintomas descritos, que parecem aleatórios e sem sentido, mas apenas pontuações de datas e horários que se sucedem: 15 de abril, 25 de abril, 1º de maio, 15 de maio, fim de maio, meio-dia, 10 de julho... A progressão temporal culmina com a leitura integral do poema "La cogida y la muerte" ("A captura e a morte", Federico García Lorca, 1934), em voz *off*. O poema é lido em espanhol e em tom solene e trágico, por um outro narrador que entra somente neste momento do filme. *"A las cinco de la tarde / Eran las cinco en punto de la tarde"*, dizem os primeiros versos. Em síntese, o poema narra um conjunto de situações que acontecem, simultaneamente, *"a las cinco de la tarde"*, verso que se torna um refrão, repetido continuamente, como uma ladainha. Os acontecimentos narrados são permeados de *"agonía"*, *"gangrena"* e *"muerte"*. O efeito do poema é o de paragem do tempo, que deixa de evoluir, e permanece preso às "terríveis cinco horas da tarde". *"Eran las cinco en todos los relojes!"* A sensação provocada insere-se no filme como mais uma brincadeira em relação ao tempo, manipulado pela montagem de diversas formas.

A partir da sequência do poema, *Triste Trópico* inclui outras indicações temporais variadas ao longo de sua narrativa, por meio de cartelas e da narração — "1500", "1549", "passam-se cinco anos", 1910, "a 1º de janeiro", "1558", "no último dia"... —, sem haver, efetivamente, nenhuma preocupação em construir uma progressão temporal na narrativa. A noção de cronologia ou linearidade temporal perde-se, e esses marcos se acumulam sem cumprir sua tradicional função de organizar a narrativa, mas, ao contrário, embaralhando-a ainda mais. Nota-se, entretanto, pela repetição de datas provenientes do século XVI, o paralelo que elas estabelecem entre o período colonial, notadamente o messianismo e a peregrinação tupi-guarani desse período histórico, e o enredo ficcional, contribuindo para a construção da rede de temporalidades do filme.

Fig. 24 – Exemplo de cartela de *Triste Trópico* com indicação temporal.

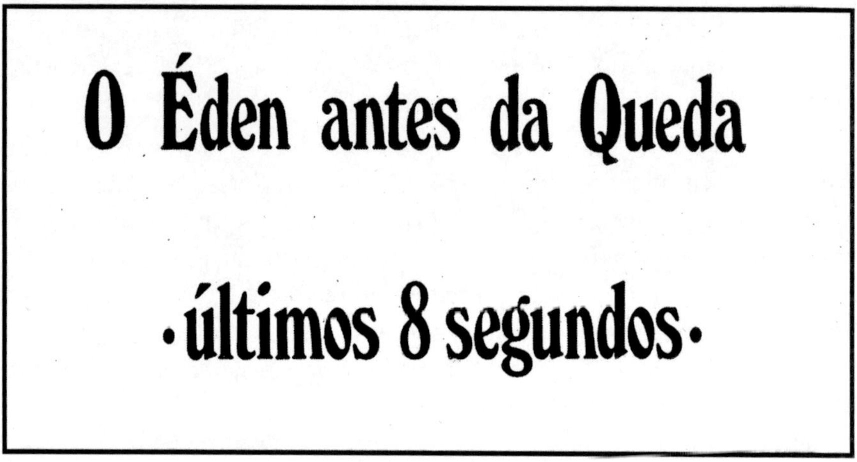

Fonte: acervo pessoal de Arthur Omar

O resultado de todos os estranhos sintomas vivenciados por doutor Arthur, expostos segundo descrições que se proliferam ao longo de aproximadamente 10 minutos, é a grande transformação do personagem, que se torna, ele mesmo, um líder messiânico e missionário. Como diz o narrador: "Dr. Arthur abandonou pátria e residência para pregar sobre os climas mais nocivos da zona tórrida". A maior parte do filme, em termos do enredo ficcional, é dedicada ao messianismo do protagonista. Entretanto, a partir de então, o fio narrativo torna-se extremamente frágil e tênue, enquanto as digressões sobre outros personagens, datas, ou acontecimentos variados e de diferentes séculos, se generalizam. O texto da narração descentra-se de vez. É possível compreender, apesar de tudo, que Dr. Arthur e seus seguidores empreendem um movimento de migração ("Certo dia a migração teve início, o bando procurava refazer um percurso centenário do messianismo Guarani, em direção à Santa Cruz, ao norte da Zona do Escorpião"). Apesar das constantes digressões, essa trajetória (ou viagem) é regularmente pontuada no filme por palavras ou frases que mantêm este tema presente no discurso:

> **A caminhada era longa**, mesmo fatigado, o grupo ainda parava para dançar, cantar e jejuar, seguindo os rituais com minúcias.
>
> **Durante a travessia** praticavam o aborto e o infanticídio e se envolviam em loucas discussões sobre como se deve interpretar a ceia. Ao atravessar grandes propriedades rurais, Doutor Arthur precisava punir certos peregrinos que queriam matar e comer todas as crianças batizadas que encontravam pelo **caminho.**
>
> **Chegando** em Santa Cruz, para impressionar, manda construir um casebre atapetado de veludo vermelho com pias de cristal.

As descrições, compostas, sobretudo, de recortes, alterações e misturas de relatos europeus do século XVI, provenientes de um livro de Alfred Métraux, *A religião dos tupinambás*, fazem, frequentemente, um paralelo entre a vida de doutor Arthur e supostos costumes de etnias ameríndias. Assim, o texto da narração transfere características e eventos históricos relativos às etnias tupi-guarani, abordados na obra de Métraux, à história do personagem central. Já na parte final do enredo de *Triste Trópico*, compreendemos ainda que é desencadeada uma guerra contra o grupo de doutor Arthur, e o filme chega ao seu clímax com a sequência final da morte do personagem, cujos motivos, no fim das contas, "nada tinham a ver com as lutas".

Em breves parágrafos, a história do filme pode ser toda resumida. Entretanto, outras camadas narrativas se fazem presentes em *Triste Trópico*, que não pode ser reduzido ao seu enredo ficcional. Como anteriormente comentado, desde o início a montagem apresenta suas séries de imagens, nas quais predominam: filmes e fotografias de família dos anos 1930 (em preto e branco); filmagens coloridas e contemporâneas do carnaval de rua do Rio de Janeiro e, em menor quantidade, da folia de reis (anos 1970); gravuras históricas (sépia avermelhadas), feitas entre os séculos XVI e XIX; páginas coloridas de almanaques e revistas dos anos 1930-1940; fotografias contemporâneas em preto e branco, de autoria do próprio Arthur Omar; cartelas de textos; entre outros materiais de aparição pontual, como fotografias de capas de livros. Essas diferentes imagens que vão e vêm na montagem formam, por sua vez, ao longo do filme, pela repetição de determinados motivos que perpassam os diferentes tipos de materiais, outras séries temáticas. Por exemplo, figuras de seres fantásticos ou sobrenaturais — sejam eles monstros, sejam anjos ou palhaços — são representadas de variadas maneiras, tanto pelas imagens de carnaval — por meio das fantasias e caracterizações carnavalescas dos foliões — quanto por gravuras históricas, desenhos e charges, ou por fotografias atuais de antigas estátuas europeias. Assim como o motivo da "mulher" — das representações do corpo e rosto feminino — é constantemente reiterado na montagem, seja por fotografias dos anos 1970, seja pelas publicidades dos almanaques dos anos 1930 e 1940, por fotografias de família (1930) ou dos primórdios do cinema (do fim do século XIX). É possível citar outras séries temáticas transversais que cruzam materiais de diferentes temporalidades e suportes, como a que evidencia o tema da violência, ou as que reúnem determinados motivos, como a representação dos índios, de símbolos religiosos e místicos e de figurações do corpo e da morfologia humanas.

Dada a estrutura acumulativa da montagem, é difícil analisar as sequências de *Triste Trópico* isoladamente. O exemplo do trecho descrito anteriormente (de "O Nascimento da Tragédia"), que, para falar dos sintomas de doutor Arthur, reúne símbolos religiosos, fotografias de mulheres nuas, desenho morfológico e "fantasma" carnavalesco, é emblemático dessa dificuldade. Não é fácil identificar sentidos imediatos conforme as relações estabelecidas entre imagem e som ou entre duas imagens justapostas, as associações parecendo, muitas vezes, aleatórias. Porém, ao longo da montagem, conforme essas imagens vão sendo identificadas pelo espectador a determinados conjuntos temáticos do filme, elas ganham outras camadas de significação.

Há, portanto, na montagem de *Triste Trópico*, tanto séries de materiais (fotografias, almanaques, filme de carnaval, filme de família, gravura histórica etc.) quanto "séries de séries", retomando aqui um vocabulário foucaultiano[453]. Trata-se de duas diferentes dimensões de séries, uma estética e outra temática, ambas verticais e como que virtualmente presentes na montagem o tempo todo. As séries temáticas, sobretudo, são centrais para a construção de outros estratos narrativos e da produção de pensamentos por meio da montagem. De modo geral, elas trabalham com as questões da identidade e da alteridade, sendo o travestimento próprio do carnaval um elemento fundamental nesse jogo de é e não é, do *eu/outro*, empreendido pelo filme. Os temas/motivos somam-se, formando espécies de coleções, ou painéis virtuais, percebidos, sentidos e lidos pelo espectador do filme.

Parece fazer mais sentido desenvolver a análise de *Triste Trópico*, portanto, não pela ordem do próprio filme (como foi o caso no estudo de *História do Brasil*), mas respeitando, justamente, as séries temáticas, transversais, que ele compõe. Dessa forma, o presente estudo sobre a montagem e a narrativa histórica do filme de Arthur Omar busca considerar seu descentramento

---

[453] Ver FOUCAULT, Michel. *A arqueologia do saber*. Rio de Janeiro: Forense Universitária, 2008.

e sua verticalidade fundamentais. Afinal, a série do enredo ficcional, já descrito anteriormente, é a única que mantém certa linearidade. Apesar de empreender a análise de forma transversal, buscaremos também apoiá-la em exemplos de sequências concretas, sem abstrair a sequencialidade sobre a qual o filme está efetivamente construído, sua montagem misturando constantemente as múltiplas séries estéticas e temáticas que constrói.

Ao refletir sobre o tipo de narrativa aberta, não causal, que essas séries desencadeiam, é possível pensar em uma filiação de *Triste Trópico* com um projeto de "saber-montagem" (*savoir-montage*), ou "conhecimento pela montagem" (*connaissance par montage*), descrito por Georges Didi-Huberman para analisar o trabalho pioneiro do historiador da arte alemão Aby Warburg (1866-1929), conhecido como fundador da iconologia. Como escreve Didi-Huberman, "inventar um *saber-montagem* era [...] renunciar a matrizes de inteligibilidade, quebrar seculares salvaguardas (*garde-fous*). Era criar, com esse movimento, com essa nova *allure* do saber, uma possibilidade de vertigem"[454]. Trata-se de um saber que se faz segundo o estabelecimento de relações, comparações e aproximações entre imagens, do arquivamento de materiais e da organização destes em séries. O *Atlas Mnémosyne*, eterno *work in progress* que Warburg inicia em 1924 e que permanece inacabado com sua morte, em 1929, é uma obra exemplar e inaugural desse saber-montagem não verbal. Etienne Samain apresenta uma breve descrição sobre a forma de apresentação da obra:

> Com *Mnemosyne*, Aby Warburg [...] pretendia firmar sua procura de entendimento das culturas humanas. A obra [...] agrupava da ordem de 79 painéis, reunindo umas 900 imagens (principalmente fotografias em P&B). Todas são *reproduções* (de obras artísticas, de pinturas, de esculturas, de monumentos, de edifícios, de afrescos, de baixo-relevos antigos, de gravuras, de *grisailles*, de iluminuras, mas também de recortes de jornais, selos postais, moedas com efígies) que [...] Warburg organizava, *montava* (não necessariamente numa ordem linear de leitura, mas à maneira de peças capazes de serem deslocadas a todo o momento) sobre painéis de madeira (de 1,5m x 2m), recobertos de tecido *preto*. Instalava, então, esses quadros de imagens nas ilhargas de sua biblioteca elíptica para que as imagens pudessem entrar em diálogo, se

---

[454] DIDI-HUBERMAN, Georges. Savoir-mouvement: l'homme qui parlait aux papillons. *In*: MICHAUD, Philippe. *Aby Warburg et l'image en mouvement*. Paris: Macula, 2012. p. 12-14, tradução nossa. Texto original: "Inventer un *savoir-montage*, c'était [...] renoncer à des matrices d'intelligibilité, briser des séculaires garde-fous. C'était créer, avec ce mouvement, avec cette nouvelle « allure » du savoir, une possibilité de vertige. [...] C'est un chant tourbillonnaire et centrifuge".

pensar entre si, no tempo e no espaço de uma longa história cultural ocidental; para que pudessem também ser observadas, relacionadas, confrontadas na grande arquitetura dos tempos e das memórias humanas. A história da arte tradicional transfigurava-se em uma antropologia do visual.[455]

Vale ressaltar que o objeto de interesse de Warburg era, particularmente, a formação do estilo da Renascença europeia, conforme sua relação com o repertório formal da antiguidade. Fundado sobre um material iconográfico, "*Mnémosyne* propõe antes de tudo um inventário de pré-figurações antigas que tenham contribuído, na época do Renascimento, a forjar o estilo da representação da vida em movimento"[456], escreve Warburg em sua introdução ao *Atlas*, de 1929.

Didi-Huberman descreve o *Atlas Mnémosyne* como uma "ferramenta para recolher ou 'colher amostras' (échantilloner), através de imagens interpostas, do grande caos da história"[457]. Retomando um vocabulário de Deleuze e Guattari, o historiador da arte francês complementa que o que atlas faz é estabelecer "recortes no caos", traçar sobre eles "planos secantes", mas mantendo-se sempre em seu limite, na fronteira entre os *astra* (os conceitos) e os *monstra* (o caos)[458]. Com o *Atlas*, Warburg instaura, portanto, um saber no qual "as infinitas possibilidades de correspondência entre imagens constroem um pensamento movente, irredutível à ordem do discurso e às visões teleológicas"[459], como escreve Tadeu Capistrano. Proposta de saber e pensamento segundo a montagem que pode ser também relacionada a outros autores, como ao próprio Walter Benjamin — paralelo que Didi-Huberman aponta e desenvolve em diversos de seus textos[460].

---

[455] SAMAIN, Etienne. As "Mnemosynes(s)" de Warburg: entre antropologia, imagens e arte. *Poiésis*, Niterói, n. 17, jul. 2011. p. 36, grifos no original.

[456] WARBURG, Aby. *L'atlas Mnémosyne*. Paris: L'Écarquillé; Institut National d'Histoire de l'Art; DL, 2012. p. 54, tradução nossa. Texto original: "Fondée sur ce matériel iconographique dont les reproductions composent le présent atlas, 'Mnémosyne' propose avant tout un inventaire de préfigurations antiques ayant contribué, à l'époque de la Renaissance, à forger le style de la représentation de la vie en mouvement". Um pouco adiante no texto, Warburg complementa sua intenção com o projeto: "Ce projet a pour ambition de proposer un inventaire des empreintes primitives identifiables qui exigeaient de chaque artiste qu'il choisisse entre le rejet et l'assimilation psychique de cette masse d'impressions qui s'imposait doublement à lui".

[457] DIDI-HUBERMAN, Georges. Échantillonner le chaos: Aby Warburg et l'atlas photographique de la Grande Guerre. *Études Photographiques*, [S.l.], n. 27, 2011. p. 7.

[458] Ver *Ibid.*, p. 12. O autor cita o vocabulário desenvolvido por Gilles Deleuze e Félix Guattari para pensar as funções da arte, no livro *O que é filosofia?* (São Paulo: Editora 34, 2010).

[459] CAPISTRANO, Tadeu. [Orelha do livro]. *In*: MICHAUD, Philippe. *Aby Warburg e a imagem em movimento*. Rio de Janeiro: Contraponto, 2013. s/p.

[460] Didi-Huberman desenvolve um paralelo entre Warburg e Benjamin, por exemplo, no artigo "Échantillonner le chaos" (2011), no prefácio "Savoir-mouvement, L'homme qui parlait aux papillons" (2012) e, especialmente, na obra *Devant le temps* (2000).

No artigo "Echantilloner le chaos", Didi-Huberman também aproxima Warburg de pensadores e artistas ligados ao romantismo europeu do século XIX, destacando especialmente Goethe e Goya. De Francisco Goya, Didi-Huberman evoca, para fazer um paralelo com Warburg, suas séries de gravuras intituladas *Los Disparates, Los Caprichos* e *Los Désastres de la Guerra*, realizadas entre o fim do século XVIII e início do século XIX.

> Colher amostras do caos, efetuar recortes neste para trazer à tona – como na rede do pescador ou como na exumação empreendida pelo arqueólogo – conjuntos de imagens, tornar tudo isso visível em planos ou pranchas de consistência visual: eis o que poderia se perceber segundo três maneiras que Francisco Goya inscreveu, através de suas admiráveis séries de gravuras, na fachada (*fronton*) de toda nossa modernidade: Disparates, Caprichos, Desastres.[461]

Triste Trópico também se filia a essa tradição do *saber-montagem*. Sua forma de explorar as relações entre antropologia, imagem e arte aproxima-o do método warburguiano[462]. Como o *Atlas Mnémosyne*, a montagem e narrativa do filme podem ser analisadas conforme séries, coleções de imagens e sons constituídas pelo filme, que propõe, por meio da própria montagem, entendimentos sobre as imagens e sobre a longa história cultural brasileira.

Para examinar as séries e séries de séries criadas por Omar, constituí painéis que reúnem imagens que perpassam o filme e exibem motivos comuns. A constituição desses painéis é uma escolha, ou seja, um método de abordagem dos materiais adotado pela própria pesquisa, de forma a visualizar as séries evocadas, assim como os movimentos, repetições, tensões e jogos de espelhos estabelecidos entre as imagens heterogêneas de *Triste Trópico*. No filme, evidentemente, as imagens não estão dispostas desta forma, mas acumulam-se no imaginário do espectador. Na série nomeada neste trabalho como "Desastres da história" estão agrupados fotogramas que apresentam as múltiplas imagens de violência e dor humanas reunidas em

---

[461] DIDI-HUBERMAN, 2011, p. 8, tradução nossa. Texto original: "Échantillonner le chaos, y pratiquer des coupes pour en ramener – comme dans le filet du pêcheur ou comme dans l'exhumation engagée par l'archéologue – des paquets d'images, rendre visible tout cela sur des plans ou des *planches de consistance visuelle*: voilà qui pourrait s'entendre selon trois manières que Francisco Goya a inscrites, par ses admirables séries gravées, au fronton de toute notre modernité: *Disparates, Caprices, Désastres*".

[462] Vale ressaltar que Arthur Omar nos anos 1970 não conhecia o trabalho de Warburg, que, mesmo na Europa, era muito pouco lembrado e citado naquele período. Esse conhecimento que se faz por meio da montagem, centrado na imagem, e não na palavra, do qual Warburg é um dos precursores, se constrói de maneira minoritária ao longo do século XX, em experiências diversas e paralelas, como é o caso de *Triste Trópico*.

Triste Trópico. Através da montagem desse painel pretende-se discutir uma das temáticas principais do filme: a violência e sua relação com a história. Já na série "Carnaval e seres fantásticos" reúnem-se as múltiplas figurações de seres sobrenaturais, sejam eles monstros, sejam fantasmas ou anjos, figuras que perpassam a montagem. Assim, voltamos a discutir especificamente a força do carnaval, ao mesmo tempo festa catártica e teatro trágico, para um pensamento sobre a sociedade brasileira. Em "Heterogeneidades dos materiais", não é uma série específica que é discutida, mas o princípio fundador da própria montagem de Omar e de sua proposta particular de elaboração de pensamentos e conceitos no filme por meio da reunião de disparates. Por último, o capítulo aborda outras séries compostas por *Triste Trópico* e que dialogam com as três primeiras: a que trata do próprio cinema e suas origens, a das múltiplas figurações do feminino e a dos filmes de família. Todas são analisadas conforme as leituras sociais e históricas que, mediante a montagem, essas séries propõem.

Triste Trópico compõe uma biografia ficcional, cria uma falsa memória, com base na montagem de documentos (imagens e textos) reais e heterogêneos, que cruzam múltiplas temporalidades, ao mesmo tempo que cria, também, por meio desses materiais, uma memória social brasileira e, em uma dimensão ainda mais ampla, das sociedades ou culturas ocidentais. A memória ficcional construída abarca ainda a memória individual do autor, que inclui no filme os filmes de sua própria família, assim como suas fotografias de viagens. Há em *Triste Trópico*, portanto, a imbricação de distintas dimensões memoriais. A ideia de memória é entendida aqui, de acordo com a definição de Jacques Rancière, como "um certo conjunto, um certo arranjo de signos, de vestígios, de monumentos"[463]. Em artigo no qual o filósofo se dedica a analisar o filme de Chris Marker, *Elegia a Alexandre* (*Le Tombeau d'Alexandre*, 1992), ele elucida de forma sucinta sua concepção de memória e afirma: "o túmulo por excelência, a Grande Pirâmide, não guarda a memória de Quéops. Ele é essa memória"[464]. Tal entendimento de memória, abordada em sua materialidade, pode ser também encontrado no próprio Warburg, lembrado anteriormente. Diferentemente de seus contemporâneos, Warburg aborda "esta questão da memória recorrendo às imagens. Não às imagens mentais, das quais trataram tanto Bergson quanto Freud, mas às imagens materiais, [...] que fazem parte de um conjunto mais vasto que ele chama

---

[463] RANCIÈRE, Jacques. A ficção documental: Marker e a ficção de memória. *Arte e Ensaios*: Revista do PPGAV/EBA/UFRJ, [*S.l.*], n. 21, dez. 2010. p. 179.

[464] *Ibid.*

de 'memória social'"[465], como escreve Roland Recht. Tanto a biblioteca, que o historiador da arte alemão designa como um "arquivo da memória"[466], quanto o atlas, ambos intitulados por ele "Mnémosyne", seriam, no sentido de Rancière, uma memória. Também o filme de Omar faz um trabalho de memória ao reunir imagens do passado em certa disposição.

Em sua montagem, *Triste Trópico* trabalha com um longo período temporal, que vai desde o século XVI (da conquista da América e do período colonial) ao início dos anos 1970, o mesmo período abordado em *História do Brasil*. Porém, Arthur Omar não trabalha a história de forma cronológica; ao contrário, ele mistura todas as épocas, que são organizadas por trás do véu de sua narrativa ficcional. Também como no filme de Glauber e Medeiros, o século XX é, digamos, a temporalidade principal para a qual as múltiplas temporalidades do passado convergem. Adaptando para nossos propósitos a leitura que Jacques Rancière faz do documentário de Chris Marker, *Elegia a Alexandre*, considerado por ele como uma "ficção de memória", podemos dizer que no filme de Omar o século XX tem como herança o século XVI[467], ou um longo passado que se origina no século XVI, e que "esses dois 'séculos' estão entrelaçados e desdobram, um e outro, suas metamorfoses, contradições e retrocessos próprios"[468]. Por meio de uma narrativa fragmentada que aposta no "poder de significação variável dos signos"[469] e no embaralhamento de temporalidades, *Triste Trópico* elabora memórias da história brasileira, assim como dos imaginários de uma cultura, sobre a qual os diferentes materiais imagéticos e sonoros reunidos testemunham, como veremos a seguir. A elaboração dessas memórias desdobra-se de uma ficção, por sua vez, baseada na estilização e transformação de documentos/monumentos[470]. No caso de *Triste Trópico*, diferentemente do tratamento dado por Marker

---

[465]   RECHT, Roland. L'atlas Mnémosyne. *In*: WARBURG, 2012, p. 12, tradução nossa. Texto original: "Il est [...] le seul à aborder cette question de la mémoire en ayant recours aux images. Non pas aux images mentales, dont traitent aussi Bergson que Freud, mais aux images matérielles, aux oeuvres d'art. Pour Warburg, elles sont comprises dans un ensemble plus vaste qu'il nomme « mémoire sociale » et porte témoignage de cette tension qui anime chaque groupe humain pour qu'un chemin soit réservé aux "survivances" entre l'oubli et la mémoire".

[466]   Ver *Ibid*.

[467]   Sobre o filme de Marker, Jacques Rancière fala de "um século 20 que herda um século 19" (Ver RANCIÈRE, 2010, p. 184).

[468]   *Ibid*.

[469]   *Ibid*., p. 181.

[470]   Ver o capítulo "Documento/monumento" em: LE GOFF, Jacques. *História e memória*. Campinas: Unicamp, 1990. No texto Le Goff aproxima a noção de documento à de monumento, designando o "documento/monumento". O autor ressalta que, como o monumento, o documento "é um produto da sociedade que o fabricou segundo as relações de força que aí detinham o poder". Trata-se também de um instrumento de poder, ao qual deve ser lançado um olhar crítico.

à sua "ficção de memória", comentada por Rancière, trata-se de uma ficção irônica, de "uma composição que tem por base o princípio da ironia, [...] como elemento estrutural"[471], à la Oswald, "para quem a seriedade estava a cargo da irreverência"[472].

4.1.1 Os desastres da história: tristeza acumulada e mal de origem

Para melhor visualizar e comentar a série que estamos nomeando como "desastres da história" em *Triste Trópico*, compomos o painel a seguir, com 24 fotogramas do filme, relativos a uma parte das imagens de violência que o compõem:

Fig. 25 – Seleção de fotogramas de *Triste Trópico* que compartilham da temática da violência e da dor. A ordem das imagens foi composta para o trabalho e não segue a ordem de sequências específicas ou da entrada das imagens no filme. Imagem ampliada na pág 291.

Fonte: fotogramas de *Triste Trópico*

---

[471] FOGAL, Alex. Forma e memória: o projeto estético de Oswald de Andrade em sua autobiografia. *Estação Literária*, [S.l.], v. 5, jul. 2010. p. 9. Disponível em: http://www.uel.br/pos/letras/EL/vagao/EL5Art1.pdf. Acesso em: 8 mar. 2018.

[472] CHAUVIN, 2015, p. 186.

SÓ ME INTERESSA O QUE NÃO É MEU: *HISTÓRIA DO BRASIL, TRISTE TRÓPICO* E A MONTAGEM DE
MATERIAIS DE ARQUIVO NO PERÍODO DA DITADURA MILITAR

Ao observar a montagem do painel *supra* (levantamento resumido das imagens de violência do filme), é possível traçar um recorte formal, que busca múltiplas formas de expressão de dor do ser humano, e notar, dentro dessa temática, repetições e variações de motivos e gestos. Como no *Atlas Mnémosyne*, de Warburg, a história humana é mostrada "no que ela tem de mais cruel e mais violento"[473]. A "cacofonia iconográfica" criada por Warburg, a mesma empreendida por Omar, liga-se a uma visão psíquica da história, e forma um "caleidoscópio visual" que "não seria, em conjunto, nada além do que uma *coleção de sintomas*, isto é, do que uma imensa geologia de conflitos trabalhando ao ar livre, atravessando as superfícies e remoendo nas profundezas"[474]. Uma compilação de imagens violentas, que representam a dor e o medo, produzidas do século XVI ao século XX, cruzam *Triste Trópico*, construindo um conjunto cujo título poderia ser "Desastres". Há um acúmulo de gritos, sangue, rostos em sofrimento[475]. Como escreve Ismail Xavier:

> Por meio da apresentação das variadas formas de repressão que atuaram nesta geografia desenhada pela empresa colonial, o que o filme propõe é uma discussão da "tristeza brasileira" coagulada, tal como observada nos idos de 1974, em pleno período militar (recolhendo os ecos de todo o filme, uma das últimas imagens é a do grito de dor de uma mulher que, diante de um desfile militar, tem a seu lado uma criança e uma bandeirinha verde-amarela).[476]

Destaca-se no conjunto, especialmente, a quantidade de rostos que gritam (gritos sempre emudecidos pela montagem do filme), um motivo dominante de *Triste Trópico*, que percorre fotografias, planos filmados, gravuras históricas de diferentes séculos, charges ou desenhos cômicos de revistas. O que está em foco por meio do grito é o horror efetivamente

---

[473] DIDI-HUBERMAN, 2011, p. 9, tradução nossa. Texto original: "l'atlas *Mnémosyne* fonctionne à l'instar d'un recueil de *Désastres*: le jeu des *astra* et des *monstra* y rend compte, en effet, de l'histoire humaine dans ce qu'elle a de plus cruel et de plus violent".

[474] *Ibid.*, p. 31-32, tradução nossa, grifos no original. Texto original: "Il est clair qu'aux yeux de Warburg cette cacophonie iconographique avait autant de signification que pouvait avoir, aux yeux de Sigmund Freud, le désordre gestuel d'une attaque hystérique: ce kaléidoscope visuel ne serait, à tout prendre, qu'un *recueil de symptômes*, c'est-à-dire une immense géologie de conflits travaillant à l'air libre, traversant les surfaces et grouillant dans les profondeurs".

[475] As imagens de *Triste Trópico* antecipam os interesses de Arthur Omar pelo instante, pelo rosto humano e pelo estudo de emoções, explorados em sua série fotográfica: *Antropologia da face gloriosa*. Ver OMAR, Arthur. *Antropologia da face gloriosa*. São Paulo: Cosac Naify, 1997.

[476] XAVIER, 2000, p. 14.

ISABEL CASTRO

vivido e sentido. De forma constante entre os diferentes acontecimentos trágicos que atravessam os séculos (imagens e materiais), está o rosto do indivíduo que grita, sintoma de sofrimentos históricos distintos e distantes.

É possível também observar outras linhas de cruzamentos e semelhanças entre as imagens dispostas em conjunto no painel. Reunidas na penúltima linha, por exemplo, vemos diferentes representações de cabeças decapitadas: a reprodução de *Cabeça de São João Baptista*, do pintor renascentista Giovanni Bellini (1468); um fragmento da ilustração de Gustave Doré para uma publicação do fim do século XIX de *A divina comédia*, de Dante Alighieri (Inferno, Canto 29, 1892), na qual um homem segura sua cabeça decapitada, que olha para seu corpo com expressão de horror (na montagem do filme, também vemos um plano mais aberto da mesma ilustração, no qual é possível ver o corpo inteiro do homem assim como outros corpos mutilados a sua volta); e uma fotografia documental de quatro cabeças decapitadas expostas sobre uma mesa, com soldados atrás. Essa última imagem não foi identificada com certeza, mas parece ser uma das diversas fotos que expõem as cabeças decapitadas do grupo de cangaceiros de Lampião (as mesmas cabeças que aparecem em *História do Brasil*, em planos provenientes de *Memórias do Cangaço*). A quarta imagem da primeira linha também é a da cabeça de uma criança decapitada, o que se nota, com mais clareza, no plano geral da gravura, no qual um deus segura com a mão esquerda a cabeça ensanguentada.

A compilação dessas imagens anuncia e antecipa o interesse central de Arthur Omar, no conjunto de sua obra, pelo rosto humano. "Minha fotografia dita antropológica sempre foi fascinada, e continua restrita a apenas um tipo de objeto, o rosto humano"[477], declara o autor. Em *Triste Trópico* o interesse pelo rosto é dominante e, para além do grito, cruza o filme — também por meio das máscaras carnavalescas, das faces de mulheres, dos esqueletos, estátuas ou cabeças cortadas. Pode-se dizer que o tema do rosto compõe também uma grande série que engloba diversas outras, descritas aqui, transpassando tanto os "desastres" quanto os "seres fantásticos".

Continuando a observação do painel anterior, especificamente, notamos que o tema da tortura atravessa igualmente as imagens de diferentes tempos e suportes. Na terceira linha superior do painel, as três primeiras gravuras da esquerda para a direita reiteram, por exemplo, o motivo da fogueira como pena de morte. Tanto a imagem da esquerda quanto a

---

[477] OMAR, Arthur. *Antes de Ver:* fotografia, antropologia e as portas da percepção. São Paulo: Cosac Naify, 2014. p. 99.

que está ao seu lado direito representam o mesmo tema (de pessoas nuas sendo queimadas na fogueira por homens europeus vestidos). A primeira, já comentada no primeiro capítulo, é uma ilustração de *Brevísima relación de la destrucción de las Indias* (1539), feita por Theodore De Bry (autor de algumas das ilustrações reunidas no filme), enquanto a segunda é uma gravura, também do século XVI, de mulheres condenadas como bruxas sendo queimadas vivas na fogueira pela inquisição europeia, de autor anônimo[478]. No filme, as diferenças de contextos das imagens não são explicitadas, mas, ao contrário, o que chama atenção é a semelhança formal entre elas. Em ambas, destaca-se o horror das torturas europeias promovidas pela Igreja Católica. Na montagem, estas imagens estão ligadas a falas que mencionam, de forma ficcional e absurda, ritos ou costumes ameríndios. Desta forma, a montagem opera uma mistura entre culturas e uma inversão entre o que era então considerado como selvagem ou civilizado. As duas gravuras entram no filme mediante variados enquadramentos/recortes. Os planos mais fechados enfocam as expressões de dor e sofrimento dos personagens retratados. Já na última linha do painel, é possível observar a repetição de um motivo — corpos masculinos estirados pela tortura. A imagem mais à esquerda é o fotograma de um plano filmado, possivelmente ficcional e contemporâneo, de um homem branco ensanguentado; já a da direta é uma gravura histórica, não identificada, que parece representar um escravizado negro sendo torturado.

Em *Triste Trópico*, apesar de não o termos colocado em evidência no recorte do painel, também sobressaem cenas de guerras ou massacres, representadas por uma perspectiva mais aberta (de conjunto), provenientes de gravuras históricas de diferentes séculos. As duas primeiras imagens da compilação *supra* são, por exemplo, reenquadramentos da mesma gravura de De Bry, também proveniente do *Brevísima relación de la destrucción de las Indias*, e que aparece igualmente em sua composição integral na montagem. A dor, a tortura e a guerra acumulam-se, até mesmo na banda sonora, seja por meio da descrição do estado do cadáver de doutor Arthur (feita segundo um trecho de *Os sertões*, retomado com modificações), do assassinato do personagem, de vários outros eventos violentos, de gritos soltos que integram a trilha sonora, seja por meio do discurso de Hitler em voz *off*. As séries

---

[478] No livro de FEDERICI, Silvia. *Calibán y la bruja*. [S.l.]: Traficante de Suenhos, 2010. p. 253, a imagem aparece com a seguinte descrição: "Tres mujeres son quemadas vivas en el mercado de Guernsey, Inglaterra. Grabado anónimo del siglo XVI". Disponível em: https://www.traficantes.net/sites/default/files/pdfs/Caliban%20y%20 la%20bruja-TdS.pdf Acesso em: 2 mar. 2018.

temáticas compostas pelo filme, portanto, não se restringem às imagens, mas incluem também o som. A heterogênea série dos desastres pontua toda a narrativa, cruzando constantemente as múltiplas temporalidades.

A lógica de seleção das imagens/sons de Omar pode ser aproximada da "fórmula do pathos" de Aby Warburg. Pode não haver na compilação de Omar, um rigor que busca encontrar as "fórmulas primitivas" da arte que sobrevivem ao tempo, mediante a repetição de determinados gestos. Mas a busca por recorrências temáticas e afinidades formais ligadas à psiquê humana, assim como a produção de um conhecimento por meio da montagem, faz-nos lembrar os atlas warburgianos, e traçam, de certa forma, uma memória visual e sonora da dor. Memória que nos fala de um Brasil que, como escreve Omar, é

> [...] a *soma* absurda de uma infinidade de mundos subjetivos e experiências rituais, muito além do que qualquer sociologia, ou qualquer história, ou qualquer psicologia conseguiria apreender.[479]

Como ressalta o cineasta, trata-se de um conhecimento que passa por uma via não cientificista, mas estética e sensível. Conhecimento que pode, portanto, ser aproximado à "ciência sem nome" de Warburg e a toda uma tradição de elaboração de conhecimento mediado pela montagem. Sobre o *Atlas Mnémosyne* e sua proximidade com Walter Benjamin, Didi-Huberman escreve:

> Não há [...] forma que não seja – explicitamente ou não, secretamente ou não – resposta a uma guerra, a uma dor histórica e a sua porção de *pathos*. O tesouro das formas é sempre, por mais cruel que seja a conjuntura, um "tesouro de sofrimentos" (*Leidschatz*). Daí o teor angustiado, ou a ancoragem melancólica, da "ciência sem nome" inventada pelo grande historiador das imagens. Daí, mais uma vez, a afinidade essencial que nutre a empreitada de Aby Warburg à de Walter Benjamin que não hesitava em falar da "história como história dos sofrimentos do mundo".[480]

---

[479] OMAR, Arthur. O que são faces gloriosas? *In*: OMAR, 1997, p. 8, grifo no original.

[480] DIDI-HUBERMAN, 2011, p. 12, tradução nossa. Texto original: "Il n'est donc pas de forme qui ne soit – explicitement ou non, secrètement ou non – réponse à une guerre, à une douleur historique et à son lot de *pathos*. Le trésor des formes est toujours, si cruelle qu'en soit la conjonction, un «trésor de souffrances» (*Leidschatz*). D'où la teneur angoissée, voire l'ancrage mélancolique, de la «science sans nom» inventée par le grand historien des images. D'où, une fois encore, l'affinité essentielle qui noue l'entreprise d'Aby Warburg à celle de Walter Benjamin qui n'hésitait pas à parler de l'«histoire comme histoire des souffrances du monde»".

Triste Trópico parece particularmente inspirado pelo pensamento benjaminiano sobre a história, o tempo e a narrativa, até mesmo em seu tom nostálgico e pessimista. Tanto na colagem que compõe a voz *off* quanto na montagem das imagens, a busca de Omar parece ser a de "identificar no passado germes de uma outra história, capaz de levar em consideração os sofrimentos acumulados e dar uma nova face às esperanças frustradas"[481]. Diferentemente da representação da violência em *História do Brasil*, a recorrência do tema em *Triste Trópico* não tem lado positivo ou poder de salvação, ela é melancólica e constante.

O ano de conclusão e lançamento de *Triste Trópico* é o mesmo da interrupção de *História do Brasil*: 1974. Diante da crise do tempo vivida, o filme aprofunda-se, como em outras cinematografias mundiais, em uma crise da própria narrativa, de suas formas tradicionais, que parecem não dar conta do caos e das repetições da história. *Triste Trópico* prefere, então, construir-se em um limiar tênue entre caos e conceitos, entre *monstra* e *astra*. Como *História do Brasil*, o filme de Arthur Omar também escolhe lidar com essa crise voltando-se para os materiais do passado, e construindo uma narrativa fílmica que se opõe à ideologia progressista dominante no Brasil da ditadura militar. A temporalidade criada, porém, é muito diferente daquela do filme de Glauber e Medeiros. Quebrando ordens do tempo em que o futuro ou o passado iluminam, ou guiam o presente, *Triste Trópico* constrói-se como narrativa poética, formada pelo acúmulo de instantes de diversas temporalidades, que reiteram constantemente a temática da dor, evocando a experiência sempre presente da tortura — que acontece, efetivamente, na época do filme, nos porões do Estado. Assim, o filme compõe seu retrato anacrônico e anárquico da "tristeza brasileira coagulada", aliás, não somente brasileira, mas do mundo. Elementos e figuras variados atribuem ao filme uma dimensão universal e reforçam a visão benjaminiana de uma história geral de sofrimentos.

O tema da violência e o sentimento trágico acentuados em *Triste Trópico* ligam-se ao protagonismo dado à colonização nesse filme, mais especificamente, ao momento do encontro entre civilizações europeias e ameríndias, evocado segundo os relatos europeus do século XVI parodiados pela narração, os cantos rituais e músicas indígenas (que se alternam com discursos católicos em latim, coros gregorianos e óperas europeias na banda sonora), as cartelas textuais, assim como imagens da época, representando os índios, a violência por eles sofrida ou símbolos ligados a religiões ameríndias (em

---

[481] GAGNEBIN, Jeanne Marie. Prefácio: Walter Benjamin ou a história aberta. *In*: BENJAMIN, Walter. *Magia e técnica, arte e política*: ensaios sobre literatura e história da cultura. São Paulo: Brasiliense, 2012. p. 8.

tensão com ícones católicos). Com exceção dos cantos ritualísticos, esses materiais, de modo geral, partem do ponto de vista do europeu e representam um imaginário da época sobre os "selvagens". Mesmo as gravuras de De Bry para Bartolomé de Las Casas, apesar de sua denúncia à colonização europeia, refletem um ponto de vista europeu sobre os índios e a América. Há também, ao longo do filme, as imagens de diversos foliões fantasiados de índios no carnaval de rua do Rio de Janeiro, fantasia recorrente no carnaval carioca, que também reflete um olhar exotizante do brasileiro branco, contemporâneo, sobre a figura do índio. Há, portanto, toda uma série de elementos que representam "o índio" (ou a cultura indígena) no filme, mas ele mesmo praticamente não aparece enquanto sujeito, estando ausente, sobretudo, na banda visual. O que é evocado em *Triste Trópico* é a presença de uma ausência e, dessa forma, o genocídio inaugural das civilizações americanas, que marcam o nascimento do Novo Mundo. O índio é um *Outro*, que se mistura artificialmente com um *Eu* na narrativa, na medida em que o imaginário europeu de suas práticas é incorporado à história ficcional de doutor Arthur, mas que permanece distante, como uma presença-fantasma.

Fig. 26 – Fotogramas de diversas representações dos índios em *Triste Trópico*: foliões fantasiados e gravura histórica não identificada

Fonte: fotogramas de *Triste Trópico*

SÓ ME INTERESSA O QUE NÃO É MEU: *HISTÓRIA DO BRASIL, TRISTE TRÓPICO* E A MONTAGEM DE
MATERIAIS DE ARQUIVO NO PERÍODO DA DITADURA MILITAR

Observemos a entrada de alguns destes elementos que representam ou evocam a cultura indígena conforme um trecho específico do filme. Depois de uma breve apresentação da Zona do Escorpião, entra na trilha sonora um canto indígena, enquanto vemos um plano curto de carros em uma avenida. Em seguida, entra a cartela: "A sociedade oSSidental". A propósital falha ortográfica e o destaque aos dois "S" em letra maiúscula apresentam, graficamente, que há algo de errado ou de inadequado nessa sociedade, bem como fazem referência à organização paramilitar nazista conhecida como "SS" (*Schutzstaffel*), isto é, a um símbolo das terríveis violências cometidas pela sociedade ocidental europeia em pleno século XX. Entra então a voz do narrador, que diz:

> Doutor Arthur, passou a recolher material biográfico detalhado sobre 74 messias da região. Foram centenas de movimentos de liberação mística que aí atingiu caráter quase endêmico. Terra de eleição, de messias e profetas entre a população cabocla, nos últimos três séculos, provocaram a migração de cidades inteiras de um extremo a outro da zona.

O canto indígena continua a ser ouvido como *background* da fala. Na banda visual, vemos planos próximos de foliões com camisas vermelhas e faixas brancas na cabeça que, por mais que não estejam propriamente vestidos de índios, por conta da trilha sonora e das faixas na cabeça, podem ser aproximados a estes, e representam, na montagem, "os messias". O elo que aproxima a "SS", presente no jogo de palavras de "sociedade oSSidental", os messias e os índios, parece ser a histórica violência ocidental.

Um pouco adiante, o comentário informa que será examinada a "vida normal" de doutor Arthur, enquanto, na imagem, vemos o plano contemporâneo de um homem de cabelos compridos e bigode que olha para câmera, fazendo as vezes de uma das múltiplas representações de doutor Arthur ao longo do filme. A banda visual corta para recortes de uma gravura histórica, na qual vemos índios com grandes cocares e expressões de espanto. As imagens intercalam-se na montagem com um plano próximo de uma mão branca, de terno, que bate no joelho e gesticula nervosamente. A voz em *off* retorna: "Fazia questão de se alimentar como os nativos, tendo por almoço duas caranguejeiras, minúsculos ovos de tartaruga do rio, lagarto moqueado, coquinhos de Macajuba, frutos semi-podres da Buriti, acompanhando um saboroso pirão de gafanhotos". O filme continua a intercalar planos filmados de mãos e gravuras históricas, e as mãos agora fazem gestos como os de um mágico, e a nova gravura apresenta uma espécie de deus que, em uma mão, segura uma faca e, na outra, a cabeça de uma criança, com um dragão sobre sua cabeça. Em seguida, entra a já comentada ilustração de De Bry de pessoas sendo queimadas vivas na fogueira, enquanto o narrador diz que doutor Arthur precisou "acostumar-se a comer carne humana". A montagem mistura, assim: descrição etnográfica, ritual antropofágico, violência tanto europeia quanto divina e magia, em uma montagem que busca naturalizar e criar continuidades entre esses múltiplos elementos, ao mesmo tempo que parece ressaltar o poder de ilusão do próprio discurso enquanto construção.

Vale notar a diferença entre *Triste Trópico* e *História do Brasil* em relação à iconografia histórica que utilizam. No caso do filme de Arthur Omar, como podemos observar, não são as pinturas românticas do século XIX que ilustram a conquista e o encontro civilizacional, mas, de modo geral, gravuras do próprio século XVI, nas quais não figura uma relação de harmonia entre índios ("bons") e europeus ("civilizadores"), mas uma relação de tensão, violência, medo e mistérios/magia. Os imaginários das duas épocas sobre os índios são radicalmente distintos.

Dentre as performances de foliões travestidos de índios, destaca-se o momento, já na parte final, em que vemos um homem de meia-idade, com um grande cocar na cabeça, portando vários colares típicos, que dança para a câmera. O plano é articulado na montagem com uma trilha sonora estridente, de caráter experimental, e com a voz do narrador. Este informa que o ex-sócio de doutor Arthur no almanaque entra na guerra contra ele e denuncia-o "por exercício ilegal da feitiçaria", detalhando que "isto coincide com o grande craque da bolsa de Nova Iorque". A seriedade do rosto do homem e a sofisticação de sua vestimenta dão à dança um caráter ritual. Se não fossem pelas breves aparições de uma avenida urbana e de outras pessoas fantasiadas ao fundo do quadro, o plano poderia ser facilmente confundido com uma filmagem etnográfica de um verdadeiro índio. Apesar de construir uma fronteira mais tênue entre Eu e Outro, é possível perceber tratar-se de mais uma encenação carnavalesca.

Somente na parte final de *Triste Trópico*, um conjunto de fotografias documentais contemporâneas de índios brasileiros entra na montagem. A sequência começa novamente com um canto indígena em coro, enquanto vemos planos muito próximos de pessoas mascaradas e, especificamente, de um boneco carnavalesco, com a cabeça feita de papel machê. Entram fotografias em preto e branco, contemporâneas, do interior de uma igreja, na qual se vê uma forte luz que entra por grandes vitrais e ilumina pessoas em contraluz. O narrador diz: "No último dia foi surpreendido explicando aos meninos índios que na antiga torre de Babel houve 72 línguas". Vemos, então, fotografias coloridas de índios atuais. O narrador continua: "e na Babel do Rio Amazonas, já se conhece mais de 150". O canto ritual, que continuava ao fundo, volta para primeiro plano, enquanto fotos da tribo indígena se alternam. Uma ilustração rompe bruscamente com o que víamos. Nela, uma mulher e crianças brancas, dentro de uma espécie de bola de cristal, são contempladas por pessoas em volta. A imagem parece uma ilustração de livro infantil. Em seguida, a banda visual corta para o desenho bidimensional (que parece saído de uma pintura da Idade Média) de um homem cortando o corpo de outro. A voz prossegue a descrição do "último dia" de doutor Arthur: "Estava dependurado numa árvore, comendo carne crua e repugnante, orelha de cachorro, rabo de serpente e lesmas".

Fig. 27 – Fotografias contemporâneas que entram na parte final do filme

Fonte: fotogramas de *Triste Trópico*

As fotografias contemporâneas dos índios, já na parte final do filme, destacam-nos, enfim, na imagem, estabelecendo uma ponte entre passado e presente. Eis os sobreviventes da violência inaugural, parece dizer a montagem. Violência cujos ecos ressoam pelos tempos e que é convocada em *Triste Trópico* como um mal de origem brasileiro. Também é possível traçar, portanto, um diálogo do filme de Omar com pensadores como Manuel Bonfim, e com toda uma tradição do pensamento crítico sobre a sociedade brasileira, centrados no momento de formação do país, isto é, na força (e violência) da colonização e de suas sequelas para o tempo presente. Como escreve Ismail Xavier:

> Amargo em seu diagnóstico, *Triste Trópico* [...] insere a biografia do Dr. Arthur num esquema secular de repetições em que, em nome da razão e do progresso, promoveu-se o extermínio das

> experiências alternativas de ordenação do mundo, de crença, de vida social. Neste sentido, o "triste" aqui não se refere às memórias de Lévi-Strauss simplesmente, mas também a uma tradição de observar o lado negativo da formação nacional, tal como o fez, por exemplo, Paulo Prado em *Retrato do Brasil*, apoiado numa literatura de viajantes correlata à iconografia que Omar apresenta.[482]

A obra do intelectual modernista Paulo Prado cujo subtítulo é *Ensaio sobre a tristeza brasileira* pode ser integrada a essa tradição de pensamento social sobre os "males de origem". Faz-se necessário destacar, entretanto, que o filme de Omar estabelece um vínculo com essa tradição por uma via que rompe de maneira radical com o discurso racional e teleológico dos próprios pensadores com os quais dialoga (diferentemente de *História do Brasil*). É por meio de uma narrativa histórico-poética aberta que o filme desenvolve um pensamento alternativo sobre a história do Brasil e sua tradição de violência.

Em *Triste Trópico*, os índios são as figuras-chave desse mal original, "fantasmas" de um início e de um extermínio, mas também a escravidão negra é uma temática, não dita, que, de forma mais pontual, perpassa a montagem. Apesar de não haver nenhuma menção à sociedade escravista na narração em *off*, imagens de escravos em situação de tortura são evocadas de forma reiterada, como também é possível observar na montagem de fotogramas do painel (Fig. 24). Destaca-se, por exemplo, na penúltima linha, a reprodução da imagem de uma mulher negra que utiliza um colar de ferro e a chamada "máscara de flandres", instrumento de tortura que impedia os escravizados de se alimentar e falar. Tal imagem se tornou conhecida no Brasil, a partir do fim da década de 1960, como a representação de uma escrava martirizada chamada Anastácia, personagem histórica que sobreviveu na memória coletiva de determinados grupos no Rio de Janeiro e na Bahia, e que passa a ser cultuada como ícone religioso umbandista e católico. O processo de iconização da imagem ocorreu mais de cem anos após sua realização. Trata-se da prancha feita pelo desenhista francês Jacques Etienne Arago em uma de suas viagens ao Brasil, publicada na França em 1839[483]. A figura não representava alguém especificamente, mas já visava denunciar as práticas de tortura correntes na escravidão do Novo Mundo.

---

[482] XAVIER, 2000, p. 17.

[483] A litogravura de Jacques Etienne Arago *"Châtiment des esclaves"* ("Castigo dos escravos") foi publicada em sua obra intitulada *Souvenirs d'un aveugle: voyage autour du monde*.

SÓ ME INTERESSA O QUE NÃO É MEU: *HISTÓRIA DO BRASIL, TRISTE TRÓPICO* E A MONTAGEM DE
MATERIAIS DE ARQUIVO NO PERÍODO DA DITADURA MILITAR

Ao incluir a imagem em *Triste Trópico*, em um plano curto, que entra em silêncio, após uma sequência que mescla tambores e canto religioso afro-brasileiro com imagens de uma festa burguesa, provenientes do filme de família dos anos 1930 que cruza a montagem, Omar evoca a escrava Anastácia, personagem cuja a história apresenta muitas versões diferentes, mas "é invariavelmente uma (história) de escravização, exploração sexual, grandes dificuldades e morte brutal"[484]. Como escrevem Handler e Hayes em artigo sobre a história da imagem feita por Arago:

> Para muitos dos seus devotos, no entanto, o que torna Anastácia especial não são as circunstâncias de sua escravização, mas suas qualidades de mártir que reagiu à escravidão: seu estoicismo, serenidade e sofrimento virtuoso.[485]

Ao incluir a gravura no filme, portanto, para quem reconhece a personagem de Anastácia, Omar evoca uma história emblemática de opressão, sobretudo em relação às mulheres negras, e, para além da violência, uma história de resistência em face do terror. Arthur Omar faz essa apropriação em pleno processo de iconização da imagem, que se inicia, como demonstram Handler e Hayes, com sua inclusão no Museu do Negro, no Rio de Janeiro, em 1968. A imagem ganha notoriedade em 1971 e torna-se amplamente conhecida e definitivamente icônica na década de 1980[486].

Independentemente do reconhecimento da personagem da imagem como Anastácia, figura que será reconhecida por certos grupos, e não por outros, o que vemos, mais uma vez, é uma representação da dor. E não de qualquer dor. O que vemos são particularidades, minúcias dolorosas da história do passado escravagista brasileiro, que fazem parte da memória coletiva. É interessante notar que a imagem de um corpo impedido de se expressar se torna especialmente simbólica em um momento no qual a liberdade de expressão está cerceada, mais uma vez erigindo uma ponte entre passado e presente. A

---

[484] HANDLER, Jerome S.; HAYES, Kelly E. Escrava Anastácia: the iconographic history of a Brazilian popular saint. *African Diaspora*, [S.l.], v. 2, n. 1, 2009. p. 36, tradução nossa. Texto original: "Anastácia's story is invariably one of enslavement, sexual exploitation, great hardships, and brutal death. [...] For many of her devotees, however, what makes Anastácia special are not the circumstances of her enslavement, but her martyr-like qualities in reacting to slavery: her stoicism, serenity and virtuous suffering".

[485] *Ibid.*, tradução nossa. Texto original: "For many of her devotees, however, what makes Anastácia special are not the circumstances of her enslavement, but her martyr-like qualities in reacting to slavery: her stoicism, serenity and virtuous suffering".

[486] Ver *Ibid.*, p. 25-51. Como declaram os autores, "enquanto as histórias sobre Anastácia variam considera-velmente, sua imagem não varia", e pode ser encontrada em diversos objetos religiosos, como em "santinhos", medalhões, fitinhas, assim como em altares de devoção.

mulher negra com a máscara de Flandres, desse ponto de vista, dialoga com as múltiplas imagens de gritos emudecidos que permeiam a montagem.

Além das imagens de sofrimento do passado, *Triste Trópico*, ao eleger o carnaval, e em pequena medida também a Folia de Reis, como um dos núcleos do filme, destaca também a força da cultura negra brasileira, por meio dos tambores, do samba, das máscaras, da irreverência da festa popular, ou dos corpos que dançam e ocupam as ruas. O sentido político do carnaval, e do gesto de carnavalização dos materiais, vincula-se particularmente, portanto, a um legado africano.

4.1.2 Carnaval e seres fantásticos: imaginário popular e cultura brasileira

Do outro lado da dor e do seu realismo, há o carnaval, a sátira de tudo, a esculhambação catártica e os seres de outro mundo. Mas não há propriamente oposição entre festa e violência em *Triste Trópico*. Os seres fantásticos muitas vezes são também representações festivas da própria dor. A figuração da ausência do índio, anteriormente comentada, por exemplo, traz, como revés da alegria observada nos foliões fantasiados, a violência da história. Como escreve Ivana Bentes sobre as fotografias da série *Antropologia da face gloriosa*:

> Aqui reencontramos um novo pathos: a violência se desdobra em grito e canto, o mesmo rosto reflete dor e alegria, há algo de trágico e dionisíaco nos gestos e olhares. Omar trabalha todo um imaginário latino-americano: imagens recorrentes e vigorosas, como a morte mascarada pulando carnaval.[487]

O comentário de Bentes pode ser estendido (retrospectivamente) a *Triste Trópico*.

Sobre o *Atlas Mnémosyne*, Didi-Huberman ressalta que este poderia

> [...] ser folheado como uma verdadeira coleção de *Caprichos*, explicitamente apresentada como uma arte de colher amostras do caos na *psiqué* ou na imaginação coletiva. Há praticamente tantos "monstros da razão" no atlas de Warburg quanto na série de Goya: divindades temerosas das antigas religiões orientais, [...] criaturas femininas com

---

[487] BENTES, Ivana. Arthur Omar: a imagem sensorial ou um artista híbrido / Arthur Omar: l'image sensorielle ou un artiste hybride. *Cinémas d'Amérique Latine*, [S.l.], n. 9, 2001. p. 67.

seios múltiplos, serpentes monstruosas, criaturas híbridas do zodíaco, seres deformados que dançam, metamorfoses cruéis e proliferantes, erotismo sádico, quedas vertiginosas, cabeças grotescas e, por todo lado, essas personificações multiformes do pesadelo da razão.[488]

Aqui também o paralelo com *Triste Trópico* é evidente. Anjos protetores ou cruéis, fantasmas, demônios ou figurações da morte, que podem ser vistos como monstros da razão, proliferam-se no filme. A morte, sobretudo, é personificada tanto por meio das performances carnavalescas quanto em gravuras históricas, como mostra a composição do painel a seguir:

Fig. 28 – Seleção de fotogramas de *Triste Trópico* que representam seres fantásticos, como monstros, fantasmas, anjos ou demônios. Imagem ampliada na pág 292.

Fonte: fotogramas de *Triste Trópico*

---

[488] DIDI-HUBERMAN, 2011, p. 2, tradução nossa. Texto original: "L'atlas *Mnémosyne* pourrait, en second lieu, se feuilleter comme un véritable recueil de *Caprices*, explicitement présenté comme un art d'échantillonner le chaos dans la *psyché* ou dans l'imagination collectives. Il y a presque autant de « monstres de la raison » dans l'atlas de Warburg que dans la série de Goya: divinités redoutables des anciennes religions orientales, titanomachies et psychomachies, créatures féminines aux seins multiples, serpents monstrueux, créatures hybrides du zodiaque, êtres difformes qui dansent de concert, métamorphoses cruelles et proliférantes, érotisme sadique, chutes vertigineuses, têtes grotesques et, partout, ces personnifications multiformes du cauchemar de la raison".

Múltiplas performances atravessam o filme, teatralizando e dramatizando a farsa carnavalesca. Sobre uma trilha experimental composta por Arthur Omar e depois sobre um canto ritual indígena, vemos diversos seres mascarados que "olham" para a câmera, entre eles uma caveira de olhos brilhantes e uma espécie de touro preto com olhos e boca vermelhos. Destaca-se a performance corporal de um homem com roupa branca e uma grande máscara-cabeça monstruosa (terceiro fotograma da esquerda para direita, na quarta linha do painel). Ele segura uma bengala, coloca um charuto na boca. O seu corpo, curvado como o de um velho e ajoelhado no chão, sofre espécies de espasmos, e depois se levanta com dificuldade. A trilha sonora, com instrumentos de sopro que emitem sons repetidos, semelhantes ao de uma orquestra em momento de afinação/preparação, contribui para o tom ritual e solene da situação e, assim, para a criação do ser híbrido meio homem e meio monstro que vemos. Trata-se, no filme, de uma entidade mágica e ancestral.

São recorrentes as performances de palhaços diversos: em determinado momento, associada a um som ambiente de cachorros latindo, vemos a figura de um palhaço, com um terno que só tem a parte da frente, mantendo as costas descobertas, que dança diante da câmera; em outro momento, um homem caracterizado de palhaço e com uma espécie de chifre na cabeça entretém as pessoas à sua volta, movimentando-se deitado sobre uma grande bola vermelha; com uma percussão ininterrupta, uma criança com uma grande máscara de palhaço, de pé e parada, encara a câmera e faz ligeiros movimentos com a cabeça. Há ainda planos de palhaços da Folia de Reis, palhaços que esteticamente nada têm a ver com os palhaços/*clowns* anteriormente citados, mas que portam assustadoras máscaras que cobrem todo o rosto, assim como macacões ou roupas compridas costuradas com retalhos de tecido (ver, por exemplo, o segundo fotograma da esquerda para a direita, na terceira linha do painel). Os palhaços da Folia, forte tradição cultural afro-brasileira que se perpetua nas periferias do Rio de Janeiro, apesar de entreter com suas apresentações e propor brincadeiras, são personagens sombrios e misteriosos, poderosos, e muitas vezes temidos, associados ao Rei Herodes, ou ao Diabo[489].

Entre os anjos, ou santos, citamos ainda uma breve performance marcante, na qual um homem com rosto pintado de branco e vermelho, e vestindo uma coroa com um véu branco (primeiro fotograma da esquerda

---

[489] Para saber mais sobre a Folia de Reis no Rio de Janeiro e sobre a figura do palhaço, ver, por exemplo, BITTER, Daniel. *A bandeira e a máscara*: estudo sobre a circulação de objetos rituais nas folias de reis. Tese (Doutorado em Ciências Humanas) – Programa de Pós-Graduação em Sociologia e Antropologia, IFCS, UFRJ, 2008.

SÓ ME INTERESSA O QUE NÃO É MEU: *HISTÓRIA DO BRASIL, TRISTE TRÓPICO* E A MONTAGEM DE
MATERIAIS DE ARQUIVO NO PERÍODO DA DITADURA MILITAR

para a direita, na terceira linha do painel), sem se mover, encara fixamente a câmera e a nós espectadores. Após alguns segundos de silêncio, o personagem salta e muda de posição (mantendo seu olhar para nós), enquanto, na banda sonora, sincronizado ao seu movimento, ouvimos uma orquestra que toca uma nota final. O trecho é extremamente simples e potente. Os exemplos de performances carnavalescas são numerosos, entre eles há a já comentada figuração da morte, que entra como prenúncio da efetiva morte do doutor Arthur (segundo fotograma da esquerda para direita, na segunda linha do painel).

"Somos figuras mágicas, místicas, afetivas"[490], diz reiteradamente o filme, que, por meio das figuras que capta e cria, documenta imaginários[491]. Imaginários populares que não estão somente presentes no carnaval e no tempo presente, mas também nas ilustrações históricas de diferentes períodos do passado. Como é possível observar no painel, personificações da morte vão desde uma gravura de um anjo alado que carrega uma grande foice (terceiro fotograma da esquerda para direita, na penúltima linha do painel) às figuras carnavalescas, assim como representações de demônios e seres híbridos, ou de símbolos de caráter religioso ou místico, também cruzam os diversos suportes e tempos.

"*El festín barroco nos parece[...] con su repetición de volutas, de arabescos y máscaras, de confitados sombreros y espejeantes sedas, la apoteosis del artificio*"[492], escreve Sarduy. Um mesmo processo de artificialização é incorporado ao teatro carnavalesco de *Triste Trópico*, por intermédio de seres que desafiam a razão e questionam o real ou o natural e, até mesmo, o que significa documentar. Teatro que não está somente no carnaval em si, mas na montagem que é feita com base nele, acentuando seu aspecto dramático e alegórico. Como escreve Sarduy, "no erotismo da artificialidade, o cultural, se manifesta no jogo com o objeto perdido, jogo cuja finalidade está em si mesmo e cujo propósito não é a condução de uma mensagem"[493].

Perpassa a montagem de *Triste Trópico* a questão da fé e da fronteira entre real e imaginário. Nesse sentido, o filme de Omar também reverbera a pergunta de Carpentier: "Mas o que é a história de toda a América,

---

[490] Ver OMAR, 1998, p. 11-12.

[491] Com o subtítulo "Documentar o imaginário", Ivana Bentes (2001) trata dessa questão em relação à série de fotografias *Antropologia da face gloriosa*, no artigo "Arthur Omar: a imagem sensorial ou um artista híbrido/ Arthur Omar: l'image sensorielle ou un artiste hybride".

[492] SARDUY, 2011, p. 8.

[493] *Ibid.*, p. 33, tradução nossa. Texto original: "En el erotismo la artificialidad, lo cultural, se manifiesta en el juego con el objeto perdido, juego cuya finalidad está en sí mismo y cuyo propósito no es la conducción de un mensaje".

senão uma crônica do real maravilhoso?"[494], ciente de que, "para começar, a sensação do maravilhoso pressupõe uma fé"[495]. Entre os santos católicos, a citada imagem de Anastácia, os anjos, os messias, os cantos rituais, os tambores, os símbolos místicos, os monstros carnavalescos, o discurso absurdo e documental da narração, e a própria montagem artificiosa e manipuladora, coloca-se a questão da crença, seja numa religião, seja na palavra ou na imagem. Como aponta Ismail Xavier, o filme constrói uma "espessa zona cinza entre o real e o imaginário" característica da própria experiência da colonização evocada, "marcada por uma curiosa hierarquia dos sentidos na qual o que se via era fortemente matizado pelo que se ouvira dizer destes espaços de aventura, medo e danação"[496]. Se o filme ironiza e abala as múltiplas "verdades" apresentadas, também coloca em primeiro plano o mistério, a força do que não é concreto, do que é mágico ou inconsciente para as culturas e sociedades, por meio de um inventário eclético de imagens e sons (a trilha sonora tem um papel fundamental nisto), que visa conectar a humanidade com um universo metafísico. O foco de interesse de *Triste Trópico* é a cultura brasileira e latino-americana e o inventário de formas imagéticas e sonoras que refletem alguns de seus medos, crenças e criações não racionais, cujo núcleo é a documentação sobre o carnaval de rua do Rio de Janeiro, manifestação cultural brasileira de caráter catártico, político e apoteótico, que leva anualmente milhares de pessoas às ruas da cidade. "Nunca fomos catequizados / Fizemos foi o Carnaval" e "O Carnaval no Rio é o acontecimento religioso da raça", dizem versos de Oswald do "Manifesto antropófago" e do "Manifesto da poesia pau-brasil", que sintetizam o protagonismo cultural do carnaval como um símbolo do sincretismo nacional, celebrado por toda uma tradição de pensamento sobre o Brasil. Vale destacar o pioneirismo da forma como Omar filma a festa: os cinegrafistas[497] inserem-se nela, colocam-se extremamente próximos às pessoas, provocando relações com a câmera e registrando a estética do carnaval de rua carioca, festa que, como toda tradição viva, permanece em constante movimento e transformação. Apesar da fragilidade técnica da filmagem (que apresenta muitos planos subexpostos, por

---

[494] CARPENTIER, 1958, p. 11.

[495] *Ibid.*, p. 7-8.

[496] XAVIER, 2000, p. 15. As observações de Ismail Xavier sobre a hierarquia de sentidos no período colonial baseiam-se no livro de Laura de Mello e Souza *O diabo e a terra de Santa Cruz*. São Paulo: Companhia das Letras, 1987.

[497] É interessante notar que diversos fotógrafos assinam a fotografia do filme, entre o crédito de "fotografia" (Iso Milman e José Carlos Avelar) e "fotografia adicional" (José Carlos Lobato, Edgar Moura, Murilo Salles). Como as únicas filmagens feitas para o filme são as do carnaval de rua do Rio de Janeiro, todos colaboraram com a produção dessas imagens.

SÓ ME INTERESSA O QUE NÃO É MEU: *HISTÓRIA DO BRASIL, TRISTE TRÓPICO* E A MONTAGEM DE
MATERIAIS DE ARQUIVO NO PERÍODO DA DITADURA MILITAR

exemplo), trata-se de um registro que, rompendo com o distanciamento de
um olhar antropológico ou documental mais tradicional, se faz inovador
no cinema brasileiro da época.

Ligado ao viés antropológico do filme, está o constante interesse de
Triste Trópico pelo Outro, pela abordagem da questão da alteridade. Tanto o
índio (e a experiência da colonização, que representa o cerne da questão da
alteridade) quanto a mulher, o negro, e as tradições populares representados
são todos, para Omar, "manifestações do outro"[498]. O filme participa, assim,
do início de uma trajetória artística marcada pela prática de registrar e se
relacionar com "toda uma série de manifestações [...] que significam para mim
(Omar) uma grande alteridade"[499]. No filme, o tema da alteridade também
se liga, mais uma vez, ao da violência. Esse olhar sobre o outro é trabalhado,
sobretudo, conforme os estereótipos e a intolerância com que esse outro é
frequentemente tratado pelo imaginário masculino-branco-ocidental, mais
uma vez, observado por uma perspectiva de longa duração, ao longo dos
tempos e da história. As descrições textuais e imagens que hoje percebemos
como absurdas sobre "os outros" — tratados como não humanos, objetifi-
cados ou animalizados — se acumulam na montagem, sendo apresentadas
de maneira satírica e crítica, isto é, carnavalizadas.

Vejamos mais uma sequência que reúne, de forma complexa, algumas
das questões aqui abordadas. Após a longa descrição dos estranhos sintomas
que acometem doutor Arthur, segue-se um intertítulo: "Nova rotina diária
do Dr. Arthur". A cartela marca o início de sua transformação messiânica.
Ouvimos o solo de uma cantora lírica, cujo som é apresentado de forma
fragmentada, com sucessivos cortes de frações de segundos, que interrompem
a continuidade do canto. Na banda visual, entra uma mandala vermelha que
aglomera diversos símbolos, tendo no centro o desenho estilizado do rosto
de um homem, possivelmente de um deus (na primeira linha do painel, é a
quarta imagem da esquerda para a direita). Entra, então, a narração, com o
canto ao fundo: "Seu pai, o sol, lhe enviava um boletim diário com instru-
ções para o governo do mundo e a restauração do império". Sucedem-se
à imagem mística da mandala fotografias em preto e branco de estátuas
gregas ou romanas, expostas em um museu. Com um corte brusco, entram
na montagem planos filmados atuais de uma mulher negra, caracterizada
como baiana, que vende cocadas e outros doces típicos. Ao seu lado, está
uma criança também negra, possivelmente seu filho. A voz continua:

---

[498] OMAR, 1998, p. 17.
[499] *Ibid.*.

Doutor Arthur memorizava tudo, detalhes técnicos sobre dilúvios vindouros, cronogramas para a busca do paraíso terrestre, um fichário sobre reis estrangeiros presentes e futuros a serem vencidos e um roteiro de peregrinação até a terra sem mal que os Guaranis já procuravam desde o século XVI.

Ao fim da fala, entrecorta a imagem da baiana uma cartela com a data "1500". A fala cessa por alguns segundos, a ópera continua, sem acompanhamento, sempre com os curtos cortes/interrupções no canto. A montagem sincroniza o "vaivém" da voz com um plano em que a criança brinca de se esconder da câmera, atrás da mãe, e volta a aparecer, encarando de relance seus espectadores. Entra uma nova cartela, "1549", que reitera o paralelo constante entre tempo presente e colonização, entre o hoje e as origens (não-origens). Sobre close de um rosto mais velho, maquiado como um palhaço e filmado com câmera na mão, o narrador continua a sua fala em *off*, agora já sem o canto:

> Um dos mais antigos surtos messiânicos conhecidos data de 1549. Três mil tupinambás fogem de um aldeamento jesuíta na Bahia, guiados por dois pajés que se diziam criadores do céu e mestres do trovão. E tentaram atravessar o continente Sulamericano. Os pajés encenavam danças e prescrições, rituais rigorosos visavam preservar a cultura ameaçada, curavam os doentes e os calvos, e explicitavam as filigranas da doutrina. Os índios foram morrendo pelo caminho, procuravam a terra da imortalidade heroica e do repouso eterno, treze anos depois, em Chachapoyas, no Peru, duzentos e cinquenta sobreviventes são aprisionados.

Como em vários outros momentos do filme, o trecho *supra* também evoca um evento histórico, no caso, a chegada a Chachapoyas, no Peru, no ano 1549, de um grupo de aproximadamente 300 índios brasileiros tupinambás. O evento é tratado na obra de Alfred Métraux *A religião dos tupinambás*, assim como em seu artigo "Migrations historiques des tupi-guarani", valendo-se de documentos relativos ao fato[500]. Segundo Métraux, "este evento suscitou, na época, uma curiosidade geral e exerceu uma grande influência sobre as expedições que, a partir de 1550, se dirigiram à Bacia do Amazonas"[501]. Trata-se de um acontecimento, portanto, que alimenta

---

[500] Ver MÉTRAUX, 2014, p. 268-280; MÉTRAUX, Alfred. Migrations historiques des Tupi-Guarani. *Journal de la Société des Américanistes*, [S.l.], t. 19, p. 1-45, 1927. Disponível em: http://www.persee.fr/doc/jsa_0037-9174_1927_num_19_1_3618. Acesso em: 4 mar. 2018.

[501] MÉTRAUX, 1927, p. 21, tradução nossa. Texto original: "cet événement suscita à l'époque une curiosité générale et exerça une grande influence sur les expéditions qui a partir de 1550 furent dirigées vers le bassin de l'Amazone".

o imaginário europeu sobre a aventura tropical. O comentário em *off* de *Triste Trópico* é construído com base no texto de Métraux, mesclando frases do autor com outras citações de relatos do século XVI, relativos a essa mesma migração de 1549 e a outras migrações que teriam ocorrido em anos posteriores. A informação de que os índios procuravam "a terra da imortalidade heroica e do repouso eterno", por exemplo, é uma citação de Gandavo[502], enquanto a de que eles eram guiados por profetas "que se diziam criadores do céu e mestres do trovão" ou a de que "os índios foram morrendo pelo caminho" se baseiam em um relato de Claude d'Abbeville[503] sobre uma migração ocorrida nos últimos anos do século XVI. Com base no recorte, na transformação e na montagem dos fragmentos de textos, de forma semelhante ao procedimento de Oswald de Andrade na primeira parte da obra *Pau Brasil*, a narração de *Triste Trópico* une elementos díspares, faz interferências formais e assume uma postura irônica, como quando junta em uma mesma frase a informação de que os pajés "visavam preservar a cultura ameaçada" com o fato de que "curavam os doentes e os calvos". A ironia e o deboche parecem constantemente produzir um curto-circuito proposital na narração de caráter histórico composta por Omar.

A imagem do rosto do palhaço cobre todo o trecho de fala. Não se trata de um rosto inteiro, e sim de detalhes desse rosto. A câmera passeia por ele e enfoca suas rugas, os relevos da pele, as zonas escuras dos olhos, os desenhos da maquiagem, a boca que fala (sem som) e os dentes. O rosto é apresentado como paisagem, e as rugas podem ser entendidas como metáfora dos caminhos percorridos, da peregrinação e da mágica "terra da imortalidade heroica e do repouso eterno".

Ouve-se uma versão instrumental, muito lenta, da famosa marchinha de carnaval "Bandeira branca", de tom melancólico e triste. Destoando do ritmo habitual da canção, aqui sua interpretação é especialmente arrastada (talvez por uma distorção da música produzida pela montagem sonora). Uma nova cartela enigmática entrecorta o filme: "A multiplicação das crianças por Sísifo Jujuba". O eterno sofrimento do personagem da mitologia grega é fugazmente evocado com o inesperado sobrenome de "Jujuba", nome de uma bala de goma apreciada pelas crianças brasileiras. Com a música,

---

[502] A frase de Gandavo citada por Métraux é "terre d'immortalité et du repos éternel" (Ver MÉTRAUX, 2014, p. 269).

[503] Em seu relato, Claude d'Abbeville diz, por exemplo, que "Il (le Prophete) disoit que c'estoit luy qui faisoit fructifier la terre, qu'il leur envoyoit à cet effet le Soleil et la pluye", e, um pouco adiante, sintetizando informações do depoimento de Abbeville, Métraux diz que "La faim et les maladies décimèrent les tribos qui l'avaient suivi" (MÉTRAUX, 2014, p. 270-271).

entra uma série de planos carnavalescos. Primeiro, com um *travelling*, vemos um grupo de crianças vestidas com máscaras típicas de palhaços da Folia de Reis, correndo no mesmo sentido que a câmera, e olhando para ela (para nós espectadores). Em determinado momento, um dos pequenos "monstros/palhaços" tira a máscara, com um grande sorriso, outros dão "tchauzinho" ou colocam a mão na lente. A montagem mescla, com base na relação das imagens com a trilha sonora, inocência infantil e certa tragicidade. Segue-se outro plano de crianças em um bloco de carnaval. Elas dançam, pulam e também encaram a câmera com curiosidade. É possível perceber que algumas têm penas na cabeça e estão maquiadas, fantasiadas de índios. Os olhares curiosos das crianças podem ser vistos como um olhar mais "novo" ou "virgem" em relação ao mundo. Um tipo de olhar característico de momentos de começo que interessam à narrativa, como o período histórico das navegações ou o das origens do próprio cinema, como veremos adiante. A câmera continua a passear pelos alegres foliões. Por um momento, um canto gregoriano grave e solene, um coro de vozes masculinas, sobrepõe-se à melancólica marchinha.

Este é um dos trechos de *Triste Trópico* em que a narração é interrompida por um tempo longo, aproximadamente 2 minutos, permitindo um mergulho no espaço da rua e do carnaval carioca. Quando o comentário retorna, ouve-se uma afirmação que evidencia a própria estratégia do filme: "Doutor Arthur não fez nenhum esforço para atrair os cangaceiros e fanáticos, preferiu jogar com o tempo, porque o tempo é a chave da estratégia". Em um sentido metadiscursivo, o tempo pode ser visto como a chave da estratégia da montagem que, baseada em anacronismos, forma um inventário de imagens e imaginários tanto de acontecimentos históricos quanto de monstros e seres sobrenaturais ("pesadelos da razão") que perpassam e constituem uma história da cultura brasileira e ocidental.

4.1.3 A montagem de heterogeneidades como método

Triste Trópico funda-se na compilação, na aproximação e confrontação de objetos distantes e heterogêneos entre si. O filme empreende uma "viagem pela heterodoxia", retomando as palavras de Ismail Xavier, por meio de uma montagem de disparates: de um filme de família da primeira metade do século XX ao lado de uma gravura que representa a América do século XVI, de uma litogravura do século XIX de uma escrava negra, de uma pintura renascentista da cabeça de um santo, ou de "monstros" do carnaval carioca. A reunião de elementos extremamente heterogêneos, por um lado, liga-se ao próprio pensamento sobre as identidades brasileira e latino-americana, vistas como "encruzilhada de culturas"[504]. Como o "Cancioneiro de Oswald de Andrade", a montagem de elementos díspares contribui para "uma leitura da diferença brasileira", considerando "seu caráter vacilante, bem traduzindo a porosidade da cultura e da língua, suas projeções ambíguas, a feição híbrida do cá"[505]. Mas, para além disso, a montagem de elementos díspares de maneira fragmentada configura-se também como um método de abordagem dos materiais reempregados e de narrativa da história.

A narrativa de *Triste Trópico* configura-se como experiência enigmática, que visa mais instigar e estabelecer aproximações inesperadas do que efetivamente decifrar mensagens. Valorizando os fragmentos, as lacunas e o jogo entre significantes e significados, o filme coloca o espectador em um quebra-cabeça que exige atenção e dá pistas de sentidos, por vezes vislumbrados, mas não totalmente alcançados. Assim, a narrativa de caráter alegórico de *Triste Trópico* desestabiliza, mas não é somente desconstrutora; ela também constrói um "imaginário da formação nacional, do choque e do sincretismo"[506]. É, porém, dessa forma aberta e desordenada que o filme propõe sua reflexão sobre a cultura brasileira e compõe uma memória visual. Não há sentido oculto a ser desvelado. O filme não constrói um raciocínio sistematizado, causal, concreto, porém elabora outras formas de pensamento, mais abstratas e subjetivas. Às vezes, as interpretações e conclusões existem, formam-se para o espectador, mas, ao mesmo tempo, elas parecem fugidias, deixam pontas de dúvidas, ou levam o espectador a buscar elementos ou informações fora do filme. Ou seja, pensamentos concretos e inteligíveis são forjados pelo filme, mas, de um modo geral, eles mantêm uma certa carga de ambiguidade.

A busca da ambiguidade faz parte do método desenvolvido por Arthur Omar no trabalho com a imagem, no conjunto de sua obra. Em relação ao método de montagem de *Triste Trópico*, particularmente, ele diz:

> A imagem, ela tem uma ambiguidade. No momento em que eu trabalho com muitas imagens, essas imagens, elas têm um potencial, cada uma, se tomada independentemente, de significar muitas coisas. Então a ideia é manter isso. No momento que você pega uma imagem e junta com outra,

---

[504] CHIAMPI, 2010, p. 15.

[505] FONSECA, 2004, p. 127-128.

[506] Ver XAVIER, 2000, p. 15.

> todo o potencial de ambiguidade e, digamos, de multiplicidade que a imagem teria, vai ser sensivelmente reduzido, porque ela (a imagem) vai entrar dentro de um discurso, em uma combinação com a imagem anterior, e depois, com a posterior. Então você vai, de alguma forma, limitando, e editar, montar, é um pouco é isso: você vai limitando etc e tal. Então o método criado – e que na verdade era um método ainda não assumido [...] no próprio *Triste Trópico*, mas que depois desenvolvi de uma maneira obsessiva e até irritante, [...] – é ir esticando quase que dentro de uma tensão psicológica, intolerável, ao máximo, [...] a ambiguidade da imagem. [...] Eu pego duas imagens, elas combinaram, elas juntaram aqui. Já limitei, mas eu não vou pegar isso aqui e juntar com outras coisas. Separa. Está ali. [...] A ideia é sempre manter essa indeterminação da imagem o maior tempo possível. [...] E no caso do *Triste Trópico*, eu me lembro que foram séculos editando. [...] Nada tinha sido projetado para combinar com nada. Tudo podia ser. E essa demora, em grande parte, era um efeito desse não deixar nem que a imagem caia numa queda, numa degradação do seu potencial de multiplicidade, nem deixar que o filme facilmente adquira uma direção.

Por mais que a montagem assuma uma forma final, quando o filme é concluído, a busca pela ambiguidade do método de Omar reflete-se no filme, por meio da abertura das leituras e conclusões possíveis de serem elaboradas via montagem. Esta questão de um tatear que não visa "agarrar a coisa por inteiro"[507] é teorizada pelo artista em sua recente obra *Antes de ver* (2014), que elabora uma teoria específica da fotografia e da percepção, pela qual é possível estabelecer certos laços com trabalhos anteriores do autor e, particularmente, com *Triste Trópico*. Omar escreve que "manter a ambiguidade, estender o enigma até o limite da sua resistência", é a sua "maneira de ir prolongando a mágica". Ele continua: "Assim, preciso lançar mão de todas as artimanhas possíveis para que o *sense of wonder* inicial resista às seduções da inteligência que visam corrompê-lo", mantendo as respostas em aberto, "sem deixar que flutuem na minha consciência por muito tempo"[508].

Pois esse esforço de manutenção do enigma e de um *sense of wonder* já está presente em *Triste Trópico*, cuja narrativa parece, a todo tempo, "avançar, mal tocar e recuar"[509]. Temas, questões e problemas vêm à tona, eles são entrevistos, tocados, mas não demora para que o filme provoque um "recuo

---

[507] OMAR, 2003, p. 88.

[508] *Ibid.*, p. 80.

[509] *Ibid.*, p. 79.

intencional" do entendimento. "Não é necessário captar tudo que o autor quer dizer. Essa é a primeira conquista, e ela surge quando você cala essa pressão de entendimento"[510], privilegiando o "gozo da dúvida e da incerteza", com o objetivo de "não destruir muito rápido a minha capacidade de ser surpreendido"[511], diz Omar. As ideias mantêm, assim,

> [...] o gás de uma investigação vaga. [...] O oposto da precisão requerida pela ciência. Eis a maneira com que o pensamento e a percepção irão trocar por muito tempo ainda o seu estudo recíproco de respeitosa rivalidade. Como um boxeador estudando a sua sombra.[512]

O trabalho com as imagens do passado empreendido por *Triste Trópico* assume, portanto, um método fragmentado de narrativa da história — a "história de almanaque"[513] — que reflete essa forma de "investigação vaga" ou, como Omar diz em sua entrevista de 1974, de abordagem não "rigorosa e controlada da história dentro do cinema"[514]. Nessa forma de avançar da narrativa, reside a dificuldade de se analisar o filme. O desafio é o de não cair na armadilha das mensagens e dos sentidos ao estudar o filme, fechando o que se quer abrir. É importante ressaltar que as interpretações e séries propostas neste estudo são, portanto, algumas entre outras possíveis. Mas, apesar de tudo, acreditamos, concordando com o próprio Arthur Omar, que o filme elabora, sobretudo, uma "reflexão sobre o Brasil", por meio da tensão criada pela união dos elementos díspares. E que, portanto, a elaboração de diferentes leituras e interpretações são bem-vindas e necessárias para a experiência mais profunda que o filme propõe. Experiência que não se limita a uma desconstrução moderna dos cânones da linguagem cinematográfica.

4.2 Outras séries: o cinema, a mulher e a família

4.2.1 Origens do cinema: em busca de um novo começo

No quebra-cabeça que é a montagem de *Triste Trópico*, a origem do cinema é também evocada como um pano de fundo que se associa com as origens ocidentais da América e com a peregrinação da etnias tupis-gua-

---

[510] OMAR, 2003, p. 81.
[511] *Ibid.*
[512] *Ibid.*, p. 80.
[513] OMAR, 1974, s/p.
[514] *Ibid.*, s/p.

ranis em busca da "terra sem mal". Ainda no seu primeiro terço, após os 10 minutos iniciais que contêm as apresentações introdutórias do enredo, o filme expõe uma sequência emblemática neste sentido. Com uma música clássica leve e tranquila, vemos planos filmados em preto e branco de funcionários que saem de uma fábrica. Pelo vestuário dos homens e das mulheres, percebemos tratar-se de imagens contemporâneas da realização do filme. Os planos podem remeter-nos a um dos primeiros filmes da história do cinema, *La Sortie de l'Usine Lumière à Lion*, dos irmãos Lumière, projetado no Salon Indien du Grand Café, em dezembro de 1895. Entra, então, a narração:

> O tema central: a busca do paraíso, a terra sem mal. Aí as sociedades arcaicas se reencontrariam com as tradições perdidas e se poderia assistir novamente à criação das espécies vivas, das ilhas e marés, da terra firme, dos grupos humanos e suas instituições. No paraíso corria um dinheiro sobrenatural sem cara nem coroa.

O trecho, mais uma vez, é construído da paródia e transposição para o filme de fragmentos do estudo etnográfico *A religião dos tupinambás*, de Alfred Métraux. Com os planos da fábrica, *Triste Trópico* evoca o nascimento do cinema, e especificamente, do cinema documentário, um momento em que a imagem em movimento é uma novidade, e o futuro do cinema ainda uma incógnita. Trata-se de um momento, portanto, em que nada é natural, e todas as convenções ainda estão por ser inventadas. Relacionar ao início do cinema a "terra sem mal" onde nada ainda foi criado parece o objetivo do cineasta com essa montagem, cujo tom é claramente nostálgico. A reflexão do filme, neste sentido, espelha e dialoga com determinadas posições de Arthur Omar expostas em seu manifesto "O antidocumentário, provisoriamente", de 1972, comentado no primeiro capítulo. Omar ressalta em *Triste Trópico* que o cinema é uma instituição que "tem uma história, onde se registra as vicissitudes e as motivações da sua formação"[515].

Mas "no paraíso corria um dinheiro sobrenatural", diz o narrador, interrompendo a referência histórica ao livro de Métraux. Em seguida, vê-se um plano fechado do rosto de um menino negro, de chapéu, que sopra um apito e grita repetidamente: *"Money,* quero *money, money!"* (um dos poucos planos com som direto — sincrônico — do filme). No *background* da banda sonora, a trilha clássica torna-se mais dramática. O filme parece criticar,

---

[515] OMAR, 1978, p. 6-7.

assim, o domínio dos fins mercadológicos que passam a orientar o cinema, até mesmo a prática do documentário. O tempo das origens e de uma arte "virgem", que as imagens da fábrica evocavam com nostalgia, já não existe mais. Por meio da palavra *"money"*, pronunciada pelo menino com forte sotaque brasileiro, a montagem também parece remeter-se ao domínio de Hollywood, da indústria do cinema estadunidense na produção mundial. Ainda que na visão de *Triste Trópico* a história do cinema tenha seguido um caminho limitador e o tempo no qual tudo era possível tenha passado, o que o filme propõe diante desse cenário é a necessidade de se buscar um retorno às origens, de se voltar, mesmo que utopicamente, à "terra sem mal", para se inspirar no seu frescor. Neste sentido, o destaque aos primórdios do cinema pretende contribuir para um trabalho de desconstrução, de desnaturalização das convenções cinematográficas, que possuem elas também uma história, visando lembrar que é possível abrir novas possibilidades para o cinema brasileiro, sobretudo no campo do documentário. O próprio *Triste Trópico* configura-se como uma tentativa neste sentido, seguindo a linha do que Omar propõe como um novo método em seu manifesto de 1972.

Fig. 29 – Fotograma de um dos planos filmados em preto e brancos da saída dos funcionários de uma fábrica

Fonte: fotogramas de *Triste Trópico*

Reforçando a referência às origens do cinema estão as entradas dos planos de "trens" de *Triste Trópico*, com base em imagens de arquivo amadoras dos anos 1920/1930. Também, planos variados de fábricas (funcionárias em suas máquinas de costura) ou de situações de construção (funcionários que constroem uma casa, ou de máquinas que trabalham em uma obra) perpassam a montagem, enfatizando, sobretudo, o aspecto construtivo (da reunião de peças/fragmentos) da elaboração do discurso, da memória ou do próprio filme, isto é, seu caráter de montagem.

Mais adiante no filme, interrompendo a parte do enredo que trata dos sintomas de Dr. Arthur, entra uma foto-sequência de Eadweard Muybridge, em que se vê o movimento de uma mulher nua que se deita no chão (1884-1887). A montagem alterna fotografias frontais e laterais, mantendo a continuidade do movimento, e deixando cada imagem durar tempo o suficiente para ser percebida enquanto imagem fixa. O trecho dura aproximadamente 20 segundos e é acompanhado por uma música clássica, de teor dramático. Agora, Omar vai ainda mais atrás no tempo e cita diretamente a pré-história do cinema e sua invenção baseada na fotografia, no estudo do movimento no tempo. Com essa interrupção no enredo, o filme remete-se, mais uma vez, a um cinema das origens, ao pré-cinema, mas também, diferentemente do trecho da saída da fábrica, ao princípio mecânico de funcionamento do cinema, que fabrica a ilusão de movimento segundo a justaposição de imagens fixas. O cinema é, portanto, também ilusão, uma impressão forjada por um dispositivo tecnológico, e, assim, joga com a "espessa zona cinza entre o real e o imaginário", entre verdade e magia, que atravessa o filme.

O motivo da mulher nua da foto-sequência de Muybridge leva-nos para uma outra série que cruza todo o filme: a das figurações do feminino, série que o trecho também integra.

4.2.2 As mulheres e o patriarcado

A série "das mulheres", que reúne diversas imagens do rosto e do corpo femininos, faz-se constantemente presente na montagem e é uma das mais enigmáticas de *Triste Trópico*. A mulher é um dos "Outros" observados pelo filme. Trata-se de uma figura central da história da arte, modelo de beleza retratado ou esculpido ao longo dos tempos. Ela é, entretanto, sempre a modelo, o outro que é observado à distância pelo artista. *Triste Trópico* parece de certa forma evocar a figura da mulher na história das imagens, suas múltiplas "poses" para o olhar do outro-homem-artista, reunindo desde estátuas greco-romanas a fotografias de corpos e rostos femininos realizadas em diferentes momentos do século XX, inclusive fotografias de autoria de Arthur Omar. É possível notar na montagem um reiterado interesse pelo corpo nu e, particularmente, pelo sexo feminino e pelos seios. Por um lado, esse interesse pode ser associado à atração do filme pelas origens, o corpo e os órgãos femininos servindo como metáfora do momento do nascimento e da primeira infância. Metáfora que vai no mesmo sentido da célebre pintura de Gustave Courbet, na qual se vê um recorte do corpo de uma mulher nua deitada com seu sexo em primeiro plano, intitulada *L'Origine du Monde* (A Origem do Mundo, 1866). O corpo da mulher como uma metáfora dos começos pode se relacionar com as origens ocidentais da América, com a busca pela "terra sem mal", com o desejo de um recomeço e renovação do cinema, e do próprio país.

Por outro lado, parece-me que há, principalmente, uma reflexão colocada ou sugerida pelo filme sobre o lugar, ou os lugares atribuídos à mulher na sociedade patriarcal, que também se liga à figura de seu corpo. A mulher é representada enquanto objeto e foco do desejo masculino. Podemos observar ao longo do filme, por exemplo, algumas ilustrações de caráter cômico, como um desenho no qual uma mulher nua é cortada, a começar pelo seu sexo, por uma faca manuseada por um gato gigante, ou uma ilustraçãoque mostra um grupo de homens observando com uma lupa as nádegas de uma mulher sob um pedestal. Em outra direção, a mulher é também representada enquanto modelo ou mulher-ideal segundo os parâmetros de beleza e dos costumes da "família tradicional", como é possível observar nas várias imagens de capas de revistas dos almanaques dos anos 1930/1940. Ela é, ainda, vista de forma mitificada, enquanto um ser demoníaco, sobrenatural ou monstruoso: como em uma fotografia de uma mulher com um seio com múltiplos mamilos; ou em uma ilustração histórica de uma deusa guerreira. Esse último aspecto do feminino é também evocado pela fala da narração, que diz, por exemplo que, na Serra do Escorpião, "as mulheres davam à luz alternadamente a crianças e a pequenos animais", ou que, durante a peregrinação do grupo liderado por doutor Arthur, "praticavam o aborto e o infanticídio".

Essa tríplice representação da mulher — como objeto, modelo de beleza/ maternidade e como demônio —, mais uma vez, tem origens culturais muito longínquas, e permanece vigente no Brasil dos anos 1970. O contexto do início dos anos 1970, com o tropicalismo, é também marcado por revolução cultural, impulsionada pela juventude, que se atrela a um movimento de liberalização dos costumes, de transgressão dos comportamentos e valores sociais tradicionais. Como escreve Heloísa Buarque de Hollanda e Marcos Gonçalves, a partir de 1968 acontece um "florescimento, em áreas da juventude, de uma postura contracultural", que valoriza a "transgressão comportamental, a marginalização, a crítica violenta à família [...], a recusa do discurso teórico e intelectual, crescentemente tecnicista"[516]. É nesse cenário que o jovem Arthur Omar elabora, por meio da compilação de imagens diversas, sua síntese das maneiras exteriores, simplificadoras e, frequentemente, exotizantes, como as mulheres foram, e são ainda, representadas socialmente.

Em conjunto com as imagens de procedências diversas, a personagem de Grimanesa Le Petit, esposa de doutor Arthur na história ficcional, apresentada desde o início do filme e que entra pontualmente na narrativa, traz à tona e formaliza algumas das questões ligadas aos lugares atribuídos socialmente à mulher ao longo dos tempos. Vejamos alguns dos momentos de aparição da personagem. Após as informações sobre a instalação do protagonista da Zona do Escorpião e sobre suas atividades no local, que tem como tema principal o desenvolvimento das pílulas do doutor Arthur e de seu almanaque, o narrador faz uma espécie de parêntese sobre Grimanesa:

> Há poucos dados sobre o seu casamento com Grimanesa Le Petit ou melhor: que obscura aliança pretendia o Doutor Arthur ao realizá-lo. Levado por ela fundou um colégio de meninas grã-finas, cujo anúncio dizia: ensina-se língua inglesa e francesa e boas maneiras. E mais, a fazer flores de pano, obras de missangas, descanso de castiçais e costura para ambos os sexos.

Primeiramente, com a fala, vemos o plano filmado do rosto de uma mulher, proveniente do filme de família dos anos 30. Imagem já apresentada anteriormente, associada à Grimanesa, quando esta é rapidamente apresentada como esposa de doutor Arthur no início do filme. Em seguida, entra outro plano do filme de família, no qual vemos uma senhora e um senhor com uma criança no colo, sorrindo e interagindo com a câmera. Nesta altura, os espectadores já reconhecem tanto o homem quanto a criança, que são os "personagens principais" das imagens amadoras que cruzam o filme, a menina sendo percebida como filha de doutor Arthur. A mulher que aparece nesses planos é também associada pela montagem e pelos espectadores à Grimanesa, que, como Arthur, é representada por vários rostos diferentes ao longo do filme. A narração continua a descrever os aprendizados oferecidos

---

[516] HOLLANDA, Heloísa Buarque de; GONÇALVES, Marcos A. *Cultura e participação nos anos 60*. São Paulo: Brasiliense, 1999. p. 95.

SÓ ME INTERESSA O QUE NÃO É MEU: *HISTÓRIA DO BRASIL, TRISTE TRÓPICO* E A MONTAGEM DE
MATERIAIS DE ARQUIVO NO PERÍODO DA DITADURA MILITAR

pelo "colégio de meninas grã-finas" de Grimanesa, que ensina também "a tocar piano e flauta de pã de treze tubos". Na escola, "se nutrirá o coração das educandas com o amor pela virtude, para que possam aditar os dias de seus progenitores". A banda visual corta para ilustrações de rostos de mulheres, típicos de capas de revistas e almanaques da época.

A descrição do anúncio lido pelo narrador é, muito provavelmente, uma citação de um trecho de almanaque dos anos 30/40 (assim como as cartas dos leitores sobre as pílulas de doutor Arthur, mencionadas anteriormente). A fala, com as imagens do filme de família e com os rostos femininos românticos idealizados pelas capas de revista, nesse momento retrata Grimanesa como uma "boa moça", esposa ideal, uma mãe de família interessada, sobretudo, no bem-estar dos "progenitores". O plano que se segue, e faz uma transição para a sequência de "O Nascimento da Tragédia", é o de um homem vestido de mulher em um bloco carnavalesco. O aspecto satírico do carnaval sublinha uma leitura cômica do trecho. É interessante notar que esta e outras imagens de homens travestidos de mulher (uma conhecida tradição do carnaval carioca) provocam, servindo-se da brincadeira, do lúdico, uma fusão entre o *Eu* e o *Outro*, o carnaval assumindo e reforçando o seu papel no filme de encarnar imageticamente — e, assim, destacar — as relações entre identidade e alteridade.

Trinta minutos depois, quando doutor Arthur se torna líder messiânico e orienta uma peregrinação, a narração volta a falar de Grimanesa:

> (Doutor Arthur) afirmava que as estátuas adoradas pelos cristãos eram estátuas disfarçadas de sua mulher Grimanesa Le Petit. Dela, diz Euclides da Cunha, que a conheceu pessoalmente: megera assustadora, bruxa rebarbativa, a velha mais hedionda destes sertões, imagem atemorizante da maternidade devoradora, um de seus pés é humano, o outro animal.

Com a fala, vemos o rosto de uma estátua clássica e, em seguida, o plano de uma mulher de meia-idade, gorda, vestida com adereços como um chapéu e um grande par de óculos cor-de-rosa. Ela rebola, balança os seios, dança e posa para a câmera, animadamente. Parte da fala do narrador, como o texto indica, é uma adaptação de um trecho de *Os sertões*, de Euclides da Cunha, sobre uma "megera assustadora"[517]. A mulher continua fazendo sua performance carnavalesca, enquanto ouvimos, ao fundo, sons da rua. Gri-

---

[517] O trecho de *Os sertões* fala de "uma megera assustadora, bruxa rebarbativa e magra – a velha mais hedionda talvez destes sertões" (CUNHA, Euclides. *Os sertões*. Rio de Janeiro: Centro Edelstein de Pesquisas Sociais, 2010. p. 504. Disponível em: http://books.scielo.org/id/tw4bm/pdf/cunha-9788579820076-00.pdf. Acesso em: 5 abr. 2018).

manesa, apresentada anteriormente como boa esposa e mãe, transforma-se agora em bruxa, meio humana, meio animal, "imagem atemorizante da maternidade devoradora". A narração continua, sobre as imagens da mulher:

> Doutor Arthur queria a sua história de amor com dimensão épica, mas já entrava em negociações secretas com sua amante, Dorothea Engrácia Tavareda Dalmira, autora do livro, *Máximas de virtude e formosura*, com que Diófanes, Climineia e Hemirena, príncipes de Tebas, venceram os mais apertados lances da desgraça, imitando o sapientíssimo Fénelon, na sua *Viagem de Telêmaco*.

O que soa como uma digressão sem sentido é mais uma vez uma extração de informações factuais e de uma mistura de citações documentais de meados do século XVIII, mais especificamente de um anúncio do jornal *Gazeta de Lisboa* de 17 de agosto de 1752 e de um fragmento de publicação da Biblioteca Lusitana de 1759[518]. Dorothea Engrácia Tavareda Dalmira é efetivamente o codinome da autora de *Máximas de virtude e formosura*, obra escrita em meados do século XVIII, que circulou com sucesso em Portugal e no Brasil. Trata-se de uma mulher pioneira da literatura lusófona, figura histórica rapidamente evocada, sem maiores apresentações, pela narrativa do filme.

Fig. 30 – Fotogramas do plano em que uma mulher dança e performa para a câmera, durante o carnaval. Imagem que acompanha tanto a fala sobre a "megera assustadora" quanto a menção à suposta amante de Dr. Arthur, Dorothea Engrácia Tavareda Dalmira. A imagem original é colorida

Fonte: fotogramas de *Triste Trópico*

---

[518] O trecho de *Triste Trópico* reúne duas citações dos séculos XVIII. De Barbosa Machado, no tomo 4 da Biblioteca Lusitana (1759), extrai o trecho: "D. Theresa Margarida da Silva e Horta [...] [era a autora de] *Máximas de virtude, e formosura* com que Diófanes, Climenéia e Hemirena, Príncipes de Tebas, venceram os mais apertados lances da desgraça". Já de um anúncio do jornal *Gazeta de Lisboa* (1752), o filme transforma a informação de que "imita ou excede ao sapientíssimo Fénelon na sua viagem de Telemaco" (FLORES, Conceição. Ousadia feminina no século XVIII. *In*: SEMINÁRIO NACIONAL, 12.; SEMINÁRIO INTERNACIONAL MULHER E LITERATURA – GÊNERO, IDENTIDADE E HIBRIDISMO CULTURAL, 3., 2007, Ilhéus, Bahia. *Anais* [...]. Ilhéus: Universidade Estadual de Santa Cruz, 2007. s/p. Disponível em: http://www.uesc.br/seminariomulher/anais/PDF/CONCEI%C3%87%C3%83O%20FLORES.pdf. Acesso em: 5 abr. 2018.

Certamente, pouquíssimas pessoas vão reconhecer a personagem histórica ou as referências documentais ao assistir ao filme, entretanto a evocação de uma personagem feminina pioneira corrobora a leitura de que *Triste Trópico* reúne múltiplos pontos de vista, de diferentes temporalidades, sobre a mulher, que podem estar mais ou menos explícitos. Somados, estes pontos de vista irônicos formam um panorama heterogêneo e multiforme de leituras sobre a mulher que perpassam a sociedade patriarcal ocidental e, particularmente, brasileira. Leituras, na maior parte das vezes, estereotipadas e violentas. Segundos depois da sequência descrita anteriormente, enquanto a banda visual retoma imagens de capas de almanaques nas quais figuram mulheres modelos, em poses romantizadas, o narrador diz que

> [...] no caminho, certa vez, se deparando com o cadáver de uma mulher enforcada, pendente do galho de uma árvore, Doutor Arthur exclamou: provera os deuses que todas as árvores dessem frutos semelhantes.

A extrema violência da frase que objetifica o corpo da mulher, a ponto de banalizar sua morte, montada com as ilustrações das "boas moças", remete-se, de forma exacerbada, ao olhar violento em relação à figura da mulher ainda presente no Brasil dos anos 1970. Não por acaso, no fim do filme, é Grimanesa, "para quem o casal era a única realidade estável", quem, "num acesso de ciúme que nada tinham com as lutas, matou seu marido com 35 tiros na cabeça, número que faz supor que ela foi ajudada por outras pessoas". Breve trecho que, provavelmente composto por frases documentais extraídas de fontes diversas, também aponta, em sua síntese absurda, para imaginários correntes sobre a mulher, vista como ciumenta, histérica, perigosa, vingativa, dependente e incompetente. Afinal, uma mulher, para dar tantos tiros, precisa ser "ajudada por outras pessoas".

A convivência entre uma visão crítica em relação às violências perpetradas pela sociedade ocidental (ao longo de séculos de história) e ao olhar social sobre a mulher parece visar sublinhar os laços nocivos entre sociedade ocidental e sociedade patriarcal. A história de sofrimentos que se encadeia desde o genocídio inaugural do Novo Mundo é conduzida por homens brancos que detêm os poderes políticos. Romper com o ciclo de violências ocidentais seria também romper com o patriarcado. Podemos supor que o que Arthur Omar propõe, por meio da composição dessa enigmática série sobre as representações do feminino em *Triste Trópico*, possa ser, mais uma vez, sintetizado por um aforismo do "Manifesto antropófago", de Oswald de Andrade:

> Contra a Memória fonte do costume. A experiência pessoal renovada. [...]
> Contra a realidade social, vestida e opressora, cadastrada por Freud – a realidade sem complexos, sem loucura, sem prostituições e sem penitenciárias do matriarcado de Pindorama.[519]

É o matriarcado que simboliza uma renovação política libertadora. Nesse sentido, quebrar as estruturas coloniais, opressoras, ocidentais é também transgredir o patriarcado e o lugar subalterno que, por séculos, foi atribuído socialmente às mulheres.

4.2.3 A família e a política brasileira

A série dos filmes de família dos anos 1930 é também uma banda constante, marcada por uma estética própria: dos planos filmados em preto e branco (e com tonalidade azulada) que apresentam uma textura específica, "de época", e retratam, sobretudo, uma família burguesa tradicional. Trata-se do grande contraponto do filme às filmagens contemporâneas e populares do carnaval. Cada uma das séries, a das imagens dos filmes domésticos (em preto e branco) e a do carnaval de rua (colorida), mantém uma unidade estética interna, e ao longo da montagem elas contrastam entre si. Guiomar Ramos estrutura sua análise sobre *Triste Trópico* enfatizando a discrepância entre "filme antigo *versus* carnaval"[520], oposição tanto estética quanto temática entre "igualdade/desigualdade, informalidade/formalidade"[521]. Ismail Xavier também já aponta que, com as imagens de família, evoca-se "uma modernidade provinciana na idade da inocência, espécie de contraponto para um desfile de imagens em que predominam motivos menos prosaicos"[522]. A observação de Xavier indica como a série da família, com sua tranquilidade e inocência, se contrapõe não somente à do carnaval, mas também à temática central da violência, dos desastres.

Os filmes domésticos têm como personagem central uma menina que deve ter em torno de 3 anos de idade. A suposta filha de doutor Arthur, no enredo ficcional, é retratada fazendo gracinhas para câmera ou em seu cotidiano familiar. É uma criança feliz e saudável. Há também um segundo personagem que aparece com frequência, um senhor de cabelo e barba grisalhos que acompanha a menina, seu avô. Essas imagens são apresentadas

---

[519] ANDRADE, 1986a, p. 358-360.
[520] RAMOS, 2008, p. 55.
[521] *Ibid.*, p. 56.
[522] XAVIER, 2000, p. 12.

com destaque ainda no início do filme, no momento das apresentações, como filmagens familiares feitas pelo Doutor Arthur, que foram incluídas no filme, e vão entrecortar toda a montagem.

Nem sempre, porém, as filmagens amadoras mostram situações do núcleo familiar propriamente dito; há também imagens de funcionários construindo uma casa, do interior de uma fábrica, de um campo de aviação, ou de uma festa nos jardins. De um modo geral, as imagens amadoras representam a família e outras situações relativas a atividades da elite econômica nacional entre os anos 1920 e 1930, e têm a função de simbolizar o que seria a "normalidade ideal" da cultura ocidental. Entretanto, essas imagens raramente entram "sozinhas" ou com sons que reiteram o que elas mostram. Em relação ao enredo ficcional, elas visam ilustrar, com frequência, a vida privada do doutor Arthur, que, como vimos, inverte os padrões de suposta normalidade: ele vira antropófago, apresenta sintomas físicos e mentais terríveis e torna-se um profeta messiânico que se envolve em uma guerra. Portanto, as imagens, apesar de manterem-se serenas e tradicionais, ilustram, no filme, um cotidiano bizarro e fantástico.

Vejamos um exemplo de sequência. Quando, depois de seus sintomas, o protagonista se torna um líder mágico, o narrador diz em *off*: "Doutor Arthur atravessa esse período inicial em meio a visões, sua ideia fixa é: a dois mil não chegará. Viaja em pensamento até o país dos mortos ilustres que lhe mostram a Europa velha, as gerações sem vigor". Ao longo da fala, vemos fotografias do busto de uma estátua antiga, que pode ser vista como a "visão" do personagem do "país dos mortos" (Fig. 31); e, em seguida, a ilustração de um grupo de homens vestidos com capuzes e máscaras que observa com uma lupa uma pinta nas nádegas de uma mulher seminua. Há também na imagem, em segundo plano, mais uma pessoa, totalmente coberta por uma vestimenta de fantasma, que observa a mulher. O cenário do espaço interior da imagem apresenta uma arquitetura europeia, ilustrando a "Europa velha". Entram na montagem, então, planos do filme de família: vemos a menina protagonista em uma fazenda, rodeada de galinhas e gansos e, em seguida, de ovelhas. Ela interage com os animais. Na trilha sonora, ouvimos ao fundo o áudio dos bichos e a narração continua:

> Um espectro ronda a Europa. A dois mil não chegará. Somente os escolhidos na Zona do Escorpião escaparão da noite definitiva, a ordem era: renunciar a tudo que o estrangeiro trouxe, fio de náilon, os cosméticos, os enlatados, os motores a explosão, preservar a tradição. Fica proibida a comida Europeia,

ela provoca um peso diabólico no corpo. O corpo precisa se conservar através de jejuns prolongados até que de tão leve consiga passar num instante da terra ao céu.

No fim da fala, entra uma música ritualística, com um coro de vozes femininas e um instrumento de percussão, possivelmente indígena. As imagens bucólicas da menina na fazenda prosseguem, acompanhadas pela música. No fim do trecho, outra trilha soma-se ao canto, atribuindo à sequência um clima de tensão e suspense.

Fig. 31 – Fotografia de Arthur Omar do busto de uma estátua e de outros fragmentos de estátuas antigas, utilizada em *Triste Trópico*

Fonte: acervo pessoal de Arthur Omar

Em relação à fala, mais uma vez a Europa entra no discurso, de uma perspectiva antropofágica, como uma cultura estranha — sua comida, por exemplo, "provoca um peso diabólico no corpo" —, sendo necessário renunciar a tudo que se liga a ela. Na banda visual, entretanto, o que vemos não é a Europa, ou imagens diabólicas, mas uma cena familiar e inocente de uma criança branca e ocidental. A banda sonora insiste no contraste com a imagem e em evocar uma tensão à cena, por meio das trilhas ritualística e de suspense. Neste trecho, como em diversas outras entradas do filme doméstico na montagem, há um forte estranhamento entre o que vemos e ouvimos. Podemos nos questionar sobre os porquês da insistência da montagem em estabelecer o choque, a discrepância entre a família e os terrores ou desastres dos mais variados, também convocados pelo filme. Para além de provocar estranheza e desconforto, a montagem, valendo-se do som, mais uma vez, de sua verticalidade, parece instigar o espectador a refletir se há algo por trás da família feliz. Também nessas imagens amadoras e cotidianas, na "série da família", não estariam presentes a violência e os barbarismos tão evocados pelo filme? Com sua forte crítica à sociedade ocidental e patriarcal, acreditamos que é aí mesmo, na aparente inocência, que *Triste Trópico* vê os "barbarismos", apesar de invisíveis na imagem. Por trás, ou no revés dos filmes da abastada família, estão os horrores e os seres sobrenaturais acumulados no filme. Os contrastes que a montagem provoca pretendem desnaturalizar e causar estranheza à aparente tranquilidade, à aparente alegria e ao aparente conforto das imagens.

É interessante recordar, mais uma vez, o contexto histórico da época. A defesa da família e da propriedade é importante bandeira da ditadura militar, que teve grande apoio civil, sobretudo dos setores da elite e da classe média brasileiras, motivo pelo qual foi rebatizada em estudos recentes como ditadura civil-militar. As Marchas da Família com Deus e pela Liberdade, uma série de manifestações conservadoras que aconteceram em 1964, em favor da deposição do presidente eleito e contra uma suposta ameaça comunista, foram, por exemplo, eventos importantes para o desdobramento dos fatos históricos. Seu título, Marcha da Família, é especialmente simbólico. A primeira marcha levou 500 mil pessoas às ruas da cidade de São Paulo, dias antes da efetivação do golpe em 31 de março de 1964. Como aponta o historiador Daniel Aarão Reis:

> Depois da vitória do golpe, houve uma outra Marcha da Família com Deus pela Liberdade no Rio de Janeiro, reunindo cerca de 1 milhão de pessoas. [...] E depois haveria dezenas e dezenas de marchas da família com Deus pela liberdade, houve gente marchando até setembro de 64.[523]

O apoio civil à implementação do regime de exceção parte, sobretudo, de setores conservadores e da elite brasileira, como parte do clero, entidades femininas e rurais, baseados no argumento da força da "tradicional família brasileira". Vale lembrarmos ainda que, entre o fim da década de 1960 e o início da década de 1970, conforme aponta Heloísa Buarque de Hollanda, a família tradicional está "mais que nunca fechada com o Estado, que lhe

---

[523] REIS, Daniel Aarão. Ditadura militar e revolução socialista no Brasil. *Revista Tempos Acadêmicos*, Santa Catarina, n. 4, 2006.

oferece as delícias do "milagre econômico"[524]. Se observamos a onda conservadora atual da crise política brasileira, é possível notar que, mais uma vez, as pautas políticas mais retrógradas e antidemocráticas em curso estão encobertas pela bandeira da "família", pela defesa da "família" enquanto instituição que se vê ameaçada[525]. A família é, portanto, historicamente, uma instância de violência velada, atuando no campo político como um símbolo do conservadorismo. Parece ser nessa direção que, frequentemente, a montagem do filme de Arthur Omar procura construir e sublinhar um aspecto sombrio e inquietante em relação às imagens familiares.

Com as imagens de situações da família, há outras filmagens amadoras que, em conjunto, marcam um lugar de fala de elite e chamam atenção para a relação entre classes sociais. O próprio registro de filmes de família no Brasil no início do século XX é um indicador deste ponto de vista. Como afirma Thais Blank em sua tese de doutorado sobre o cinema doméstico brasileiro, é nos anos 1920 "que as câmeras voltadas exclusivamente para o uso doméstico são lançadas no mercado"[526] e que a prática do cinema amador e da produção familiar se expande entre a "alta sociedade' brasileira". As câmeras "fazem parte do universo particular de uma elite agroindustrial que tinha tempo e dinheiro para investir em cinema como hobby e dispositivo de perpetuação da memória familiar"[527]. A presença de um filme de família dos anos 1930, portanto, evidencia em si uma posição social, que é reiterada pelos ambientes, vestimentas e situações reveladas pelas imagens.

Quando a narração do filme faz referência às atividades do protagonista depois de sua instalação na Zona do Escorpião, por exemplo, a banda visual apresenta um trecho relativamente longo de planos de um campo de aviação amador, no qual vemos homens com ternos e chapéus brancos, pequenos aviões particulares levantando voo, e planos aéreos feitos do ponto de vista do próprio avião. Primeiro, o narrador dá informações como a de que Dr. Arthur

> [...] encontrava tempo de colaborar nos violentos jornais da região: *O espelho da justiça, A voz da razão, Cartas ao povo, Os dois compadres liberais, O Doutor Tira-teimas, O enfermeiro de doidos, O novo censor* e o *Busca pé*. Alguns em língua tupi.

---

[524] HOLLANDA; GONÇALVES, 1999, p. 95.

[525] Basta lembrarmo-nos do terrível votação do dia 17 de abril de 2016, quando a Câmara dos Deputados votou a favor do impeachment da presidenta Dilma Rousseff repetindo, à exaustão, o voto pela "família brasileira".

[526] BLANK, Thais. *Da tomada à retomada*: origem e migração do cinema doméstico brasileiro. Tese (Doutorado em Comunicação e Cultura) – Universidade Federal do Rio de Janeiro; Université Paris 1 - Panthéon Sorbonne, Rio de Janeiro; Paris, 2015. p. 10.

[527] *Ibid.*, p. 11.

Em seguida, entra na trilha sonora um canto gregoriano solene e grave, enquanto os aviões continuam a desfilar pela banda visual. As imagens dos homens e dos aviões, de um espaço especialmente elitizado, feitas do ponto de vista do doutor Arthur, são, portanto, acompanhadas por referências aos "violentos jornais" (dos quais o protagonista participa) e de uma trilha misteriosa e "pesada".

Antecedendo a rápida entrada da já mencionada gravura de Anastácia (do rosto de uma mulher negra com a máscara de Flandres), há outro trecho de imagens amadoras, de planos que mostram uma festa, um evento que reúne um grupo de pessoas da "alta sociedade" nos jardins ou partes exteriores de uma casa. Homens e mulheres brancos estão vestidos com trajes formais, ternos, vestidos e chapéus. Eles se divertem em um jogo, conversam, confraternizam em torno de mesas de chá, posam para o cinegrafista. Atrelados às imagens, estão inicialmente uma música árabe e, em seguida, um canto afro-brasileiro acompanhado por instrumentos de percussão. Sobre este último, nota-se que não se trata de uma música gravada, mas de uma situação viva, de festa, talvez de cunho religioso. Os planos filmados da burguesia branca contrastam com a trilha sonora popular e negra. A imagem seguinte, que entra em silêncio, com um corte brusco, é a gravura da mulher escravizada com a "máscara de flandres" identificada à Anastácia. O embate entre classes sociais sugerido concretiza-se e conclui-se com uma imagem histórica que representa a violência da escravidão na América.

Fig. 32 – Reprodução de *Châtiment des Esclaves*, Jacques Etienne Arago, 1839. Cartela original filmada para a montagem do filme

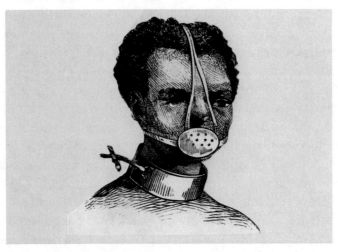

Fonte: acervo pessoal de Arthur Omar

Vale mencionarmos um último trecho que reitera o conflito social evocado pelas filmagens amadoras. Trata-se da sequência da leitura do poema de García Lorca "La cogida y la muerte". Os planos que cobrem os aproximadamente 2 minutos da solene leitura do poema dessa vez não retratam a elite, mas homens que trabalham no campo, com enxadas e tratores, ou em uma construção, muitos deles negros. São essas imagens de trabalho braçal que acompanham a trágica interpretação da voz que nos fala de um tempo "parado", "congelado" na agonia das *terribles cinco de la tarde*. Já mais para o fim da leitura, entra em cena o nosso já conhecido personagem dos filmes de família, o homem de cabelo grisalho que costuma acompanhar a criança. Ele não está vestido como os trabalhadores, mas porta seu terno e seu chapéu característicos. Nos breves planos em que aparece, o homem dá orientações a um trabalhador. Estas imagens, que sem um visionamento atento podem facilmente passar desapercebidas, marcam não somente o contraste entre classes, mas o lugar de "senhor", de proprietário de terra, ocupado pelo personagem retratado e que representa o ponto de vista das imagens amadoras.

A menina que protagoniza os filmes de família de *Triste Trópico* é a tia de Arthur Omar, sua irmãzinha bebê é a sua mãe, e o cinegrafista, Arthur Álvares Noronha, é seu avô, informações que não são dadas pelo filme. A série da família, portanto, apesar de todas as críticas sociais e políticas que pode carregar, é também uma instância do "eu" do cineasta, da memória pessoal, ainda que não revelada desta forma. Mesmo sem ter essa informação, que acrescenta camadas de leitura, os filmes domésticos determinam um lugar de fala burguês-branco que é também o do cineasta e da maior parte dos espectadores do filme. Há um estranhamento e, mais uma vez, um desconforto entre a identificação que essas imagens provocam e o olhar crítico sobre elas que é desenvolvido por meio da montagem. Os filmes de família são também imagens afetivas e universais, como a da criança fazendo gracinhas, descendo de escorrega com o avô, dando beijinhos na irmãzinha bebê, ou da família almoçando na varanda. Imagens em que nos reconhecemos, apesar de tudo. Ao mesmo tempo, elas fomentam um vínculo entre classes sociais dominantes — das quais o próprio cineasta e grande parte dos espectadores fazem parte —, e um lugar privilegiado e opressor, responsável por terríveis males históricos. Trata-se de uma identificação que possui, portanto, um caráter histórico, que aponta para uma consciência e uma responsabilidade atuais associadas a dívidas históricas. As imagens de família incluem-se, dessa forma, na narrativa polifônica e multitemporal

SÓ ME INTERESSA O QUE NÃO É MEU: *HISTÓRIA DO BRASIL, TRISTE TRÓPICO* E A MONTAGEM DE
MATERIAIS DE ARQUIVO NO PERÍODO DA DITADURA MILITAR

do filme, que abarca, mediante seus materiais, um longo período, que vai desde o século XVI aos anos 1970, e podem ser lidas dentro desse contexto maior da grande História.

Antecede a descrição da morte de Dr. Arthur uma cartela que anuncia "O único filme do Dr. Artur em pessoa", a qual se seguem os planos da criança dançando e mandando beijos para a câmera e os de um homem que não reconhecemos, mais jovem do que o personagem do senhor de cabelos grisalhos com quem estamos acostumados, que está sentado e segura a menina no colo. Ela o beija. Ao que tudo indica, quem vemos é o Dr. Arthur, que, até esse momento, estaria sempre atrás da câmera, registrando sua família assim como outras situações por ele vividas. Trata-se do verdadeiro Arthur Noronha, avô do cineasta Arthur Omar.

A escolha de revelar o dono do olhar que produziu as imagens amadoras chama atenção para essa presença invisível, para o fato de que havia um sujeito todo o tempo por trás da câmera, um ponto de vista. Sujeito que é, ao mesmo tempo: o protagonista da ficção; o representante de um lugar de fala (da elite brasileira); avô do cineasta; e cinegrafista, o olhar por trás das imagens, espelhando, assim, para além do nome "Arthur", a identificação com o cineasta que realiza o filme que vemos. Simultaneamente tratadas de forma íntima e distanciada, as imagens da série da família, mais uma vez, mesclam o Eu e o Outro, imbricando identidade e alteridade, por meio de uma montagem complexa.

CONSIDERAÇÕES FINAIS

No fim do percurso deste estudo, acredito que *História do Brasil* e *Triste Trópico*, apesar de suas profundas diferenças, refletem, em suas criações com materiais já existentes, uma atitude da arte diante da história e, especificamente, da história brasileira. Os filmes apropriam-se de materiais do passado, de múltiplas temporalidades, por uma perspectiva que pode ser entendida como antropofágica, baseada na experimentação e renovação da linguagem, na reunião de elementos heterogêneos, e em uma tradição de questionamento sobre a identidade nacional, pensada enquanto diferença. A atitude antropofágica é também marcada pela irreverência, pela postura crítica que se faz por meio da ironia, do riso e do sarcasmo. Por isso, quando vinculada ao carnaval e sua catártica quebra temporária de hierarquias, a antropofagia cultural oswaldiana avizinha-se à noção, que lhe é contemporânea, da carnavalização, desenvolvida por Bakhtin. Também, ela se filia a uma tradição intelectual que trata a história do Brasil segundo determinados alicerces considerados essenciais, que se desdobram ao longo dos tempos: a experiência da colonização e da escravidão. Traumas que parecem se manter como feridas abertas, que se renovam constantemente. No caso de *História do Brasil* e *Triste Trópico*, renovam-se, sobretudo, na experiência de violência vivida em tempos de exceção.

Entre 1971 e 1974, no auge da repressão da ditadura militar brasileira, tanto Glauber e Medeiros quanto Omar desenvolvem uma estética antropofágica e carnavalesca de trabalho com os materiais de arquivo como estratégia de convocação e elaboração do passado no presente. Valendo-se da paródia e do riso, de diferentes maneiras, os cineastas focam os temas da dor e da violência brasileiras, reiteradas ao longo dos tempos, cujas origens ambos identificam, seguindo uma longa tradição do pensamento social brasileiro, na formação nacional colonial e escravagista. Eles se interessam também pelas tradições culturais brasileiras, populares, de raízes igualmente profundas, representadas, sobretudo, pelo carnaval. No caso dos filmes, identidade e história imbricam-se. Em uma busca por "quem somos", pela construção de uma narrativa de si (de âmbito nacional), os filmes elaboram suas narrativas sobre a história do Brasil. Para isso, diante de um cenário de impotência, eles se interessam pelo que "não é meu", voltam-se para o que já existe, para os arquivos, e elaboram procedimentos estéticos e discursivos inovadores, em diálogo com o legado do modernismo brasileiro e outras vanguardas artísticas da década de 1920. Carnaval e antropofagia são temáticas abordadas tanto por *Triste Trópico* quanto por *História do Brasil*, que se convertem em escolhas estéticas e políticas em relação aos materiais retomados.

Questões que vêm do campo da literatura são incorporadas, portanto, pelo cinema feito por uma determinada geração e, mais ainda, por um cinema que se faz com base em materiais já existentes, pela devoração de "outros". As escolhas estéticas que refletem essa atitude diante do mundo e da história se inspiram em um barroquismo latino-americano que renasce nos anos 1960 e 1970, como vimos. Neste momento, a retomada do pensamento sobre o barroco visa à construção de uma estética latino-americana própria, compatível com uma modernidade (e "ocidentalidade") alternativa dos trópicos. Trata-se de uma estética do excesso, da proliferação, do acúmulo e do transbordamento, centrada em uma montagem que reúne elementos díspares, criando narrativas sem um fio condutor principal, sem um centro único, que ultrapassam a linearidade e sucessão causal. Uma montagem que se faz ver, coloca os abundantes fragmentos em constante movimento, e baseia-se, sobretudo, numa criativa relação entre bandas visual e sonora, que se inspira em uma via aberta por Eisenstein, por meio de sua proposta de se pensar e explorar o que o cineasta soviético chamou de montagem vertical. Não se trata somente de uma relação de aleatoriedade, dissonância ou contraste, mas do estabelecimento de relações diversas e complexas entre as bandas, que podem construir, ao mesmo tempo, elos e distâncias entre os elementos, e que elaboram um cruzamento entre temporalidades. Passado(s) e presente sobrepõem-se em uma abordagem da história considerada a partir de uma perspectiva de longa duração, que valoriza suas dimensões subjetivas. As montagens caleidoscópicas dos filmes parecem visar conceber narrativas que sejam capazes de abordar dimensões psíquicas e mesmo inconscientes da história e da memória do país, ao trazer à tona seus recalques, repetições e mistérios. Os filmes também parecem desejar afetar, sobretudo, a sensibilidade do espectador, especificamente em relação ao passado coletivo brasileiro.

Triste Trópico e, sobretudo, *História do Brasil* são considerados filmes difíceis, eles constituem experiências de visionamento que requerem, por seu caráter experimental e não linear, no caso de *Triste Trópico*, ou pela dureza da montagem entre voz e imagens, no caso de *História do Brasil*, uma abertura por parte do espectador. Foi interessante notar, ao longo da pesquisa, as camadas que cada um deles revelava ao serem observados

SÓ ME INTERESSA O QUE NÃO É MEU: *HISTÓRIA DO BRASIL, TRISTE TRÓPICO* E A MONTAGEM DE
MATERIAIS DE ARQUIVO NO PERÍODO DA DITADURA MILITAR

com uma intenção analítica. Foi ver e rever, "decupar", assistir a pequenos trechos particulares que permitiu a percepção de determinados aspectos. Cada visionamento ou nova atenção portada aos filmes com base nas determinadas questões possibilitava a compreensão de coisas novas, ou abria novas direções de reflexão. É como se, de certa forma, os filmes fossem feitos para serem analisados mais do que simplesmente vistos. Muitas de suas riquezas estão em detalhes ou dependem de uma postura que, além de curiosa, seja questionadora, preocupada em os interpelar.

Parece possível delinear um legado desses filmes de reemprego no cinema contemporâneo brasileiro, e traçar, assim, uma ponte entre eles e a produção atual. Rogério Sganzerla vai retomar muitas das questões e influências dos anos 1970 nos anos 1990, com o filme *Tudo é Brasil*, realizado entre 1996 e 1997 e lançado em 1998. O filme faz parte da tetralogia de Rogério Sganzerla dedicada à passagem de Orson Welles pelo Brasil, quando o cineasta estadunidense realiza, em 1942, as filmagens do inacabado *It's All True*, nas cidades do Rio de Janeiro e de Fortaleza[528]. A tetralogia é composta pelos filmes: *Nem tudo é Verdade* (1986, 35 mm, color. e preto e branco, 95 min), *A Linguagem de Orson Welles* (1990, 35 mm, color. e preto e branco, 20 min), *Tudo é Brasil* (1998, 35 mm, color. e preto e branco, 82 min) e *O Signo do Caos* (2003, 35 mm, color. e preto e branco, 80 min). Materiais diversos ligados à realização de *It's All True* circulam entre os quatro filmes, que analisam, de diferentes pontos de vista, a mesma experiência frustrada de Welles. Dentre os quatro filmes, *Tudo é Brasil*[529] destaca-se por ser inteiramente realizado com base em imagens e sons já existentes e por, mais do que os outros filmes, ultrapassar o tema "Orson Welles" para tratar de questões que discutem ou refletem a sociedade brasileira, como, por exemplo, o carnaval e o samba, a política brasileira dos anos 1940, a figura de Getúlio Vargas, ou mesmo o passado colonial e imperial brasileiro. Sobre o filme, Sganzerla declara, reforçando seu interesse por um pensamento sobre o Brasil: "é uma pequena tentativa de voltar às nossas raízes, coisa que eu acho tão importante quanto o nosso cinema"[530].

---

[528] Para saber mais do processo de realização de *It's All True*, de Orson Welles, ver: BENAMOU, Catherine. *It's All True:* Orson Welles pan-american odyssey. Berkley: University of California, 2007.

[529] A montagem de *Tudo é Brasil* é assinada por Sylvio Renoldi, parceiro de Sganzerla em diversos filmes; aliás, responsável pela aclamada montagem de *O Bandido da Luz Vermelha*. O filme também conta com uma montagem final de Mair Tavares, montador de diversos filmes de Júlio Bressane, Ruy Guerra e Cacá Diegues.

[530] Depoimento de Rogério Sganzerla em: ORICCHIO, Luiz Zanin. No rastro de Orson Welles. *In:* SGANZERLA, Rogério. *Encontros.* Organização de Roberta Canuto. Rio de Janeiro: Beco do Azougue, 2007. p. 162. Entrevista publicada originalmente no Diário de Pernambuco, em 07/12/1996.

Mais de vinte anos depois de *Triste Trópico* e História do Brasil, *Tudo é Brasil* também se assume como um filme antropofágico e evoca diretamente a imagem (mais uma vez transformada) da capa de *Pau Brasil*, de Oswald de Andrade[531]. O filme de Sganzerla reúne uma grande quantidade de materiais heterogêneos, valendo-se uma montagem baseada em criativas relações verticais entre imagens e sons, que constroem redes de temporalidades. É interessante observar que o pesquisador Samuel Paiva, ao escrever sobre *Tudo é Brasil*, também cita Serguei Eiseinstein e afirma que o filme de Sganzerla é baseado no "princípio de montagem vertical"[532]. Com uma narrativa não linear, excessiva e circular, temos a impressão de que os elementos de *Tudo é Brasil* integram uma espécie de roleta em movimento, indo e vindo ao longo da montagem[533]. O que não quer dizer que esta montagem seja — ou aparente ser — aleatória ou gratuita. Ao não seguir a cronologia dos fatos e mesclar diversas linhas narrativas, o conjunto do filme produz uma sensação de que a lógica da ordenação das sequências nos escapa, de que os elementos circulam e de que, assim, o antes e depois se misturam. A

---

[531] *Tudo é Brasil*, no ano de 1998, também ganha um prêmio de Melhor "Colagem Antropofágica" no Festival de Brasília. O artista gráfico Rogério Duarte, júri da edição do festival, na época, declara: "o prêmio foi uma homenagem a Oswald de Andrade e também ao trabalho de Rogério Sganzerla, como antropófago" (Ver PREMIAÇÃO antropofágica. Correio Braziliense, Brasília, 20 out. 1998. s/p. Disponível em: http://www.cinemabrasil.org.br/brasilia.98/outros.htm)

[532] PAIVA, Samuel. *A figura de Orson Welles no cinema de Rogério Sganzerla*. Tese (Doutorado em Ciências da Comunicação) – Universidade de São Paulo, São Paulo, 2005. p. 280.

[533] Rogério Sganzerla também filia sua busca constante por expandir os limites do cinema à relatividade dos sentidos e das lógicas rígidas da narrativa. "Relatividade voluntária" e "desarticulação do discurso tradicional" estão no coração do que o cineasta considera como o cinema moderno, que considera possuir "evidente vocação neo-barroca" (SGANZERLA, Rogério. *Por um cinema sem limite*. Rio de Janeiro: Azougue, 2001. p. 11). "Barroco" e "neobarroco" são, desde os anos 1960, termos correntes no vocabulário das críticas cinematográficas de Rogério Sganzerla, que se refletiriam em *Tudo é Brasil* nos anos 90. Eles são frequentemente atrelados, na perspectiva do autor, ao cinema moderno, que se contrapõe ao clássico. Ao tratamento clássico — linear, unitário, de clareza absoluta, contínuo e lógico —, opõe-se o tratamento moderno — complexo, múltiplo, de clareza relativa, descontínuo e ilógico. As cinco categorias que diferenciam o clássico do moderno, segundo Sganzerla, são muito semelhantes às propostas por Wölfflin no início do século XX, para opor o estilo barroco ao estilo clássico. "Barroco"/"neobarroco" e "moderno" são, portanto, termos que designam aspectos semelhantes no vocabulário de Sganzerla. O cineasta dialoga, sobretudo, com a crítica cinematográfica francesa dos anos 1960, que se serve do barroco como uma categoria estética bastante generalista para pensar o cinema moderno. Segundo essa perspectiva, a expressão cinematográfica do barroco é a dos "diretores que primam pela forma perfeita e complexa, abundante e virtuosa, simbólica e singular", como Orson Welles. Para além de características formais, Sganzerla vincula o caráter barroco da obra de Welles à incompletude e à opacidade das narrativas que constrói, que geram a exigência "de um jogo a ser mentalmente organizado pelo espectador". Ao tratar do termo de maneira ampla e vaga, Sganzerla não reforça sua ligação com um pensamento específico do barroco na América Latina, mas, ainda assim, sublinha que esse cinema relativo, interessado pelo inconsciente coletivo e ilógico, se torna eficaz "sobretudo no terceiro mundo". Em sua filmografia, Rogério Sganzerla busca explorar a abertura da narrativa do cinema moderno, preocupado constantemente com a experimentação, com a expansão das fronteiras do cinema. *Tudo é Brasil* inscreve-se nesse movimento radicalizando, mais do que em qualquer outro filme do autor, a explosão da narrativa e da clareza do sentido.

paródia dos materiais retomados é estratégia central. *Tudo é Brasil*, como os dois filmes dos anos 70, continua a apostar na hipertextualidade e na força crítica do riso.

O filme de Sganzerla contribui para mostrar como certas atitudes desses filmes de reemprego de 1974, particularmente influenciadas pelo modernismo brasileiro da década de 1920, podem ser inseridas em um contexto geracional mais amplo e, ao serem retomadas na década de 1990, se desdobram ao longo do tempo. Ao atualizar aspectos de uma atitude estética e política marcante para sua geração na criação com materiais de arquivo, me parece que *Tudo é Brasil* contribui para influenciar novas gerações, criando um elo desta postura com o cinema contemporâneo brasileiro.

Depois de Sganzerla, podemos destacar dois cineastas brasileiros, de uma nova geração, que trabalham hoje com materiais de arquivo, e que são declaradamente influenciados por aqueles cineastas. São eles: Eryk Rocha e Joel Pizzini. Ambos reatualizam, mais uma vez, esta tradição estética e intelectual, filiando-se a ela. *Rocha que Voa* (2002), o primeiro longa-metragem de Eryk Rocha, filho mais novo de Glauber Rocha, é um documentário fortemente baseado em imagens e sons de arquivo, que trata do período de exílio de Glauber em Cuba, buscando refletir sobre as relações entre Glauber e o Cinema Novo brasileiro com o cinema cubano do período. Eryk, ao concentrar-se na fase cubana de seu pai, escolhe, justamente, o período de início de realização de *História do Brasil*, que é diretamente mencionado em *Rocha que Voa* por uma breve entrevista com a montadora cubana Mirian Talavera. Eryk, além de buscar os testemunhos de Glauber, reúne em seu filme trechos de filmes latino-americanos das décadas de 1960 e 1970, documentários e filmes de ficção, além de *noticieros* do ICAIC. Não parece ser uma coincidência o fato de seu documentário basear-se na própria cinematografia da época, especificamente, em ficções (de caráter histórico e político), e nos filmes de atualidades cubanos, para tratar da história, ou de memórias históricas. São as mesmas bases de *História do Brasil* trabalhadas conforme outras estratégias. *Rocha que Voa* retoma, até mesmo, planos presentes em *História do Brasil*. Também marca *Rocha que Voa*, e grande parte da filmografia de Eryk Rocha, a não sincronia entre bandas visual e sonora, trabalhadas de forma experimental com base em relações múltiplas de estranhamento e sintonia. Em relação às escolhas estéticas da montagem do filme, destaca-se igualmente a grande quantidade de elementos, muitas vezes heterogêneos, que se alternam de forma rápida, a própria montagem assumindo, dessa forma, um papel central. O primeiro longa de Eryk Rocha, portanto, precursor de vários elementos e escolhas que o cineasta vai continuar a trabalhar em sua filmografia, possui um caráter de homenagem não somente ao pai, mas a esse filme menor da filmografia de Glauber, *História do Brasil*, que se liga especialmente com a trajetória cinematográfica que o filho escolhe para si, ao abordar em sua própria obra: o Brasil, a história, a memória, a política, o Cinema Novo, os materiais de arquivo e as possibilidades da remontagem.

O filme mais recente de sua filmografia, *Cinema Novo* (2016), como o título indica, volta a colocar Glauber e o cinema dos anos 1960 como centro de suas indagações e pesquisa e é, mais radicalmente do que *Rocha que Voa*, um filme exclusivamente de reemprego. O documentário trata da memória do cinema, e de determinado período histórico, servindo-se de materiais de arquivo e, mais especificamente, da remontagem de trechos de filmes identificados ao Cinema Novo ou dos bastidores de suas produções. Mais uma vez, as imagens produzidas pelo Cinema Novo são recicladas para contar não somente a história de um período do cinema, mas, de certa forma, buscar atualizar a urgência de questões que cruzavam filmes e mentes do passado recente dos anos 1960 e 1970. O filme de Eryk Rocha compõe uma homenagem a uma herança material do cinema brasileiro, ligada a um grupo de criadores que giravam em torno de um projeto de cinema e de país.

Os materiais já existentes são também uma base fundamental da filmografia de Joel Pizzini, cineasta que se dedica à criação de uma obra poética baseada em materiais de arquivo variados. Dentre os filmes de Pizzini, destacamos dois longas-metragens: *Anabasys* (codirigido com Paloma Rocha, 2007) e *Mr. Sganzerla, os Signos da Luz* (2011). O primeiro também é sobre Glauber Rocha, particularmente sobre o processo de realização de *A Idade da Terra* (1980), seu último filme. Paloma Rocha, codiretora de *Anabasys*, é a filha mais velha de Glauber e no cinema trabalha diretamente com a memória dele, não somente realizando documentários, mas também se dedicando à restauração digital e a divulgação da obra de Glauber. *Anabasys* também retoma trechos da filmografia de Glauber, incluindo planos de *Barravento*, *Deus e o Diabo* ou *Terra em Transe*, que estão também em *História do Brasil*, filme que, aliás, é diretamente lembrado pela incorporação de uma sequência da sua parte final (da conversa entre Marcos Medeiros e Glauber Rocha). É o material bruto de *A Idade da Terra*, entretanto, o principal elemento do filme, cruzando toda a montagem. E é Ricardo Miranda, montador de *A Idade da Terra*, assim como de *Triste Trópico*, quem assina a montagem de *Anabasys*. Ricardo é mais um forte elo do filme com essa postura e tradição que tanto Pizzini quanto Eryk Rocha retomam e atualizam. Sua montagem de caráter experimental segue muitas das caraterísticas estéticas e narrativas abordadas ao longo deste estudo. Trata-se de um filme com poucas pausas, cuja montagem perpetua um certo "horror ao vazio".

O segundo filme de Joel Pizzini que destacamos aqui, *Mr. Sganzerla*, como o título indica, é sobre o cineasta Rogério Sganzerla. Sua forma espelha, em muitos sentidos, *Tudo é Brasil*. Trata-se de um filme de reemprego feito por materiais heterogêneos, cujo principal narrador é o próprio Sganzerla (com base em materiais de arquivo), que possui um caráter biográfico, mas, ao mesmo tempo, constrói uma narrativa fragmentada e não linear, e que contém "séries de imagens" que se alternam em uma montagem vertical entre imagem e som. Diversos materiais presentes no filme de Sganzerla (e que circulam por sua tetralogia) são retomados neste filme de Pizzini, que agora não tem como intenção central evocar Orson Welles, o Brasil dos anos 40 ou o samba, mas o próprio Sganzerla, trazendo com esses materiais fragmentos de sua personalidade e de suas obsessões.

Tanto Joel Pizzini quanto Eryk Rocha, portanto, em suas produções, filiam-se a uma corrente estética e a uma visão de Brasil proveniente do cinema moderno, que eles renovam no cinema contemporâneo. Eles o fazem retomando, sobretudo, os próprios cineastas e filmes que os influenciam, evidenciando-se em suas obras um caráter metacinematográfico. Trata-se, nessa produção, de refletir e elaborar, principalmente, a história e a memória do próprio cinema brasileiro.

Como comentado na "Introdução", a produção de filmes de reemprego expande-se no cinema brasileiro do século XXI, após a revolução possibilitada pelas tecnologias digitais. É interessante notar que outros cineastas vindos do movimento do Cinema Novo se dedicam ou dedicaram, contemporaneamente, a criações com materiais já existentes, seguindo outros caminhos estéticos. É o caso de Eduardo Escorel (*Imagens do Estado Novo*, 2015), Nelson Pereira dos Santos (*A Música segundo Tom Jobim*, 2012) e Eduardo Coutinho (*Um Dia na Vida*, 2009). As montagens de *Um Dia na Vida* ou *A Música segundo Tom Jobim*, por exemplo, sem incluir uma narração em *off*, cartelas textuais ou mesmo depoimentos, optam por uma mínima intervenção interpretativa e por manter, a todo o tempo, a sincronia entre imagem e som, destoando, desse modo, do artifício e do excesso da estética dos filmes estudados. Os cineastas contribuem, portanto, para a experimentação de outros caminhos e possibilidades de trabalho com materiais já existentes. Ainda assim, seus documentários de reemprego conservam o interesse por temáticas ligadas à história, à cultura e à identidade brasileiras, isto é, por desenvolver reflexões sobre o Brasil.

O objetivo deste trabalho não foi o de desenvolver uma pesquisa sobre os usos de materiais de arquivos na história do cinema brasileiro, muitos filmes e autores não tendo sido aqui abordados[534], mas uma análise sobre filmes específicos e questões que os transpassam. Também não é o caso agora, portanto, de fazer um panorama das experiências contemporâneas de reemprego, mas assinalar determinadas continuidades e rupturas de certas práticas atuais em relação às posturas e às questões observadas em *História do Brasil* e *Triste Trópico*, e já retomadas em *Tudo é Brasil*. Se uma nova geração retoma vias abertas por esses filmes (assumindo suas heranças e uma atitude de homenagem diante deles), as mesmas gerações das quais Glauber, Omar e Sganzerla fazem parte podem trilhar caminhos novos, mantendo ou não determinados diálogos com questões desenvolvidas pelo cinema moderno brasileiro. Outros cineastas seguem, simplesmente, outras linhas de trabalho com a memória com base na prática do reemprego. João Moreira Salles, por exemplo, em *Santiago* (2006) e, particularmente, em *No Intenso Agora* (2017), opera sob uma outra chave, ao assumir uma postura analítica em relação aos materiais que retoma e, assim, dialogando principalmente com uma produção europeia. Chris Marker, por exemplo, é declaradamente uma influência central para o trabalho recente desenvolvido pelo cineasta.

Por último, não é possível finalizar este texto sem fazer um breve comentário sobre o período político atual, que acaba se relacionando com a própria pesquisa. A trajetória de realização da tese (que deu origem a este livro) foi marcada por algumas dificuldades, entre elas o conturbado momento político que se desencadeou no Brasil com o golpe institucional de 2016 e seus desdobramentos. Enquanto eu escrevia a primeira versão desta conclusão, no dia 15 de março de 2018, eu lia nos jornais a notícia do assassinato à queima-roupa da vereadora do Rio de Janeiro Marielle Franco, liderança ativa na defesa dos Direitos Humanos. As tristes imagens

---

[534] A partir da década de 1980, por exemplo, muitas produções do documentário brasileiro exploram as possibilidades de utilização de materiais de arquivos no cinema. É nesse período, por exemplo, que Silvio Tendler, documentarista que tem toda sua obra ligada aos arquivos faz seu primeiro filme: *Os Anos JK*. A pesquisadora Andrea França Martins desenvolve uma pesquisa sobre o cinema documentário brasileiro, dentro e fora da TV, nos anos 1980. Ver, por exemplo: FRANÇA, Andrea. Jânio a 24 Quadros e a montagem como farsa. *Devires*, Belo Horizonte, v. 12, n. 2. p. 52-67, jul./dez. 2015; FRANÇA, Andrea; MACHADO, Patrícia. Imagem-performada e imagem-atestação: documentário brasileiro e reemergências dos espectros da ditadura. *Revista Galáxia*, [S.l.], n. 28, p. 70-83, 2014.

de seu caixão sendo carregado em frente à Assembleia Legislativa do Rio de Janeiro logo me remeteram às imagens do velório-passeata do estudante Edson Luís, em 1968, incluídas no filme de Glauber e Medeiros.

Estranhamente, percebi-me cada vez mais identificada com certo lugar de fala dos cineastas e com o período de realização dos filmes abordados, que, no momento da elaboração do projeto de pesquisa, pareciam-me muito distantes. Senti ao longo deste processo, como muitas outras pessoas nesse momento, a política nacional entrar na esfera da vida pessoal com uma força nova, que afeta seu sono, sua capacidade de trabalhar e de seguir normalmente seu cotidiano, o que fez com que a leitura das cartas de Glauber, por exemplo, para quem as duas esferas eram tão entrelaçadas, assim como a fragmentada conversa entre ele e Marcos Medeiros na parte final de *História do Brasil*, ou o tempo cíclico ou estacionado construído pela narrativa de *Triste Trópico*, ganhassem para mim outra dimensão, ao menos, afetiva.

Desde 2015, a sombra da ditadura militar, que até então, para minha geração, parecia coisa do passado — por mais que todo um necessário trabalho político da memória oficial, de abertura de arquivos e de apuração dos crimes do Estado estivesse apenas começando —, voltou a assolar o presente. Forças conservadoras políticas, civis, midiáticas e jurídicas reganharam terreno e poder político. As derrotas dos setores progressistas acumularam-se. Generais e torturadores atuantes na ditadura voltaram a ser mencionados como heróis ou como bons quadros políticos por grupos antes silenciados.

Diante desse cenário de crescimento da extrema direita brasileira, acabei, de certa forma, mimetizando os gestos de Glauber e Omar, ao olhar para a história e a memória do país com intuito de tentar melhor compreender o tempo presente. Se eles se voltaram para os materiais e narrativas do passado, volto-me, justamente, para suas tentativas de abordagem da história por meio do cinema. Em momentos de crise, o trabalho com a memória ganha em importância. Hoje, as disputas pela construção de uma memória coletiva ligada ao passado recente brasileiro evidenciam-se, constituindo um campo de tensões e batalhas entre narrativas. O Brasil não é um país de muita tradição de arquivos, nem de arquivamento propriamente dito, nem de retomada dos documentos da história por parte do cinema. Espero que este estudo seja uma contribuição, mesmo que modesta, para este campo dos estudos cinematográficos, que se vincula, particularmente, ao delicado contexto histórico e político atual.

POSFÁCIO

ENTREVISTA COM ARTHUR OMAR

Transcrição editada de entrevistas realizadas nos dias 28/08/2017 e 05/09/2017.

Por Isabel Castro

1. Sobre o processo de realização de *Triste Trópico*

Isabel Castro: Você pode falar um pouco das motivações, questões iniciais, enfim, da gênese de *Triste Trópico*? Você se lembra o que te levou à realização do filme e a escolher esse método de busca por materiais heterogêneos?

Arthur Omar: É um negócio engraçado, porque esse método, na verdade, não é um método. [Ele] é definido como método, ele só é percebido como método, a posteriori. E, no caso do *Triste Trópico*, o projeto do filme passou por transformações muito grandes. No início não era essa a história. No início... Eu precisaria até resgatar isso. Tem um material que foi filmado, que era a base do filme, e que era uma ficção. Tinha um personagem que não tinha nada a ver com essa história, era uma outra coisa. Essas cenas do carnaval, se não me engano... pena que o Ricardo [Miranda] já não está mais aqui. Mas essas cenas do carnaval elas iam entrar entremeadas, pontuando a narrativa dessa outra história ficcional. E essa história, ela tinha já um elemento de montagem, porque eu comecei a pesquisar provérbios, e os personagens no texto original falavam justamente com provérbios. É até estranho eu estar te contando isso, porque é algo que está tão apagado na minha memória, que praticamente é como se não tivesse existido. Mas era isso, os personagens falavam por provérbios. E os personagens também nasceram de elementos fortuitos, por exemplo... Eu conheci uma pessoa que tinha uma casa espetacular, não sei se em Santa Teresa, e [eu pensava] "Ah, aqui dá um filme". Entendeu? Era assim. Não era uma proposta pronta. "Ah, aqui dá um filme", "Ah, isso aqui pode dar um diálogo". Então esses elementos foram se montando. Mas a primeira coisa a ser filmada — o básico mesmo — foi o carnaval. E eu tenho um material grande [do carnaval], um material, inclusive, de som. Hoje, eu que me tornei quase que um especialista desse carnaval de rua [do Rio de Janeiro], porque eu já o fotografei por anos e anos seguidos, tenho milhares e milhares de fotos não apresentadas... Esse carnaval não existe mais. Então, assim, são documentos sonoros, e não só da música que está sendo cantada, mas da sonoridade do espaço, uma série de coisas, de observações, de tons de voz. Na verdade, a filmagem [de *Triste Trópico*] é de 71. Só que o filme só ficou pronto em 74. Porque foram anos e anos daquilo sendo feito, as fotografias da Europa sendo feitas, ampliadas. Mil fotos... Era um trabalho em que a atividade contínua era o que era, menos do que chegar em alguma coisa, e o projeto do filme também era esse projeto indefinido. Aos poucos esses primeiros elementos ficcionais foram sendo abandonados e as imagens do carnaval, que iriam pontuar o filme, se tornam o elemento importante. E surge a ideia dos messias indígenas, que está basicamente no Alfred Métraux. Você tem parágrafos inteiros [retirados] dali que estão na narração, e nessa ideia de uma transformação física do personagem, que vai quase que se transmutando num ser diferente, enfim, passando para um outro nível da realidade. Eu acho que é isso; para dizer a verdade, tem muito tempo que eu não vejo. Eu não vejo *Triste Trópico* há 20 anos...

Em setenta e pouco, assim que o filme ficou pronto, ele foi pra um festival em Belém. No festival de Belém, você tinha, na época, convidados, como Jece Valadão, Carlos Imperial, aquela turma, era a ideia do cinema comercial, e o *Triste Trópico* estava concorrendo. E ele tirou o [prêmio de] Melhor Filme. Só que, na hora que eles iam comunicar o prêmio, o diretor, acho que era da Embrafilme, não me lembro, ele disse que não existia possibilidade desse filme ser premiado, que seria um atentado ao cinema brasileiro, ao cinema comercial, *papapa*... E, na hora de publicar o negócio, eles retiraram o prêmio. [...] O Pedro Veriano, que hoje está velhinho, na época me disse assim: "Olha, seu filme era primeiro lugar direto, mas seria um escândalo", e a ditadura, né? Era uma época de ditadura pesada. Era uma coisa altamente repressiva. Então o filme poderia ter tido uma história diferente.

Mas como o filme entra numa sequência histórica de coisas que eu vim a fazer depois, não só do que eu fiz antes, mas do que eu vim a fazer depois, a leitura dele muda, porque a função dele dentro de uma sequência temporal muda. Por exemplo, é o caso também do próprio *Congo* (Arthur Omar, 1972, 12 min), que era a congada, e de *A Coroação de uma Rainha* (1993,

26 min), em que eu vou numa congada propriamente dita. A existência de *A Coroação* altera a leitura daquele filme [*Congo*]. O *Congo* e *A Coroação de uma Rainha* passam a ser lidos na junção que o tempo estabeleceu entre eles. Então o *Congo* já não é mais o mesmo filme que era (em 1972). No caso do *Triste Trópico*, embora seja um filme ao qual eu não tenha voltado, enfim, não trabalhei muito nele, ele tem que ser visto à luz da *Antropologia da face gloriosa* (Cosac Naify; 1. ed.,1998). Mas, por exemplo, o carnaval no *Triste Trópico*, ele não tem a função de um documentário sobre o carnaval. [...] Quer dizer, o elemento documental do carnaval não tem um sentido de introdução ao carnaval, entendeu? Ele não tem essa função. O estranho do filme é entender como é que os elementos vão entrar. Qual é a verdadeira natureza desses elementos no filme, natureza diferencial em relação à maneira como outros filmes tratam seus elementos: imagens documentais do carnaval, filmes de família, entende? [...] A minha mãe está no *Triste Trópico* o tempo inteiro junto com o meu avô, mas o filme consegue criar uma estrutura original ou, vamos dizer assim, diferente, para colocar essas obras de tal maneira que elas funcionem [de forma] alterada, não como um documento da minha família, entendeu? Embora também possam ser, não é? Tanto que o personagem se chama Arthur. Mas não tem essa referência. Então, o que acho interessante neste filme em particular é que é um filme... não realizado na plenitude do seu projeto... mas absolutamente radical como reflexão do Brasil. Não a reflexão que ele faz, mas [o fato] dele criar uma estrutura onde elementos que em princípio não estariam copresentes possam estar presentes e criando uma tensão inteiramente nova. Assim, você tem um almanaque que não tem intenção de dizer: "Nos anos 20 os almanaques eram isso". Não. Você tem aquele universo [do almanaque] confrontado com o universo do carnaval, misturado com uma fotografia da Europa, fotografias de família e outros elementos. Então ele [*Triste Trópico*] abre a perspectiva, que eu acho que ele provavelmente não realizou plenamente, mas que é a sua originalidade e a razão pela qual eu acho que ele mantém uma potencialidade de desdobramento, mesmo que essa potencialidade não seja realizada, que é absolutamente original. Ela não tem paralelo nesse sentido.

Isabel: Sem dúvida. A montagem de *Triste Trópico* tem essa tensão entre materiais, essa mistura improvável de elementos díspares, e está o tempo inteiro tangenciando a história do Brasil e criando séries de imagens: de gritos, da dor, do grito emudecido, a partir da mistura de todas as temporalidades, não é? Enfim, tudo isso traz, pelo menos pra mim, essa questão da experiência, de como essa memória e história se ligam com uma experiência de dor, de violência...

Arthur Omar: É verdade. E eu diria até que o *Triste Trópico*, digamos assim, dá uma imagem de Brasil diferente. Quer dizer, não diferente, porque na verdade ele está correlacionado com tudo que foi pensado nisso, né? Mas eu acho que ele é, mais até do que uma contribuição em termos de linguagem, uma visão de Brasil inédita. Assim, inédita, não que seja nova, mas não vista. Então ele contribui, infelizmente não houve essa leitura do filme, mas ele realmente contribui para uma percepção do Brasil rica, pela possibilidade de articular esses elementos díspares, elementos que em princípio estão no real, mas que não poderiam entrar dentro de um fluxo normal, organizado por uma visão normal de um documentário ou de um filme de ficção tradicional. E o filme ousa, de alguma maneira, estabelecer, digamos, uma visão de Brasil que eu acho que é radical, ela é mais ampla, ela é mais cheia, embora o resultado propriamente dito nao seja definitivo. Eu acho que essa visão, que essa possibilidade que está no *Triste Trópico*, é na verdade uma constante que percorre o meu trabalho inteiro. [...] Você pode pegar de *Congo* até hoje, passando por *Tesouro da Juventude*, *O Inspetor*, *Ressurreição*, *Atos de Diamante*, *Inferno*. Então, o *Triste Tópico* deve ser lido a partir dessa sequência, e você pode entender que, no percurso da primeira até a última [obra], em diversos meios, em diversas possibilidades, e com diversos graus de clareza teórica e de domínio técnico e estético, essa pers- pectiva de uma visão nova ou radical de Brasil está presente.

Quando eu comecei a pensar o *Triste Trópico*, a meta, assim, o horizonte vago — mas era um horizonte — era o cinema. Era o cinema, o Roxy. [...] Eu tenho certeza que, para Bressane, Sganzerla, até o Rosemberg, a meta era fazer um tipo de filme diferente, não era fazer o *underground*... Mas o objetivo, era que o cinema brasileiro tivesse a possibilidade de, como cinema, ter uma transformação de linguagem. Tinha o Glauber etc. e tal. Hoje, um *Terra em Transe*, um *Deus e Diabo* é nicho, isso que é engraçado... [...] Mas a ideia era você possibilitar uma abertura através dessas experiências radicais. No caso do *Triste Trópico*, em que o próprio filme não seria tão importante, o marco que ele estabelece é de abrir as possibilidades de montagem, de ficção, de combinação de elementos. Então o que interessa não é o que o filme fez com o que veio do passado, mas a potencialidade interna do filme para uma abertura para o futuro. [...] Era fazer um filme revolucionário, no sentido, não diretamente político, mas de um filme que fosse revolucionário na linguagem, considerando a linguagem como um instrumento para pensar o real. Sem esse instrumento, você não tem a possibilidade de renovar os níveis de abordagem etc, etc. Hoje, se você pensar bem, você não tem mais essa mediação da linguagem. Digamos que essa problemática era mais forte. [...] Hoje, como teoria cinematográfica, você não tem mais isso como um elemento forte.

Isabel: Voltando um pouco à questão das etapas da realização. Você lembra um pouco mais do processo do filme? Dessa mudança de uma primeira história de ficção para o projeto efetivamente realizado?

Arthur Omar: Olha, estou vendo aqui... A gente entrou na montagem com a narração.

[Arthur Omar lê um trecho de um diário de montagem do filme — guardado nos arquivos no artista — escrito por ele na época]:

"O texto da narração foi mudando até chegar no seu ponto atual, gravado por Othon Bastos, só que não casa mais com a ordenação dos planos. Estamos ordenando um filme segundo uma exposição de planos que não é a do filme que estamos ordenando. De alguma forma, isso nos está cortando da tela, subdividindo o ecrã, e criando aquela sensação de que ainda não começamos aquilo que já começamos. Sensação estranha". — Entendeu? Esse era o clima [da montagem]. — "Ricardo me diz 'Isso me lembra o *Congo'*. Eu pergunto: 'Isso o quê?'. Célio retruca 'Precisamos rediscutir esse filme. Não está acontecendo nada'. Vou lendo em voz alta o que escrevo, repetindo as frases que alguns segundos antes haviam sido ditas pelos participantes da cena, como se tudo estivesse ocorrendo na superfície do papel. Sim, o mundo foi feito para terminar num diário de montagem. Alguém comenta sobre *O Processo* de Welles, à tarde, assisti ao *O Garoto Toshio*, de Oshima etc e tal... Interrupção no bar, vamos comer. Na volta, as imagens da gravura na tela são impressionantes. Eu exclamo: 'Caralho'".

2. Sobre a montagem de *Triste Trópico*

Arthur Omar: Essa questão da montagem do *Triste Trópico*, ela não vem como uma proposta... Ela não vem como uma tentativa de renovar a montagem em si, ela é uma decorrência da necessidade de se encontrar uma nova posição. Aí está a questão da montagem. A noção de montagem, neste filme, especificamente, ela não está ligada ao montador. No sentido de que ele é um filme que propõe a presença do aspecto montagem de uma maneira diferente e praticamente autoral, que vai determinar a própria existência do filme. É uma concepção do filme. O que interessa é esse deslocamento que a montagem [efetua], e não a montagem em si, que tem elementos também interessantes. Nesse tipo de realização, são múltiplas fases de montagem, porque vai ter desde a seleção, da escolha desses materiais justamente, de como deslocar, que concordo que é o central, às citações que vão formar esse texto, enfim, até a montagem propriamente dita, quer dizer, a relação som, imagem etc. E o Ricardo [Miranda] era incrível. É uma pessoa que eu sinto muita falta, realmente. Sempre se diz assim: o *Triste Trópico* é um filme descontínuo. Aí tem o Ismail [Xavier], que fala sobre isso, diversos estudantes quando estão discutindo o filme também. A Guiomar [Ramos], que fez um trabalho também sobre o filme, sempre enfatizando este aspecto da descontinuidade. Só que eu, pessoalmente, acho que é o contrário. O filme, ele se apresenta, é uma luta, um combate para tornar contínuo, uma coisa que era descontínua. Mas, no momento em que o filme se dá, ele não tem nenhum buraco. Ele é visto como um fluxo de montagem ininterrupto. Você tem filmes que são descontínuos. Eu não estou contra o descontínuo, nem contra o contínuo. [...] Em *Triste Trópico*, a descontinuidade surge na produção do material. É a produção de uma dificuldade. É a produção de uma incompatibilidade, a partir da leitura de cada um dos elementos considerados na sua ambiguidade máxima. E aí a montagem, ela vai eliminar essa descontinuidade. A ação do filme, a recepção do filme, a entrega do filme ao elemento espectatorial, ela é totalmente contínua. [...] O desafio é o de utilizar elementos que originalmente não foram feitos para conviverem entre si. Entendeu? Eu entendo essa leitura, que também é válida. Mas eu não pensei o filme como uma junção de descontinuidades.

Isabel: Você pode falar um pouco sobre seu método de montagem?

Arthur Omar: No momento que eu trabalho com muitas imagens, essas imagens, elas têm um potencial, cada uma, se tomada independentemente, de significar muitas coisas. Então a ideia é manter [essa ambiguidade]. Então, no momento que você pega uma imagem e junta com a outra, todo o potencial de ambiguidade e, digamos, de multiplicidade que a imagem teria, ele vai ser sensivelmente reduzido, porque ela vai entrar já dentro de um discurso, ela vai entrar numa combinação com a imagem anterior, e depois com a posterior. Então você vai, de alguma forma, limitando isso.

SÓ ME INTERESSA O QUE NÃO É MEU: *HISTÓRIA DO BRASIL, TRISTE TRÓPICO* E A MONTAGEM DE
MATERIAIS DE ARQUIVO NO PERÍODO DA DITADURA MILITAR

E editar, montar, é um pouco isso: você vai limitando etc e tal. Então o método criado — e que na verdade era o método ainda não assumido como o método no próprio *Triste Trópico*, mas que depois desenvolvi de uma forma obsessiva, e até irritante (minha reflexão sobre isso veio no *Pânico Sutil* e está nessa entrevista da revista *Cinemais*) —, é o seguinte: cada imagem tem uma ambiguidade, então é preciso você ir esticando, quase que dentro de uma tensão psicológica, intolerável, ao máximo possível, a ambiguidade dessa imagem. Então o processo de edição era assim: você pega um montinho, por exemplo, eu pego duas imagens, elas combinaram, elas juntaram aqui. Já limitei, mas eu não vou pegar isso aqui e juntar com outras coisas. Separa. Está ali. É o *folder* do xxx, separado. Agora tem um outro montinho. Aí o produtor ligava, né? Ansioso. Como é que...? O filme está quase pronto? Faltam dois dias. Quantos minutos já tem? O filme vai ter 12? Quantos minutos já tem? Eu vou dizer o quê? Não tem nenhum. Chega na véspera. Quantos minutos já tem? Não tem nenhum. Mas em um dia ele tem os 12 [minutos]. Porque a ideia é sempre manter essa indeterminação da imagem o maior tempo possível, e por último você passa por uma etapa superior de outras combinações. E é por isso que eu, muitas vezes, volto às mesmas imagens, tentando conferir a elas outros sentidos que foram, digamos, eliminados, não eliminados, né? Não que a imagem tenha muitos sentidos, mas ela pode ter muitos sentidos. Esses sentidos, eles não estão dentro dela, eu vou descobrindo. Ela [a imagem] é um meio plástico que pode absorver novas percepções. Mas não quer dizer, metafisicamente, que o sentido exista ali dentro e que eu revelei. Ainda tem esse elemento. E, no caso do *Triste Trópico*, eu me lembro, foram séculos editando. Tenho até o diário de montagem do *Triste Trópico*.

Isabel: Ah, isso me interessa muito.

Arthur Omar: Na verdade, é [um diário] só dos primeiros dias, porque a coisa foi ficando tão intensa e era sempre isso: e agora? No *Triste Trópico*, eu me lembro que aqui no quarto ficavam as fotos preto e branco espalhadas pelo chão... Durante um ano, o troço ali... entendeu? Nada tinha sido projetado para combinar com nada. Nenhuma imagem do carnaval... Tinha uma intuição... Mas então, digamos, tudo podia ser. E essa demora, em grande parte, era um efeito desse não deixar nem que a imagem caia numa queda, numa degradação do seu potencial de multiplicidade, nem deixar que o filme facilmente adquira uma direção.

Isabel: Nesse sentido, quando fui analisar e começar a escrever sobre *Triste Trópico*, eu comecei tentando dividir o filme por sequências, mas fui percebendo que essas sequências eram, na verdade, arbitrárias, porque realmente, como você mencionou, o filme ele vai num contínuo constante e é muito difícil dividi-lo por cenas ou sequências, né? Eu já tinha até escrito alguma coisa sobre isso. Tem essa dimensão da descontinuidade da imagem e do som, mas ela não se reflete na estrutura narrativa, que realmente é um turbilhão contínuo. E, nesse sentido, eu queria ver com você uma questão. Eu tenho a sensação de que a montagem do filme ela trabalha muito com a simultaneidade, mesmo que não tenha nenhuma fusão. Quer dizer, com construir uma co-presença entre os elementos, em que uma coisa vai se acumulando na outra. Tem mais esse aspecto de acúmulo do que do sequencial, não acha?

Arthur Omar: Sim, é. Inclusive, porque como o filme, como ele tem, vamos dizer assim, várias bandas, por exemplo: você tem a banda das fotos da Europa, você tem a banda dos letreiros, você tem a banda importante do carnaval, você tem a banda da narração, que é uma entre outras etc. É como se, num determinado momento, uma delas que estava ali embaixo, ela viesse pra cima, mas que todas, de alguma forma, continuassem, mesmo na sua invisibilidade. Então é como se todas elas estivessem dadas diretamente ao mesmo tempo, simultâneas. Por exemplo, as fotografias, elas são antigas. Elas são anteriores até a filmagem do carnaval. Eu tenho todas elas aqui. Aí a minha ideia era fazer uma exposição do *Triste Trópico* com essas fotos grandonas. Algumas, selecionar umas 20, assim. Aí vai ser uma coisa totalmente nova, entendeu? Você vai ver essa foto pela primeira vez, ela vai ser ampliada daquele tamanho pela primeira vez, e na verdade o filme, ele vai oferecer o seu material pela primeira vez. A ideia do projeto que eu propus para a cinemateca, até ter essa confusão, e que na verdade não foi aprovado, era a de fazer uma recuperação digital do *Triste Trópico*, e, tendo esta recuperação visual do *Triste Trópico* [da imagem/som do filme tal como ele é], voltar para o material original e fazer um negócio em hipertexto. Então, quando você clica em uma imagem, você tem um universo de imagens etc. Você clica em uma cena de carnaval, você pode ir para o *Inferno* ou pode ir para a *Antropologia da face gloriosa,* e pode ir para o material inédito que não foi usado.

(Interrupção)

SÓ ME INTERESSA O QUE NÃO É MEU: *HISTÓRIA DO BRASIL, TRISTE TRÓPICO* E A MONTAGEM DE
MATERIAIS DE ARQUIVO NO PERÍODO DA DITADURA MILITAR

Arthur Omar: Mas a ideia que eu imagino que esteja contida no pensamento do *Triste Trópico* e isso você vai ter certeza se você imaginar os materiais aqui, que são dezenas e dezenas de listas - listas de reis medievais, lista de não sei o que lá, [...] esse material ele continua inteiramente virgem para um outro filme. Se eu passar isso aqui para um computador, já é um filme! Aqui ó, por exemplo, Arthur Álvaro Noronha, era um nome, AAN. Aí tem assim, iniciais de "Arthur Álvaro Noronha", "ai, ai, neguinha", "adão antes das núpcias", "amar antes de mais nada", "avesso amigo do nazareno", "assombrações não-sei-o-que-lá", "Alan Carlos Antônio", "âmago da África negra"... o filme não continha isso. Nem sei por que que está riscado, não sei se cheguei a usar... Então isso aqui é um universo! "Academia amazônica de não sei o que lá", "arroubo os as e não me toques", "asno antropóide niilista", "assu no caide nocaute", "apêndice de um abacaxi neurótico", "apocalipse de um alto número", "azia do abdominal de Nietzsche". São experiências verbais que depois eu vou usar na produção dos títulos do *Antropologia da face gloriosa*, que foram construídos assim. Assim, eu tenho o arquivo de títulos. Cinco mil, seis mil, tinha uma época que eram três mil, agora são dez mil. [...] Então, assim, tinha um universo, [no qual eu] estava viajando na minha cabeça, que está infinitamente além do filme realizado. É como se eu tivesse vivido uma aventura mental ou espiritual, e que o filme deu naquilo. Mas o filme está aqui, e aquilo é imenso, não só pelo material levantado, como pela quantidade de criação composta ali dentro. Então é a ideia do filme-chave. Aquilo é o ponto onde resultou aquele trabalho concreto que tinha o compromisso de ser, enfim, de virar um filme, de terminar. Mas, na verdade, há uma multiplicidade de possibilidades criativas, e não só de material. Porque muitos autores reúnem materiais e materiais, como o próprio Benjamin, no seu *Livro das passagens*. Editaram o material completo. Tem texto e tem recortes. Não-sei-o-que-lá, tem mil páginas etc. Era o Benjamin. Só que o *Triste Trópico*, isso aqui poderia dar, digamos, uma revelação de um trabalho maior. [...] Isso é um trabalho que, ele tem um horizonte do cinema, mas ele tem uma especificidade própria que não está em lugar nenhum, a não ser no campo que ele mesmo abriu para ele. E é um campo que eu mesmo não identifico mais, e que ao mesmo tempo não existe no domínio da cultura porque simplesmente é invisível. Mas, na verdade, eu não cheguei a completar o raciocínio que eu estava falando e que originou tudo isso, que é: O *Triste Trópico*, ele tem, não falo pela qualidade, mas por esse lado chave dele de ser um nódulo, um cruzamento de possibilidades, um filme com um potencial que tá dentro dele, ele é um filme essencialmente hipertextual.

Isso está na sua natureza. Você intuiu um pouco no momento que você fala que é como se tudo fosse simultâneo. Como no filme você só tem uma coisa que aparece de cada vez, aí em último caso tem uma fusão e tal, mas a fusão já é uma coisa só, na verdade não são duas, mas é como se, virtualmente, as diversas linhas permanecessem ao longo do filme. Isso é um campo. Mas, na verdade, a produção dele foi toda feita a partir de um levantamento que é típico dessas produções hipertextuais, que antigamente era o CD-ROM etc. São arquivos não lineares. Um nome que aparece no filme, esse nome joga pra não sei quantos outros nomes. Então, o que aparece na superfície do filme pode ser considerado quase como portas de entrada, cada plano. Quer dizer, não a porta de entrada para os planos que vêm depois ou uma porta de saída para os planos que vêm antes, mas como uma porta de entrada para outras dimensões, algumas das quais não estão presentes no filme. E, na verdade, o filme como um todo (é) como uma porta para uma ramificação infinita, mas eu não gosto da palavra "infinita"... múltipla, de filmes que poderiam emergir do campo que ele abre, e de certos elementos contidos na sua linguagem.

O filme carrega uma certa hipertextualidade, antes de existir um instrumental tecnológico para a hipertextualidade... computador... não só o instrumental da máquina, mas o instrumental do software, do programa, da ideia mesmo de hipertextualidade. Porque você diz assim: "Ah, mas o filme é tão experimental, ele é descontínuo, ele rompe com a linearidade". Não rompe com linearidade nenhuma, porque ele é um filme igual aos outros. Ele tem um começo e vai para o final. Assim, todos os filmes, seja do Stan Brakhage, seja qualquer coisa, eles têm uma característica: começa e vai. [...] Não adianta. A menos que sejam experiências meio de espaço, de *expanded cinema*, que também... na verdade, é linear.

3. **Sobre *Atlas Mnémosyne*, de Aby Warburg, e produção de conceitos fílmicos**

Isabel: Agora uma coisa que tem passado pela minha cabeça é que o filme me remete um pouco a essa coisa do *Atlas Mnémosyne*, do conhecimento pela montagem, no qual uma coisa se associa com a outra e esse processo pode ser infinito e subjetivo.

Arthur Omar: É. Essa questão é interessante. Eu li o livro do Didi--Huberman sobre o Warburg. E têm os livros do próprio Warburg. E eu participei também da mesa do Philippe-Alain Michaud sobre o *Atlas*. E eu

SÓ ME INTERESSA O QUE NÃO É MEU: *HISTÓRIA DO BRASIL, TRISTE TRÓPICO* E A MONTAGEM DE
MATERIAIS DE ARQUIVO NO PERÍODO DA DITADURA MILITAR

dei uma palestra sobre o *Atlas* no MAR [Museu de Arte do Rio] em junho
de 2013, tem 32 páginas... [Omar lê] "Eu mantenho arquivos numa quantidade tal que seria necessário criar um arquivo dos meus arquivos. Eles
são distribuídos segundo temas e matérias, algumas curiosas. Como meu
arquivo de sílabas, estocadas para criação futura de línguas alienígenas ou
arcaicas". Aí [o texto] contínua, enfim. Hoje em dia, teoria da montagem é
uma coisa meio... eu não vou dizer ultrapassada, mas é algo que não mobiliza mais politicamente. E eu, nessa palestra do MAR com o Philippe-Alain
Michaud, eu nem abordei esse campo da hipertextualidade, porque eu trabalhei um pouco mais com essa ideia dos meus filmes mais recentes que são
documentários, entre aspas, de que a montagem, a junção de imagens, vai
produzir conceitos, mas conceitos que não tem palavras, são ideias que não
têm palavras para defini-las. Fiz isso questionando o Eisenstein. Porque no
Eisenstein, quando ele vai, digamos, dizer que um plano A junta com um
plano B para produzir um conceito que seria o C, na verdade, esse conceito
ele preexiste à montagem. Ele é uma ideia que preexiste e que a montagem,
ou seja, o elemento sensorial fílmico – imagem, duração e até o som –, estão
ali para torná-lo sensível e pedagógico. Eles estão ali para torná-lo, para
propagá-lo, para encontrar uma forma mais elegante de exprimi-lo. Só que
ele [o conceito] existe antes, né? O conceito dos ídolos (em *Outubro*), e não
sei que lá. Esse conceito, ele existe antes, está lá... Ele preexiste. Então, o
Eisenstein, ele vai, na sua teoria da montagem, criar uma metodologia da
análise do processo cinematográfico se questionando: como se pode fazer
para que esses conceitos que, na verdade, são coisas racionais passem através
da sensibilidade? [...] Então, o problema dele todo é como pegar essa ideia
que já existe e transformá-la em filme, em imagem, de tal forma que seja
possível absorver esse conceito dentro de um outro regime de percepção.
A minha proposta de montagem e que eu, enfim, nem sei se eu consigo
realizar, é criar uma grande continuidade entre imagens, que às vezes não
têm, e elas vão [assim] produzir um conceito. Mas que conceito é esse? É
um conceito novo, e é um conceito que não tem palavra. Não dá para você
definir. Se desse, se tivesse uma palavra, ele já existiria. Então é um conceito
sem palavras, que não pode ser dito, a não ser pelo filme. E é isso que justifica
eu estar fazendo um filme, e não fazendo um texto ou uma pesquisa etc e
tal. Esse elemento é um elemento absolutamente fundamental, que é uma
característica dos meus documentários (ou antidocumentários), mas não
é bem um antidocumentário. Nos meus filmes sobre moda, sobre artistas
plásticos e etc., em que existe uma montagem que tem uma irracionalidade,

mas, ao mesmo tempo, ela vai produzindo ideias. Essas ideias só podem ser absorvidas sensorialmente, mas é claro que com a razão também, mas sensorialmente, porque não através de palavras, pelo espectador que está vivendo o filme como experiência.

4. Sobre a comparação entre *Triste Trópico* e *História do Brasil*

Arthur Omar: Em relação ao *História do Brasil*, você tinha esse negócio do filme histórico. E essa, na época, era a crítica radical que eu tinha em relação ao *História do Brasil*. É que o Glauber usa a reconstituição da história, quase como se aquilo fosse um documento. É a independência do Brasil. Ele usa todas essas reconstituições históricas do cinema brasileiro, e principalmente do cinema daquela época, de uma maneira não crítica, na minha opinião. Aquelas imagens em si, elas não são desmontadas enquanto iconografia. O *Triste Trópico*, ele faz rigorosamente o oposto. Olha só, estou formulando um negócio aqui. O Glauber parte dessa coisa do filme histórico de ficção e ele utiliza aquilo como se fosse um documentário para ter uma narração onde ele vai falar o oposto do que aqueles filmes queriam falar. Mas ele toma aquelas imagens *"for granted"*. Aquilo é dado. É um dado não questionado. No meu filme, eu faço o contrário. Eu parto de imagens. Ele parte de ficção como se fosse um documentário, e eu parto do documentário como se fosse ficção. E as imagens são desconstruídas ainda, entendeu? Eu não tinha pensado dessa forma, mas, agora que você está colocando, é rigorosamente o inverso, uma situação inversa. Se você for analisar bem, eu acho que dá pra criar uma simetria. É interessante.

Isabel: Essa questão que você falou da ficção é muito interessante, e, mesmo quando vai para o documental, por exemplo, *História do Brasil* vai usar imagens lá da primeira Missa e aquelas coisas, aquelas imagens clássicas do século XIX, já românticas, né? Enquanto o *Triste Trópico* vai usar imagens do século XVI, enfim, da visão europeia do índio.

Arthur Omar: E o Glauber ele toma aquilo como documental. Então o estilo de representação romântico, aquilo é próprio daquela época. E o meu é o seguinte: nada é, digamos, eu duvido do documentário especificamente. É uma coisa que percorre meu trabalho todo, um momento de desconstrução. A busca por uma renovação iconográfica, não por novas imagens em si mesmas, mas por uma renovação iconográfica que permita a inclusão de um outro nível de percepção da imagem. Por exemplo, o carnaval

SÓ ME INTERESSA O QUE NÃO É MEU: *HISTÓRIA DO BRASIL, TRISTE TRÓPICO* E A MONTAGEM DE
MATERIAIS DE ARQUIVO NO PERÍODO DA DITADURA MILITAR

nele (*Triste Trópico*) é percebido diferente. Se você pegar *A Lira do Delírio*, o carnaval é o carnaval. É um filme de carnaval. Entendeu? Não tenho nada contra, mas é carnaval.

Isabel: O *Triste Trópico* teatraliza o carnaval o tempo inteiro. As encenações, os monstros. Em relação ao *História do Brasil*, eles são realmente filmes assimétricos nesse sentido.

Arthur Omar: Não, a palavra não é "assimétrico", a palavra é "simétrico". Você poderia pensar os dois num certo nível, como sendo simétricos em pontos diferentes. E realmente é isso, ele constrói um documentário partindo de imagens de ficção, que são vistas como se fossem documentos, documentário. A fonte do *História do Brasil* é o cinema. Digamos, toda a pesquisa são imagens cinematográficas, às vezes um pequeno documentário. Mas a fonte dele é, principalmente, uma. No caso do *Triste Trópico*, a fonte é múltipla. Não só pela multiplicidade das imagens, mas todo texto é construído como uma montagem, muitas vezes, não oferecida como montagem para o espectador. Às vezes, você tem uma frase de Euclides da Cunha junto com Antônio Vieira e aquilo é montado para parecer uma frase só. E aí, o texto do século XVII com o texto do Lévi-Strauss, notícias de jornais do século XIX. Quer dizer, é uma quantidade imensa de materiais heterogêneos. Eles [os dois filmes] estariam em oposição, em simetria oposta, em oposição simétrica, ou seja, simétrico oposto.

Isabel: Claro, verdade. E são filmes realizados exatamente ao mesmo tempo, entre 1971 e 1974. *História do Brasil* termina de uma maneira conturbada, não termina exatamente, mas é em 1974 justamente que ele é exibido em Paris.

Arthur Omar: É, o *Triste Trópico* é um trópico, o outro é o Brasil. Tem uma ideia de história, só que a história no *Triste Trópico* ela é uma remontagem. No caso do Glauber, a história é linear, na verdade. A história do *Triste Trópico*, ela mistura Canudos com messias indígenas, com não sei o que lá. E ali [na montagem] entram muitas vezes até datas, mas é como se fosse uma história explodida da sua linearidade.

IMAGENS AMPLIADAS

Fig. 25 – Seleção de fotogramas de *Triste Trópico* que compartilham da temática da violência e da dor. A ordem das imagens foi composta para o trabalho e não segue a ordem de sequências específicas ou da entrada das imagens no filme

Fonte: fotogramas de *Triste Trópico*

Fig. 28 – Seleção de fotogramas de *Triste Trópico* que representam seres fantásticos, como monstros, fantasmas, anjos ou demônios

Fonte: fotogramas de *Triste Trópico*

FILMOGRAFIA

HISTÓRIA do Brasil. Direção: Glauber Rocha e Marcos Medeiros. [*S.l.: s. n.*], 1974. (185 min), PB, 35 mm.

TRISTE Trópico. Direção: Arthur Omar. [*S.l.: s. n.*], 1974. (77 min), PB e color., 35 mm.

ENTREVISTAS

OMAR, Arthur. [Entrevistas concedidas a Isabel Castro via Skype]. [*S.l.*], 28 ago. 2017 e 5 set. 2017.

OMAR, Arthur. [Entrevista a M]. [*S.l.*], 1974. Inédita.

BIBLIOGRAFIA

AMANCIO, Tunico. Pacto cinema-Estado: os anos Embrafilme. *Alceu*, v. 8, n. 15, p. 173-184, jul./dez. 2007.

AMARAL, Aracy (org.). *Correspondência Mário de Andrade e Tarsila do Amaral*. São Paulo: Edusp: IEB-USP, 2001.

ANDRADE, Oswald de. *Do pau-brasil à antropofagia e às utopias*: manifestos, teses de concursos e ensaios. Rio de Janeiro: Civilização Brasileira, 1972.

ANDRADE, Oswald de. Manifesto antropófago. *In*: MENDONÇA TELES, Gilberto (org.). *Vanguarda europeia e modernismo brasileiro*. Petrópolis: Vozes, 1986a.

ANDRADE, Oswald de. Manifesto da poesia pau-brasil. *In*: MENDONÇA TELES, Gilberto (org.). *Vanguarda europeia e modernismo brasileiro*. Petrópolis: Vozes, 1986b.

ANDRADE, Oswald de. *Os dentes do dragão*. São Paulo: Globo, 2009.

ANDRADE, Oswald de. *Poesias reunidas*. São Paulo: Companhia das Letras, 2017.

ANKERSMIT, Frank. *Sublime historical experience*. California: Stanford University, 2005.

AZEVEDO, Beatriz. *Antropofagia*: palimpsesto selvagem. São Paulo: Cosac Naify, 2016.

ARAÚJO, Mateus. Eisenstein e Glauber Rocha: notas para um reexame de paternidade. *In:* MENDES, Adilson (org.). *Eisenstein / Brasil 2014*. São Paulo; Rio de Janeiro: MIS; Azougue, 2014. p. 197-215.

AUMONT, Jacques. *Montage Eisenstein*. Paris: Images Modernes, 2005.

AVELLAR, José Carlos. O garçom no bolso do lápis. *In: Imagem e som, imagem e ação, imaginação*. Rio de Janeiro: Paz e Terra, 1982. p. 158-160.

BAECQUE, Antoine. Du concept au fétiche: penser un nouvel âge du cinéma, la critique et le baroque. *Vertigo, Projection Baroque*, hors-série, 2000.

BAKHTIN, Mikhail. *A cultura popular na Idade Média e no Renascimento*: o contexto de François Rabelais. São Paulo: Hucitec, 2013.

BAKHTIN, Mikhail. *Problemas da poética de Dostoiévski*. Rio de Janeiro: Forense Universitária, 2008.

BAKHTIN, Mikhail. *Questões de literatura e estética*: a teoria do romance. São Paulo: Hucitec: Annablume, 2002.

BATAILLE, Georges. *La part maudite*. Paris: Les Éd. de Minuit, 2011.

BAZIN, André. *Le cinéma français, de la Libération à la Nouvelle Vague (1945-1958)*. Paris: Cahiers du Cinéma, 1998.

BAZIN, André. Ontologie de l'image photographique. *In: Qu'est ce que le cinema?* (1958). Paris: Les Éditions du Cerf: Collection 7ème Art, 1990.

BENJAMIN, Walter. *Origem do drama trágico alemão*. Edição e tradução de João Barrento. Belo Horizonte: Autêntica, 2013.

BENJAMIN, Walter. *Paris, capitale du XIXe siècle*. Paris: Le Cerf, 2009.

BENJAMIN, Walter. Sobre o conceito da história. *In*: BENJAMIN, Walter. *Obras escolhidas*. São Paulo: Brasiliense, 2012. v. 1.

BENTES, Ivana. Arthur Omar: a imagem sensorial ou um artista híbrido / Arthur Omar: l'image sensorielle ou un artiste hybride. *Cinémas d'Amérique Latine*, [S.l.], n. 9, p. 60-73, 2001.

BENTES, Ivana. *Terra de fome e sonho*: o paraíso material de Glauber Rocha. [S.l.: s. n.], 2002. Biblioteca On-Line de Ciências da Comunicação. Disponível em: http://bocc.ubi.pt/pag/bentes-ivana-glauber-rocha.pdf. Acesso em: 26 out. 2017.

BERNARDET, Jean-Claude. *Cineastas e imagens do povo*. São Paulo: Cia. das Letras, 2003.

BERNARDET, Jean-Claude. *O vôo dos anjos*. São Paulo: Brasiliense, 1991.

BERNARDET, Jean-Claude. *Piranha no mar de rosas*. São Paulo: Nobel, 1982.

BERTIN-MAGHIT, Jean Pierre. [*Comunicação oral apresentada no Seminário Internacional A Pesquisa em Arquivos*]. Rio de Janeiro, set. 2014.

BITTER, Daniel. *A bandeira e a máscara*: estudo sobre a circulação de objetos rituais nas folias de reis. Tese (Doutorado em Ciências Humanas) – Programa de Pós-Graduação em Sociologia e Antropologia, IFCS, UFRJ, 2008.

BLANK, Thais. *Da tomada à retomada*: origem e migração do cinema doméstico brasileiro. Tese (Doutorado em Comunicação e Cultura) – Universidade Federal do Rio de Janeiro; Université Paris 1 - Panthéon Sorbonne, Rio de Janeiro; Paris, 2015.

BLOCH, Marc. *Apologie pour l'histoire ou métier d'historien*. Paris: A. Colin, 1997.

BLÜMLINGER, Christa. *Cinéma de seconde main*: esthétique du remploi dans l'art du film et des nouveaux médias. Paris: Klincksieck, 2013.

BLÜMLINGER, Christa. Cultures de remploi: questions de cinéma. *Trafic*, [S.l.], n. 50, p. 337-354, été 2004.

BONFIM, Manuel. *A América Latina*: males de origem. Rio de Janeiro: Centro Edelstein de Pesquisas Sociais, 2008. Disponível em: http://books.scielo.org/id/zg8vf. Acesso em: 28 jan. 2017.

BRANDIST, Craig. *The Bakhtin Circle*: philosophy, culture and politics. London: Pluto, 2002.

BRESSANE, Júlio. Pequena leitura do cinema elementar e alimentar do antropófago Guy Debord. *In: FOTODRAMA*. Rio de Janeiro: Imago, 2005.

CAMPOS, Haroldo de. A obra de arte aberta. *In*: CAMPOS, Augusto de; CAMPOS, Haroldo de; PIGNATARI, Décio. *Teoria da poesia concreta*: textos críticos e manifestos 1950-1960. Cotia; São Paulo: Ateliê Editorial, 2006.

CAMPOS, Haroldo de. Da razão antropofágica: a Europa sob o signo da devoração. *Colóquio/Letras*, [S.l.], n. 62, p. 10-25, jul. 1981.

CAMPOS, Haroldo de. Uma poética da radicalidade. *In*: ANDRADE, Oswald de. *Pau Brasil*. São Paulo: Globo, 1991. p. 7-53. (Obras completas de Oswald de Andrade).

CANDIDO, Antonio; CASTELLO, Aderaldo. *Presença da literatura brasileira*. São Paulo: Difusão Europeia do Livro, 1964. v. 3.

CAPISTRANO, Tadeu. [Orelha do livro]. *In*: MICHAUD, Philippe. *Aby Warburg e a imagem em movimento*. Rio de Janeiro: Contraponto, 2013. Não paginada.

CARDOSO, Maurício. Glauber Rocha: exílio, cinema e história do Brasil. *In*: CAPELATO, Maria Helena *et al.* (org.). *História e cinema*: dimensões históricas do audiovisual. São Paulo: Alameda, 2011. p. 149-170.

CARDOSO, Maurício. *O cinema tricontinental de Glauber Rocha*: política, estética e revolução (1969 – 1974). 2007. Tese (Doutorado em História Social) – Universidade de São Paulo, São Paulo, 2007.

CARPENTIER, Alejo. *El reino de este mundo [1949]*. Lima: S. Valverde, 1958.

CARPENTIER, Alejo. *Tientos y diferencias*. Havana: Unión, 1966.

CARVALHO, José Murilo de. *A formação das almas*: o imaginário da República no Brasil. São Paulo: Companhia das Letras, 2017.

CHAUVIN, Jean-Pierre. Oswald de Andrade e a subversão da memória. *Patrimônio e Memória*, São Paulo, v. 11, n. 1, p. 184-202, jan./jun. 2015.

CHIAMPI, Irlemar. *Barroco e modernidade*. São Paulo: Perspectiva, 2010.

COMOLLI, Jean-Louis. Images d'archives: l'emboîtement des regards. Entretien avec Sylvie Lindeperg. *Images Documentaires*, [S.l.], n. 63, p. 11-39, 1er et 2e trimestres 2008.

DE CERTEAU, Michel. *A escrita da história*. Rio de Janeiro: Forense Universitária, 1982.

DELEUZE, Gilles; GUATTARI, Felix. *O que é filosofia?* São Paulo: Editora 34, 2010.

DIDI-HUBERMAN, Georges. *Devant le temps*: histoire de l'art et anachronisme des images. Paris: Les Editions de Minuit, 2000.

DIDI-HUBERMAN, Georges. Échantillonner le chaos: Aby Warburg et l'atlas photographique de la Grande Guerre. *Études Photographiques*, [S.l.], n. 27, p. 6-73, 2011.

DIDI-HUBERMAN, Georges. *Images malgré tout*. Paris: Les Éd. de Minuit, 2003.

DIDI-HUBERMAN, Georges. Savoir-mouvement: l'homme qui parlait aux papillons. *In*: MICHAUD, Philippe. *Aby Warburg et l'image en mouvement*. Paris: Macula, 2012.

DOANE, May Ann. *The emergence of cinematic time*. Cambridge: Harvard University, 2002.

EISENSTEIN, Serguei. *A forma do filme*. Apresentação, nota e revisão técnica de José Carlos Avelar. Tradução de Teresa Ottoni. Rio de Janeiro: Jorge Zahar, 2002a.

EISENSTEIN, Serguei. *O sentido do filme*. Rio de Janeiro: Jorge Zahar, 2002b.

EISENSTEIN, Serguei. *Le film:* sa forme, son sens. Paris: Christian Bourgois, 1976.

EISENSTEIN, Serguei. Da literatura do cinema: uma tragédia americana. *In*: XAVIER, Ismail (org.). *A experiência do cinema*. Rio de Janeiro: Graal: Embrafilme, 1983. p. 203-215.

FICAMOS, Bertrand. L'histoire du Brésil selon Glauber Rocha. *In*: BERTIN-
-MAGHIT, Jean-Pierrre (org.). *Lorsque Clio s'empare du documentaire*. Paris: INA:
L'Harmattan: Les Médias en Actes, 2011. v. 1, p. 117-126.

FICO, Carlos. *Reinventando o otimismo*: ditadura, propaganda e imaginário social
no Brasil (1969-1977). Rio de Janeiro: Fundação Getulio Vargas, 1997.

FLORES, Conceição. Ousadia feminina no século XVIII. *In*: SEMINÁRIO
NACIONAL, 12.; SEMINÁRIO INTERNACIONAL MULHER E LITERATURA
– GÊNERO, IDENTIDADE E HIBRIDISMO CULTURAL, 3., 2007, Ilhéus. *Anais*
[...]. Ilhéus: Universidade Estadual de Santa Cruz, 2007. Disponível em: http://
www.uesc.br/seminariomulher/anais/PDF/CONCEI%C3%87%C3%83O%20
FLORES.pdf. Acesso em: 5 abr. 2018.

FOGAL, Alex. Forma e memória: o projeto estético de Oswald de Andrade em sua
autobiografia. *Estação Literária*, [S.l.], v. 5, jul. 2010. Disponível em: http://www.
uel.br/pos/letras/EL/vagao/EL5Art1.pdf. Acesso em: 8 mar. 2018.

FONSECA, Maria Augusta. Taí: é e não é - Cancioneiro Pau Brasil. *Literatura
e Sociedade*, São Paulo, n. 7, p. 120-145, dez. 2004. Disponível em: http://www.
revistas.usp.br/ls/article/view/25416. Acesso em: 23 set. 2017.

FOUCAULT, Michel. *A arqueologia do saber*. Rio de Janeiro: Forense Universitária, 2008.

GAGNEBIN, Jeanne Marie. Prefácio: Walter Benjamin ou a história aberta. *In*:
BENJAMIN, Walter. *Magia e técnica, arte e política*: ensaios sobre literatura e história
da cultura. São Paulo: Brasiliense, 2012.

GALVÃO, Maria Rita; BERNARDET, Jean-Claude. *O nacional e o popular na cultura
brasileira*. São Paulo: Brasiliense, 1983.

GENETTE, Gérard. *Palimpsestos, a literatura de segunda mão*. Belo Horizonte: Viva
Voz, 2010.

GOMES, Paulo Emílio Salles. *Cinema*: trajetória no subdesenvolvimento. São
Paulo: Paz e Terra, 1996.

GOMES, Paulo Emílio Salles. *Uma situação colonial?* São Paulo: Companhia das
Letras, 2016.

GUIDO, Angel. *Resdescubrimiento de América en el arte*. Rosario: Universidad Nacional del Litoral, 1941.

GUYNN, William. *Unspeakable histories*: film and the experience of catastrophe. New York: Columbia University, 2016.

HANDLER, Jerome S.; HAYES, Kelly E. Escrava Anastácia: the iconographic history of a Brazilian popular saint. *African Diaspora*, [S.l.], v. 2, n. 1, 2009.

HOLLANDA, Heloísa Buarque de; GONÇALVES, Marcos A. *Cultura e participação nos anos 60*. São Paulo: Brasiliense, 1999.

JACKSON, Kenneth. *A prosa vanguardista na literatura brasileira*: Oswald de Andrade. São Paulo: Perspectiva, 1978.

JAYME, Maurício. Tarsila, pau-brasil, antropofagia e pintura social. *Correio da Manhã*, Rio de Janeiro, 10 abr. 1969. Disponível em: http://memoria.bn.br/DocReader/089842_07/100828. Acesso em: 25 set. 2017.

JUDAR, Tânia Veiga. *O livro-objeto Pau Brasil*. Dissertação (Mestrado em Literatura e Crítica Literária) – Universidade Católica de São Paulo, São Paulo, 2016.

KAUP, Monica; ZAMORA, Lois Parkinson (org.). *Baroque new worlds*: representation, transculturation, counterconquest. Durham; London: Duke University, 2010.

KUGLER, Laetitia. *La modalisation du discours dans le documentaire de compilation.* Dissertação (Mestrado em Cinéma et Audiovisuel) – Université de la Sorbonne Nouvelle, Paris, 2002.

KUGLER, Laetitia. Quand Clio retrouve Mnémosyne: le documentaire de réemploi. *In*: BERTIN-MAGHIT, Jean-Pierre (org.). *Lorsque Clio s'empare du documentaire.* Paris: INA: L'Harmattan: Les Médias en Actes, 2011. v. 2, p. 65-73.

LE GOFF, Jacques. *História e memória.* Campinas: Unicamp, 1990.

LEANDRO, Anita (org.). *História do Brasil.* Rio de Janeiro: UFRJ, [2003]. Obra inédita.

LEANDRO, Anita. Montagem e história: uma arqueologia das imagens da repressão. *In*: BRANDÃO, Alessandra; LIRA, Ramayanna. *A sobrevivência das imagens.* Campinas: Papirus, 2015. p. 103-119.

LÉVI-STRAUSS, Claude. *Tristes tropiques.* Paris: Union Générale d'Éditions, 1962.

LEYDA, Jay. *Films beget films*: a study of the compilation film. New York: Hill & Wang, 1964.

LEZAMA LIMA, José. *A expressão americana.* São Paulo: Brasiliense, 1988.

MACHADO, Patrícia. *Imagens que restam*: a tomada, a busca dos arquivos, o documentário e a elaboração de memórias da ditadura militar brasileira. 2016. Tese (Doutorado em Comunicação e Cultura) – Universidade do Rio de Janeiro, Rio de Janeiro, 2016.

MAUSS, Marcel. *Essai sur le don*: forme et raison de l'échange dans les sociétés archaïques. Paris: Presses Universitaires de France, 2012.

MATUSZEWSKI, Boleslas. Une nouvelle source de l'histoire: création d'un dépôt de cinématographie historique. *In*: MAZARAKI, Magdalena (org.). *Écrits cinématographiques*. Paris: Cinémathèque Française: Association Française de Recherche sur l'Histoire du Cinéma, 2006. Plaquette publiée à Paris, le 25 mars 1898.

MENDONÇA TELES, Gilberto (org.). *Vanguarda europeia e modernismo brasileiro*. Petrópolis: Vozes, 1986.

MÉTRAUX, Alfred. *La religion des tupinamba et ses rapports avec celle des autres tribus tupi-guarani*. Paris: PUF, 2014.

MÉTRAUX, Alfred. Migrations historiques des Tupi-Guarani. *Journal de la Société des Américanistes*, [*S.l.*], t. 19, p. 1-45, 1927.

MORAES, João Quartim (org.). *História do Marxismo no Brasil*. Campinas: Unicamp, 1995. v. 2.

MORAES, Marcos Antônio de (org.). *Correspondência Mário de Andrade e Manuel Bandeira*. São Paulo: Edusp: IEB, 2001.

MOSER, Walter; GOYER, Nicolas. *Résurgences baroques: les trajectoires d'un processus culturel*. Bruxelles: La Lettre Volée, 2001.

NAPOLITANO, Marcos. *Coração civil*: a vida cultural brasileira sob o regime militar (1964-1985) - ensaio histórico. São Paulo: Intermeios: USP – Programa de Pós-Graduação em História Social, 2017.

NOTARI, Fabiola. A recepção de Serguei M. Eisenstein no Brasil: anos 1920 e 1930, quando a teoria chegou antes dos filmes. *In*: ATAS do VI Encontro Anual da AIM. Edição de Paulo Cunha, Susana Viegas e Maria Guilhermina Castro. Lisboa: AIM, 2016. p. 237-249.

NOTARI, Fabiola. A recepção do cinema de Serguei M. Eisenstein no Brasil: um estudo de caso, a VI Bienal de São Paulo (1961). *In*: SIMPÓSIO NACIONAL DE HISTÓRIA CULTURAL, 7, 2015, São Paulo. *Anais* [...]. São Paulo: Universidade de São Paulo, 2015. Disponível em: http://gthistoriacultural.com.br/VIIsimposio/ Anais/Fabiola%20Bastos%20Notari.pdf. Acesso em: 14 jul. 2017.

NOTARI, Fabiola. *Eisenstein no Brasil*. Tese (Doutorado em Literatura e Cultura Russa) – Universidade de São Paulo, São Paulo, 2018.

OLIVEIRA, Vera Lúcia de. *Poesia, mito e história no modernismo brasileiro*. São Paulo; Blumenau: Unesp; Edifurb, 2002.

OLIVEN, Ruben George. Cultura brasileira e identidade nacional (o eterno retorno). *In*: MICELI, Sergio (org.). *O que ler na ciência social brasileira*. São Paulo; Brasília: Sumaré; Capes, 2002. v. 4, p. 15-44.

OMAR, Arthur. *Antes de ver*: fotografia, antropologia e as portas da percepção. São Paulo: Cosac Naify, 2014.

OMAR, Arthur. *Antropologia da face gloriosa*. São Paulo: Cosac Naify, 1997.

OMAR, Arthur. O antidocumentário, provisoriamente. *Revista Vozes*, [*S.l.*], ano 72, n. 6, ago. 1978.

OMAR, Arthur. O exibicionismo do fotógrafo e o pânico sutil do cineasta. *Cinemais*: Revista de Cinema e outras Questões Audiovisuais, [*S.l.*], n. 10, mar./abr. 1998.

ORTIZ, Renato. *Cultura brasileira e identidade nacional*. São Paulo: Brasiliense, 2006.

PAIVA, Samuel. *A figura de Orson Welles no cinema de Rogério Sganzerla*. Tese (Doutorado em Ciências da Comunicação) – Universidade de São Paulo, São Paulo, 2005.

PAIVA, Samuel. Material de arquivo e montagem no curta-metragem Linguagem de Orson Welles. *In*: INTERCOM, , 30., 2007, Santos. Anais [...]. Santos: Intercom, 2007. Disponível em: http://www.intercom.org.br/papers/nacionais/2007/resumos/R1410-1.pdf. Acesso em: 26 maio 2015.

PERNIOLA, Mario. Une esthétique du grand style: Guy Debord. *In*: MOSER, Walter; GOYER, Nicolas (org.). *Résurgences baroques*. Bruxelles: La Lettre Volée, 2001.

PETRIC, Vladimir "Vlada". Esther Shub: cinema is my life. *Quartely Review of Film Studies*, [*S.l.*], v. 3, n. 4, p. 429-448, autumn 1978.

PRADO, Paulo. Poesia pau-brasil. *In*: ANDRADE, Oswald de. *Obras completas*. Rio de Janeiro: Civilização Brasileira, 1972. v. 7.

PREMIAÇÃO antropofágica. *Correio Braziliense*, Brasília, 20 out. 1998. Disponível em: http://www.cinemabrasil.org.br/brasilia.98/outros.htm.

SÓ ME INTERESSA O QUE NÃO É MEU: *HISTÓRIA DO BRASIL, TRISTE TRÓPICO* E A MONTAGEM DE
MATERIAIS DE ARQUIVO NO PERÍODO DA DITADURA MILITAR

RAMOS, Guiomar. *Um cinema brasileiro antropofágico? (1970-1974)*. São Paulo: Annablume: Fapesp, 2008.

RANCIÈRE, Jacques. A ficção documental: Marker e a ficção de memória. *Arte e Ensaios*: Revista do PPGAV/EBA/UFRJ, [*S.l.*], n. 21, dez. 2010.

RANCIÈRE, Jacques. *Le destin des images*. Paris: La Fabrique, 2003.

REIS, Daniel Aarão. *Ditadura militar, esquerdas e sociedade*. Rio de Janeiro: Jorge Zahar, 2000.

REIS, Daniel Aarão. Ditadura militar e revolução socialista no Brasil. *Revista Tempos Acadêmicos*, Santa Catarina, n. 4, 2006.

RIDENTI, Marcelo. *Em busca do povo brasileiro*: artistas da revolução, do CPC à era da TV. Rio de Janeiro; São Paulo: Record, 2000.

ROCHA, Glauber. *Cartas ao mundo*. Organização de Ivana Bentes. São Paulo: Companhia das Letras, 1997.

ROCHA, Glauber. *O século do cinema*. São Paulo: Cosac Naify, 2006.

ROCHA, Glauber. *Revolução do cinema novo*. São Paulo: Cosac Naify, 2004.

ROLLET, Sylvie. (Re)atualização da imagem de arquivo: ou como dois filmes de Harun Farocki conseguem "anarquivar" o olhar. *Revista ECO-Pós*: Transformações do Visual e do Visível, [*S.l.*], v. 17, n. 2, 2014. Disponível em: https://revistas.ufrj.br/index.php/eco_pos/article/view/1464. Acesso em: 3 fev. 2018.

SAMAIN, Etienne. As "Mnemosynes(s)" de Warburg: entre antropologia, imagens e arte. *Poiésis*, Niterói, n. 17, jul. 2011.

SARDUY, Severo. *El barroco y el neobarroco*. Buenos Aires: El Cuenco de Plata, 2011.

SARTI, Cynthia Andersen. O feminismo brasileiro desde os anos 1970: revisitando uma trajetória. *Estudos Feministas*, Florianópolis, v. 12, n. 2, maio/ago. 2004. Disponível em: http://www.scielo.br/pdf/ref/v12n2/23959.pdf. Acesso em: 5 abr. 2018.

SCHEINFEIGEL, Maxime. *Rêves et cauchemars au cinéma*. Paris: A. Colin, 2012.

SGANZERLA, Rogério. *Encontros*. Organização de Roberta Canuto. Rio de Janeiro: Beco do Azougue, 2007.

SGANZERLA, Rogério. *Por um cinema sem limite*. Rio de Janeiro: Azougue, 2001.

SGANZERLA, Rogério. *Textos críticos I*. Florianópolis: Ufsc, 2010.

SCHWARCZ, Lilia Moritz. *As barbas do imperador*: Dom Pedro II, um monarca nos trópicos. São Paulo: Companhia das Letras, 1998.

SOMAINI, Antonio. *Les possibilités du montage*: Balázs, Benjamin, Eisenstein. Paris: Mimésis, 2012.

STADEN, Hans. *Duas viagens ao Brasil*: primeiros registros sobre o Brasil. Tradução de Angel Bojaden. Porto Alegre: L&PM, 2011.

STAM, Robert. *Bakhtin*: da teoria literária à cultura de massa. Tradução de Heloisa Jahn. São Paulo: Ática, 1992.

STAM, Robert. On the margins: Brazilian avant-garde cinema. *In*: JOHNSON, Randal; STAM, Robert (org.). *Brazilian cinema*. New York: Columbia University, 1995.

STEINLE, Matthias. Esther Schub et l'avènement du film-archive. *In*: BLÜMINGER, Christa *et al.* (org.). *Théâtres de la mémoire*: mouvement des images. Paris: Presses Sorbonne Nouvelle, 2011. p. 13-20.

TROUILLOT, Michel-Rolph. *Silencing the past*: power and the production of history. Boston: Beacon, 1995.

VILLAÇA, Mariana. América Nuestra, Glauber Rocha e o cinema cubano. *Revista Brasileira de História*, São Paulo, v. 22, n. 44, 2002.

WARBURG, Aby. *L'atlas Mnémosyne*. Paris: L'Écarquillé; Institut National d'Histoire de l'Art: DL: 2012.

WÖLFFLIN, Heinrich. *Principes fondamentaux de l'histoire de l'art*: le problème de l'évolution du style dans l'art moderne. Paris: G. Monfort, 1994.

XAVIER, Ismail. *Alegorias do subdesenvolvimento*: cinema novo, tropicalismo e cinema marginal. São Paulo: Cosac Naify, 2012.

XAVIER, Ismail. *Glauber Rocha et l'esthétique de la faim*. Paris: L'Harmattan, 2008.

XAVIER, Ismail. *O cinema brasileiro moderno*. São Paulo: Paz e Terra, 2001.

XAVIER, Ismail. O olhar e a voz: a narração multifocal do cinema e a cifra da história em São Bernardo. *Literatura e Sociedade*, [*S.l.*], n. 2, p. 127-138, 1997.

XAVIER, Ismail. Viagem pela heterodoxia. *Significação*: Revista de Cultura Audiovisual, [*S.l.*], n. 14, p. 9-19, 2000.